T0163929

DANS LA MÊME COLLECTION

L'HISTOIRE DES SCIENCES

COMITÉ ÉDITORIAL

TEXTES CLÉS

L'HISTOIRE DES SCIENCES

Méthodes, styles
et controverses

Textes réunis par
Jean-François BRAUNSTEIN

Traductions par
J.-F. BRAUNSTEIN, V. GUILLIN
et A. ZIELINSKA

PARIS
LIBRAIRIE PHILOSOPHIQUE J. VRIN
6, place de la Sorbonne, Ve
2008

G. BACHELARD, *L'engagement rationaliste* © Paris, PUF, 1972

G. CANGUILHEM, « Mort de l'homme ou épuisement du cogito ? »
© *Critique*, XXIV, 242, juillet 1967

A. CROMBIE, « Styles et traditions de la science occidentale », traduction
J. Brumberg-Chaumont © *Alliages*, 26, 1996

L. DASTON, « Une histoire de l'objectivité scientifique », dans R. Guesnerie
et F. Hartog, *Des sciences et des techniques. Un débat*
© Paris, Éditions de l'EHESS, 1998

L. FLECK, « O obserwacji naukowej i postrzeganiu wogole »
© *Przegląd Filozoficzny* 38, 1935

M. FOUCAULT, « La vie : l'expérience et la science », dans M. Foucault,
Dits et écrits, t. IV, 1980-1988 © Paris, Gallimard, 1994

I. HACKING, « Style for Historians and Philosophers » © *Studies in History
and Philosophy of Sciences*, vol. 23, 1 (1992) – Éditions Elsevier

A. KOYRÉ, *Études d'histoire de la pensée scientifique* © Paris, Gallimard, 1973

T. KUHN, « What are Scientific Revolutions ? », dans T. Kuhn, *The Road since
Structure. Philosophical Essays, 1970-1993 with an Autobiographical Interview*
© Chicago, Chicago University Press, 2000

R.K. MERTON, « Le puritanisme, le piétisme et la science »,
traduction H. Mendras © Paris, Plon, 1965

L'éditeur s'est employé à identifier tous les détenteurs de droits. Il s'efforcera de rectifier, dès que possible, toute omission qu'il aurait involontairement commise.

© *Librairie Philosophique J. VRIN*, 2008
Imprimé en France
ISBN 978-2-7116-1933-7
www.vrin.fr

INTRODUCTION

La discipline qu'est l'histoire des sciences gagne à être étudiée historiquement, comme elle examine elle-même les sciences dont elle fait l'histoire. Plutôt que de donner une définition *a priori* de ce qu'elle « devrait » être, il convient d'être attentif à sa singularité, de tenter de comprendre comment elle s'est historiquement constituée comme discipline à part entière, indépendante pour une part de l'histoire et surtout de la philosophie, dont elle est issue, mais aussi liée à ces disciplines, avec qui elle conserve un certain nombre de problématiques communes. L'histoire des sciences est une discipline relativement récente, puisqu'elle ne date vraiment que du milieu du XIXᵉ siècle : elle trouverait sa date de naissance officielle, sous la forme d'une « histoire générale des sciences », dans l'œuvre d'Auguste Comte en France, ou, en Angleterre, dans l'œuvre contemporaine de William Whewell. Ses méthodes ne se préciseront que progressivement et on peut estimer que l'histoire des sciences n'a véritablement atteint sa maturité qu'à partir des années 1930, à la suite d'une série de controverses théoriques, qui l'ont conduite à se stabiliser, pour un temps, autour d'un certain paradigme, que l'on pourrait qualifier de « koyréen », au sens large. Plus récemment il semblerait que certaines caractéristiques de ce que l'on a pu qualifier de « style français » en histoire des sciences ont également contribué à remodeler les problématiques de cette discipline.

PRÉHISTOIRE DE L'HISTOIRE DES SCIENCES

Il n'est cependant pas inutile d'évoquer ce que l'on pourrait appeler la « préhistoire » de l'histoire des sciences, qui contribua à lui donner certains caractères spécifiques, qui perdurent pour une part aujourd'hui encore. La première référence qui s'impose ici est le passage, très souvent cité, du livre de 1605 de Francis Bacon (1561-1626), *Du progrès et de la promotion des savoirs*, où celui-ci constate que, s'il existe bien une histoire de la nature et une histoire «civile», qui traite de la politique et de l'Église, il manque en revanche une «histoire des lettres», c'est-à-dire une histoire de «l'état global du savoir», qui semble indiquer le programme de ce que pourrait être une histoire des sciences. Selon Bacon, une telle histoire est essentielle, car «sans l'histoire des lettres, l'histoire du monde me paraît ressembler à la statue de Polyphème sans son œil, c'est-à-dire qu'il lui manque l'organe qui montre le mieux l'esprit et la vie de la personne»[1]. Bacon indique en quoi devrait consister une telle histoire, et quelle serait son utilité:

> Mais une histoire exacte du savoir comprenant les premiers temps et les origines des connaissances, les écoles qui les ont soutenues, les découvertes qui leur reviennent, la manière dont elles ont été gérées et administrées, leur épanouissement, les objections qu'elles ont rencontrées, leurs périodes de déclin, de décadence, d'oubli, de migration, ainsi que les causes et les circonstances de tout cela, et tous les autres événements concernant le savoir à travers les siècles du monde entier, je puis sincèrement affirmer qu'une telle histoire manque. L'utilité et le but de ce travail ne sera pas tant, à mon sens, de satisfaire la curiosité de ceux qui sont amoureux du savoir, que de servir principalement un dessein plus sérieux et plus grave qui, en quelques mots, sera le suivant: il donnera aux gens instruits de la sagesse dans l'usage et l'administration du savoir[2].

Ce texte fameux, qui indique ce que pourrait être le programme d'une histoire des sciences, sera au cœur du «Discours préliminaire» de l'*Encyclopédie*, rédigé par d'Alembert, puis servira d'épigraphe à l'*Histoire des sciences inductives* publiée par William Whewell en 1837.

On retrouvera ces deux idées baconiennes, d'une part que l'histoire des sciences permet de mieux connaître l'«esprit» humain et d'autre part que cette connaissance doit être «utile», chez les quelques auteurs qui se préoccuperont d'histoire des sciences au XVIIIᵉ siècle. Ainsi Bernard le Bouyer de Fontenelle (1657-1757) note, à propos d'un projet d'histoire de la géométrie des Anciens, que «l'une des plus agréables histoires, et sans

1. F. Bacon, *Du progrès et de la promotion des savoirs* (éd. anglaise, 1605; éd. latine, 1623), Paris, Gallimard, 1991, p. 90.
2. *Ibid.*

doute la plus philosophique, est celle des progrès de l'esprit humain »[1]. Dans son « Éloge de Leibniz », Fontenelle expliquait aussi que « ce qui l'intéresse, ce sont les origines des nations, de leurs langues, de leurs mœurs, de leurs opinions, surtout l'histoire de l'esprit humain, et une succession de pensées qui naissent dans les peuples les unes après les autres, ou plutôt les unes des autres, et dont l'enchaînement bien observé pourrait donner lieu à des espèces de prophéties »[2]. L'histoire des sciences doit permettre à l'esprit humain d'accélérer sa progression : « il est très agréable, et ce plaisir renferme beaucoup d'instruction, de voir la route que l'esprit humain a tenue et, pour parler géométriquement, cette espèce de progression, dont les intervalles sont d'abord extrêmement grands, et vont ensuite naturellement en se serrant toujours de plus en plus »[3]. Si Fontenelle créa d'une certaine manière l'histoire des sciences, c'est d'abord parce qu'il fut à l'origine du genre littéraire très particulier que sont les éloges académiques de savants, qu'il prononça pendant les cinquante ans où il fut secrétaire de l'Académie des sciences. Mais c'est aussi et surtout parce qu'il sut comprendre que la « révolution cartésienne » dont il se réclamait, fort tard dans le XVIIIᵉ siècle, bien que fondamentalement anti-historique, introduisait dans l'histoire une discontinuité telle qu'elle permettait de « prendre conscience d'un sens du devenir humain »[4].

Le XVIIIᵉ siècle verra également apparaître les premières grandes histoires érudites de telle ou telle science particulière, mais celles-ci poursuivent les mêmes ambitions « philosophiques ». D'abord dans le domaine de l'histoire de la médecine, avec, en 1702, l'*Histoire de la médecine, où l'on voit l'origine et le progrès de cet art* du médecin genevois Daniel Le Clerc (1652-1728), et surtout avec, de 1792 à 1803, l'*Essai d'une histoire pragmatique de la médecine* de l'allemand Kurt Sprengel (1766-1833). Le Clerc avait le sentiment d'être le premier à faire une histoire non pas des médecins, mais de la médecine, le premier à s'inspirer de Bacon et à « rechercher l'origine de cet art et voir quels ont été ses progrès de siècle en siècle, quels changements il y a eu dans les systèmes, et dans la méthode

---

1. B. de Fontenelle, « Éloge de l'abbé Gallois », dans *Éloges des Académiciens avec l'histoire de l'Académie royale des sciences en MDCXCIX*, La Haye, Kloot, 1740, t. I, p. 148.

2. B. de Fontenelle, « Éloge de Leibniz », *op. cit.*, t. I, p. 436.

3. B. de Fontenelle, « Éloge de Montmort », *op. cit.*, t. II, p. 77.

4. *Ibid.*, p. 55.

des médecins, à mesure qu'ils ont fait de nouvelles découvertes » [1]. Kurt Sprengel est, quant à lui, conscient du lien qui doit unir l'histoire de la médecine à l'histoire de la civilisation :

> La marche de la civilisation pouvant seule expliquer l'origine, les progrès et la décadence des sciences en général, on doit, si l'on veut rendre l'histoire de la médecine réellement utile et instructive, observer avec attention le développement progressif de l'esprit humain, afin de bien concevoir les différentes doctrines médicales (…). Elle seule peut nous expliquer pourquoi une révolution scientifique est arrivée de telle manière plutôt que de telle autre [2].

Il insiste en particulier sur les liens qui ont uni, à toutes les époques, médecine et philosophie et ne nie pas l'influence qu'a pu avoir sur lui la philosophie critique de Kant :

> La philosophie est, à certains égards, la mère de la médecine, et le perfectionnement de l'une est inséparable de celui de l'autre (…). Plus on consacre d'attention à l'histoire de la médecine, et plus on apprend à juger les opinions dominantes de chaque siècle, d'après l'esprit qui régnait alors dans les écoles de philosophie. Le système d'Hoffmann a été aussi évidemment la suite de la philosophie de Leibniz que le système chimiatrique du siècle dernier celui des dogmes de Descartes. De même plusieurs des essais tentés par les modernes tiennent à la philosophie critique [3].

Dans d'autres domaines que l'histoire de la médecine, Jean-Étienne Montucla (1725-1799) publie une *Histoire des mathématiques* (1758), qui s'inspire directement du programme baconien :

> Un des spectacles les plus dignes d'intéresser un œil philosophique, est sans contredit celui du développement de l'esprit humain et des diverses branches de ses connaissances. Le célèbre chancelier Bacon le remarquait il y a plus d'un siècle et comparait l'histoire,

---

1. D. Le Clerc, *Histoire de la médecine*, Amsterdam, G. Gallet, 1702, préface.

2. K. Sprengel, *Essai d'une histoire pragmatique de la médecine depuis son origine jusqu'au XIXᵉ siècle*, Paris, Deterville et Th. Desoer, 1815, t. II, p. 3-4.

3. *Ibid.*, t. I, p. 5-6.

telle qu'on l'avait écrite jusqu'alors, à un tronc mutilé de ses parties les plus nobles, à une statue privée de ses yeux [1].

Il n'est rien de plus intéressant que de « présenter le tableau des progrès de ces inventions, ou (de) suivre l'esprit humain dans sa marche et dans son développement » [2]. Le caractère particulier de l'histoire des « mathématiques pures », c'est que « leur marche ne fut jamais interrompue par ces chutes honteuses, dont toutes les autres parties de nos connaissances offrent tant d'exemples humiliants. Quoi de plus propre à intéresser un esprit philosophique, et à lui inspirer pour ces sciences l'estime la plus profonde » [3]. Son contemporain Jean Sylvain Bailly (1775-1782), auteur d'une *Histoire de l'astronomie ancienne* (1775) et d'une *Histoire de l'astronomie moderne* (1779) partage la même croyance en un « progrès de l'esprit humain », mais insiste davantage sur les obstacles que ce progrès a pu rencontrer dans le domaine de l'astronomie. Bailly explique :

> L'histoire ne ferait point assez en exposant les vérités découvertes ; il faut peindre les difficultés, il faut surtout compter les efforts et les moyens. (…) C'est le récit d'un voyage dans une route tortueuse et semée d'obstacles, qui n'ont cédé qu'au courage et à l'industrie (…). Ici le héros est l'esprit humain : nous devons dire ses méprises et même ses erreurs en même temps que nous montrons sa gloire. C'est le tableau de ses faiblesses et de son énergie [4].

En Allemagne également paraissent alors de volumineuses et érudites histoires des sciences : une *Histoire de la chimie depuis la renaissance des sciences jusqu'à la fin du XVIIIe siècle* par Johann Friedrich Gmelin (1797-1799, 3 vol.), une *Histoire des mathématiques* (1796-1800, 4 vol.) par Abraham Gotthelf Kästner, une *Histoire de la physique* (1801-1808, 8 vol.) par Johann Carl Fischer. En Angleterre, c'est le chimiste Joseph Priestley

---

1. J.-Ét. Montucla, *Histoire des mathématiques dans laquelle on rend compte de leurs progrès depuis les origines jusqu'à nos jours, où l'on expose le tableau et le développement des principales découvertes, les contestations qu'elles ont fait naître et les principaux traits de la vie des mathématiciens les plus célèbres*, Paris, Agasse, an VII, t. I, p. I.

2. *Ibid.*

3. *Ibid.*, p. VIII.

4. J.-S. Bailly, *Histoire de l'astronomie moderne depuis la fondation de l'École d'Alexandrie jusqu'à l'époque de 1730*, Paris, de Bure, 1785, t. I, p. XI-XII.

qui publie son *Histoire et état présent de l'électricité* (1767) et son *Histoire des découvertes sur la vision, la lumière et les couleurs* (1772).

La vision d'un « progrès de l'esprit humain », manifesté par l'évolution des sciences, qui sous-tend ces différentes histoires est clairement exprimée dans les deux monuments du XVIIIᵉ siècle que sont le « Discours préliminaire » de l'*Encyclopédie*, rédigé par d'Alembert (1717-1783) en 1750, et l'*Esquisse d'un tableau historique des progrès de l'esprit humain* (1793) de Condorcet (1743-1794). Se référant toujours au même « admirable ouvrage » de Bacon, le « Discours préliminaire » de l'*Encyclopédie* insiste sur l'intérêt de la « généalogie des sciences », qui est explicitement opposée à l'histoire politique. D'Alembert explique par la même occasion ce que sont les véritables « grands hommes » qui doivent « tout aux talents, rien aux titres » : « on ne trouvera dans cet ouvrage (…) ni la vie des saints (…) ni la généalogie des grandes maisons, mais la généalogie des sciences, plus précieuse pour qui sait penser ; (…) ni les conquérants qui ont désolé la terre, mais les génies immortels qui l'ont éclairée » [1]. De même, dans son *Essai sur les éléments de philosophie*, d'Alembert explique que l'histoire des sciences peut faire progresser la connaissance humaine :

> Ces révolutions de l'esprit humain, ces secousses qu'il reçoit de temps en temps de la nature, sont pour un spectateur philosophe un objet agréable et surtout instructif (…). Si cette partie de l'histoire du monde eût été moins négligée, les sciences auraient avancé moins lentement ; les hommes ayant sans cesse devant leurs yeux les progrès ou le travail de leurs prédécesseurs, chaque siècle, par une émulation naturelle, eût été jaloux d'ajouter quelque chose au dépôt que lui auraient laissé les siècle précédents [2].

Cette idée d'un progrès continu de l'esprit est bien sûr également présente dans l'*Esquisse d'un tableau historique des progrès de l'esprit humain* de Condorcet, publiée de manière posthume en 1795. Le « résultat » du livre « sera de montrer, par le raisonnement et par les faits, qu'il n'a été marqué aucun terme au perfectionnement des facultés humaines ; que la

---

1. J. d'Alembert, « Avertissement » au troisième volume de l'*Encyclopédie* (1753), dans *Mélanges de littérature, d'histoire et de philosophie*, Amsterdam, Chatelain, 1763, t. I, p. 268-269.

2. J. d'Alembert, *Essai sur les éléments de philosophie* (1759), dans *Œuvres complètes*, Paris, A. Belin, 1821, t. I, p. 123.

perfectibilité de l'homme est réellement indéfinie », et que sa marche « jamais ne sera rétrograde »[1]. La « neuvième époque » de cette histoire retrace les progrès des sciences « depuis Descartes jusqu'à la formation de la République française » et leurs conséquences sur les « sciences morales et politiques », notamment grâce au calcul des probabilités. Ce progrès est désormais définitif et aucun retour en arrière n'est à craindre :

> La découverte des vraies méthodes dans toutes les sciences, l'étendue des théories qu'elles renferment, leur application à tous les objets de la nature, à tous les besoins des hommes, les lignes de communication qui se sont établies entre elles, le grand nombre de ceux qui les cultivent, enfin la multiplication des imprimeries, suffisent pour nous répondre qu'aucune d'elles ne peut descendre désormais au-dessous du point où elle a été portée[2].

Condorcet se propose ainsi de retracer la « marche du génie des sciences », mathématiques et physiques d'abord, mais aussi chimiques et biologiques ou médicales. Il montre comment ces diverses sciences interagissent : « les sciences qui s'étaient divisées n'ont pu s'étendre sans se rapprocher, sans qu'il se formât entre elles des points de contact »[3]. Il conclut surtout en montrant l'utilité pour l'homme de ce progrès des sciences, qui devrait permettre de faire reculer la mort, « qui ne serait plus que l'effet, ou d'accidents extraordinaires, ou de la destruction de plus en plus lente des forces vitales »[4] et de « perfectionner » les facultés physiques et intellectuelles de l'homme.

« STYLE FRANÇAIS » ET HISTOIRE DES SCIENCES

On peut remarquer que certains des traits de cette « préhistoire » perdurent dans l'histoire des sciences telle qu'elle s'est constituée par la suite, et en particulier, mais pas seulement, chez les auteurs qui illustrent ce que l'on a pu qualifier de « style français » en histoire des sciences, de

---

1. J.-A. Nicolas de Condorcet, *Esquisse d'un tableau historique des progrès de l'esprit humain* (1795), Paris, GF-Flammarion, 1988, p. 81.
2. *Ibid.*, p. 259.
3. *Ibid.*, p. 249.
4. *Ibid.*, p. 294.

Comte à Foucault, en passant par Bachelard et Canguilhem [1]. Il en est ainsi du double aspect, philosophique et utile « pour le présent », c'est-à-dire aussi politique, de l'histoire des sciences. C'est d'ailleurs le double caractère de « philosophe » et d'« historien des sciences » de Fontenelle que salue Canguilhem, figure tutélaire de l'histoire des sciences « à la française » : c'est à ce titre qu'il le considère comme celui qui a « donné son impulsion à l'histoire des sciences » [2]. Canguilhem célèbrera également la « conception philosophique de l'histoire des sciences » d'Auguste Comte, qui est une « histoire critique, c'est-à-dire non seulement ordonnée vers le présent, mais jugée par lui » [3]. « Philosophique » et « critique » tels sont deux caractères essentiels de l'histoire des sciences selon Canguilhem. C'est en ce sens que l'histoire des sciences de Comte est « la source de ce qui a été et de ce qui devrait rester, selon nous, l'originalité du style français en histoire des sciences » [4].

Il est sans doute justifié d'évoquer un « style français » en histoire des sciences plutôt qu'une « école » ou une « tradition ». Le terme d'école impliquerait d'accorder trop d'importance à des considérations institutionnelles. Celles-ci ne sont certes pas négligeables et les textes cités dans ce volume évoqueront l'histoire de la première chaire d'« histoire générale des sciences », qui fut créée au Collège de France sur une idée d'Auguste Comte, et attribuée à son disciple Laffitte. De même il serait possible de souligner le rôle central que joua longtemps pour la discipline un « lieu de mémoire » tel que l'Institut d'histoire des sciences et des techniques de l'Université de Paris, fondé en 1932, et dirigé par Abel Rey, Gaston Bachelard puis Georges Canguilhem, qui se succédèrent à la chaire d'histoire et philosophie des sciences de la Sorbonne [5]. Mais trop accorder à des aspects institutionnels pourrait conduire à des conséquences pour le

1. *Cf.* J.-F. Braunstein, « Le «style français» en philosophie des sciences », dans P. Wagner (dir.), *Les philosophes et la science*, Paris, Gallimard, 2002.

2. G. Canguilhem, « Fontenelle, philosophe et historien des sciences », dans *Études d'histoire et de philosophie des sciences* (1968), Paris, Vrin, 1994, p. 58

3. *Ibid.*

4. G. Canguilhem, « La philosophie biologique d'Auguste Comte et son influence en France au XIXe siècle », dans *Études d'histoire et de philosophie des sciences, op. cit.*, p. 63.

5. *Cf.* J.-F. Braunstein, « Abel Rey et les débuts de l'Institut d'histoire des sciences et des techniques », dans M. Bitbol, J. Gayon (dir.), *Épistémologie française. 1830-1970*, Paris, PUF, 2006.

moins curieuses : ainsi Foucault fait le plus grand éloge de Canguilhem, qui dirigea sa thèse sur l'*Histoire de la folie à l'âge classique*; Canguilhem dédie sa propre thèse de lettres à son maître Bachelard, qui dédie lui aussi sa thèse à son directeur, Abel Rey. Mais si l'on remonte une telle lignée d'hommages institutionnels, on remarquera que la thèse d'Abel Rey est dédiée à … Ernest Renan. On en viendrait à la conclusion passablement absurde qui ferait de Foucault un disciple de Renan. Parler de « tradition » ne conviendrait sans doute pas tout à fait non plus car cela supposerait la reprise, consciente et volontaire, d'une certain nombre de thèmes et de problèmes traités par des auteurs antérieurs : or il existe évidemment bien des différences entre des auteurs comme Comte, Bachelard, Canguilhem ou Foucault. Cette lignée canonique, instituée par Canguilhem, même si elle est séduisante, ne décrit pas une succession continue. Il suffirait de constater l'opposition radicale entre le discontinuisme d'un Bachelard ou d'un Foucault et le continuisme comtien. On pourrait aussi noter que Canguilhem ne rencontre que fort tard dans son œuvre l'influence de Bachelard : ses motifs initiaux sont sans doute plus à chercher dans des engagements éthiques de jeunesse, étayés ensuite sur la médecine, que dans l'histoire des sciences [1].

La notion de « style de pensée scientifique », telle que Fleck, Crombie ou Hacking l'ont définie dans les textes cités plus loin, permet de penser à la fois des similitudes notables, un « air de famille », qui va au-delà des emprunts conscients et des références explicites, de désigner des traits communs qui apparaissent à un moment déterminé et perdurent un certain temps, mais elle n'exclut pas en même temps l'individualisation de chacun des auteurs qui illustrent ce style. Cette notion de style, on l'a montré, a tout à la fois une fonction « individualisante » et une fonction « universalisante » [2]. Le double aspect, philosophique et critique, qui nous semble caractériser l'histoire des sciences « à la française » n'a pourtant pas de limites géographiques. Il nous semble qu'il a contribué à donner une forme particulière à l'ensemble de cette discipline que l'on qualifie aujourd'hui d'histoire des sciences, et qui ne sera jamais, qu'on le déplore ou non, purement « professionnelle », strictement technicienne et « désintéressée ».

1. *Cf.* J.-F. Braunstein, « Canguilhem avant Canguilhem », *Revue d'histoire des sciences*, 53, 1, 2000.

2. *Cf.* J. Gayon, « De la catégorie de style en histoire des sciences », *Alliage*, 26, printemps 1996.

C'est en tout cas un aspect que l'on retrouvera chez la plupart des auteurs dont les textes ont été choisis pour ce volume et qui sont parmi les grandes figures de l'histoire des sciences.

Il est possible de préciser quels sont les caractères du « style français » d'histoire des sciences. Ils sont immédiatement perceptibles aux observateurs étrangers, qui parlent du « *french network* » ou du « *french debate* » en histoire des sciences [1]. Un premier caractère est, on l'a vu, d'établir un lien indissoluble entre philosophie des sciences et histoire des sciences. L'épistémologie, en son sens français le plus courant, désigne une réflexion *a posteriori* sur les sciences effectivement existantes et non une théorie de la connaissance qui aurait pour fonction de « fonder » la science *a priori*. C'est en ce sens qu'elle se distingue, quant aux buts, aux méthodes et aux références, de l'épistémologie, ou de la philosophie des sciences au sens anglo-saxon [2]. Comme le remarque souvent Canguilhem, « ce n'est pas au philosophe de fixer à l'avance l'extension du concept de science » [3]. Ce choix de l'histoire des sciences contre la « théorie de la connaissance » est ancien, puisque Stuart Mill notait déjà, à propos d'Auguste Comte, qu'il « se borne principalement » à l'étude des « méthodes d'investigation », c'est-à-dire des « voies par lesquelles l'esprit humain arrive à des conclusions », alors qu'il se désintéresse totalement des « conditions de la preuve », c'est-à-dire du « mode d'éprouver la certitude de ces conclusions » et ne fournit par conséquent « aucun critère de vérité » [4]. Ce n'est que dans la

---

1. La première expression est de G. Gutting, « Continental Philosophy and the History of Science », dans R.C. Olby, G.N. Cantor, J.R.R. Christie, M.J.S. Hodge, *Companion to the History of Modern Science*, Londres-New York, Routledge, 1990, p. 133 *sq.* La seconde est de P. Redondi et P.V. Pillai, *The History of Sciences. The French Debate*, New Delhi, Sangam Books, 1989.

2. Sur ce point, *cf.* S. Laugier et P. Wagner (dir.), *Textes clés de philosophie des sciences*, 2 vol., Paris, Vrin, 2004.

3. G. Canguilhem, « Philosophie et science » (Émission de la Radio-Télévision scolaire de janvier 1965), *Cahiers philosophiques*, hors série, juin 1993, p. 20.

4. J.S. Mill, *Auguste Comte et le positivisme* (1868), Paris, 7ᵉ éd., Paris, Alcan, 1903, p. 55-56. Cette distinction ne peut qu'évoquer la distinction que Reichenbach fera en 1938 entre « contexte de découverte » et « contexte de justification ». Un autre auteur qui illustre très clairement cette opposition de l'histoire des sciences à la théorie de la connaissance est Abel Rey (1873-140), selon qui « la théorie de la connaissance n'est qu'une idéologie vague ou une dialectique verbale, sans l'histoire philosophique de la science » (« Avant-propos », *Thalès. Recueil annuel des travaux*

mesure où elle est historique que la réflexion philosophique sur les sciences peut être intéressante, sinon elle se borne à simplement répéter les sciences : selon Canguilhem, « sans référence à l'épistémologie, une théorie de la connaissance serait une médiation sur le vide et sans relation à l'histoire des sciences, une épistémologie serait un doublet parfaitement superflu de la science dont elle prétendrait discourir »[1]. C'est dans l'histoire des sciences que l'épistémologie française veut trouver des réponses à des questions philosophiques traditionnelles, comme celles de l'objectivité des sciences ou de la vérité et de l'erreur : en ce sens, selon Bachelard, « tout historien des sciences est nécessairement un historiographe de la vérité »[2]. L'histoire des sciences est, par voie de conséquence, particulièrement attentive à la diversité des sciences réellement existantes, à ce que les post-positivistes anglo-saxons nomment aujourd'hui la « désunité » des sciences : Comte évoque « les méthodes », au pluriel, propres à chaque science, Bachelard traite de « rationalismes régionaux », Canguilhem et Foucault multiplient les métaphores géographiques ou spatiales.

Un second caractère de cette histoire des sciences est qu'elle se présente comme une histoire « philosophique » ou « critique », qui ne se satisfait pas des critères traditionnels de l'histoire historienne. Bachelard n'hésite pas à l'affirmer, en se réclamant de Nietzsche : « en opposition complète aux prescriptions qui demandent à l'historien de ne pas juger, il faut au contraire demander à l'historien des sciences des jugements de valeur »[3]. Ce point distingue radicalement l'histoire des sciences de « l'histoire des empires et des peuples » qui « a pour idéal, à juste titre, le récit objectif des faits »[4]. On retrouve la même idée chez Canguilhem qui prône une histoire « jugée » : « au modèle du laboratoire, on peut opposer, pour comprendre la fonction et le sens d'une histoire des sciences, le modèle de l'école ou du tribunal, d'une institution où l'on porte des

de l'Institut d'histoire des sciences et des techniques de l'Université de Paris. Première année. *1934*,1935, p. XVIII).

1. G. Canguilhem, « L'objet de l'histoire des sciences », dans *Études d'histoire et de philosophie des sciences, op. cit.*, p. 12.

2. G. Bachelard, *Le matérialisme rationnel*, Paris, PUF, 1953, p. 86.

3. Cf. *infra*, p. 163.

4. G. Bachelard, *L'activité rationaliste de la physique contemporaine*, Paris, PUF, 1951, p. 24.

jugements sur le passé du savoir, sur le savoir du passé »[1]. Cette idée de jugement suppose bien sûr un regard porté du présent sur le passé, ce que Bachelard nomme une « récurrence », et l'on retrouve ici, en dehors du contexte simplement « français », toutes les controverses classiques autour du « présentisme » ou du « whiggisme » en histoire des sciences. De même le caractère particulier de cette histoire, avec sa référence à la notion de normativité, sous-tend tous les débats autour de la question de la continuité ou de la discontinuité ainsi que ceux qui portent sur la définition même de l'objet de la discipline : bien au delà du seul « style français » en histoire des sciences, le débat anglo-saxon sur l'« internalisme » et l'« externalisme » retrouve les questions posées par la réflexion canguilhemienne ou foucaldienne sur les rapports entre sciences et « idéologies », ou « savoirs ».

Enfin, troisième caractère, l'histoire des sciences est bien souvent le point de départ d'une réflexion plus générale sur le devenir de la raison, sur l'historicité de la rationalité. Bachelard notait déjà que, puisque « la raison doit obéir à la science », elle doit en suivre les « dialectiques » : « la doctrine traditionnelle d'une raison absolue et immuable n'est qu'une philosophie. C'est une philosophie périmée »[2]. C'est en ce sens en tout cas que Foucault interprète l'œuvre de Canguilhem, dans l'article qu'il lui consacre : il doit être possible de faire une « histoire contingente de la rationalité », comme il est possible de faire une « critique rationnelle de la rationalité »[3]. C'est pour cette raison que Foucault revient si souvent sur le texte de Kant, *Qu'est-ce que les Lumières ?* Il y voit la première tentative pour poser à la raison la question de son histoire et de sa géographie, celle de son passé immédiat et de ses conditions d'exercice, celle de son moment, de son lieu. La rationalité, tout en prétendant à l'universel, peut fort bien connaître des formes historiquement déterminées. Dans cette perspective, l'idée d'une « histoire de la raison » peut fort bien ne pas conduire à une critique de la rationalité, elle tend au contraire à en souligner l'effectivité. Là aussi, le débat est loin d'être franco-français : il constitue le cœur même de la discipline qu'est l'histoire des sciences. On partagerait volontiers ici l'étonnement de Lorraine Daston devant cette « idée étrange mais répandue qu'historiciser

---

1. G. Canguilhem, « L'objet de l'histoire des sciences », dans *Études d'histoire et de philosophie des sciences*, *op. cit.*, p. 13.

2. G. Bachelard, *La philosophie du non* (1940), 9e éd., Paris, PUF, 1983, p. 145.

3. M. Foucault, « Structuralisme et post-structuralisme », dans *Dits et écrits*, Paris, Gallimard, 1994, t. IV, p. 440.

équivaut à invalider » : « avancer, par exemple, que l'objectivité scientifique ou que les faits scientifiques ont une histoire ne revient pas plus à
les dévaluer qu'on ne dévalue la géométrie analytique, ou d'ailleurs la
musique polyphonique, en montrant qu'elles ont vu le jour dans un lieu et
à une époque déterminés »[1]. Faire de l'histoire des sciences c'est toujours
s'émerveiller devant la puissance créative de la rationalité.

Indications bibliographiques

ACOT P., *L'histoire des sciences*, Paris, PUF, 1999.

BACHELARD S. *et alii*, *Introduction à l'histoire des sciences. Textes choisis*, 2 vol., Paris, Hachette, 1970.

BARONA J.L., *Ciencia e historia, debates y tendencias en la historiografía de la ciencia*, Valence, Godella, 1994.

BRAUNSTEIN J.-F. (éd.)., *Canguilhem. Histoire des sciences et politique du vivant*, Paris, PUF, 2007.

BYNUM W.F., BROWNE E.J., PORTER R., *Dictionary of the History of Science*, Boston, Princeton University Press, 1981.

CORSI P., WEINDLING P.J., *Information Sources in the History of Science and Medicine*, Boston, Butterworth, 1983.

DURBIN P., *A Guide to the Culture of Science, Technology and Medicine*, New York, The Free Press, 1980.

FICHANT M. et PECHEUX M., *Sur l'histoire des sciences*, Paris, Maspéro, 1971.

GUSDORF G., *De l'histoire des sciences à l'histoire de la pensée*, Paris, Payot, 1966.

KRAGH H., *An Introduction to the Historiography of Science*, Cambridge, Cambridge University Press, 1987.

LECOURT D., *La philosophie des sciences*, Paris, PUF, 2001.

MAZAURIC S., *Fontenelle et l'invention de l'histoire des sciences à l'aube des Lumières*, Paris, Fayard, 2007.

PILLAI P.V. et REDONDI P., *The History of Sciences. The French Debate*, Londres-Delhi, Sangam Books, 1989.

RHEINBERGER H.-J., *Historische Epistemologie zur Einführung*, Hamburg, Junius Verlag, 2007.

---

1. L. Daston, « Une histoire de l'objectivité scientifique », cf. *infra*, p. 375.

SERRES M. (dir.), *Éléments d'histoire des sciences*, Paris, Bordas, 1993.
SHORTLAND M. et WARWICK A. (ed.), *Teaching the History of Science*, Oxford, Blackwell, 1989.
WAGNER P. (dir.), *Les philosophes et la science*, Paris, Gallimard, 2002.

DÉFINITIONS ET PROBLÈMES

LES DÉBUTS DE L'HISTOIRE DES SCIENCES

Les textes recueillis dans cette première partie portent sur la première période de l'histoire des sciences. Ils soulignent l'importance d'Auguste Comte et du positivisme dans la constitution de celle-ci comme discipline autonome. Comte n'est en effet pas seulement celui qui demanda, dès 1832, la création d'une chaire d'« histoire générale des sciences » au Collège de France [1]. Mais il est aussi et surtout celui qui fonde la nécessité de l'histoire des sciences dans un passage fameux du *Cours de philosophie positive*, que nous avons reproduit : « Ainsi nous sommes certainement convaincus que la connaissance de l'histoire des sciences est de la plus haute importance. Je pense même qu'on ne connaît pas complètement une science tant qu'on n'en sait pas l'histoire » [2]. Quelques années plus tard, Comte est aussi celui dont se réclament les deux fondateurs de l'histoire « professionnelle » des sciences que sont Paul Tannery (1843-1904) en France et George Sarton (1884-1956) aux États-Unis [3].

---

1. Les documents présentés plus bas éclairent les démarches de Comte et sa déception consécutive au refus de Guizot. La demande comtienne présupposait que le cercle des sciences était clos, puisque la dernière science de la classification, la sociologie, venait enfin d'être fondée, par Comte lui-même : « c'est seulement de nos jours qu'une telle chaire pouvait être convenablement bâtie » (*infra*, p. 38). La chaire fut finalement créée en 1892, pour des raisons largement politiques, et attribuée au principal disciple de Comte, Pierre Laffitte.

2. *Cf. infra*, p. 36.

3. G. Sarton, d'origine belge, émigra aux États-Unis pendant la première guerre mondiale. Il est le fondateur, en 1913, de la principale revue d'histoire des sciences, *Isis*, et l'auteur d'une monumentale *Introduction à l'histoire de la science* (1927-1947, 5 vol.). Dans le premier numéro d'*Isis* il note qu'Auguste Comte « doit être considéré comme le fondateur de l'histoire de la science, ou tout au moins comme le premier qui en eut une conception claire et précise, sinon complète ». Le but de la

On peut estimer que cette première période, « positiviste » au sens large, de l'histoire des sciences se continue depuis Comte jusqu'aux années 1930. C'est durant cette époque, que Kuhn qualifierait de « pré-paradigmatique », que vont être mis au point un certain nombre d'instruments de travail nécessaires à l'histoire des sciences : biographies, bibliographies, éditions d'œuvres classiques, revues, sociétés savantes, instituts, etc.[1]. Mais Robert Merton et Thomas Kuhn ont cependant souligné cruellement que ce qui fait alors défaut, ce sont des concepts, qu'apporteront bien plus tard des auteurs comme Koyré ou Bachelard[2]. Il est certain que cette première époque de l'histoire des sciences repose pour une part sur une vision assez simpliste de l'histoire des sciences perçue comme un progrès continu de la raison, aux conséquences « humanistes » et « universalistes ». Il convient cependant de noter que la conception comtienne, au sens strict, de l'histoire des sciences est en fait plus subtile, et qu'elle peut même annoncer, à certains égards, les récentes préoccupations de ce que l'on a pu qualifier de « post-positivisme »[3].

HISTOIRE DES SCIENCES ET PHILOSOPHIE

Quatre propositions principales sont communes à ces premiers historiens des sciences et trouvent leur origine chez Comte. D'abord l'idée que la science est la plus haute activité de l'intelligence humaine, et que faire son histoire permet de mieux comprendre les « progrès de l'esprit humain ». Selon Comte, la principale « partie » de l'évolution humaine, « celle qui a le plus influé sur la progression générale, consiste sans doute

revue sera, « au point de vue philosophique », de « refaire sur des bases scientifiques et historiques plus profondes et plus solides, l'œuvre de Comte ».

1. P. Redondi décrit fort bien cette période dans sa préface à A. Koyré, *De la mystique à la science. Cours, conférences et documents (1922-1962)*, Paris, EHESS, 1986, p. IX-X.

2. Th. Kuhn, *La tension essentielle. Tradition et changement dans les sciences*, Paris, Gallimard, 1990, p. 212. Merton et Thackray notent, à propos de Sarton, qu'il n'a pas doté sa discipline d'un ensemble « cohérent et défini de problèmes et de techniques » (A. Thackray, R.K. Merton, « On Discipline Building : The Paradoxes of George Sarton », *Isis*, 63 (1972), p. 494).

3. *Cf.* R. Scharff, *Comte after Positivism*, Cambridge, Cambridge UP, 1995 et J.-F. Braunstein, « La philosophie des sciences d'Auguste Comte », dans P. Wagner (éd.), *Les philosophes et la science*, Paris, Gallimard, 2002.

dans le développement continu de l'esprit scientifique, à partir des travaux primitifs des Thalès et des Pythagore, jusqu'à ceux des Lagrange et des Bichat »[1]. En ce sens faire l'histoire des sciences n'est pas une fin en soi. Il s'agit, au-delà, de faire l'histoire de l'esprit humain « en action ». Chez Comte l'histoire des sciences a une finalité nettement philosophique, qu'il qualifie de « systématique » dans sa terminologie. C'est cette origine philo-sophique, comtienne, de l'histoire des sciences qui explique en partie pourquoi celle-ci fut longtemps, en France tout au moins, l'affaire des philosophes. C'est en ce sens que Canguilhem peut se réclamer de Comte : « la conception philosophique de l'histoire des sciences » de Comte est « la source de ce qui a été et de ce qui devrait rester, selon nous l'originalité du style français en histoire des sciences »[2]. Il y a là une critique implicite de ce que Jacques Roger a pu qualifier par la suite d'« histoire historienne » des sciences, qui se proposerait les mêmes critères d'objectivité que les autres types d'histoire. Or, pour Canguilhem comme pour Bachelard, l'histoire des sciences doit « juger » : « c'est l'épistémologie qui est appelée à fournir à l'histoire le principe d'un tel jugement »[3].

Mais un lien fort entre histoire des sciences et philosophie des sciences existe aussi en Angleterre à la même période : si William Whewell (1794-1866) écrit une *Histoire des sciences inductives, des origines aux temps présents* (1837), ce n'est pas pour qu'elle soit « une simple narration des faits de l'histoire de la science », mais afin de constituer « une base pour la philosophie de la science » qu'il exposera quelques années plus tard dans sa *Philosophie des sciences inductives basée sur leur histoire* (1840)[4]. Plus tard, George Sarton explique lui aussi, en se réclamant de Comte, que l'histoire des sciences a pour finalité de « comprendre le développement de la pensée humaine, et l'histoire même de l'humanité »[5]. Lorsqu'il expose en 1913 « le but d'*Isis* », la revue d'histoire des sciences qu'il vient de fonder, et qui est aujourd'hui encore la revue centrale de la discipline, il

---

1. A. Comte, *Cours de philosophie positive*, t. II, *Physique sociale*, 48ᵉ leçon, Paris, Hermann, 1975, p. 125.

2. G. Canguilhem, « La philosophie biologique d'Auguste Comte et son influence en France au XIXᵉ siècle », dans *Études d'histoire et de philosophie des sciences* (1968), Paris, Vrin, 1994, p. 63.

3. G. Canguilhem, « L'objet de l'histoire des sciences », *ibid.*, p. 13.

4. W. Whewell, *History of the Inductive Sciences from the Earliest to the Present Times* (1837), 3ᵉ éd., New York, Appleton and co., 1859, p. 8.

5. G. Sarton, « L'histoire de la science », *Isis*, 1, 1 (1913), p. 9.

note que ce but « est la philosophie des sciences » : « l'histoire n'est pour nous qu'un moyen, un instrument indispensable »[1]. C'est aussi cette dimension philosophique que soulignera Abel Rey, fondateur en 1932 de l'Institut d'histoire des sciences et des techniques de l'Université de Paris : l'histoire générale des sciences « est philosophique, ou elle n'est pas »[2].

L'« HISTOIRE GÉNÉRALE » DES SCIENCES

La seconde idée, d'origine comtienne, qui caractérise cette première période de l'histoire des sciences est que l'histoire des sciences ne doit pas être une histoire des sciences particulières, mais une « histoire générale » des sciences. En effet, selon Comte, « les sciences se sont développées simultanément et sous l'influence les unes des autres » et il faut que l'historien des sciences possède une « conception d'ensemble » pour éviter d'en rester à de « simples recherches d'érudition »[3]. Paul Tannery, dans le texte reproduit ici, insiste également sur l'idée qu'il faut créer une « histoire générale » des sciences, « qui n'existe point encore », et qui devra montrer les « actions réciproques des sciences les unes sur les autres ». Tannery n'hésite pas sur ce point à se réclamer de Comte, « premier penseur qui ait conçu d'une façon quelque peu précise l'histoire générale des sciences »[4]. George Sarton estimera également que l'historien des sciences doit « étudier de quelles manières les sciences n'ont cessé de réagir les unes sur les autres » et « les interactions qui se sont constamment produites entre les idées scientifiques et les autres phénomènes intellectuels ou économiques »[5]. Cette idée d'une « histoire générale » des sciences allait, conséquence prévisible, rendre les projets de ces auteurs impossibles à exécuter, car ils supposeraient une compétence universelle, que ne peut avoir un seul individu, à moins d'en rester à un très grand niveau de généralité : mais ils y insistent tous, à la fois pour se démarquer de leurs prédécesseurs, historiens de telle ou telle science particulière, mais aussi

---

1. G. Sarton, « Le but d'Isis », *Isis*, 1, 2 (1913), p. 193.

2. A. Rey, « Histoire de la médecine et histoire générale des sciences », *Thalès, Recueil annuel des travaux de l'Institut d'histoire des sciences et des techniques de l'Université de Paris, Deuxième année (1935)*, 1936, p. 34.

3. Cf. *infra*, p. 40.

4. Cf. *infra*, p. 82-83.

5. G. Sarton, « L'histoire de la science », art. cit., p. 13.

pour montrer la « dignité » supérieure de leur discipline, qui organiserait ainsi le « système des sciences ».

Comte était, en fait, plus subtil que ses continuateurs et, s'il se prononçait en faveur d'une « vue d'ensemble », d'une « systématisation », il était en même temps extrêmement sensible à la diversité des sciences réellement existantes. Il parle d'ailleurs presque toujours de « philosophie *des* sciences » au pluriel et est attentif aux « méthodes » propres à chaque science de la « hiérarchie encyclopédique ». Chacune d'entre elles, même si elle peut employer les méthodes des sciences antécédentes, ne leur est par réductible et Comte est en ce sens un adversaire résolu de ce qui sera ensuite qualifié de « réductionnisme », qu'il qualifie pour sa part de « matérialisme ». Ce n'est que dans la mesure où la spécialisation académique risque de faire perdre leurs vues d'ensemble aux savants qu'il propose de « faire de l'étude des généralités scientifiques une grande spécialité de plus », qui sera dévolue au philosophe positif [1]. Cette attention au caractère propre de chaque science se retrouve d'ailleurs à la même époque chez un Whewell qui parle toujours des « sciences inductives » au pluriel.

HISTOIRE DES SCIENCES ET POLITIQUE

Troisième point essentiel, et qui remonte à Comte là aussi, cette histoire des sciences a une visée politique. Politique en un sens très large chez Sarton, qui vise, selon le titre d'un de ses livres, à fonder un *Nouvel humanisme* : « la science est la grande pacificatrice ; c'est le ciment qui unit les esprits les plus élevés et les plus compréhensifs de toutes les nations, de toutes les races, de toutes les croyances » [2]. En ce sens l'histoire des sciences permet de dépasser les antagonismes anciens liés aux préjugés nationaux et religieux. Abel Rey voit lui aussi dans l'« histoire philosophique des sciences » l'occasion de mettre en avant « l'humanisme impliqué par les sciences positives » [3]. Selon lui la science devrait pouvoir remplacer la religion et il cite Renan : « la science, et la science seule, peut

1. A. Comte, *Cours de philosophie positive*, t. I, *Philosophie première*, 1re leçon, Paris, Hermann, 1998, p. 31.

2. G. Sarton, « L'histoire de la science », art. cit., p. 43-44.

3. A. Rey, *La théorie de la physique chez les physiciens contemporains*, Paris, Alcan, 1907, p. 19.

rendre à l'humanité ce sans quoi elle ne peut vivre, un symbole et une loi »[1]. Il ne fait par ailleurs pas mystère de ses sympathies socialistes.

Politique en un sens beaucoup plus déterminé chez Comte : il ne faut jamais oublier que son long parcours à travers l'histoire des sciences a une finalité « spéciale », celle de fonder une nouvelle science des faits sociaux, qu'il appellera « sociologie » et qui lui permettra de proposer une « politique positive », scientifique, permettant de « réorganiser » la société et de mettre fin aux « crises » récurrentes qui secouent la société depuis la fin de la Révolution française. Comte le rappelle du début à la fin de son œuvre : mes travaux « sont et seront de deux ordres, scientifiques et politiques »[2]. Le titre de ce que Comte appelle son « opuscule fondamental » de 1822 est tout à fait explicite : *Plan des travaux scientifiques nécessaires pour réorganiser la société*. Le successeur de Comte à la tête du mouvement positiviste organisé, Pierre Laffitte, comprendra bien le rôle que l'histoire des sciences peut jouer dans cette perspective, comme le montre le texte curieux reproduit ici. Dans cette leçon inaugurale du premier cours d'histoire des sciences donné en France, au Collège de France, il n'est quasiment pas question d'histoire des sciences, mais bien plutôt de politique. Laffitte commence par expliquer en quoi la création de cette chaire a eu « le concours de tous les pouvoirs publics de la République française » et a été saluée par « l'approbation (…) de la presse républicaine ». Il importe, selon le républicain Laffitte, d'établir un « consensus des hommes entre eux » et une « continuité » entre les vivants et les morts, pour réagir au constat de dissolution qu'a bien fait le contre-révolutionnaire de Maistre : aucune discipline n'est plus à même d'établir ce consensus que la science, qui doit devenir l'objet d'une « foi positive », qui pourra supplanter la foi religieuse. L'histoire des sciences va donc permettre de « construire un terrain commun sur lequel tous les hommes, et d'abord les Français, pourront s'entendre, en dehors de toutes leurs dissidences théologiques »[3]. La création de cette chaire avait en effet été soutenue, pour des raisons politiques, par des républicains comme Ferry et Gambetta, qui voulaient se servir de l'histoire des sciences dans leur lutte pour la laïcisation de la société française. C'est ce qu'explique clairement le ministre de l'éduca-

---

1. *Ibid.*, p. 1.
2. A. Comte, *Correspondance générale et confessions*, t. I, 1814-1840, Paris-La Haye, Mouton, 1973, p. 64.
3. Cf. *infra*, p. 65.

tion, Léon Bourgeois, devant le Sénat, lorsqu'il demande la création de cette chaire : « Il n'y a pas d'enseignement supérieur digne de ce nom s'il n'y a pas au sommet une philosophie scientifique (…). Cette philosophie de la science tout entière est indispensable à un grand pays comme le nôtre »[1]. Comte s'était d'ailleurs lui-même déjà proposé comme idéologue de la République : « nous sommes, au fond, les docteurs de la République française, comme les psychologues furent ceux de la monarchie constitutionnelle, et les Idéologues ceux de la première révolution »[2].

On connaît d'ailleurs les mésaventures survenues lors de l'élection du successeur de Laffitte au Collège de France : si l'obscur chimiste Wyrouboff est choisi au détriment du véritable historien des sciences qu'était Tannery, c'est pour des raisons clairement politiques[3]. Les espoirs mis en Laffitte et Wyrouboff furent certes déçus, mais, au-delà de cet épisode peu connu, il faut comprendre l'enjeu stratégique qui a longtemps été celui de l'enseignement de l'histoire des sciences dans la « république scientifique » française[4]. Michel Serres n'a pas tout à fait tort lorsqu'il avance que Comte est « l'inventeur de l'histoire moderne des sciences, et, par corollaire, de l'idéologie universitaire française »[5].

1. L. Bourgeois, cité par H. W. Paul, « Scholarship and Ideology. The Chair of General History of Science at the College de France, 1892-1913 », *Isis*, 67, sept. 1976, p. 379.

2. A. Comte, Lettre à de Montègre du 5 avril 1848, *Correspondance générale et confessions*, t. IV, 1846-1848, Paris-La Haye, EHESS-Vrin-Mouton, 1981, p. 146.

3. Alors que Tannery avait élu par l'assemblée des professeurs, c'est le positiviste orthodoxe, mais tout aussi incompétent que Laffitte, G. Wyrouboff, qui fut nommé par le ministre : Tannery devint ainsi, selon le mot d'E. Coumet, l'un des « premiers martyrs » de l'histoire des sciences (E. Coumet, « Paul Tannery : «L'organisation de l'enseignement de l'histoire des sciences» », *Revue de synthèse*, 3ᵉ série, 101-102, janvier 1981, p. 87). Il faut noter que Tannery prit son échec avec un certain humour puisqu'il écrit à propos de cette élection : « pour la chaire d'Histoire des sciences comme pour les Sciences elles-mêmes, il fallait passer par les *trois états*; après l'état théologique, convenablement représenté par P. Laffitte, l'état métaphysique, que représentera sans doute encore mieux M. Wyrouboff était indispensable », Lettre à Pierre Duhem du 5 janvier 1904, dans P. Tannery, *Mémoires scientifiques*, t. X, Toulouse-Paris, Privat-Gauthier-Villars, 1930, p. 161.

4. Sur la philosophie politique républicaine, *cf.* Cl. Nicolet, *L'idée républicaine en France. Essai d'histoire critique, 1789-1824*, Paris, Gallimard, 1982.

5. M. Serres, « Auguste Comte auto-traduit dans l'encyclopédie », *Hermès*, III. *La traduction*, Paris, Minuit, 1974, p. 185.

ÉVOLUTIONNISME ET HISTOIRE DES SCIENCES

Le dernier point commun entre ces auteurs est leur vision évolutionniste de l'histoire des sciences. Chez Comte l'histoire en général, et l'histoire des sciences en particulier, est perçue comme un « développement », au sens de développement d'un germe. Comte qualifie de « grand aphorisme » l'idée, qu'il attribue à Leibniz, d'une « préexistence nécessaire, sous une forme plus ou moins latente, de toute disposition vraiment fondamentale en un état quelconque de l'humanité »[1]. Il n'y a pour lui jamais de nouveauté véritable dans l'histoire des sciences et, selon sa formule célèbre, « le progrès n'est que le développement de l'ordre »[2]. Comte propose d'ailleurs, à plusieurs reprises, de remplacer le terme de « perfectionnement » par celui de « développement », qui « indique aussitôt le simple essor spontané, graduellement secondé par une culture convenable des facultés fondamentales toujours préexistantes qui constituent l'ensemble de notre nature, sans aucune introduction quelconque de facultés nouvelles »[3]. Il est ainsi à l'origine de ce qu'on qualifiera plus tard de « continuisme » : cela constituera la principale différence entre Comte et les historiens français des sciences issus de la tradition bachelardienne. La même idée de continuité en histoire des sciences se retrouve d'ailleurs chez Whewell, qui oppose « développement » et « révolutions ». Selon lui, « les vérités antérieures ne sont pas expulsées mais absorbées, ne sont pas contredites mais généralisées ; et l'histoire de chaque science, qui peut apparaître comme une succession de révolutions, est, en réalité, une série de développements »[4]. Quant à Sarton il reprendra la comparaison comtienne, mais au-delà pascalienne, entre l'histoire de l'humanité et le développement d'un seul homme :

> ce n'est que de notre point de vue (celui de l'historien de la science) que la comparaison de toute l'humanité avec un seul homme, dont l'expérience ne cesse de croître et de s'accumuler, est légitime, et cette comparaison est d'ailleurs le meilleur symbole de l'unité des

---

1. A. Comte, *Cours de philosophie positive*, *op. cit.*, t. II., Physique sociale, 52ᵉ leçon, p. 265.
2. *Ibid.*, 48ᵉ leçon, p. 129.
3. *Ibid.*
4. W. Whewell, *History of the Inductive Sciences*, *op. cit.*, p. 45.

hommes. Ce n'est que du point de vue de la science qu'un progrès défini et continu est tangible et indéniable [1].

Cette vision du progrès scientifique va de pair avec une insistance sur les « grands hommes » de l'histoire des sciences. L'histoire des sciences est une histoire « héroïque », celle de ces « grands types » de l'Humanité auxquels s'intéresse Pierre Laffitte. Ce n'est donc pas seulement pour des raisons contingentes, mais en raison de leur évolutionnisme que ces premiers historiens des sciences s'intéressent, pour l'essentiel, à la science antique [2]. Pour comprendre l'histoire des sciences, il faut commencer par en comprendre les origines. De ce point de vue il est tout à fait symptomatique que deux auteurs aussi emblématiques que Sarton et Rey choisissent pour titres aux deux revues d'histoire des sciences qu'ils fondent *Isis* (la science égyptienne) et *Thalès* (la science grecque). De ce point de vue le positivisme, de Comte à Abel Rey, n'oppose pas mais au contraire souligne la continuité entre « mentalité primitive » et pensée logique [3]. Les travaux sur l'âge classique ou la période moderne sont alors beaucoup plus rares et la notion de « révolution scientifique » est fort peu usitée, alors que la situation s'inversera complètement chez les historiens des sciences ultérieurs.

Cette vision évolutionniste et optimiste d'un progrès de l'esprit humain attesté par les progrès de l'histoire des sciences s'effaça dans les années 1920, sans doute pour deux raisons principales. Une raison scientifique : la théorie de la relativité einsteinienne et la mécanique quantique ont instauré une rupture véritablement radicale dans l'histoire des sciences, dont le continuisme ne peut rendre compte. Et une raison politique : la première guerre mondiale mit fin pour longtemps à l'optimisme humaniste des fondateurs de l'histoire des sciences. Et ce pessimisme ne put qu'être confirmé par la seconde guerre mondiale.

---

1. G. Sarton, « Science et tradition », *Archives internationales d'histoire des sciences*, 5 (1948), p. 22.

2. *Cf.* par exemple P. Tannery, *Pour l'histoire de la science hellène. De Thalès à Empédocle* (1887), G. Sarton, *Introduction to the History of Science* (5 vol., 1927-1948), A. Rey, *La science dans l'Antiquité* (5 vol., 1930-1948).

3. *Cf.* J.-F. Braunstein, « Abel Rey et les débuts de l'Institut d'histoire des sciences », dans M. Bitbol et J. Gayon (dir.), *L'épistémologie française. 1830-1970*, Paris, PUF, 2006, p. 185-187.

Indications bibliographiques

BITBOL M. et GAYON J. (dir.), *L'épistémologie française. 1830-1970*, Paris, PUF, 2006.

BRAUNSTEIN J.-F., « La philosophie des sciences d'Auguste Comte », dans P. Wagner (éd.), *Les philosophes et la science*, Paris, Gallimard, 2002.

BRENNER A., *Les origines françaises de la philosophie des sciences*, Paris, PUF, 2003.

CHEMLA K. et PEIFFER J., « Paul Tannery et Joseph Needham. Deux plaidoyers pour une histoire générale des sciences », *Revue de synthèse*, 4ᵉ série, 2-3-4, avril-décembre 2001.

COUMET E., « Paul Tannery. «L'organisation de l'enseignement de l'histoire des sciences»», *Revue de synthèse*, 3ᵉ série, 101-102, janvier-juin 1981.

COMTE A., *Cours de philosophie positive* (1830-1842), 2 vol., Paris, Hermann, 1975, 1998.

LAFFITTE P., *Les grands types de l'humanité*, 2 vol., Paris, Leroux, 1875-1876.

LITTRÉ É., *Auguste Comte et la philosophie positive*, Paris, Hachette, 1863.

MACHEREY P., *Comte, la philosophie et les sciences*, Paris, PUF, 1989.

PAUL H., « Scholarship and Ideology. The Chair of General History of Science at the College de France, 1892-1913 », *Isis*, 67, sept. 1976.

SARTON G., « L'histoire de la science », *Isis*, 1, 1, 1913.

– « Le but d'Isis », *Isis*, 1, 2, 1913.

– « Science et tradition », *Archives internationales d'histoire des sciences*, 5, 1948.

– « Auguste Comte, historian of science. With a Short Digression on Clotilde de Vaux and Harriet Taylor », *Osiris*, 10, 1952.

SCHARFF R., *Comte after Positivism*, Cambridge, Cambridge UP, 1995.

SERRES M., « Auguste Comte auto-traduit dans l'Encyclopédie », dans *Hermès III. La traduction*, Paris, Minuit, 1974.

TANNERY P., *Mémoires scientifiques*, t. X, *Généralités historiques, 1892-1930*, Toulouse-Paris, Privat-Gauthier-Villars, 1930.

THACKRAY A., « History of Science », dans P. Durbin (ed.), *A Guide to the Culture of Science, Technology and medicine*, New York, The Free Press, 1980.

— et MERTON R. K., « On Discipline Building: The Paradoxes of George Sarton », *Isis*, 63, 1972.

WHEWELL W., *History of the Inductive Sciences from the Earliest to the Present Times* (1837), 2 vol., New York, Appleton and co., 1859.

Auguste Comte

SUR L'HISTOIRE DES SCIENCES

Cours de philosophie positive[*]

Toute science peut être exposée suivant deux marches essentiellement distinctes, dont tout autre mode d'exposition ne saurait être qu'une combinaison, la marche *historique* et la marche *dogmatique*.

Par le premier procédé, on expose successivement les connaissances dans le même ordre effectif suivant lequel l'esprit humain les a réellement obtenues, et en adoptant, autant que possible, les mêmes voies.

Par le second, on présente le système des idées tel qu'il pourrait être conçu aujourd'hui par un seul esprit, qui, placé au point de vue convenable, et pourvu des connaissances suffisantes, s'occuperait à refaire la science dans son ensemble.

Le premier mode est évidemment celui par lequel commence, de toute nécessité, l'étude de chaque science naissante; car il présente cette propriété, de n'exiger, pour l'exposition des connaissances, aucun nouveau travail distinct de celui de leur formation, toute la didactique se réduisant alors à étudier successivement, dans l'ordre chronologique, les divers ouvrages originaux qui ont contribué aux progrès de la science.

[*] Extrait de la deuxième leçon du *Cours de philosophie positive*, Paris, Rouen Frères (Bachelier), 1830.

Le mode dogmatique, supposant, au contraire, que tous ces travaux particuliers ont été refondus en un système général, pour être présentés suivant un ordre logique plus naturel, n'est applicable qu'à une science déjà parvenue à un assez haut degré de développement. Mais à mesure que la science fait des progrès, l'ordre historique d'exposition devient de plus en plus impraticable, par la trop longue suite d'intermédiaires qu'il obligerait l'esprit à parcourir; tandis que l'ordre *dogmatique* devient de plus en plus possible, en même temps que nécessaire, parce que de nouvelles conceptions permettent de présenter les découvertes antérieures sous un point de vue plus direct.

C'est ainsi, par exemple, que l'éducation d'un géomètre de l'Antiquité consistait simplement dans l'étude successive du très petit nombre de traités originaux produits jusqu'alors sur les diverses parties de la géométrie, ce qui se réduisait essentiellement aux écrits d'Archimède et d'Apollonius; tandis qu'au contraire, un géomètre moderne a communément terminé son éducation, sans avoir lu un seul ouvrage original, excepté relativement aux découvertes les plus récentes, qu'on ne peut connaître que par ce moyen.

La tendance constante de l'esprit humain, quant à l'exposition des connaissances, est donc de substituer de plus en plus à l'ordre historique l'ordre dogmatique, qui peut seul convenir à l'état perfectionné de notre intelligence.

Le problème général de l'éducation intellectuelle consiste à faire parvenir, en peu d'années, un seul entendement, le plus souvent médiocre, au même point de développement qui a été atteint, dans une longue suite de siècles par un grand nombre de génies supérieurs appliquant successivement, pendant leur vie entière, toutes leurs forces à l'étude d'un même sujet. Il est clair, d'après cela, que, quoiqu'il soit infiniment plus facile et plus court d'apprendre que d'inventer, il serait certainement impossible d'atteindre le but proposé si l'on voulait assujettir chaque esprit individuel à passer successivement par les mêmes intermédiaires qu'a dû suivre nécessairement le génie collectif de l'espèce humaine. De là, l'indispensable besoin de l'ordre dogmatique, qui est surtout si sensible aujourd'hui pour les sciences les plus avancées, dont le mode ordinaire d'exposition ne présente plus presque aucune trace de la filiation effective de leurs détails.

Il faut néanmoins ajouter, pour prévenir toute exagération, que tout mode réel d'exposition est, inévitablement, une certaine combinaison de l'ordre dogmatique avec l'ordre historique, dans laquelle seulement le premier doit dominer constamment et de plus en plus. L'ordre dogmatique ne peut, en effet, être suivi d'une manière tout à fait rigoureuse ; car, par cela même qu'il exige une nouvelle élaboration des connaissances acquises, il n'est point applicable, à chaque époque de la science, aux parties récemment formées dont l'étude ne comporte qu'un ordre essentiellement historique, lequel ne présente pas d'ailleurs, dans ce cas, les inconvénients principaux qui le font rejeter en général.

La seule imperfection fondamentale qu'on pourrait reprocher au mode dogmatique, c'est de laisser ignorer la manière dont se sont formées les diverses connaissances humaines ce qui, quoique distinct de l'acquisition même de ces connaissances, est, en soi du plus haut intérêt pour tout esprit philosophique. Cette considération aurait à mes yeux, beaucoup de poids, si elle était réellement un motif en faveur de l'ordre historique. Mais il est aisé de voir qu'il n'y a qu'une relation apparente entre étudier une science en suivant le mode dit *historique*, et connaître véritablement l'histoire effective de cette science.

En effet, non seulement les diverses parties de chaque science, qu'on est conduit à séparer dans l'ordre *dogmatique*, se sont, en réalité, développées simultanément et sous l'influence les unes des autres, ce qui tendrait à faire préférer l'ordre *historique* ; mais en considérant, dans son ensemble, le développement effectif de l'esprit humain, on voit de plus que les différentes sciences ont été, dans le fait, perfectionnées en même temps et mutuellement ; on voit même que les progrès des sciences et ceux des arts ont dépendu les uns des autres, par d'innombrables influences réciproques, et enfin que tous ont été étroitement liés au développement général de la société humaine. Ce vaste enchaînement est tellement réel, que souvent, pour concevoir la génération effective d'une théorie scientifique, l'esprit est conduit à considérer le perfectionnement de quelque art qui n'a avec elle aucune liaison rationnelle, ou même quelque progrès particulier dans l'organisation sociale, sans lequel cette découverte n'eût pu avoir lieu. Nous en verrons dans la suite de nombreux exemples. Il résulte donc de là que l'on ne peut connaître la véritable histoire de chaque science, c'est-à-dire la formation réelle des découvertes dont elle se compose, qu'en étudiant, d'une manière générale et directe, l'histoire de l'humanité. C'est pourquoi tous les documents recueillis jusqu'ici sur l'histoire des mathématiques, de l'astronomie, de la médecine, etc., quelque précieux qu'ils soient, ne peuvent être regardés que comme des matériaux.

Le prétendu ordre *historique* d'exposition, même quand il pourrait être suivi rigoureusement pour les détails de chaque science en particulier, serait déjà purement hypothétique et abstrait sous le rapport le plus important, en ce qu'il considérerait le développement de cette science comme isolé. Bien loin de mettre en évidence la véritable histoire de la science, il tendrait à en faire concevoir une opinion très fausse.

Ainsi, nous sommes certainement convaincus que la connaissance de l'histoire des sciences est de la plus haute importance. Je pense même qu'on ne connaît pas complètement une science tant qu'on n'en sait pas l'histoire. Mais cette étude doit être conçue comme entièrement séparée de l'étude propre et dogmatique de la science, sans laquelle même cette histoire ne serait pas intelligible. Nous considérerons donc avec beaucoup de soin l'histoire réelle des sciences fondamentales qui vont être le sujet de nos méditations; mais ce sera seulement dans la dernière partie de ce cours, celle relative à l'étude des phénomènes sociaux, en traitant du développement général de l'humanité, dont l'histoire des sciences constitue la partie la plus importante, quoique jusqu'ici la plus négligée. Dans l'étude de chaque science les considérations historiques incidentes qui pourront se présenter auront un caractère nettement distinct, de manière à ne pas altérer la nature propre de notre travail principal.

SUR LA CRÉATION D'UNE CHAIRE D'HISTOIRE GÉNÉRALE DES SCIENCES PHYSIQUES ET MATHÉMATIQUES AU COLLÈGE DE FRANCE [1]

La belle institution du Collège de France a été constamment destinée, dès son origine, à servir de complément nécessaire au système général de l'instruction publique en organisant un moyen régulier et permanent de le perfectionner sans cesse, conformément aux nouveaux besoins manifestés par la marche graduelle de l'esprit humain. S'adressant exclusivement par sa nature à des intelligences déjà suffisamment préparées, le haut enseignement de ce collège s'étend, pour ainsi dire spontanément, à des matières nouvelles, aussitôt que le progrès continu de nos connaissances en fait sentir la nécessité, et ménage ainsi successivement des améliorations ultérieures dans l'éducation même de la jeunesse, qui, ne devant comprendre que des notions arrêtées, doit repousser toute innovation hasardée. Une telle conception a donc permis de réaliser, relativement à l'instruction publique, cette combinaison, si rarement obtenue et néanmoins si nécessaire, de l'esprit d'ordre et de l'esprit de progrès, dont l'harmonie constitue la difficulté fondamentale de tout établissement social. Aussi ce collège (si bien nommé, puisque la pensée en appartient exclusivement à la France) a-t-il constamment résisté, depuis trois siècles, à toutes les révolu-

---

1. Note remise à M. Guizot, ministre de l'instruction publique, le 29 octobre 1832, reproduite dans É. Littré, *Auguste Comte et la philosophie positive*, Paris, Hachette, 1863.

tions, par son aptitude spéciale à recevoir sans effort toutes les modifications légitimes. C'est en grande partie sous son influence que se sont successivement accomplies, pendant ce long intervalle, toutes les améliorations introduites dans le système de notre éducation nationale.

L'esprit de cette institution, qu'il était nécessaire de rappeler sommairement ici, parait exiger aujourd'hui la création d'une chaire nouvelle et permanente consacrée à l'histoire générale et philosophique des sciences positives, et qui semble évidemment adaptée à l'état présent de notre développement intellectuel.

C'est seulement de nos jours qu'une telle chaire pouvait être convenablement établie, puisque, avant notre siècle, les diverses branches fondamentales de la philosophie naturelle n'avaient point encore acquis leur caractère définitif ou n'avaient pas manifesté leurs relations nécessaires. Mais aujourd'hui, d'une part la science mathématique, constituant enfin un immense système de méthodes générales et de principes universels, premier fondement de la philosophie naturelle tout entière, a organisé sur des bases invariables son admirable harmonie avec l'étude positive de la nature inerte, soit dans la physique céleste, soit dans les principales parties de la physique terrestre ; d'une autre part, les sciences plus compliquées, qui ont pour objet l'étude des corps vivants, sont enfin parvenues à leur véritable état positif, relativement aux trois points de vue généraux sous lesquels ces corps peuvent être envisagés : l'organisation, la vie normale ou anormale, et la classification ; et en même temps, la physique organique, tout en conservant sa physionomie propre, s'est profondément coordonnée à la physique inorganique.

Dans cet état de notre intelligence, la science humaine, en ce qu'elle a de positif, peut donc enfin être envisagée comme *une*, et par conséquent son histoire peut dès lors être conçue. Impossible sans cette unité, l'histoire des sciences tend réciproquement à rendre l'unité scientifique plus complète et plus sensible.

L'observation exacte de la marche, souvent en apparence si peu rationnelle, suivie à travers les siècles par la succession des hommes de génie pour acquérir ce petit nombre de connaissances certaines et éternelles qui constitue notre domaine scientifique actuel, doit inspirer à tous les esprits élevés un profond attrait, et peut, en même temps, faciliter le progrès effectif des sciences, en faisant mieux connaître les lois naturelles de l'enchaînement des découvertes. Outre cette utilité propre et directe du nouveau cours proposé, il est clair que toutes les considérations de quelque importance relatives à la philosophie des sciences, à leur méthode, à leur esprit et à leur harmonie, viennent s'y rattacher naturellement, et avec cette heureuse garantie que, liées ainsi au développement historique de la science humaine, toutes les notions vagues et arbitraires s'en trouvent nécessairement exclues, pour n'y laisser subsister que ce qu'elles offrent de positif. Enfin, sous un dernier point de vue général, l'étude de l'histoire philosophique des sciences se présente comme constituant un élément indispensable dans l'ensemble des études historiques, qui offrent aujourd'hui, à cet égard, une lacune fondamentale dont tous les bons esprits sont vivement choqués.

Ces divers motifs inspiraient sans doute l'illustre Cuvier, lorsqu'il entreprit, dans ses dernières années, le beau cours d'*Histoire des sciences naturelles*, que sa mort a laissé incomplet. L'ascendant si justement acquis à son génie ne permit pas de remarquer l'infraction incontestable qu'il commettait ainsi au programme de la chaire qu'il occupait au Collège de France. Mais un privilège aussi personnel n'est pas de nature à se reproduire. D'ailleurs, la chaire d'histoire naturelle, conçue d'une manière si large et si philosophique par M. Cuvier, ne saurait aucunement comporter désormais une telle excursion, depuis que cette chaire, la seule en Europe où l'histoire naturelle fut réellement considérée dans tout son vaste ensemble, vient d'être entièrement dénaturée par sa déplorable transformation en une simple chaire de géologie minéralogique.

Une considération rationnelle tout à fait décisive établit incontestablement la nécessité de consacrer à l'histoire des sciences positives une chaire spéciale et nouvelle. Pour répondre convenablement à sa destination et produire toute l'utilité réelle dont il est susceptible, un tel cours doit, en effet, porter indispensablement sur l'ensemble de toutes les sciences fondamentales; car les mathématiques, l'astronomie, la physique, la chimie et les sciences physiologiques s'étant toutes, en réalité, développées simultanément et sous l'influence les unes des autres, il est impossible d'exposer une véritable histoire, c'est-à-dire de démontrer la filiation effective des progrès, en observant exclusivement une partie quelconque d'entre elles. Sans cette conception d'ensemble, un cours destiné à l'histoire scientifique tend inévitablement à dégénérer en une simple bibliographie ou en une suite de notices biographiques, ce qui, quoique utile à certains égards, est loin de correspondre à l'importance de l'institution du Collège de France, et ne saurait y motiver la création d'une nouvelle chaire; ainsi envisagé, ce cours provoquerait de simples recherches d'érudition, et ne pourrait aucunement aboutir à augmenter la masse de nos connaissances positives, en faisant découvrir par l'observation les lois naturelles qui président au grand phénomène du développement scientifique de l'esprit humain.

Le cours historique de M. Cuvier, avec quelque profonde habileté qu'il ait d'ailleurs été exécuté, offre lui-même une confirmation frappante de la justesse nécessaire de ces principes. L'impossibilité où se trouvait M. Cuvier, par suite d'un cadre trop peu étendu, de prendre convenablement en considération l'histoire des mathématiques, de l'astronomie, etc., pour se borner à celle de ce qu'on appelle vulgairement les *sciences naturelles*, c'est-à-dire, essentiellement les diverses parties de la physique organique, a rendu nécessairement incomplets tous ses aperçus principaux, conçus d'ailleurs dans un esprit philosophique. Il a paru ainsi presque entièrement méconnaître l'influence directrice exercée à toutes les époques par la science mathématique et par la physique inorganique sur la méthode et sur le développement des autres parties de la philosophie naturelle, qui, relatives aux phénomènes les plus compliqués et les plus particuliers, se trouvent par cela même sous la dépendance nécessaire de celles qui étudient les lois des phénomènes les plus simples et les plus généraux. C'est ce qu'on peut vérifier aisément en considérant, par exemple, la manière extrêmement imparfaite dont M. Cuvier a apprécié l'influence d'Archimède et d'Hipparque, et, pour les temps modernes, l'action de Galilée sur son siècle, celle même de Leibniz et surtout celle de Newton. Toutes ces imperfections capitales eussent nécessairement disparu si le cours de Cuvier eût pu embrasser l'ensemble de l'histoire scientifique.

Les divers motifs indiqués dans cette note paraissent propres à rendre parfaitement sensible la nécessité d'instituer aujourd'hui, au Collège de France, une chaire nouvelle exclusivement consacrée à l'histoire des sciences positives envisagées collectivement. Ils montrent clairement l'impossibilité absolue d'atteindre le but proposé en faisant d'un tel enseignement un simple appendice d'aucun cours sur une branche quelconque de la philosophie naturelle, et surtout de ceux qui se rapportent aux sciences les moins avancées et les plus dépendantes.

Afin de mieux manifester à tous les esprits le vrai caractère de ce nouveau cours, il semble même convenable de l'intituler *Cours d'histoire générale des sciences physiques et mathématiques*, pour rappeler par l'emploi d'une désignation officiellement consacrée qu'il correspond à l'ensemble des sciences dont s'occupe la première classe de l'Institut.

Paris, 28 octobre 1832
Auguste COMTE,
Ancien élève de l'École polytechnique.

LETTRE D'AUGUSTE COMTE À GUIZOT DU 30 MARS 1833 [1]

Paris, le samedi 30 mars 1833.

Monsieur,

Quoique, depuis plus de trois semaines, je diffère à dessein de vous écrire, je dois d'abord vous demander sincèrement pardon de vous entretenir d'affaires si peu de temps après la perte cruelle et irréparable que vous venez d'éprouver et à laquelle je compatis vivement. Mais comme, d'après ce que vous aviez bien voulu m'annoncer dans notre dernière entrevue, c'était vers le commencement de mars que devait être examinée définitivement la proposition que j'ai eu l'honneur de vous soumettre, le 29 octobre dernier, sur la création d'une chaire *d'Histoire générale des sciences physiques et mathématiques* au Collège de France, je craindrais, en gardant plus longtemps le silence à cet égard, de donner lieu de croire que j'aurais renoncé à ce projet.

Il serait déplacé, Monsieur, de rappeler ici, même sommairement, les diverses considérations principales propres à faire sentir l'importance capitale de ce nouvel enseignement, et sa double influence nécessaire pour contribuer à imprimer aux études scientifiques une direction plus philosophique, et pour combler une lacune fondamentale dans le système des études historiques ; c'est, ce me semble, le complément évident et indispensable de la haute instruction, surtout à l'époque actuelle. Je m'en réfère à cet égard à ma note du 28 octobre ; ou, pour mieux dire, Monsieur, je m'en rapporte à votre opinion propre et spontanée sur une question que la nature de votre esprit et de vos méditations antérieures vous met plus que personne en état de juger sainement. Car je vous avoue, Monsieur, que ce à quoi j'attache le plus d'importance dans cette affaire, c'est que vous veuillez bien la décider uniquement par vous-même, à l'abri de toute influence, en usant de votre droit à

---

1. Reproduite dans É. Littré, *Auguste Comte et la philosophie positive*, *op. cit.*

l'égard du Collège de France, qui se trouve heureusement, et par la loi et par l'usage, hors des attributions du Conseil d'instruction publique. Les deux seuls savants qui fassent actuellement partie de ce conseil, quoique distingués d'ailleurs dans leurs spécialités, sont, en effet, par une singulière coïncidence, généralement reconnus dans le monde scientifique comme parfaitement étrangers à tout ce qui sort de la sphère propre de leurs travaux, et comme pleinement incompétents en tout ce qui concerne la philosophie des sciences et l'histoire de l'esprit humain. Il y aurait, Monsieur, je dois le dire avec ma franchise ordinaire, plus que de la modestie, dans une intelligence comme la vôtre, à subordonner votre opinion à la leur sur une question de la nature de celle que j'ai eu l'honneur de soulever auprès de vous. Si vous pouvez à ce sujet recueillir des conseils utiles, ce n'est pas du moins de la part de vos conseillers officiels.

Comme depuis cinq mois vous avez eu certainement le loisir d'examiner cette affaire avec toute la maturité suffisante, sans être importuné de mes instances, je crois pouvoir enfin, Monsieur, sans être indiscret, réclamer à cet égard votre décision définitive. Je suis bien loin de me plaindre de la situation précaire et parfois misérable dans laquelle je me suis toujours trouvé jusqu'à présent ; car je sens combien elle a puissamment contribué à mon éducation. Mais cette éducation ne saurait durer toute la vie, et il est bien temps, à trente-cinq ans, de s'inquiéter enfin d'une position fixe et convenable. Les mêmes circonstances qui ont été utiles (et, à mon avis, indispensables ordinairement) pour forcer l'homme à mûrir ses conceptions et à combiner profondément le système général de ses travaux, deviennent nuisibles par une prolongation démesurée, quand il ne s'agit plus que de poursuivre avec calme l'exécution de recherches convenablement tracées. Pour un esprit tel que vous connaissez le mien, Monsieur, il y a, j'ose le dire, un meilleur emploi de son temps, dans l'intérêt de la société, que de donner chaque jour cinq ou six leçons de mathématiques. Je n'ai pas oublié, Monsieur, que, dans les conversations philosophiques trop rares et si profondément intéressantes que j'ai eu l'honneur d'avoir avec vous autrefois, vous avez bien voulu m'exprimer souvent combien vous me jugeriez propre à contribuer à la régénération de la haute instruction publique, si les circonstances vous en conféraient jamais la direction. Je ne crains pas, Monsieur, de vous rappeler cette disposition bienveillante et d'en réclamer les effets lorsqu'il s'agit d'une création qui, abstraction faite de mon avantage personnel, présente en elle-même une utilité scientifique incontestable et du premier ordre, et qui se trouve en une telle harmonie avec la nature de mon intelligence et les recherches de toute ma vie, qu'il serait, je crois, fort difficile aujourd'hui qu'elle pût convenir à une autre personne.

J'espère, Monsieur, que vous ne trouverez pas déplacée mon insistance à cet égard après un si long délai. Vous n'ignorez pas que, bien que ce projet fût pleinement arrêté dans mon esprit avant votre ministère, je n'ai point essayé de le soumettre à votre prédécesseur, par la certitude que j'avais de n'en être pas compris, et il est plus que probable que la même raison m'empêchera également d'en parler à votre successeur. Vous concevez donc, Monsieur, qu'il est de la dernière importance pour moi de faire juger cette question pendant que le ministère de l'instruction publique est occupé, grâce à une heureuse exception, par un esprit de la trempe du vôtre et dont j'ai le précieux avantage d'être connu personnellement.

Comme cette fonction ne présente heureusement aucun caractère politique, je ne pense pas qu'on puisse trouver, dans le système général du gouvernement actuel, aucun motif de m'exclure, malgré l'incompatibilité intellectuelle de ma philosophie positive avec toute philosophie théologique ou métaphysique, et par suite avec les systèmes politiques correspondants. Dans tous les cas, cette exclusion ne saurait offrir l'utilité d'arrêter mon essor philosophique, qui est maintenant trop caractérisé et trop développé pour pouvoir être étouffé par aucun obstacle matériel, dont l'effet ne pourrait être au contraire que d'y introduire, par le sentiment involontaire d'une injustice profonde, un caractère d'irritation contre lequel je me suis soigneusement tenu en garde jusqu'ici. Comme je ne pense pas que les vexations purement gratuites et individuelles se présentent à l'esprit d'aucun homme d'État, dans quelque système que ce soit, je dois donc être pleinement rassuré à cet égard. Si, cependant, Monsieur, quelque motif de ce genre contrariait ici l'effet de votre bienveillance, je ne doute pas que vous ne crussiez devoir me le déclarer franchement, par la certitude que vous auriez que je vous connais trop bien pour ne pas regarder un esprit aussi élevé que le vôtre comme parfaitement étranger à toute difficulté de cette nature.

Je ne pense pas non plus avoir aucun obstacle à rencontrer dans les considérations financières; car le budget du Collège de France me semble actuellement pouvoir comporter aisément cette nouvelle dépense sans aucune addition de fonds, la chaire d'économie politique ne devant point probablement être rétablie, à cause du caractère vague et de la conception irrationnelle de cette prétendue science, telle qu'elle est entendue jusqu'ici. Dans tous les cas, il est nécessaire d'abord de reconnaître en principe la convenance du cours d'histoire des sciences positives, sans y mêler aucune question d'argent. Je puis d'autant plus faciliter une telle décision que je consentirais volontiers à faire ce cours sans aucun traitement, jusqu'à ce que la Chambre eût alloué des fonds spéciaux, si le budget était réellement insuffisant.

Par ces divers motifs, j'espère, Monsieur, que vous voudrez bien m'assigner prochainement une dernière entrevue pour me faire connaître, au sujet de cette création, votre détermination définitive, soit dans un sens, soit dans un autre. J'ai besoin de n'être pas tenu plus longtemps en suspens à cet égard, afin de pouvoir donner suite, si une telle carrière m'était malheureusement fermée, aux démarches susceptibles, dans une autre direction, de me conduire à une position convenable, ce qui est devenu maintenant pour moi, après une insouciance philosophique aussi prolongée, un véritable devoir.

J'ai dédaigné, Monsieur, d'employer auprès d'un homme de votre valeur les procédés ordinaires de sollicitations indirectes et de patronages plus ou moins importants que j'eusse pu néanmoins mettre en jeu tout comme un autre. C'est moi seul, Monsieur, qui m'adresse à vous seul. Il s'agit ici d'une occasion unique de m'accorder une position convenable sans léser aucun intérêt et en fondant une institution d'une haute importance scientifique, susceptible, je ne crains pas de le dire, d'honorer à jamais votre passage au ministère de l'instruction publique. Je crois donc pouvoir compter sur l'épreuve décisive à laquelle je soumets ainsi votre ancienne bienveillance pour moi et votre zèle pour les véritables progrès de l'esprit humain.

Veuillez agréer, Monsieur, l'assurance bien sincère de la respectueuse considération de votre dévoué serviteur,

Auguste COMTE,
n° 159, rue Saint-Jacques.

P.S. Je vous prie, Monsieur, de vouloir bien accepter l'hommage du premier volume de mon *Cours de philosophie positive*, dont j'ai l'honneur de vous envoyer ci-joint un exemplaire. La publication de cet ouvrage, que les désastres de la librairie avaient suspendue pendant deux ans, va maintenant être continuée sans interruption par un autre éditeur. Je m'empresse de profiter de la première disponibilité de quelques exemplaires pour satisfaire le désir que j'avais depuis si longtemps de soumettre ce travail à un juge tel que vous.

OBSERVATIONS DE COMTE À LA SUITE DU REFUS DE GUIZOT
(*LE NATIONAL*, 8 OCTOBRE 1833)[1]

M. Guizot avait d'abord paru sentir vivement la haute importance du nouvel enseignement proposé dans cette note, et se déclarait disposé à en provoquer l'établissement. Néanmoins, après avoir manifesté pendant six mois de telles intentions, il finit par prononcer non le rejet pur et simple de ce projet, ce qui eût été

1. Reproduites dans É. Littré, *Auguste Comte et la philosophie positive*, op. cit.

trop expressif et trop contradictoire à ses promesses, mais, ce qui est bien plus commode, son ajournement indéfini. Du reste, depuis le mois de mai, M. Guizot n'a pas daigné énoncer un seul motif de cette décision, et s'est borné à déclarer qu'il agissait ainsi *d'après l'avis de personnes dont il honore les lumières*, c'est-à-dire, en style ordinaire, qu'il cédait à l'influence de la coterie de sophistes et de rhéteurs dont il est entouré.

Il existe à Paris seulement, tant au Collège de France qu'à la Sorbonne, *quatre* chaires consacrées à l'histoire de ce qu'on appelle officiellement la *philosophie*, c'est-à-dire exclusivement destinées à l'étude minutieuse des rêveries et des aberrations de l'homme pendant la suite des siècles; tandis qu'il n'y a pas en France ni même en Europe un seul cours pour expliquer la formation et le progrès de nos connaissances réelles, soit quant à l'ensemble de la philosophie naturelle, soit quant à aucune science en particulier. Un fait aussi sensible est propre à caractériser l'esprit de notre système d'instruction publique, et peut donner une juste mesure de la véritable portée des *hommes d'État* auxquels un tel contraste est actuellement signalé sans qu'ils y fassent aucune attention, quand ils peuvent y remédier avec tant de facilité !

M. Guizot a la prétention d'être positif, et il s'oppose directement à l'extension naturelle de l'esprit scientifique, en même temps qu'il favorise de tout son pouvoir la conservation factice de l'esprit métaphysique et théologique. M. Guizot, qui s'est occupé d'histoire, se croit appelé à étendre et à élever l'enseignement historique; et cependant, loin d'avoir la pensée d'y introduire l'étude de l'histoire des connaissances humaines qui constituent sans doute l'élément le plus important de notre passé, il refuse dédaigneusement de combler une aussi monstrueuse lacune, lorsqu'elle lui est hautement signalée.

Il faut néanmoins rendre à M. Guizot la justice de reconnaître qu'il croit très sincèrement à sa positivité; mais son exemple offre une bien frappante confirmation de cette vérité si essentielle aujourd'hui : même avec une organisation très distinguée et avec un sentiment réel de la nécessité de l'esprit positif, on reste inévi-

tablement sous le joug de la métaphysique, quand on est malheureusement, par l'ensemble de son éducation, entièrement étranger à
toute espèce de méthode scientifique et de connaissances exactes.
Quels auront été, après d'aussi emphatiques annonces et malgré
quelques intentions réellement progressives, les résultats effectifs
de l'année du ministère de M. Guizot pour seconder la marche
de l'esprit humain? La consolidation, autant qu'il est en lui, de
l'influence sacerdotale dans l'instruction publique et la résurrec-
tion solennelle d'une congrégation légale de métaphysiciens
politiques (l'Académie des sciences morales et politiques).

PIERRE LAFFITTE

DISCOURS D'OUVERTURE DU COURS
SUR L'HISTOIRE GÉNÉRALE DES SCIENCES
AU COLLÈGE DE FRANCE[*]

Par décret du 30 janvier 1892, de M. le Président de la République, et sur la proposition de M. Léon Bourgeois, ministre de l'Instruction publique, une chaire de l'histoire générale des sciences a été créée au Collège de France, et par décret du même jour, j'ai été appelé à la remplir. Le Parlement, Chambre des députés et Sénat, avait préalablement voté les fonds nécessaires, à une grande majorité. La création a donc eu le concours de tous les pouvoirs publics de la République française.

L'approbation, je puis dire presque unanime, de la presse républicaine a montré l'importance qui était attribuée à une telle fondation, où l'on a vu comme l'annonce de l'avènement systématique de la science dans la direction des affaires humaines. L'opposition naturelle des représentants autorisés de la prépondérance des doctrines théologico-métaphysiques a caractérisé, par une sorte de contre-épreuve, l'opinion du parti républicain à ce sujet. Je crois donc qu'il est de mon devoir strict d'expliquer sommairement la relation effective de la création d'un tel cours au Collège de France, avec l'ensemble de la situation sociale telle qu'une analyse historique peut la dégager de toutes les luttes passagères du moment.

[*] Discours prononcé le samedi 26 mars 1892, reproduit dans la *Revue occidentale*, 15ᵉ année, n° 3, 1ᵉʳ mai 1892.

Je dois d'abord faire voir comment cette chaire, dont la création a été sollicitée depuis bientôt deux générations, n'a pu être définitivement fondée que sous la troisième République, enfin constituée sur ses bases normales.

Auguste Comte avait, dans cet admirable mouvement philosophique, gloire éternelle de la Restauration, conduit l'évolution scientifique abstraite, en élaboration depuis Thalès et Pythagore, jusqu'à son terme final, par la fondation de la sociologie et de la morale positives. Dans cette élaboration, depuis 1822, il avait montré que la science, désormais complétée et coordonnée, devait arriver finalement à la direction suprême des affaires humaines. Ce fut à cette époque que ses travaux et sa personne furent appréciés par M. Guizot, qui assista à plusieurs séances du cours professé par le jeune philosophe : et plusieurs lettres nous font connaître que M. Guizot, préoccupé lui-même de hautes méditations historiques, avait senti la portée des travaux d'Auguste Comte, quoique néanmoins son esprit n'ait jamais été dégagé des convictions théologico-métaphysiques, et qu'il leur ait toujours assigné un rôle indéfini dans le gouvernement des sociétés. Aussi, quand M. Guizot arriva en 1832 au ministère de l'instruction publique, les relations antécédentes qu'avait eues Auguste Comte avec lui et quelques avances d'autrefois engagèrent le philosophe à proposer au ministre la création d'une chaire *d'histoire des sciences mathématiques et physiques au Collège de France*. Dans une note remise le 29 octobre 1832, à M. Guizot, Auguste Comte montrait l'importance et la nécessité d'une telle création pour le développement et la systématisation des sciences positives. M. Guizot, après une entrevue avec Auguste Comte, renvoya sa décision à une époque ultérieure. Celui-ci, après un temps normal d'attente, lui écrivit une lettre le 30 mars 1833. Dans cette lettre, il rappelait à M. Guizot que celui-ci l'avait jugé jadis capable de servir le haut enseignement; et, avec une noble confiance, dont il honorait le ministre, il lui demandait s'il n'était pas plus capable de servir ainsi les intérêts généraux des progrès humains, qu'en s'absorbant dans six ou sept heures d'enseignement mathématique. M. Guizot répondit que ses occupations ne lui permettaient pas en ce moment d'accorder une entrevue. M. Comte, par sa lettre du 6 mai 1833, rappela à M. Guizot que l'entrevue demandée se rapportait à l'accomplissement de ses fonctions légales et que par suite il était obligé formellement de l'accorder. Par un billet du 9 mai 1833, M. Guizot répondit que d'après l'avis des personnes compétentes il refusait la création de la chaire demandée. Sans doute, la nature du système politique inauguré sous le règne de Louis-Philippe explique un tel avortement ; néanmoins, un chef supérieur et directement pratique aurait pu au fond passer outre. Mais M. Guizot, doué du reste d'une haute intelligence, était un théoricien ; et cette expérience prouve une fois de plus le danger de confier le pouvoir politique aux purs théoriciens, trop disposés à immobiliser la société dans l'état qu'ils ont conçu. En 1846 et 1847, quelques initiatives hardies de M. de Salvandy engagèrent Auguste Comte à renouveler auprès de celui-ci une nouvelle tentative pour la fondation d'une chaire au Collège de France. M. de Salvandy accueillit très convenablement une telle demande et promit de l'examiner avec tout le soin que méritait le nom de celui qui la faisait. La Révolution de 1848 surgit, et Auguste Comte renouvela auprès du nouveau gouvernement la demande faite à celui de Louis-Philippe. Mais la direction républicaine n'eut qu'une durée éphémère et aucune suite ne put être donnée à la demande du philosophe.

L'avortement de la tentative d'Auguste Comte s'explique. Dans la transition que représente le règne de Louis-Philippe, les hommes politiques qui l'organisèrent n'ont jamais conçu la nécessité et la possibilité de l'élimination finale des conceptions théologico-métaphysiques du gouvernement politique des sociétés humaines ; et ils ont toujours tenté et poursuivi des alliances à ce sujet. Pour surmonter une telle situation, il aurait fallu la haute portée d'un véritable grand politique, et ce n'était pas ici le cas. Sous l'Empire, Auguste Comte ne fit aucune démarche quelconque pour la fondation de cette chaire, non pas que le chef eût l'esprit fermé à de telles vues, bien loin de là ; mais la nature de son système politique ne lui aurait pas permis d'accomplir une telle fondation, quand même il l'aurait approuvée.

L'avènement définitif de la République, en 1870, changea la situation et, dès le début, le génie politique de Gambetta avait pressenti la profondeur de la transformation, en fondant pour M. Littré, à l'École polytechnique, une chaire d'histoire générale. Mais des luttes plus urgentes s'imposaient. Il fallait conquérir le pouvoir dans cette République, désormais inébranlablement fondée sur les nécessités d'une situation créée par notre passé. Le pouvoir conquis, il fallait donner à la République le caractère pleinement laïque qui constitue son état véritablement normal. Ces deux pas accomplis : conquête du pouvoir par les républicains, caractère exclusivement laïque de la République, le projet de la fondation d'une chaire de l'histoire générale des sciences au Collège de France put être repris. M. H. Stupuy appela de nouveau l'attention sur un tel projet ; mais c'est surtout M. Antonin Dubost, député de l'Isère, qui depuis 1885 en poursuivit la réalisation. Il fallait pour cela le concours d'un ministre doué à la fois des vues générales qui permettent d'apprécier l'ensemble des choses, et de la fermeté qui ne se laisse pas ébranler par les oppositions que soulèvent les véritables nouveautés, quelque préparées qu'elles puissent être. M. Léon Bourgeois obtint le concours des pouvoirs publics et la chaire fut fondée.

L'on voit donc, par cette sommaire analyse historique des essais infructueux et de la réussite finale d'une telle création, comment elle se trouvait réellement en harmonie, avec la situation politique et sociale de la France ; et c'est cela qu'il faut maintenant que je fasse comprendre davantage par une analyse plus approfondie.

L'état légal de la France consiste : d'un côté, en ce que les croyances théologico-métaphysiques qui ont gouverné le passé de notre espèce ne sont plus désormais que d'ordre privé ; et que, d'un autre côté, tous les rapports personnels, domestiques et sociaux reposent sur des bases purement positives, toujours au fond véri-fiables et sur lesquelles l'accord peut toujours finalement s'établir. Sans doute, cet état est encore trop implicite, et les divers éléments de cette situation sont loin d'être systématiquement coordonnés par une analyse explicite systématique; mais c'est là néanmoins la réalité pratique et profonde qui gouverne notre situation depuis un siècle.

En 1789, un pas capital fut, en effet, accompli sous le poids des antécédents, et créa une situation nouvelle dans le monde, par la proclamation de la *liberté de conscience*. Toutes les constitutions, depuis cette époque, ont conservé ce grand principe, y compris celle de 1811, dont le préambule remarquable cherche à lier le présent au passé. Sans doute, il y eut des incohérences, celle notamment de Bonaparte, introduisant dans un tel sujet la statistique, en déclarant que la religion catholique est celle de la majorité des Français. Or, proclamer la liberté de conscience, c'est dire que les croyances que domine un tel principe ne sont pas, d'après le législateur, nécessaires à l'existence personnelle, domestique et sociale; et que la vie réelle peut s'établir suffisamment sur des bases purement positives, en dehors de toute croyance théologique.

C'est là un état absolument nouveau dans l'histoire du monde, et que les esprits les plus audacieux osaient à peine entrevoir avant 1789. Aussi cette année mémorable ouvre une ère véritablement nouvelle pour l'humanité; car la France n'a fait que prendre l'initiative pour le genre humain. On conçoit, dès lors, comment Auguste Comte a pu prendre 1789 pour *l'origine des temps*[1].

L'on conçoit qu'une telle proclamation, qui ramenait ainsi à l'ordre purement privé les croyances qui, depuis l'origine des temps, gouvernaient l'espèce humaine, ait produit et un effroi et une répulsion dans des esprits élevés et supérieurs, surtout préoccupés de l'ordre, et qui ne voyaient pas suffisamment la possibilité de l'établir sur des bases différentes de celles qui avaient servi au gouvernement du genre humain. Ils ont dû voir là, et c'était un sentiment vraiment légitime, le commencement d'une anarchie

---

1. Voir le remarquable article de F. Harrison, «Ère nouvelle», *Revue occidentale*, 1er janvier 1892.

profonde, destinée à décomposer d'abord la France et finalement l'Occident; car ce mouvement tend à se propager dans tous les éléments de la République occidentale, et à y remplacer la chrétienté par la positivité. Il faut tenir compte de ces sentiments et de ces vues, dont l'illustre Joseph de Maistre a été le plus éminent représentant. De telles craintes ont dû s'augmenter encore par l'avènement de plus en plus familier de l'idée de progrès, qui, vague et confuse encore, pousse à des changements indéfinis, dans une situation où les antiques principes de la stabilité humaine ne sont plus proclamés que d'ordre purement privé.

Néanmoins, Messieurs, malgré ces craintes qui semblent si rationnelles, les sociétés occidentales, en se compliquant de plus en plus, nous présentent, malgré des oscillations dont l'intensité n'est pas supérieure à celle du passé, un ordre persistant. Il nous faut résoudre cette contradiction, en signalant toutefois les lacunes véritables d'une telle situation, et en montrant comment on peut y remédier; de manière à calmer les inquiétudes de ceux que préoccupe la notion de l'ordre. Le nœud de toute notre théorie consiste à mieux analyser qu'on ne l'a fait jusqu'ici le caractère de la raison pratique, et à montrer ensuite que les lacunes qui frappent tant d'esprits consistent dans le défaut d'intervention systématique de la raison théorique scientifique.

La raison pratique a pour destination de *prévoir* et de *modifier* les divers phénomènes du monde et de la société. Elle comporte donc une vérification constante de l'expérience; elle est ainsi, par sa nature, essentiellement positive; par suite, elle permet une véritable entente, car elle est dans une fréquentation continue avec les réalités effectives. En un mot, ses décisions sont susceptibles de vérification.

C'est cette raison pratique qui depuis 1789 gouverne la France; non seulement dans le domaine de l'industrie proprement dite ou de la modification du monde, mais aussi de la modification des phénomènes sociaux. Et l'on en a vu de fréquents exemples, montrant comment la pratique des hommes d'État dignes de ce nom, était supérieure aux théories théologico-métaphysiques qu'ils conservaient encore.

Néanmoins, Messieurs, une telle situation est loin d'être suffisamment réglée; car si la raison pratique est réelle, elle est empirique, par suite incohérente et ne permettant que des prévisions à très courtes dates; ce qui conduit à une série d'essais infructueux et souvent nuisibles. D'un autre côté, elle est par cela même insuffisante pour établir ces formules générales qui servent à maintenir le *consensus* des hommes entre eux, *consensus* d'autant plus difficile et en même temps nécessaire que les phénomènes sociaux se compliquent davantage. Ces formules créées par les sacerdoces antiques, et dont le Décalogue nous offre un noble exemple, ont été sanctionnées d'abord par la théologie; aussi participent-elles, au point de vue social, au discrédit de celle-ci. Il y a là un vrai danger, et Joseph de Maistre, répétant l'ancienne formule, a pu dire : *Le nombre des vérités diminue parmi les hommes*; car les principes généraux d'entente sont de plus en plus contestés.

Quel peut être le remède à une telle situation. Il existe, Messieurs; et il consiste essentiellement dans la généralisation de la science et dans son extension définitive au domaine social et moral. Son critérium de certitude, comme celui de la raison pratique, consiste dans la *modificabilité* et la *prévision*. Mais la science est générale et abstraite. Par suite de ces deux caractères, elle étend la prévision et elle agrandit la modificabilité d'une manière presque indéfinie, en créant une infinité de cas possibles que l'empirisme n'aurait pu révéler, comme le montre l'exemple capital de la grande industrie abstraite propre à l'Occident. D'un autre côté, la science, par suite de son caractère d'abstraction, est susceptible de trouver ces formules générales, condition du concours des hommes entre eux et de la formation des forces sociales. Car toute force sociale résulte au fond, suivant la grande théorie d'Auguste Comte, de la coordination des volontés individuelles dans un organe unique.

Mais, Messieurs, cette mentalité positive scientifique qui se développe en Occident depuis Thalès, et dont l'aptitude organique s'est déjà manifestée dans la modification du monde, est-elle réellement susceptible d'atteindre un tel but ? Oui, Messieurs, je crois qu'un examen d'ensemble peut nous persuader à cet égard. En fait, il s'est formé une *foi positive*. La *foi*, c'est la disposition à croire de confiance les principes établis par les hommes compétents, et qu'on applique ensuite à la vie sociale et industrielle ; la foi est la base de toute société. C'est une profonde illusion de l'orgueil révolutionnaire de croire que chacun ne doit appliquer que les principes dont il a la démonstration personnelle. L'existence de toute société proteste contre une telle hallucination. Mais ce qui caractérise la foi positive, c'est que, si elle n'est pas toujours démontrée pour chacun, et loin de là, elle est néanmoins toujours démontrable. L'existence de cette foi positive, tout au moins dans le domaine de la philosophie naturelle, est caractérisée par ce fait, qu'en science la liberté de conscience n'existe pas. Car on regarderait universellement comme absurde celui qui prétendrait, en science, croire à sa fantaisie ; et la réalité pratique le ramènerait bientôt à l'équilibre.

Permettez-moi, Messieurs, un exemple familier à ce sujet : Supposons qu'un individu aille demander à notre honorable Ministre des finances une fonction dans son ministère, et commence par lui déclarer qu'il est ou catholique, ou juif, ou protestant, ou athée ; le Ministre l'interromprait immédiatement et lui dirait : « Monsieur, cela ne me regarde pas ». Mais s'il ajoutait : « je ne crois pas que 2 et 2 fassent 4 ; je pense même que la somme varie, que 2 et 2 font 5 quand je reçois, et 3 quand je donne », l'honorable Ministre sourirait et renverrait le candidat, par une de ces formules polies qui ajournent indéfiniment. Et si ce personnage appliquait réellement dans la pratique son théorème, il est probable que nos magistrats seraient peu indulgents.

Joseph de Maistre, avec son habituelle profondeur, a constaté l'existence et la puissance de cette foi positive. Voici ce qu'il dit :

> Le traducteur anglais de toutes les œuvres de Bacon, le docteur Shaw, a dit, dans une de ses notes, dont il n'est plus en mon pouvoir d'assigner la place, mais dont j'assure l'authenticité : *que le système*

de Copernic a bien encore ses difficultés. Certes, il faut être bien intrépide pour énoncer un tel doute. La personne du traducteur m'est absolument inconnue ; j'ignore même s'il existe ; il est impossible d'apprécier ses raisons, qu'il n'a pas jugé à propos de nous faire connaître, mais sous le rapport du courage, c'est un héros [1].

Cette foi qu'inspire la mentalité positive, elle déborde, Messieurs, de tous côtés. Elle est un signe caractéristique de notre époque. Ce phénomène frappe tous les observateurs.

Joseph de Maistre n'a pu, vu sa situation mentale, compléter son observation, et constater la décroissance continue de la foi théologico-métaphysique, dont le cercle se restreint en Occident, et surtout en France de plus en plus, en même temps que la foi positive s'étend sans cesse. Joseph de Maistre a essayé, du reste, de protester contre cette domination croissante de la foi positive. Écoutez-le encore :

> Je ne sais si je me trompe, mais cette espèce de despotisme, qui est le caractère distinctif des savants modernes, n'est propre qu'à retarder la science. Elle repose aujourd'hui sur de profonds calculs à la portée d'un très petit nombre d'hommes. Ils n'ont qu'à s'entendre pour imposer silence à la foule ; leurs théories sont devenues une espèce de religion ; le moindre doute est un sacrilège ! [2].

Nous prenons ici Joseph de Maistre en flagrant délit d'esprit révolutionnaire. Il vérifie sur lui-même cette loi de l'influence du milieu sociologique, que subissent toujours à un certain degré les plus hautes et les plus audacieuses intelligences. Il fait du Voltaire à rebours, mais avec moins d'opportunité ; c'est du Voltaire contre la science au lieu d'être contre la théologie. Quant à son accusation de despotisme, elle est vraiment inapplicable. Quel despotisme peut-on subir en acceptant librement des conceptions dont les conditions de vérification sont toujours précises ? Quant à l'entente

1. J. de Maistre, *Soirées de Saint-Pétersbourg*, t. II, Notes du 11ᵉ entretien, Lyon, Rusand, 1822, t. II, p. 366.

2. J. de Maistre, *Soirées de Saint-Pétersbourg*, *op. cit.*, t. II, p. 366.

des membres du sacerdoce positif pour tromper le peuple, c'est absolument de même force que l'accusation semblable portée contre le sacerdoce théologique. Cette vue viole les lois les plus fondamentales de la nature humaine et de l'évolution des sociétés.

Mais qu'aurait dit Joseph de Maistre de la situation actuelle? L'esprit public invoque de tous côtés la science; il y a foi et désir, c'est l'indice d'un profond besoin, et c'est l'aspiration à sa satisfaction sociale. Mais la science ne peut remplir un tel vœu, elle ne peut être à la hauteur de sa mission qu'en s'étendant jusqu'aux phénomènes moraux et sociaux, et en se coordonnant. Si donc les savants veulent être à la hauteur de la mission que l'opinion publique leur impose, il est nécessaire qu'ils lient leurs études spéciales à des vues générales, sans quoi ils perdraient bientôt l'influence qui vient à eux, et l'on pourrait tout au plus leur demander des renseignements, mais jamais des conseils. En résumé, Messieurs, l'état légal de la France repose tout entier sur la mentalité positive d'après laquelle se règlent les rapports domestiques, individuels et sociaux, les conceptions théologico-métaphysiques n'étant plus légalement que d'ordre privé. Mais cette mentalité positive légale et pratique est trop incohérente; il y a nécessité d'une coordination qui ne peut résulter que d'une systématisation de l'ensemble des sciences abstraites. Cette coordination donnera la généralité nécessaire à la direction des choses et au gouvernement: *Le Général seul dirige*. L'instinct public confus, mais décisif, le réclame.

Eh bien! Messieurs, la création de la chaire actuelle a pour but, précisément, de concourir à l'organisation d'une telle situation, et à la satisfaction de ce besoin fondamental. Car elle est relative à l'ensemble de toutes les sciences positives abstraites, dont elle doit étudier les lois d'évolution; et c'est cet ensemble des sciences abstraites qui est la seule base inébranlable de toute systématisation.

Vous pouvez voir dès lors, Messieurs, d'après l'analyse que je viens d'accomplir devant vous, l'importance comme l'opportunité de la création, due surtout à la persévérance et aux vues d'ensemble de M. Antonin Dubost et de M. Léon Bourgeois, ministre de l'instruction publique.

En considérant la portée d'une telle fonction, on regrettera profondément avec moi qu'elle n'ait pu être remplie par Auguste Comte, l'homme de génie qui l'avait conçue, et à qui l'exécution en revenait naturellement (...).

III. *Plan du cours*

Il nous faut maintenant, Messieurs, pour compléter la conception générale de la nature et de la destination de ce cours, en exposer sommairement le plan.

Notre but, avons-nous dit, est d'étudier les lois de l'évolution scientifique abstraite, essentiellement de Thalès et de Pythagore à Auguste Comte. Les termes successifs de cette étude sont : la mathématique (géométrie, mécanique), l'astronomie qui en est le complément et la vérification constante, la physique, la chimie, la biologie, la sociologie et la morale.

La première partie du cours aura pour but d'étudier les lois de l'évolution scientifique, qui s'est accomplie de la géométrie à la morale, dans l'ordre que je viens d'indiquer et qui est celui de la simplicité décroissante et de la complication croissante. Mais, en définitive, la raison scientifique est émanée de la raison pratique, dont le caractère fondamental est de prévoir les phénomènes et de les modifier. Ce caractère est aussi celui de la raison scientifique, mais avec l'abstraction, la généralité et la cohérence qui manquent à la raison pratique. Ces deux sortes de raisons sont au fond homogènes : et la seconde partie du cours aura précisément pour but d'apprécier la réaction croissante de la science sur la pratique, c'est-à-dire d'en suivre la marche historique.

Donnons maintenant une vue d'ensemble de la première partie du cours. J'exposerai d'abord une théorie générale de la raison pratique, puis, je montrerai l'avènement graduel de la raison abstraite, en tant que distinctement constituée. Elle se compose d'abord de notions abstraites, qui, isolément considérées, sont plus

ou moins métaphysiques ; puis de relations abstraites, précises et
déterminées, et dont l'avènement dans chaque ordre de phénomènes constitue précisément l'évolution scientifique que nous
devons étudier.

Si nous jetons un coup d'œil d'ensemble sur l'évolution
scientifique, nous verrons que sa base essentielle est le couple
mathématico-astronomique ; car ce n'est qu'à partir du XVIIᵉ siècle
qu'apparaît enfin la création de la physique. Tout le mouvement
scientifique qui produit la physique, la chimie, la biologie, la
sociologie et la morale, s'accomplit de Galilée à Auguste Comte,
dans l'espace de deux siècles ; tandis que le groupe fondamental
mathématico-astronomique a nécessité plus de vingt siècles pour
se constituer définitivement. Sans doute cette inégalité de vitesse
tient à des raisons sociales, mais elle tient aussi à des raisons mentales. La création de la mentalité positive scientifique était un
problème d'une incomparable difficulté ; et de sa solution dépendaient les destinées finales de notre espèce. Il a fallu, dès lors, un
temps considérable pour élaborer, dans les questions les plus
simples, ce nouveau régime mental. Son étude devra donc être
poursuivie avec une attention profonde ; et nous pourrons en tirer
cette conséquence capitale, que, l'individu répétant l'espèce, la
base fondamentale de toute instruction positive sera éternellement
dans l'étude approfondie du couple mathématico-astronomique,
sans laquelle il est absolument impossible de constituer la haute
mentalité scientifique.

Nous montrerons d'abord comment et pourquoi c'est à la
Grèce qu'est due la fondation de l'étude scientifique du couple
mathématico-astronomique ; et nous suivrons, avec une attention
persévérante et un respect profond, ses premiers pas, les plus
difficiles et les plus décisifs, où s'impliquait la destinée finale de
notre espèce. C'est là le rôle qui a appartenu à la Grèce et à la Grèce
seule : sa gloire sera à jamais immortelle. Mais ce n'est pas elle à
qui a appartenu la continuation de la fonction. Pour un ensemble de
raisons, surtout sociales, le mouvement scientifique s'est finalement arrêté dans l'Orient grec ; et le monothéisme byzantin s'est

absorbé dans ses tristes luttes théologiques. D'un autre côté, l'Occident a dû être d'abord uniquement préoccupé de sa fonction politique et sociale ; d'où est résultée, pendant le Moyen Âge, la plus grande des révolutions : la libération des classes travailleuses. L'interrègne a été rempli par le grand monothéisme islamique, qui a conservé la science grecque en y apportant d'heureux perfectionnements, en astronomie, en trigonométrie, et en dégageant nettement la conception de l'algèbre. Mais, à partir du XVIe siècle, l'Occident reprend le flambeau, sans jamais l'abandonner depuis. À partir du XVIIe siècle, nous étudierons la formation graduelle de la barologie, de la thermologie, de l'acoustique, de l'optique, de l'électrologie et finalement de la théorie du magnétisme.

Dans chacune de ces études, nous montrerons, bien entendu, préalablement, la phase pratique d'où émanent les bases de la science correspondante et pendant laquelle les théories proprement dites sont plus ou moins métaphysiques. Quoique la période de fondation doive nous absorber surtout, car elle est décisive et caractéristique, nous prolongerons néanmoins notre étude jusqu'à nos jours.

À partir de la seconde moitié du XVIIIe siècle, nous verrons surgir la chimie positive, qui s'étend de Lavoisier à Berthelot. De la fin du XVIIIe au premier quart du XIXe siècle, nous étudierons la fondation de la biologie positive. Et enfin, nous verrons, dans Auguste Comte, surgir, sous le poids des antécédents scientifiques et logiques, la création de la sociologie et de la morale positives.

La raison théorique-scientifique est alors fondée. Nous aurons fait le tour complet de l'esprit humain ; et il nous sera possible, dès lors, d'exposer, dans une conclusion générale, le tableau de la raison scientifique abstraite, conçue comme la lente et incomparable création de l'Humanité.

Mais, Messieurs, comme nous l'avons déjà dit plusieurs fois, la science est homogène dans sa nature et sa destination avec la pratique effective. Seulement abstraite et générale, elle étend en la coordonnant la prévision comme la modification. Dès lors, la science, émanée primitivement de la pratique, peut, à son tour, réagir sur elle ; et c'est l'étude historique de cette réaction graduelle que nous ferons dans la seconde partie de ce cours.

La pratique nous présente deux sortes d'arts ; ceux qui agissent sur les choses et ceux qui agissent sur la société et le monde. La philosophie naturelle, qui va de la géométrie à la biologie, s'est constituée nécessairement la première à l'état positif ; et à mesure qu'elle se constituait, elle réagissait, et de plus en plus, sur la pratique correspondante. Alors, d'après ce principe, nous étudierons l'influence de la science sur les arts géométriques, mécaniques, astronomiques, physiques, chimiques et biologiques. De l'ensemble de cette étude résultera la conception générale de la grande industrie abstraite.

Quant à la réaction de la sociologie et de la morale, elle se rapporte plutôt à l'avenir qu'au passé ; et nous devrons surtout la déduire plus que l'observer ; d'après la considération des analogies qui résultent de l'étude de la réaction de la philosophie naturelle sur les arts correspondants. Néanmoins, Messieurs, le passé nous offre des exemples de cette réaction des études théoriques, sociologiques et morales, sur les phénomènes correspondants. En premier lieu, nous pourrons apprécier sommairement la tentative des philosophes grecs, surtout dans la grande Grèce, pour constituer, d'après des vues théoriques, des sociétés systématiques. En second lieu, nous devrons étudier aussi, brièvement, l'incomparable tentative analogue du catholicisme ; et enfin, de nos jours et près de nous, l'immortel effort de la Révolution française, sous le poids de laquelle nous vivons encore. Mais ces grandes tentatives nous serviront surtout au point de vue logique, pour nous aider à bien poser les bases de l'harmonie entre la théorie et la pratique dans l'ordre des phénomènes sociaux et moraux.

Mais, Messieurs, ce cours, pour être complété, exige une troisième partie, c'est celle de l'étude des principaux types de l'évolution scientifique, de Thalès et de Pythagore jusqu'à Auguste Comte. Voici les raisons qui nous imposent cette étude complémentaire.

En premier lieu, nous y verrons l'application à la sociologie de ce théorème fondamental que la biologie a établi : il n'y a pas de fonction sans organe. Nous verrons que les principes ne sont pas tout : outre que ce sont les hommes qui les construisent, il faut, pour chaque problème social, un organe déterminé pour le résoudre. L'évolution scientifique a le grand avantage de mettre cette proposition hors de toute contestation, tant sont exceptionnels les hommes qui résolvent ces questions ; en outre, on peut vérifier que bien des problèmes importants sont restés sans solution, faute de l'homme capable de la trouver.

En second lieu, une telle appréciation des grands types nous permettra d'étudier avec plus de soin certains détails scientifiques, que nous devrons négliger dans l'étude de la marche générale des sciences. Nous pourrons aussi mieux étudier l'influence des circonstances modificatrices, telles que la famille, le climat, la situation politique et, enfin, ce qu'on peut appeler le coefficient personnel.

En troisième lieu, cette étude aura une influence considérable sur notre culture morale, en développant le sentiment du respect et de la vénération qui est la condition capitale de toutes les recherches fécondes ; car, en tendant spontanément à nous subordonner au passé dans l'ordre spécial de nos recherches, elle nous évite les tâtonnements et les oscillations indéfinies, sans rien ôter de notre puissance créatrice, si du moins nous la possédons. L'exemple de Fermat, de Descartes, de Leibniz et de Newton en offre une preuve immortelle ; car ils respectaient profondément le passé géométrique, tout en marchant audacieusement à de nouvelles conquêtes ; et ce respect même était une condition de leur force. Ce n'est que dans les temps d'anarchie, où les médiocres pullulent et où le gouvernement des forts est ébranlé, qu'apparaissent ces prétentions singulières à tout recommencer à nouveau.

Nous étudierons donc d'abord les types de la phase philosophique de la science antique : Thalès, Pythagore, Archytas de Tarente, Eudoxe de Cnide, qui fait la transition. Puis la phase purement scientifique d'Euclide à Diophante, en passant par Archimède, Apollonios de Perga, Hipparque et Ptolémée.

Puis nous aborderons les types de la transition islamique : Mohammed-ben-Musa, Albatenius, Alka-Yémi, Nassir-Eddin. Nous entrerons enfin dans la phase moderne, par Fermat, Descartes, Leibniz, Newton, Euler, Huyghens, Bernoulli, etc., etc. ; et les grands types astronomiques : Copernic, Tycho Brahé, Képler, etc. En physique, de Galilée à Volta et Faraday, en passant par les types de Mariotte, de Boyle, Volta, etc., etc. Quant à la chimie nous irons de Lavoisier à Berthelot, en passant par Berthollet.

Quant à la biologie, nous étudierons les types immortels de Buffon, de Linné, de Gall, de Bichat, de Blainville, etc., etc. Enfin, pour la sociologie et la morale, nous apprécierons quelques-uns des hommes essentiels qui s'intercalent entre Aristote et Auguste Comte. Tel est l'ensemble du cours, auquel je consacrerai nécessairement plusieurs années.

Messieurs, il est nécessaire néanmoins de résumer tout ce que je viens de dire, par une vue d'ensemble qui nous donne la formule supérieure de la destination de cet enseignement.

En somme, Messieurs, la situation légale de la France consiste en un état positif, plus ou moins spontané et empirique, constitué en dehors de toute théologie, réduite finalement à n'être que d'ordre privé. Le but final de l'enseignement que je vais accomplir, c'est de contribuer à donner une systématisation scientifique à cette situation naturelle. Le rôle de la France, comparée au reste de l'Occident, c'est de prendre la haute initiative de cette opération décisive, dont tous les éléments existent chez les peuples qui nous entourent ; et en Angleterre, l'opération systématique a déjà commencé aussi. C'est à la France qu'appartient la fonction de la première opération coordinatrice. Mais pour qu'elle puisse la remplir, il est indispensable qu'elle possède une certaine force, condition de sa légitime indépendance. Ce grand organisme collectif constitué par des efforts continus, de Clovis jusqu'à Hoche et Danton, en passant par Charlemagne, Philippe-Auguste, saint Louis, Louis XI, Henri IV et Richelieu, ne peut remplir sa haute fonction civilisatrice, que si sa puissance est assez grande pour pouvoir suffisamment braver les perturbations rétrogrades venues de l'extérieur. La Révolution française nous en a offert un immortel exemple ; et n'oublions jamais que l'épée doit être assez forte pour défendre le flambeau.

L'étude de toute l'évolution scientifique nous permettra de tracer enfin le but positif de la destinée humaine, et de construire un terrain commun sur lequel tous les hommes, et d'abord tous les Français, pourront s'entendre, en dehors de toutes leurs dissidences théologiques. Grâce à l'étude de l'évolution scientifique, étendue jusqu'à la morale, nous apprendrons : 1) que l'homme est de plus en plus subordonné à l'Humanité et à la Patrie ; que là est la source de sa dignité, comme de sa puissance et que c'est grâce à cette subordination que nous pouvons résoudre le problème croissant de l'amélioration positive de notre situation comme de notre nature.

Mais cela exige une seconde vue, à savoir : la nécessité du perfectionnement comme de l'indépendance de l'individu, qui étant l'élément de toute société, ne peut concourir à son service que par son perfectionnement et la puissance croissante de son initiative. Il y aura donc un progrès constant dans le *concours et l'indépendance* ; et toute contradiction disparaît en songeant que le concours devient de plus en plus volontaire ; ce qui exige que nous devenions plus intelligents, plus dévoués, plus vénérants, plus courageux, plus prudents et plus persévérants, en cherchant à nous porter de mieux en mieux ; la bonne santé est un devoir, quoi qu'il faille quelquefois donner librement notre vie.

En résumé, Messieurs, nous pourrions faire accepter de plus en plus à tous les hommes le but positif de la destinée humaine, but qui n'est que la systématisation scientifique de la réalité positive : Nous perfectionner de plus en plus physiquement, intellectuellement et moralement, pour vivre de mieux en mieux, par et pour la Famille, la Patrie et l'Humanité.

PAUL TANNERY

DE L'HISTOIRE GÉNÉRALE DES SCIENCES[*]

Dans la vie de l'humanité, les sciences jouent désormais un tel rôle que leur histoire mérite évidemment d'être étudiée et enseignée au même titre que le sont, par exemple, l'histoire de l'art ou celle de la littérature. L'évolution d'un mode spécial de l'activité de l'esprit humain ne peut, en effet, être négligée vis-à-vis des autres, alors que ce mode a été, dès l'origine, un des facteurs essentiels du progrès vers la civilisation, et que l'avenir semble devoir lui ménager une prédominance de plus en plus marquée.

Je regarde comme inutile d'insister sur ce point. Mais en présence de ce fait que, jusqu'à présent, l'histoire des sciences n'a pas encore conquis, au milieu des autres histoires, la place qui lui est légitimement due, il convient d'en indiquer au moins les motifs, d'autant qu'ils doivent sans doute être pris en considération pour mieux orienter, si faire se peut, les travaux futurs.

La première condition défavorable est que l'histoire d'une science ne peut être véritablement traitée que par un homme possédant réellement cette science tout entière, ou, à tout le moins, capable d'approfondir par lui-même toutes les questions scientifiques dont il a à se préoccuper au cours de cette histoire. De même, elle ne peut être convenablement enseignée que par un professeur capable de donner à ses élèves les développements et les éclaircis-

* P. Tannery, « De l'histoire générale des sciences » (1904), dans *Mémoires scientifiques*, t. X, *Généralités historiques 1892-1930*, Toulouse-Paris, Privat-Gauthier-Villars, 1930.

sements scientifiques qui peuvent lui être réclamés, et qui cependant feraient défaut dans les ouvrages choisis par lui comme base de son enseignement.

Que d'ailleurs un savant puisse posséder ou acquérir toutes les aptitudes nécessaires à la composition d'une excellente histoire de la science à laquelle il s'est consacré, et que même, plus ce savant aura de génie, plus la valeur de son travail historique éclatera à tous les yeux, c'est un point qu'il ne faut aucunement mettre en doute.

Pour ne pas chercher d'exemples hors de la France, je rappellerai, en premier lieu, le *Précis de l'histoire de l'astronomie*, qui forme le livre V de l'*Exposition du Système du monde* de Laplace. Je ne connais point, pour ma part, d'abrégé postérieur qui ne soit resté très au-dessous de cet admirable modèle, et depuis quatre-vingts ans qu'il est écrit, la complète rénovation des méthodes historiques et la découverte des documents nouveaux ont à peine amené la nécessité d'y apporter quelques corrections de détail.

En second lieu, je rappellerai le célèbre *Aperçu historique* de Michel Chasles *sur l'origine et le développement des méthodes en Géométrie*, ouvrage dont l'importance résulte en particulier de l'originalité des vues scientifiques de l'auteur, tandis que les notes qu'il y a ajoutées sont un véritable trésor d'érudition, où depuis chacun a puisé à pleines mains. Si l'on peut regretter dans cette œuvre quelques inadvertances, si d'autre part Michel Chasles ne possédait pas un sens critique aussi sûr qu'on aurait pu le désirer, son œuvre historique n'en restera pas moins un de ses principaux titres à l'admiration de la postérité.

Puis-je enfin ne pas mentionner les travaux de M. Berthelot sur *Les origines de l'alchimie*? Ici nous sommes en présence de recherches de première main, sur des documents qu'il a fallu réunir et publier, tandis que leur interprétation, en dehors même des questions proprement scientifiques, présentait d'étranges difficultés spéciales, et réclamait une merveilleuse sagacité, en même temps que la prudence la plus consommée. Notre illustre compatriote a su résoudre une série d'énigmes déconcertantes; il est parvenu à nous révéler tout un passé inconnu, et au milieu des reconstructions justement célèbres au point de vue purement historique, s'il en est qui ont peut-être été aussi difficiles, je n'en sache point qui égalent celle-là pour la perfection de la méthode et la précision des démonstrations.

Ces exemples montrent assez que les talents d'historien les plus divers peuvent être déployés par des savants de premier rang. Mais ceux dont le rôle est de figurer dans l'histoire future, ne peuvent évidemment suffire seuls à nous retracer celle du passé; et d'ailleurs il est clair que pour être un bon historien de la science, il ne suffit pas d'être savant. Il faut, avant tout, *vouloir* s'adonner à l'histoire, c'est-à-dire en avoir le goût; il faut développer en soi le sens historique, essentiellement différent du sens scientifique; il faut enfin acquérir nombre de connaissances spéciales, auxiliaires indispensables pour l'historien, tandis qu'elles sont absolument inutiles au savant qui ne s'intéresse qu'au progrès de la Science.

Ces conditions expliquent suffisamment que, par rapport aux autres branches de l'histoire, celle des sciences se trouve en retard. Si elle n'a jamais été complètement négligée, le nombre des travailleurs utiles a toujours été insuffisant; et précisément parce qu'elle ne constitue pas jusqu'à présent un corps de doctrines dont l'enseignement se soit imposé, et que par suite elle n'offre pas encore la perspective d'une carrière, il est grandement à craindre que la difficulté ne devienne de plus en plus grave, tant qu'un concert de volontés actives ne s'affirmera pas assez énergiquement pour entraîner une transformation radicale de la situation actuelle.

Mais ici un autre obstacle se présente. Ceux qui s'intéressent à l'histoire des sciences et qui peuvent s'y intéresser assez pour participer à son progrès, se proposent en réalité des buts différents.

Le savant, *en tant que savant*, n'est attiré que vers l'histoire de la science *particulière* qu'il étudie; il réclamera que cette histoire soit faite avec le plus de détails *spéciaux* qu'il sera possible, car c'est ainsi seulement qu'elle peut lui fournir les renseignements susceptibles de lui être utiles. Mais ce qu'il demandera avant tout, c'est l'étude de la filiation des idées et de l'enchaînement des découvertes. Retrouver sous sa forme originale l'expression de la vraie pensée de ses précurseurs, afin de la comparer à la sienne propre, approfondir les méthodes qui ont servi à construire l'édifice de la doctrine courante, afin de discerner sur quel point et dans quelle direction on peut essayer un effort novateur, voilà quel est son desideratum.

Il suit de là que les histoires particulières des sciences, celles du moins qui ont quelque valeur, parce qu'elles sont réellement l'œuvre de spécialistes, sont conçues de façon à satisfaire les autres spécialistes, et ne sont nullement appropriées à l'enseignement, où il est indispensable de ne pas dépasser les notions déjà acquises par les étudiants.

L'historien pur, auquel font défaut les connaissances scientifiques spéciales, ne se trouve donc pas en mesure d'utiliser directement les livres écrits sur l'histoire des sciences, pour en tirer des indications valables, s'il veut compléter sous le rapport scientifique le tableau du mouvement intellectuel pour telle civilisation ou pour telle époque donnée.

Le philosophe, de son côté, désirerait des ouvrages également destinés au grand public [1], mais, en ce qui concerne les questions de méthode et la description de l'évolution des idées scientifiques, plus développés que ceux qui suffiraient au pur historien.

En tout cas, c'est pour répondre à ce double desideratum de l'histoire et de la philosophie, plutôt qu'à celui de la science proprement dite, qu'ont eu lieu les tentatives dont la France a pris l'initiative, mais qui n'ont pas encore été imitées ailleurs, pour créer un enseignement supérieur d'*Histoire générale des sciences* [2] alors qu'il n'y avait pas, qu'il n'y a pas encore un seul ouvrage qui puisse être regardé comme présentant le caractère d'une telle

1. J'entends ici le public ayant reçu l'instruction scientifique générale, telle qu'elle est donnée dans l'enseignement secondaire, et s'étant, depuis, tenu au courant par la lecture des livres de vulgarisation et des articles de la presse scientifique conçus dans le même esprit.

2. En dehors de la chaire créée en 1892 au Collège de France, on sait qu'il en existe une à l'Université de Lyon.

histoire. Il y a donc eu, dans ces tentatives, une tendance incontestable à organiser l'enseignement dont il s'agit en l'orientant dans un sens opposé à la direction *spéciale* que l'histoire des sciences a surtout suivie jusqu'à présent.

II

À la question : *Qu'est-ce que l'histoire générale des Sciences ?* il n'y a, pour le moment, d'après ce que je viens d'indiquer, aucune réponse véritable à faire. Cette histoire, aujourd'hui, n'est point ; seuls les matériaux en existent, bruts ou déjà plus ou moins élaborés ; mais ils figurent (ou figureront au fur et à mesure de leur découverte) parmi ceux qu'utilisent déjà les histoires particulières. En dehors de ces matériaux, et en écartant quelques ouvrages à titres pompeux, mais qui ne sont que des compilations inutilisables, on pourrait tout au plus mentionner diverses esquisses brillantes, mais trop peu développées pour fournir les éléments d'une conception précise.

La forme sous laquelle doit se poser la question, est la suivante : *De quelle façon peut-on concevoir la composition d'une histoire générale des Sciences ?* À première vue, il semble aisé de répondre : *Cette histoire doit être la synthèse des histoires particulières des Sciences.* Je vais expliquer pourquoi cette réponse ne me parait nullement satisfaisante.

Je ne dirai point qu'elle est vague et obscure ; tout au contraire, j'y attache un sens parfaitement précis, celui que présente la véritable signification du mot *synthèse*. Et si, en tant que je parle de l'histoire des sciences, je me crois tenu d'observer dans mon langage la rigueur habituelle en matière scientifique, il me semble que je dois aussi supposer la même rigueur dans la pensée dont je discute l'expression.

Synthèse, d'après l'étymologie, serait identique à *composition*. Mais le premier de ces deux mots évoque particulièrement, d'après l'usage, l'idée d'*éléments* obtenus par *analyse* ou *décomposition*.

Or les éléments de toute histoire se trouvent dans les documents que consulte l'historien, quelle que soit d'ailleurs la nature de ces documents, et c'est par l'analyse de ceux-ci que l'historien obtient les éléments qu'il veut utiliser suivant ses vues propres, tandis qu'il néglige les autres[1].

La réunion et la coordination des éléments obtenus par ces analyses des documents constituent la *synthèse*. Celle-ci, en histoire, ne reproduit donc pas, comme en chimie, un composé semblable à ceux qui ont été analysés; elle donne un résultat essentiellement différent, à savoir le nouvel ouvrage historique. À ce titre, toute histoire qui mérite son nom, est une synthèse; seulement elle est composée avec plus ou moins d'art, et elle est plus ou moins complète, suivant la proportion des éléments réellement utilisés à ceux qui pouvaient l'être.

Dira-t-on que, par *synthèse historique*, on entend et on doit entendre quelque chose de plus que je n'indique? Parlera-t-on des *lois générales*, des concepts historiques que permet de dégager le rapprochement des éléments synthétisés, et qui présentent par suite quelque chose de véritablement nouveau dans l'œuvre (digne d'être qualifiée de *synthétique*, puisque, si les éléments étaient restés isolés ou perdus dans la gangue dont ils ont été extraits, ces lois seraient demeurées insoupçonnées, ces concepts n'auraient pu se dessiner à l'esprit? Certes, ce point de vue est loin d'être négligeable, et j'aurai à m'y placer plus tard. Mais, en ce moment, je puis répondre que chacun a le droit d'assigner le but qui lui convient à la synthèse qu'il entreprend, et que, si l'historien veut simplement écrire *ad narrandum*, *non ad probandum*, il n'en aura pas moins fait une synthèse, au sens strict du mot, au sens précis que j'envisage actuellement.

Partant, dire que l'histoire générale des sciences doit être la synthèse des histoires particulières des diverses sciences, c'est

---

1. Par exemple, s'il fait des travaux de première main sur des documents inédits, il négligera les éléments paléographiques ou philologiques, pour ne s'attacher qu'aux éléments historiques.

seulement dire que cette histoire générale doit être composée avec des éléments exclusivement fournis par les histoires particulières, auxquelles incomberait la tâche d'élaborer les matériaux bruts tirés des documents originaux.

Or cette conception de l'histoire générale des sciences équivaudrait en réalité à la négation de la possibilité actuelle de cette histoire. Si, en effet, les histoires particulières de la mathématique pure, de l'astronomie, et, si l'on veut, de la mécanique rationnelle, sont suffisamment avancées à l'heure présente, si l'histoire de la médecine a été et est encore très sérieusement cultivée, il est loin d'en être de même pour celles de la physique, de la chimie, et des sciences biologiques. Ou bien nous nous trouvons, de ce côté, en présence d'ouvrages qui ont eu leur valeur, mais qui aujourd'hui sont arriérés, démodés, dominés par des idées désormais en dehors du courant actuel, ou bien nous n'avons devant nous que des tentatives insuffisantes, ou des études partielles, entre lesquelles subsistent trop de lacunes. Et peut-il en être autrement ? Le progrès est si rapide aujourd'hui, les points de vue changent si brusquement, que l'on peut douter que, de longtemps encore, on parvienne à asseoir sur des fondements solides l'histoire spéciale de ces groupes de sciences. Ce n'est pas de ceux qui sont en pleine bataille, qui contribuent eux-mêmes *à faire l'histoire* dans le présent, que l'on peut attendre les récits complets de l'histoire des temps passés.

Comment, dans ces conditions, une synthèse des histoires particulières serait-elle sérieusement possible ? Avec des éléments incomplets et défectueux, on ne peut aboutir qu'à une œuvre déparée par des lacunes et des disproportions choquantes. Et si, du rapprochement de ces éléments, on cherche à tirer quelques inductions ou quelques conclusions d'ensemble, quelle valeur pourrat-on leur attribuer ? Gardons-nous des généralisations hâtives et des anticipations prématurées ; ou, si nous nous y laissons aller, pour soulever des questions dignes d'être étudiées et provoquer des vérifications attentives, sachons au moins avouer que nous n'avons émis que de simples conjectures.

III

Si je viens d'écarter une formule tendant à préciser ce que doit être l'histoire générale des sciences, ce n'est point que je prétende lui opposer, comme préférable, aucune autre formule. Comme je l'ai dit, cette histoire générale n'existe point encore, en ce sens qu'elle n'est représentée objectivement par aucun ouvrage, bon ou mauvais, mais suffisant au moins pour permettre d'attribuer une signification relativement précise aux mots qui composeraient la formule. Que l'on prenne telle doctrine que l'on voudra, si l'on n'avait jamais lu un traité ou suivi un cours de cette doctrine, aucune définition préalable ne saurait certainement donner une idée adéquate des matières étudiées ou des questions débattues.

Les mots « histoire d'une science particulière » offrent par eux-mêmes un sens très clair, parce qu'il y a de telles histoires. Faisons donc d'abord une histoire générale des sciences, et tant qu'elle ne sera pas faite, ne nous payons pas de mots qui seraient encore plus obscurs que ceux qu'ils devraient expliquer. Actuellement cette histoire n'est rien… rien qu'une conception individuelle. Chacun peut avoir la sienne, et il a autant de droit qu'un autre à chercher à la réaliser objectivement. Mais une fois que cette réalisation sera suffisante pour servir de fondement à des constructions ultérieures, ou de type pour l'exécution d'un plan plus vaste, l'histoire générale des sciences aura commencé son existence de fait, et il sera temps d'en chercher, si on le croit utile pour les lexiques, une définition concise et exacte.

Ainsi il doit être bien entendu que si je continue à parler de l'histoire générale des sciences, je ne prétends parler que de la conception que je m'en suis faite. Je ne veux pas dire : « Cette histoire doit être ceci » ; mais seulement : « On *peut* la faire comme ceci ». D'ailleurs, après avoir développé ma conception, je la ferai suivre d'un exposé historique restreint, il est vrai, à des proportions très modestes, mais qui suffira, je l'espère du moins, à bien faire comprendre ce que mes explications préalables auront encore pu laisser d'obscur et d'incertain. Je ne puis donc que demander crédit, jusqu'à la fin du volume, au lecteur de ces prolégomènes pour les lacunes qu'il y trouvera. Il est des choses qu'il convient d'expliquer d'abord par le menu; mais pour d'autres, mieux vaut se contenter de dire : « Prenez et voyez ! ».

D'autre part, afin de mieux faire comprendre l'ensemble des pensées que je me propose de développer, je crois nécessaire de prendre d'abord un exemple, soit celui de l'histoire de la mathématique pure.

Une intéressante discussion s'est récemment élevée sur ce sujet entre Gustaf Eneström, le directeur de la *Bibliotheca mathematica*, et Moritz Cantor, le célèbre auteur des *Vorlesungen über Geschichte der Mathematik*. Le premier, après de très justes réflexions et de très sages conseils sur les différentes façons dont on peut contribuer au progrès de l'histoire d'une science que l'on connaît, avait insisté sur ce point que ce qui intéresse le spécialiste, pour lequel il suppose écrite l'histoire de sa science, c'est la filiation des doctrines et des idées scientifiques. Il proposait donc d'orienter le travail surtout de ce côté. Moritz Cantor lui répond qu'il faut distinguer entre « l'histoire de la *Mathématique* » et « l'*Histoire* de la mathématique », soulignant un mot ou l'autre selon la prédominance accordée au point de vue mathématique ou au point de vue historique.

L'histoire de la *Mathématique*, d'après lui, est un type extrême, correspondant au désir d'Eneström, d'une « *fachmässiger Entwickelungsgeschichte* », d'une histoire spéciale et abstraite de la science, dans laquelle n'entre aucun élément concernant les circonstances extérieures qui ont pu influer sur son développement.

L'*Histoire* de la mathématique représente aussi un type extrême, mais opposé au précédent. Moritz Cantor le décrit comme suit :

> La mathématique y fournit à la vérité les matériaux, mais ils ne doivent pas être mis en œuvre exclusivement au profit du mathématicien. Le tableau de la vie civilisée (*Kulturleben*) sert de fonds, et

sur ce fonds se dégagent en pleine lumière les traits mathématiques qui le caractérisent et qui servent à leur tour eux-mêmes à éclairer le fonds [1].

M. Cantor concède que ce type extrême ne peut être réalisé ; mais il fait cette observation irréfragable, qu'après tout chacun compose selon son talent et son génie, et que les histoires réellement écrites sont intermédiaires entre les deux types idéaux qu'il a cherché à décrire.

Mais il est clair que si M. Cantor regarde comme irréel le type extrême décrit en dernier lieu, c'est qu'il suppose implicitement qu'il s'agit de satisfaire pleinement, aussi bien le mathématicien spécialiste, que l'historien de la vie civilisée ; or celui-ci, pour les détails, doit se limiter à ceux qui sont intelligibles au grand public, tandis qu'au point de vue général où il se place, il a de tout autres exigences que le mathématicien en tant que mathématicien. Évidemment l'hypothèse admise équivaut à une condition pratiquement impossible ; avant tout un livre doit être conçu pour un cercle de lecteurs bien déterminé. Quand on s'adresse à des cercles différents, on doit rédiger des dictionnaires ou des articles d'encyclopédie.

Mais j'ai à faire une autre remarque qui n'est pas moins importante pour l'objet que je me propose. La mathématique pure n'est nullement une science unique ; c'est un groupe de doctrines, à la vérité étroitement liées entre elles, mais qui n'en restent pas moins parfaitement distinctes ; elles tendent d'ailleurs à se multiplier et à se spécialiser de plus en plus, dès lors à réclamer chacune son histoire particulière. Or les *Vorlesungen* de M. Cantor représentent une histoire totale de la mathématique pure, composée suivant un ordre chronologique et conduite jusqu'en 1758. Comme, à cette date, le développement de la science ne dépassait point le niveau de l'instruction reçue aujourd'hui par tous les

1. La même image a été employée au Congrès des sciences historiques de Rome, 1903, par le prof. Barzellotti, à propos de l'histoire de la philosophie moderne.

mathématiciens, les *Vorlesungen* ont pu être composées de façon à tenir lieu d'une série complète d'histoires particulières, menées jusqu'au milieu du dix-septième siècle. Cependant, malgré les efforts de l'historien pour établir les liens de filiation des idées et mettre en lumière l'enchaînement des découvertes, l'éparpillement chronologique des données qu'il a réunies est un inconvénient qui devient d'autant plus sensible que les matières s'accroissent davantage et que la science se développe dans des directions de plus en plus nombreuses et de plus en plus divergentes. M. Cantor a donc reconnu de lui-même que, pour les temps postérieurs au terme de son ouvrage, les inconvénients de son plan en dépassaient les avantages.

Il est clair que ce qu'il faut maintenant pour les mathématiciens, à côté d'une histoire totale comme les *Vorlesungen*, ce sont des histoires particulières consacrées aux diverses branches de la mathématique pure [1], ou même à des sujets spéciaux dans chacune de ces branches.

Il n'est pas moins évident qu'il convient de donner à ces histoires particulières le caractère spécial et abstrait que réclame G. Eneström. Mais si l'on a en vue un enseignement régulier de l'histoire de la mathématique (j'entends une *organisation de cours aboutissant à la sanction effective d'un examen*), comme cet enseignement s'adressera à des élèves dont les connaissances mathématiques doivent être supposées ne pas dépasser un niveau déterminé, on peut préconiser [2] le maintien du point de vue d'ensemble par époques successives, tout en abandonnant la prétention de faire une histoire *totale*. Conserver ou même développer les éléments histo-

---

1. C'est ce que j'ai déjà indiqué dans la *Revue de synthèse historique* (numéro d'octobre 1900, p. 183). En 1903, M. Braunmühl, de Munich, a terminé une importante histoire, en deux volumes, de la trigonométrie. Cet exemple sera sans doute imité.

2. Malgré certains avantages évidents de ce système et quel que soit mon désir de le voir adopter actuellement dans l'enseignement des Universités, parce qu'il serait immédiatement réalisable, je crois qu'au point de vue didactique, l'enseignement par histoires particulières donnerait de meilleurs résultats.

riques généraux d'un ouvrage comme celui de M. Cantor, élaguer les éléments spéciaux d'intérêt secondaire ou dépassant les connaissances des élèves auxquels on s'adresse, voilà un programme qui ne pose pas cette fois des conditions inconciliables ou impossibles à réaliser.

C'est ce programme que j'appellerai celui de l'histoire générale de la mathématique; et j'oppose ici le mot général au mot spécial, de même que le mot total au mot particulier.

Et ce que je viens de dire de la mathématique, considérée comme un groupe de doctrines distinctes, je l'entends également *mutatis mutandis*, de l'ensemble des sciences, selon que l'on voudra traiter leur histoire générale, ou bien l'histoire spéciale d'une doctrine particulière.

IV

Les développements que je viens de donner à l'examen de l'exemple que j'ai choisi, vont me permettre de préciser plus brièvement ma pensée.

Considérons tout d'abord la composition de ce qu'on appelle une œuvre de première main, c'est-à-dire celle où l'historien n'utilise que des éléments directement tirés des documents originaux ou primitifs. Ces éléments, dans l'histoire des sciences, sont de deux sortes :

1) Les éléments généraux, c'est-à-dire ceux qui sont pleinement intelligibles à tous les lecteurs auxquels on s'adressera (le grand public pour l'histoire générale des sciences, le cercle des licenciés pour un groupe de sciences par exemple, si l'on se borne à l'histoire de ce groupe).

2) Les éléments spéciaux, c'est-à-dire ceux qui ne sont véritablement intelligibles que pour les lecteurs qui se sont spécialisés dans telle ou telle branche de la science.

Si l'on compose au contraire un ouvrage de seconde main, les mêmes éléments, soit généraux, soit spéciaux, sont puisés dans les travaux pour lesquels ils ont été tirés des sources, et ont ainsi subi une première élaboration synthétique, si toutefois ces travaux de première main n'ont pas gardé un caractère exclusivement analytique. Mais en excluant ce cas particulier, ces travaux peuvent être distingués selon qu'ils constituent une histoire particulière d'un sujet scientifique dont ils poursuivent le développement chronologique, ou au contraire une monographie concernant une époque déterminée (comme par exemple l'histoire d'un savant ou d'un groupe de savants ou d'ouvrages de la même époque).

Les histoires particulières, je l'ai déjà dit, telles qu'elles existent actuellement pour les sciences, mettent surtout en œuvre les éléments spéciaux, et il convient de les orienter le plus possible dans ce sens. Mais les éléments spéciaux ne suffisent pas évidemment pour faire une histoire : la plus spéciale qu'on puisse rêver demandera nécessairement l'addition au moins de la partie des éléments généraux indispensable pour combler les lacunes que laisserait autrement la synthèse des seuls éléments spéciaux.

Les monographies concernant une époque déterminée mettent également en œuvre les éléments généraux et les éléments spéciaux ; mais on comprend aisément que l'on puisse n'y prendre que les premiers, si l'on veut composer l'histoire générale pour une époque ou une civilisation déterminée.

Supposons maintenant les histoires particulières spéciales réunies et rangées suivant un ordre de matières rationnel, on aura ce que j'appellerai *l'histoire spéciale totale*. Il serait évidemment absurde de vouloir décomposer ces histoires pour en disposer les éléments suivant un ordre chronologique.

Supposons au contraire réunies par ordre chronologique les histoires générales pour les époques successives d'une même civilisation, on aura l'histoire générale pour cette civilisation.

L'histoire spéciale totale et l'histoire générale totale (celle qui embrasserait les diverses civilisations) auront ainsi mis en œuvre un certain nombre d'éléments (généraux) communs, mais elles seront, à tous autres égards, essentiellement différentes comme matière et comme forme.

Dans les distinctions abstraites que je viens d'établir, je n'ai pas encore indiqué le détail des éléments considérés comme généraux ou comme spéciaux. C'est qu'en effet, d'après la définition pratique que j'ai donnée des uns et des autres, leur caractère respectif peut varier selon que l'histoire que l'on se propose de traiter embrassera un groupe de sciences plus ou moins étendu.

Si l'on envisage les convenances d'un enseignement régulier de l'histoire des sciences, il y aurait sans doute intérêt à organiser en France, pour les étudiants des Universités, autant de cours qu'il y a de matières de licences ou d'agrégations. – Histoire des sciences mathématiques et astronomiques. – Histoire des sciences physiques et chimiques. – Histoire des sciences naturelles. – Histoire de la médecine. Mais je ne veux considérer ici que le programme d'une histoire d'ensemble des sciences, en la supposant aussi complète que possible.

Cette histoire d'ensemble doit comprendre une histoire générale et une histoire spéciale.

L'histoire générale doit réunir tous les éléments intelligibles pour le grand public scientifique. À elle appartient tout d'abord le classement des documents de toutes sortes que l'on peut utiliser; elle doit présenter l'inventaire raisonné, non pas tant de ces documents (ce qui est affaire de bibliographie), que de ce qu'ils contiennent.

Je revendique également pour elle tout ce qui concerne la biographie des savants, et d'un autre côté tout ce qui est relatif soit aux actions réciproques des sciences les unes sur les autres, soit aux influences exercées sur le progrès ou la stagnation scientifique par les milieux intellectuel, économique et social.

Elle doit particulièrement s'attacher à reconstituer autour des grands savants le cercle des idées qu'ils ont trouvées autour d'eux, qui ont enserré leur génie et qu'ils sont parvenus à rompre ou à élargir.

Elle doit porter enfin son attention pour chaque époque sur le niveau de l'enseignement à ses différents degrés, sur le mode de diffusion des idées scientifiques, et viser aussi bien à marquer les traits caractéristiques du milieu intellectuel, que ceux qui singularisent les génies supérieurs.

À l'histoire spéciale appartiennent, les questions de filiation des idées et des découvertes scientifiques, ainsi que tout ce qui se rattache à ces questions, discussion et interprétation des documents, reconstruction des doctrines, divinations sur les ouvrages perdus, etc.

Tandis que l'histoire générale suit l'ordre chronologique en présentant successivement les tableaux des diverses époques, l'histoire spéciale se divise selon l'ordre des matières en histoires particulières, essentiellement destinées au public spécialisé pour la science que concernera chacune de ces histoires.

L'histoire générale et l'histoire spéciale offrent donc deux cadres nettement distincts ; cependant ces cadres embrassent une partie commune, et cette partie est encore assez considérable, puisqu'elle doit au moins comprendre l'ensemble des connaissances scientifiques qui font l'objet de l'enseignement secondaire. Mais il est clair que ces matières communes peuvent être traitées à des points de vue très différents.

Par exemple, dans une histoire générale, pour traiter de la numération, on peut se borner aux points essentiels, à ce qu'il est réellement intéressant de savoir pour un homme possédant une culture générale. Dans une histoire spéciale, il conviendrait d'être beaucoup plus complet, et d'entrer dans les détails d'importance secondaire qui n'attirent que la curiosité de l'érudit.

Telles que je viens d'essayer de les caractériser, ces deux modes de traiter l'histoire des sciences ne sont jusqu'à présent que des types idéaux : la très grande majorité des travaux historiques ont été composés en suivant des directions intermédiaires et en cherchant à satisfaire dans tels passages un cercle plus étendu, dans d'autres un cercle plus restreint de lecteurs. L'incertitude du point de vue n'enlève rien à la valeur intrinsèque que peuvent avoir ces travaux, mais elle nuit à leur effet et les rend moins faciles à utiliser. C'est d'après ce motif pratique qu'il y aurait lieu d'orienter le travail historique dans deux directions nettement opposées l'une à l'autre.

J'essaierai plus tard de donner quelques indications plus précises sur cette organisation du travail et je montrerai alors que l'une des deux directions ne doit pas être sacrifiée à l'autre, mais que l'on se tromperait surtout gravement si l'on prétendait achever les histoires spéciales avant l'histoire générale. Au contraire, le travail est beaucoup plus aisé dans la direction à suivre pour cette dernière, et elle doit être achevée la première parce que c'est elle qui réunit la plus grande masse de documents et qui pose les questions que doit approfondir l'histoire spéciale.

J'aurai aussi à préciser les conditions particulières auxquelles j'ai soumis le très modeste essai de précis d'histoire générale auquel ces pages servent d'introduction. Mais avant d'aborder ces sujets, j'ai à répondre à une objection qui est déjà sans doute dans l'esprit du lecteur.

À la conception que je viens d'exposer comme m'étant personnelle, ne peut-on en opposer une autre qui ait déjà été suffisamment développée pour mériter d'être prise en quelque considération ? Y a-t-il des motifs plausibles pour écarter complètement cette conception ? Ou bien ne comporte-t-elle pas quelques traits dignes d'être conservés et que je devrais ajouter à ma propre conception pour la compléter ?

À la première de ces deux questions, je puis répondre en quelques mots. Sans aucun doute il y a une telle conception, mais, du moins autant que je sache, elle est unique. C'est celle qui a particulièrement inspiré la fondation de la chaire d'histoire générale des sciences au Collège de France, à savoir la conception d'Auguste Comte.

La seconde question ne réclame guère de ma part des observations plus longues. Tous ceux de mes lecteurs qui connaissent par eux-mêmes le *Cours de philosophie positive* du Maître ont pu se rendre compte que je n'ai absolument rien avancé qui fût en contradiction avec l'idée d'Auguste Comte, c'est-à-dire du premier penseur qui ait conçu d'une façon quelque peu précise l'histoire générale des sciences, qui surtout ait mis en lumière l'importance qu'elle présente et qui ait essayé de lui tracer un plan et de lui assigner un but.

Si j'ai exposé une conception de cette histoire générale comme étant la mienne, il est assez clair que je ne la revendique pas comme ma propriété, et que, si j'ai cité Gustaf Eneström ou Moritz Cantor, si je leur ai emprunté des expressions ou des formules, j'ai été inspiré par des idées bien antérieures, que j'ai puisées dans le grand ouvrage d'Auguste Comte et qui me servent de guide depuis plus de trente ans dans mes travaux sur l'histoire des sciences. Ces idées sont un bien commun, et il est trop connu comme tel pour que personne ait pu croire que je songeais à me l'arroger. Ce que j'ai voulu, et ce qui m'est vraiment personnel, c'est ma tentative pour déterminer les conditions *pratiques* de la réalisation objective de ces idées.

Reste la troisième question. Il s'agit ici, avant toutes choses de la formule caractéristique de l'œuvre historique de Comte, de ce qu'on appelle la loi des trois états. Cette question rentre dans celle que soulève la conception de la synthèse historique, si on ne la limite pas, comme je l'ai fait plus haut, au sens strict du mot. Comment doit-on diriger cette synthèse pour tirer du rapproche-ment des éléments qu'elle utilise, des inductions plus ou moins générales, et quelle est la valeur scientifique de ces inductions? C'est un sujet trop étendu pour que je ne le réserve pas au discours qui va suivre : mais, dès maintenant je tiens à dire ceci.

Vivement attaquée de divers côtés, compromise à mon avis par les maladresses de la défense, la loi des trois états a perdu à peu près tout crédit, à ce point qu'en thèse générale, les historiens des sciences ne s'en préoccupent aucunement. Je crois être aujourd'hui le seul d'entre eux qui ait continué à en tenir compte, et j'ai assez souvent exprimé incidemment mon opinion à cet égard pour me considérer comme tenu désormais de la développer et de la motiver amplement.

QUESTIONS DE MÉTHODES

LES TROIS QUERELLES
DE L'HISTOIRE DES SCIENCES

L'histoire des sciences des Tannery ou Sarton visait à se « professionnaliser », à travers une érudition qui l'aurait distinguée des projets trop généraux de Comte ou de Whewell. En fait cette profession-nalisation ne se fera que plus tard : Merton et Thackray ont noté que c'est, paradoxalement, à un philosophe « spécialiste de Platon et hostile à toute forme de positivisme », qu'il reviendra de « donner une direction intellec-tuelle à une discipline qui trouvera soudain son identité professionnelle » [1]. C'est effectivement Alexandre Koyré qui établira, dans le monde anglo-saxon au moins, les principaux concepts fondateurs de l'histoire des sciences. Cette constitution de l'histoire des sciences se fera à l'occasion d'un certain nombre de controverses, qui ont divisé, et divisent encore, pour une part, les historiens des sciences. On pense ici aux trois querelles classiques qui ont opposé internalisme à externalisme, continuisme à discontinuisme et présentisme – ou whiggisme – à historicisme. Ces querelles remontent pour l'essentiel aux années 1930. Elles n'ont cependant pas pris la même ampleur dans tous les pays. Comme le note Steven Shapin, la querelle internalisme-externalisme, qui est sans doute la plus connue, n'a quasiment pas été développée en Europe [2]. Effectivement, Georges Canguilhem ne l'évoque qu'en passant, dans son article sur « L'objet de l'histoire des sciences », et pour renvoyer internalistes et externalistes dos à dos. À l'inverse la querelle continuisme-disconti-

1. A. Thackray, R.K. Merton, « On Discipline Building : The Paradoxes of George Sarton », *Isis*, 63 (1972), p. 494.

2. S. Shapin, « Discipline and Bounding : the History and Sociology of Science as Seen Through the Externalism-Internalism Debate », *History of Science*, XXX (1992), p. 334.

nuisme, qui fut très violente en France, n'a pas pris les mêmes formes dans les pays anglo-saxons. Quant à la troisième querelle, celle qui porte sur les rapports du présent de la science à son passé, elle est aussi importante en France que dans les pays anglo-saxons, mais s'exprime, dans les deux contextes, à travers un vocabulaire très différent et en référence à des auteurs et à des problématiques largement distincts.

EXTERNALISME ET INTERNALISME

La première querelle est sans doute celle qui a dominé l'histoire des sciences pendant le plus longtemps, même si elle est aujourd'hui considérée comme « ennuyeuse » et « dépassée » par nombre d'historiens des sciences [1]. Cette querelle est souvent présentée comme ayant pris naissance au deuxième Congrès international d'histoire des sciences de Londres, en 1931 [2]. Une délégation soviétique, dirigée par Nicolas Boukharine, avait décidé d'y participer au dernier moment et Boris Hessen (1893-1938) y présenta un article retentissant sur « Les racines sociales et économiques des *Principia* de Newton ». Les positions de Hessen seront par la suite considérées comme le type d'un « externalisme » particulièrement brutal, puisque il souligne « la coïncidence parfaite entre les thèmes de la physique étudiés à cette époque, nés des besoins de l'économie et de la technique et le contenu principal des *Principia* » [3]. Hessen explique ainsi par les origines bourgeoises de Newton le fait qu'il n'ait pas développé « les germes matérialistes cachés dans les *Principia* » et ait conservé « ses croyances idéalistes et théologiques » [4]. C'est sa conception « bourgeoise » de la matière comme inerte qui explique qu'il ait eu besoin de recourir à la « main de Dieu » pour mettre le soleil en mouvement. Cette thèse de Hessen ne sera guère reprise sous cette forme à l'époque, sauf par quelques scientifiques marxistes, comme John D. Bernal et John B. S. Haldane, mais elle ne fut

---

1. *Ibid.*, p. 333. Shapin a en outre montré combien cette querelle était « dissymétrique », l'externalisme étant très souvent caricaturé.

2. *Cf.* l'introduction de S. Guerout à B. Hessen, *Les racines sociales et économiques des Principia de Newton. Une rencontre entre Newton et Marx à Londres en 1931*, Paris, Vuibert, 2006.

3. *Ibid.*, p. 116.

4. *Ibid.*, p. 128-129.

sans doute pas sans influence sur l'un des auditeurs du congrès, l'embryologiste Joseph Needham (1900-1995). Celui-ci devait ensuite consacrer son œuvre à l'étude de la science chinoise, pour répondre à ce qu'il appelle la « grande question » : pourquoi la science moderne a-t-elle été inventée en Europe occidentale et pas en Inde ou en Chine, alors que la Chine dépassait largement l'Europe au point de vue scientifique jusqu'à la Renaissance ?[1]. La réponse, externaliste donc, de Needham est que cela tient au mépris dans lequel était tenue la bourgeoisie commerçante par la « bureaucratie féodale » de la Chine.

On peut considérer que l'intervention de Hessen est l'une des sources de la beaucoup plus fameuse « thèse de Merton », que celui-ci expose dans son livre de 1938 sur *Science, technologie et société dans l'Angleterre du XVIIe siècle*, et qui est déjà annoncée dans l'article de 1936 que nous avons reproduit. Robert King Merton (1910-2003) apprécie en effet l'essai « provocateur » de Hessen dont la méthode « si elle est précautionneusement vérifiée fournit une base très utile pour déterminer empiriquement les relations entre développement économique et développement scientifique »[2]. Mais il tient en même temps à prendre ses distances avec l'interprétation marxiste, puisqu'il ajoute que les découvertes de Boyle, Newton et d'autres « ne peuvent pas être attribuées directement à l'action de la religion sur la science. Les découvertes spécifiques et les inventions appartiennent à l'histoire interne de la science et sont largement indépendantes de facteurs autres que purement scientifiques »[3].

La « thèse de Merton », consiste en fait en deux affirmations. Merton souligne d'une part l'importance de préoccupations techniques aux origines du développement de la science au XVIIe siècle : les savants anglais de l'époque de Newton « ont été explicitement motivés dans une partie de leurs travaux par des problèmes pratiques immédiats »[4]. Il note ainsi

---

1. J. Needham est l'auteur d'une œuvre immense *Science and Civilization in China*, dont la parution a débuté en 1954 et est poursuivie aujourd'hui par ses successeurs.

2. R.K. Merton, *Science, Technology and Society in Seventeenth Century England*, (1938), New-York, Howard Fertig, 1970, p. 142-143 n.

3. *Ibid.*, p. 75.

4. R.K. Merton, « Science et économie dans l'Angleterre du XVIIe siècle », dans *Éléments de théorie et de méthode sociologique*, Paris, Plon, 1965, p. 405. Au sujet de ces tentatives d'établir un lien mesurable entre le développement des sciences et

l'importance des questions posées par les transports, et en particulier la marine, à l'origine du développement de la science classique, par exemple autour de la question de la détermination de la longitude en mer ou de la mesure des variations magnétiques. La seconde thèse de Merton, illustrée dans l'article ici reproduit, est que l'éthique puritaine protestante « canalisa les intérêts des Anglais au dix-septième siècle et joua un rôle important dans le développement scientifique »[1]. En effet les « normes et valeurs » puritaines – empirisme et rationalité, ascétisme, libre examen, utilitarisme – s'accordent parfaitement avec les valeurs de la science. Merton s'inspire bien sûr ici des thèses de Max Weber sur le lien entre le développement du protestantisme et l'essor du capitalisme. L'étude de la nature est alors poursuivie « pour la grande gloire de Dieu », comme le montre le développement de la théologie naturelle. Dans ce même courant externaliste, il faudrait aussi citer l'œuvre du marxiste autrichien Edgar Zilsel (1891-1944) qui estime, au Congrès pour l'unité de la science de 1939, que la naissance de la science moderne est liée au rapprochement que le capitalisme commençant opère, autour de 1600, entre les catégories sociales jusque là séparées que sont les universitaires, les humanistes et les artisans-ingénieurs.

C'est à Alexandre Koyré (1892-1964) que l'on doit d'avoir spectaculairement mis fin à ces explications sociales de la naissance de la science moderne. La parution de ses *Études galiléennes*, en 1939, est à l'origine d'un brutal changement de paradigme. Koyré critique explicitement « la théorie psychosociologique (marxiste et semi marxiste) » de Borkenau, Hessen et Zilsel qui veut voir dans l'essor de la science moderne « l'œuvre de techniciens, d'ingénieurs civils et surtout militaires » et de « savants qui, à cause de l'importance croissante des techniques et de la montée de la bourgeoisie au XVIe et XVIIe siècles, se mirent à réfléchir à des problèmes techniques qu'ils n'avaient cessé de négliger depuis Archimède »[2]. Or ces explications auraient, selon Koyré, négligé deux

des facteurs sociaux, en particulier religieux, il convient de ne pas oublier l'œuvre ancienne d'A. de Candolle (1806-1893), dont on fait quelquefois le précurseur de la scientométrie. Dans son *Histoire des sciences et des savants depuis deux siècles d'après l'opinion des principales académies* (1837), il établissait que les savants sont plus nombreux en pays protestant, dans les petits pays et au sein des classes éduquées.

1. Cf. *infra*, p. 119-120.
2. A. Koyré, *Études newtoniennes*, Paris, Hermann, 1966, p. 44.

facteurs : d'une part l'« intérêt purement théorique en mathématiques » lié à la redécouverte de la science grecque et d'autre part l'importance de l'étude autonome de l'astronomie, stimulée bien plus par « l'intérêt théorique porté à la structure de l'Univers » que par des besoins pratiques [1]. Kuhn, qui vise à dépasser la querelle internalisme-externalisme, résume l'apport de Koyré en disant que, pour lui et les « internalistes »,

> les révisions radicales subies au cours des XVIe et XVIIe siècles par l'astronomie, les mathématiques, la mécanique et même l'optique doivent très peu aux instruments, expérimentations ou observations nouveaux. La méthode principale de Galilée, selon eux, est avant tout celle de l'expérience par la pensée (…). Si des nouveautés culturelles sont nécessaires pour expliquer pourquoi des hommes comme Galilée, Descartes et Newton furent soudain capables de voir d'une façon nouvelle des phénomènes bien connus, ces nouveautés sont avant tout d'ordre intellectuel et regroupent le néoplatonisme de la Renaissance, le renouveau de l'atomisme antique et la redécouverte d'Archimède [2].

C'est ce que souligne le texte de Koyré reproduit ici, qui est une réponse à l'historien des sciences Henry Guerlac (1910-1982), qui avait souligné que « le lien étroit entre pensée et action est une caractéristique notable de la science, le véritable secret – dans le cas de la science moderne – de sa poussée en avant et de sa capacité immense d'affecter nos vies » [3]. Selon Guerlac, c'est une erreur « de faire une séparation arbitraire entre les idées et l'expérience, entre la pensée et l'action, et de traiter les idées comme si elles avaient une vie propre totalement indépendante, divorcée de la réalité matérielle » [4]. Koyré rétorque qu'il s'agit sans doute là d'une « reprojection dans le passé d'un état de choses actuel, ou tout au moins moderne » [5]. Pour Koyré la science est avant tout « *theoria* », « recherche de

1. *Ibid.*
2. Th. Kuhn, *La tension essentielle. Tradition et changement dans les sciences*, Paris, Gallimard, 1990, p. 171-172.
3. H. Guerlac, « Some Historical Assumptions of the History of Science », dans A. Crombie (ed.), *Scientific Change. Historical Studies in the Intellectual, Social and Technical Conditions for Scientific Discovery and Technical Invention, from Antiquity to the Present*, Londres, Heinemann, 1963, p. 812.
4. *Ibid.*, p. 811.
5. Cf. *infra*, p. 153.

la vérité, *itinerarium mentis in veritatem*» et c'est à cette seule condition que l'histoire de la science peut présenter un intérêt, car «elle nous révèle l'esprit humain dans ce qu'il a de plus haut»[1].

Il est indéniable que c'est ce «programme idéaliste» ou «philosophique» de Koyré qui a fourni à l'histoire des sciences son premier vrai paradigme. Il serait cependant possible de noter que l'œuvre «internaliste» de Koyré accorde pourtant beaucoup d'importance à une discipline qui peut sembler d'une certaine manière «extérieure» à la science, et qui est la philosophie : l'«extérieur» qui est rejeté, ce sont essentiellement les données économiques et sociales. L'œuvre de Koyré a cependant eu une influence majeure sur toute une génération d'historiens des sciences, comme I. Bernard Cohen à Harvard, A. Rupert Hall à Londres, Herbert Butterfield à Cambridge, auteur d'une très influente *Histoire de la science moderne* (1949), Alistair Crombie à Oxford ou Charles Gillispie à Princeton. Koyré contribua aussi à faire redécouvrir d'autres œuvres comme celle de Edwin A. Burtt sur *Les fondements métaphysiques de la science moderne* (1924), qui avait déjà souligné la dimension de mathématisme platonisant de la pensée galiléenne. Il n'est pas douteux que le succès de cette approche internaliste tient aussi, paradoxalement, à des raisons historiques : son développement après la seconde guerre mondiale s'explique en partie par les expériences vécues du stalinisme et du nazisme, qui vont contribuer à éloigner largement les historiens de l'idée d'une science au service de la politique ou d'applications criminelles.

Dans cette controverse entre internalisme et externalisme, le débat s'est cristallisé autour de l'interprétation de la «révolution scientifique» des XVIe et XVIIe siècles. Internalistes et externalistes sont en désaccord sur les causes de cette révolution, mais aucun d'entre eux ne met en doute son existence. L'étude de la révolution scientifique est ainsi devenue, jusqu'à une date récente, le point de passage obligé de tous les enseignements universitaires d'histoire des sciences, même si, aujourd'hui, la nature, voire même la réalité, de cette révolution scientifique sont quelquefois discutées[2].

---

1. Cf. *infra*, p. 157.
2. Sur cette idée de révolution scientifique, *cf.* I.B. Cohen, *Revolution in Science*, Cambridge, Belknap, 1985. Pour un point de vue critique, *cf.* S. Shapin, *La révolution scientifique*, Paris, Flammarion, 1998.

Continuisme et discontinuisme

Une seconde querelle a divisé les historiens des sciences, qui date là aussi à peu près des années 1930. Koyré est ici aussi l'un des protagonistes, mais cette querelle divisera d'abord, et plus durablement, les historiens des sciences français, et en second lieu seulement les historiens anglo-saxons. Il s'agit de l'opposition entre continuisme et discontinuisme. Là aussi les deux termes sont différemment connotés et ce sont les «discontinuistes» qui ont imposé leur terminologie pour mieux stigmatiser les «continuistes».

L'historien qui est couramment désigné en France comme le premier continuiste est Pierre Duhem (1861-1916). On peut cependant se souvenir qu'Auguste Comte était, d'une certaine manière, continuiste avant l'heure, au sujet de la «révolution scientifique»: s'il parlait, «pour fixer les idées» d'une «révolution générale de l'esprit humain» à propos de Bacon, Descartes et Galilée, il soulignait en même temps qu'«on peut en dire avec exactitude, comme de tous les autres événements humains, qu'elle s'est accomplie constamment et de plus en plus, particulièrement depuis les travaux d'Aristote et de l'École d'Alexandrie, et ensuite depuis l'introduction des sciences naturelles dans l'Europe occidentale par les Arabes»[1]. Les travaux de Pierre Duhem utilisent largement ce concept comtien de développement et l'image du «germe», ou de la «source», est au cœur du texte que nous avons reproduit. Duhem s'oppose explicitement à l'idée de révolution scientifique, notamment dans ce texte sur les origines de la statique:

> la science mécanique et physique, dont s'enorgueillissent à bon droit les temps modernes, découle, par une suite ininterrompue de perfectionnements à peine sensibles, des doctrines professées au sein des écoles du Moyen Âge; les prétendues révolutions intellectuelles n'ont été le plus souvent que des évolutions lentes et longuement préparées; les soi-disant renaissances que des réactions fréquemment injustes et stériles; le respect de la tradition est une condition essentielle du progrès scientifique[2].

1. A. Comte, *Cours de philosophie positive*, 1 re leçon (1830), *op. cit.*, t. I, p. 27.
2. P. Duhem, *Les origines de la statique*, Paris, Hermann, 1905, t. I, p. IV.

Ainsi « la Mécanique de Galilée, c'est, peut-on dire, la forme adulte d'une science vivante dont la Mécanique de Buridan était la larve » [1]. Cette thèse continuiste de Duhem est pour une part liée à sa « physique de croyant » et à sa volonté de réhabiliter le Moyen Âge chrétien, mais elle tient plus profondément à sa vision conventionnaliste de la science [2]. Une théorie physique n'a pas pour fonction d'expliquer, elle doit simplement « sauver les phénomènes » : il n'y a donc pas d'« expérience cruciale », pas de moments de rupture dans l'histoire des sciences, simplement des « tâtonnements, retouches et repentirs » [3]. Duhem va trouver des arguments en faveur de sa théorie conventionnaliste dans la présentation qu'il donne de histoire de l'astronomie antique, qui ne se proposerait rien d'autre que de « sauver les phénomènes » [4].

Celui qui a été le premier à critiquer ce continuisme est Gaston Bachelard (1884-1962) qui, en 1934, dans le *Nouvel esprit scientifique* parle de « mutation spirituelle », ou d'« allure révolutionnaire », à propos des changements qui s'opèrent dans la science contemporaine [5]. Plus tard il évoquera les « révolutions scientifiques de notre époque » et la nécessité corrélative d'un « franc *modernisme* ». Il souligne l'existence d'« actes épistémologiques » qui sont autant de « saccades du génie scientifique, qui apporte des impulsions inattendues dans le cours du développement

---

1. P. Duhem, *Le système du monde. Histoire des doctrines cosmologiques de Platon à Copernic*, t. VIII, Paris, Hermann, 1958, p. 200.

2. « Physique de croyant » est le titre d'un article de 1905 publié en annexe de *La théorie physique*. Sur les rapports entre philosophie et histoire des sciences chez Duhem, *cf.* M. Fichant et M. Pêcheux, *Sur l'histoire des sciences* (1969), Paris, Maspéro, 1971, p. 71-84.

3. Cf. *infra*, p. 110.

4. *Cf.* P. Duhem, *Sozein ta phainomena. Essai sur la notion de théorie physique de Platon à Galilée* (1908), Paris, Vrin, 1990. P. Redondi, montre que la conception strictement historique de Duhem va inspirer des historiens qui se définissent comme « historiens des sciences », comme A. Mieli, et s'opposent aux « historiens présomptueux », qui se réclament de Tannery et se présentent comme « historiens de la science », à la manière d'A. Rey, d'H. Metzger ou d'A. Koyré (préface à A. Koyré, *De la mystique à la science. Cours, conférences et documents (1922-1962)*, Paris, EHESS, 1986).

5. G. Bachelard, *Le nouvel esprit scientifique* (1934), Paris, PUF, 1973, p. 177, 182.

scientifique »[1]. Il faut cependant apporter quelques nuances à cette vision d'un Bachelard, théoricien des ruptures. On a récemment rappelé, à juste titre, que la notion de «rupture épistémologique» «n'est pas d'abord temporelle» puisqu'elle désigne à l'origine la rupture entre connaissance scientifique et connaissance commune[2]. Et donc l'adversaire désigné par Bachelard est ici plutôt Émile Meyerson que Duhem. Comme le souligne Canguilhem, dans l'article reproduit ici, «Bachelard comprend Pierre Duhem et supporte mal Meyerson»[3]. Quant à Canguilhem sa position sur la question du continuisme est sans doute plus subtile. Il est certain que sa critique fameuse du «virus du précurseur» est une mise en cause radicale du continuisme : la recherche des précurseurs est selon lui «le symptôme le plus net d'inaptitude à la critique épistémologique»[4]. À cette occasion, il cite d'ailleurs Koyré qui avait déjà noté que «la notion de précurseur est pour l'historien une notion très dangereuse»[5]. Mais, en même temps, Canguilhem se démarque du discontinuisme de Bachelard, puisqu'il va jusqu'à dire, dans le texte reproduit ici, que «les révolutions copernicienne et galiléenne ne se sont pas faites sans conservation d'héritage»[6]. Il sera sans doute plus attentif aux «filiations de concepts» qu'aux ruptures entre théories scientifiques.

La critique que Bachelard fait du continuisme est reprise, dans le monde anglo-saxon, par Alexandre Koyré. Dans une note de ses *Études galiléennes* il reconnaît qu'il a emprunté à Bachelard «la notion et le terme de mutation intellectuelle» :

> l'étude de l'évolution (et des révolutions) des idées scientifiques – seule histoire (avec celle, connexe de la technique) qui donne un

1. G. Bachelard, *L'activité rationaliste de la physique contemporaine*, Paris, PUF, 1951, p. 23, 25.

2. *Cf.* J. Gayon, «Bachelard et l'histoire des sciences», dans J.-J. Wunenburger (éd.), *Bachelard et l'épistémologie française*, Paris, PUF, 2003, p. 80. En revanche, il faut noter que l'expression de «rupture épistémologique» se rencontre bien sous la plume de Bachelard, en 1949, dans *Le rationalisme appliqué* (Paris, PUF, 1966, p. 104).

3. Cf. *infra*, p. 192.

4. *Cf.* G. Canguilhem, «L'objet de l'histoire des sciences», dans *Études d'histoire et de philosophie des sciences* (1968), Paris, Vrin, 1994, p. 21.

5. A. Koyré, *La révolution astronomique*, p. 79, cité par Canguilhem, *ibid.*, p. 22.

6. Cf. *infra*, p. 191.

sens à la notion, tant glorifiée et tant décriée, de progrès – nous montre l'esprit humain aux prises avec la réalité; nous révèle ses défaites, ses victoires, nous montre quel effort surhumain lui a coûté chaque pas sur la voie de l'intellection du réel, effort qui aboutit, parfois, à une véritable « mutation » de l'intellect humain [1].

C'est autour de la notion de « révolution scientifique » du XVIe et du XVIIe siècle, notion qui date de Koyré et de ses successeurs, que se focaliseront les controverses sur continuisme et discontinuisme, en particulier dans le monde anglo-saxon.

Ces controverses prendront une beaucoup plus vaste dimension avec la publication en 1962 du livre de Thomas Kuhn (1922-1996), *La structure des révolutions scientifiques*, qui eut un succès retentissant. Kuhn avait précédemment publié un livre sur *La révolution copernicienne* (1957), qui reprenait un certain nombre des conclusions internalistes de Koyré, mais ne négligeait pas pour autant les explications externalistes. Dans *La structure des révolutions scientifiques*, il va montrer qu'il n'existe en fait pas une seule révolution scientifique mais que toute l'histoire des sciences peut se décrire en termes de « révolutions scientifiques ». L'histoire des sciences est constituée par de longues périodes de « science normale », où tous les savants adhèrent à un même « paradigme », et par quelques périodes de « révolutions scientifiques », qui scandent l'histoire d'une science. Les paradigmes sont ces « découvertes scientifiques universellement reconnues qui, pour un temps, fournissent à une communauté de chercheurs des problèmes types et des solutions » [2]. Ces périodes de science normale sont caractérisées par des recherches « hautement convergentes », voire conformistes, fondées sur un « solide consensus ». Les révolutions scientifiques dénouent les périodes de « crise », lorsque le paradigme dominant rencontre un certain nombre d'« anomalies » : ces périodes sont des époques « de grande insécurité pour les scientifiques » [3]. Il s'agit, comme le note Kuhn dans le texte reproduit ici, d'épisodes d'un « mode non cumulatif » du « développement scientifique » qui s'oppose à une « conception cumulative » de ce même développement. La révolution scientifique implique

---

1. A. Koyré, *Études galiléennes*, *op. cit.*, p 11.
2. Th. Kuhn, *La structure des révolutions scientifiques* (1962), Paris, Flammarion, 1983, p. 11.
3. *Ibid.*, p. 102.

une « reconstruction » globale de tout un secteur scientifique, dont Kuhn donne ici trois exemples. Plus encore, Kuhn note que « l'historien des sciences peut être tenté de s'écrier que, quand les paradigmes changent, le monde lui-même change avec eux » [1]. Ou en tout cas que ces « changements révolutionnaires » provoquent des « changements dans la manière où les mots et les phrases se rattachent à la nature », le langage au monde [2]. Le livre de Kuhn eut des conséquences considérables sur l'histoire des sciences, mais aussi sur la philosophie et la sociologie des sciences. Il va contribuer à renouveler l'intérêt pour l'histoire des sciences, conformément à la première phrase d'un livre qui s'inspire explicitement de Koyré : « l'histoire, si on la considérait comme autre chose que des anecdotes ou des dates, pourrait transformer de façon décisive l'image de la science dont nous sommes actuellement empreints » [3].

On voit ainsi, dans ces références croisées de Koyré à Bachelard, de Canguilhem à Koyré ou de Kuhn à Koyré comment le refus du continuisme est au cœur d'une certaine tradition de l'histoire des sciences. Le caractère établi de cette critique du continuisme en France depuis Bachelard explique d'ailleurs pourquoi le livre de Kuhn n'y produira pas la même sensation que partout ailleurs dans le monde. Ce discontinuisme sera en outre largement repris par des auteurs comme Althusser ou Foucault. Louis Althusser, puis ses disciples, radicaliseront la notion de « rupture épistémologique » jusqu'à en faire une « coupure épistémologique » : « en nous servant d'un concept de Bachelard, nous croyons pouvoir penser l'événement théorique qui inaugure cette science nouvelle (la science marxiste de l'histoire) comme une « coupure épistémologique » [4]. Selon Althusser, d'autres coupures épistémologiques (Thalès, Galilée, Lavoisier) avaient déjà auparavant « ouvert à la connaissance scientifique » de nouveaux « continents ». De même Foucault s'en prend au continuisme de l'« histoire des idées » : « sous les grandes continuités de la pensée (…) on cherche maintenant à détecter l'incidence des interruptions », à la manière de Bachelard et Canguilhem [5].

---

1. *Ibid.*, p. 157
2. Cf. *infra*, p. 220.
3. *Ibid.*, p. 17.
4. L. Althusser, *Lénine et la philosophie*, Paris, Maspéro, 1969, p. 23-24. *Cf.* les travaux de M. Fichant, D. Lecourt ou Ét. Balibar.
5. M. Foucault, *L'archéologie du savoir*, Paris, Gallimard, 1969, p. 11.

Cette opposition entre continuisme et discontinuisme se reflète dans les appréciations qui sont données de la révolution einsteinienne. Il est tout à fait significatif que Duhem se soit d'emblée déclaré hostile à des théories qui sont en contradiction avec le sens commun et l'expérience, alors même que Bachelard ou Koyré s'enthousiasment pour cette théorie : selon Koyré, « il est hors de doute que c'est une méditation philosophique qui a inspiré l'œuvre d'Einstein, dont on pourrait dire que, comme Newton, il fut philosophe autant qu'il fut physicien » [1].

WHIGGISME, PRÉSENTISME ET HISTORICISME

La troisième querelle qui organisa longtemps le champ de l'histoire des sciences est celle du whiggisme, ou du présentisme, et de l'historicisme. Cette querelle se développa ici de manière relativement indépendante en France et dans les pays anglo-saxons, dans des terminologies fort différentes et avec des points de vue opposés, mais avec une égale acuité, qui atteste de l'importance réelle des problèmes soulevés.

Dans les pays de langue anglaise, il est courant d'opposer whiggisme et historicisme en histoire des sciences. Le débat remonte là aussi aux années 30, en particulier au livre fameux de 1931 de l'historien Herbert Butterfield (1900-1979), *The Whig Interpretation of History* [2]. Butterfield critique dans ce livre la tendance de beaucoup d'historiens à écrire « du côté des protestants et des whigs », c'est-à-dire du point de vue de l'ancien parti libéral anglais, et donc « à faire l'éloge des révolutions pourvu qu'elles aient été victorieuses, à relever certains principes de progrès dans le passé et à produire une histoire qui est la ratification, si ce n'est la glorification du présent » [3]. En ce sens on devrait, selon lui, rejeter le « présentisme » de ces historiens whig qui projettent sur le passé les préjugés du temps présent.

1. A. Koyré, *Études d'histoire de la pensée philosophique* (1961), Paris, Gallimard, 1971, p. 268.
2. Ce livre peut être consulté sur le site internet ELIOHS, Electronic Library of Historiography. À cette époque là Butterfield ne s'intéressait pas encore à l'histoire des sciences, qu'il illustrera ensuite par son livre sur *The Origins of Modern Science* (1949).
3. H. Butterfield, *The Whig Interpretation of History*, http://www.eliohs.unifi.it.

Les critiques de Butterfield ne s'adressent pas d'abord aux historiens des sciences, mais plutôt aux historiens politiques : Butterfield voit dans l'historien anglais de la fin du XIXe siècle, Lord Acton, le meilleur exemple de l'histoire whig, qui insistait sur la « fonction morale de l'histoire ». Il visait sans doute également un historien comme Thomas Macaulay, auteur explicitement whig d'une *Histoire de l'Angleterre* (1848-1855). Les thèses de Butterfield seront radicalisées en un relativisme extrême par Robin G. Collingwood dans *The Idea of History* (1946). Dans le domaine de l'histoire des sciences la critique du whiggisme s'en prendra à cette histoire héroïque qui voit dans la science passée l'annonce des vérités de la science actuelle. L'histoire des sciences, plus que toute autre histoire, semble en effet fondée sur l'idée de progrès. Dans cette controverse aussi, Koyré eut son rôle. Même s'il ne prononce pas le terme de whiggisme, il est conduit à en rejeter l'idée lorsqu'il insiste pour que le passé soit interprété dans ses propres termes. Il note ainsi, en 1951, que, pour l'« histoire de la pensée scientifique », telle qu'il la pratique, « il est essentiel de replacer les œuvres étudiées dans leur milieu intellectuel et spirituel, de les interpréter en fonction des habitudes mentales, des préférences et des aversions de leurs auteurs »[1].

Plus récemment, la critique de l'histoire whig a été renouvelée sous l'influence des travaux de l'historien de la philosophie politique Quentin Skinner, notamment dans son article classique de 1969, « Meaning and Understanding in the History of Ideas »[2]. Skinner s'en prend aux historiens des idées qui interprètent l'action d'un agent dans des termes « que celui-ci ne pourrait se résoudre à accepter comme une description correcte de ce qu'il pensait ou faisait effectivement »[3]. Comme l'a souligné récemment Nicholas Jardine, en une conclusion provisoire, « il semble qu'aujourd'hui la lutte contre l'anachronisme, au moins dans l'histoire des sciences, a été gagnée »[4]. Mais il faut bien être conscient, selon lui, des limites auxquelles conduit cette obsession de l'anachronisme : dans toute interprétation, on se

---

1. A. Koyré, *Études d'histoire de la pensée scientifique*, *op. cit.*, p. 14.

2. Reproduit dans J. Tully (ed.), *Meaning and Context. Quentin Skinner and his Critics*, Princeton, Princeton UP, 1988.

3. Q. Skinner, « Meaning and Understanding in the History of Ideas », *ibid.*, p. 48.

4. N. Jardine, « Uses and Abuses of Anachronism in the History of Sciences », *History of Science*, XXXVIII (2000).

sert toujours, d'une manière ou d'une autre, de catégories étrangères aux agents.

Si on le pousse à l'extrême, cet anti-whiggisme conduit aux thèses des sociologues des sciences de l'école d'Edinburgh comme David Bloor qui proposent un traitement « symétrique » des controverses scientifiques passées, en s'efforçant de faire, avec plus ou moins de bonheur, « comme si » la vérité ou la fausseté de telle ou telle thèse n'avait pas été établie. Les études de Latour sur le débat Pasteur-Pouchet sur la génération spontanée sont ici exemplaires d'une telle volonté de ne pas considérer l'histoire « du point de vue des vainqueurs » [1].

Dans l'histoire des sciences « à la française » les termes du débat opposent le « présentisme » à l'histoire « purement historienne » des sciences. Mais les jugements sur ces deux positions sont inversés par rapport à la situation anglo-saxonne. La thèse qui sera longtemps valorisée est celle de l'« histoire récurrente », c'est-à-dire, selon Bachelard, celle dans laquelle c'est « le présent qui illumine le passé ». L'historien des sciences « pour bien juger le passé, doit connaître le présent » [2]. Selon Bachelard l'idéal habituel d'« objectivité » de l'historien ne vaut abso-lument pas pour l'historien des sciences : « en opposition complète aux prescriptions qui recommandent à l'historien de ne pas juger, il faut au contraire demander à l'historien des sciences des jugements de valeur » [3]. Dans l'*Activité rationaliste de la physique contemporaine* Bachelard n'hésite pas à se réclamer de Nietzsche et de sa critique de l'histoire antiquaire : en histoire des sciences « est vraie plus qu'ailleurs cette opinion nietzschéenne : « ce n'est que par la plus grande force du présent que doit être interprété le passé » [4]. Ce « présentisme » décidé est d'ailleurs celui qui caractérise, à la même époque, les débuts de l'histoire des *Annales*, chez un Lucien Febvre par exemple même si, comme l'a montré Yvette Conry, les relations ont quelquefois été difficiles entre histoire des sciences et histoire

1. B. Latour, « Pasteur et Pouchet : hétérogenèse de l'histoire des sciences », dans M. Serres (dir.), *Éléments d'histoire des sciences*, Paris, Bordas, 1989, p. 423-446.

2. Cf. *infra*, p. 164.

3. Cf. *infra*, p. 163.

4. G. Bachelard, *L'activité rationaliste de la physique contemporaine*, Paris, PUF, 1951, p. 24.

des mentalités [1]. En même temps Bachelard n'est pas insensible aux risques que comporte la méthode de récurrence épistémologique, puisqu'il souligne, dans le texte présenté ici, qu'«il faut un véritable tact pour manier les récurrences possibles » [2]. Cette idée d'une histoire récurrente est également présente chez Canguilhem qui manifeste, selon le mot de Bruno Latour, une «forme militante d'anti-anti-whiggisme » [3]. L'idée qui est surtout présente chez lui est que le passé de la science n'est pas donné, mais qu'il est reconstruit à partir des questions que pose la science contemporaine, mais sans doute aussi la philosophie, entendue comme hiérarchisation des valeurs. Ce refus du passé conçu comme un «fourre-tout de l'interrogation rétrospective » s'appuie dans le texte reproduit ici sur une référence à Suzanne Bachelard, qui estime que «l'historien construit son objet dans un espace temps idéal», mais ajoute néanmoins, et tout le problème est là : « à lui d'éviter que cet espace-temps ne soit imaginaire » [4]. Canguilhem sera plus sensible que Bachelard aux difficultés de la méthode de récurrence épistémologique. Sur ce point il se désolidarise même de Bachelard dans le texte que nous avons reproduit : « la méthode historique de récurrence épistémologique ne saurait être tenue pour un passe-partout » et ne vaut en fait que pour les sciences «dures», à partir desquelles a travaillé Bachelard [5].

En revanche la critique radicale de cette histoire présentiste et des dangers d'anachronisme qu'elle comporte a longtemps été assez minoritaire en France, illustrée cependant par Jacques Roger, qui se réclamait d'une « histoire des sciences purement historienne » et opposait sur ce point Koyré à Bachelard. Selon lui, « Koyré a appris aux historiens des sciences à lire les textes, tels qu'ils avaient été écrits, et en les replaçant dans leur contexte intellectuel » alors que Bachelard « soumet l'histoire à un projet philosophique et ne l'étudie pas pour elle-même, mais pour ce qu'elle

1. *Cf.* Y. Conry, «Combats pour l'histoire des sciences : lettre ouverte aux historiens des mentalités», *Revue de synthèse*, IIIe s., 111-112, juil.-déc. 1983. Y. Conry est l'auteur d'un grand classique de l'histoire des sciences «à la française », *L'introduction du darwinisme en France au XIXe siècle*, Paris, Vrin, 1974.

2. Cf. *infra*, p. 165.

3. G. Bowker et B. Latour, « A Booming Discipline Short of Discipline : (Social) Studies of Science in France », *Social Studies of Science*, 17 (1987), p. 725.

4. Cf. *infra*, p. 179.

5. Cf. *infra*, p. 190.

permet de prouver, pour peu qu'on l'en sollicite »[1]. Pire encore, selon lui, l'œuvre de Michel Foucault est historiquement fausse, fondée sur des « faits interprétés, et surtout choisis »[2].

Indications bibliographiques

BACHELARD G., *Le nouvel esprit scientifique* (1934), Paris, PUF, 1973.
– *L'activité rationaliste de la physique contemporaine*, Paris, PUF, 1951.
BUTTERFIELD H., *The Whig Interpretation of History*, Londres, Bell, 1931.
CANGUILHEM G., « L'objet de l'histoire des sciences », dans *Études d'histoire et de philosophie des sciences* (1968), Paris, Vrin, 1994.
– *Idéologie et rationalité dans l'histoire des sciences de la vie*, Paris, Vrin, 1977.
DUHEM P., *Les origines de la statique*, 2 vol., Paris, Hermann, 1905-1906.
HALL A. R., « On Whiggism », *History of Science*, XXI, 1983.
JARDINE N., « Uses and Abuses of Anachronism in the History of the Sciences », *History of Science*, XXXVIII, 2000.
– « Whigs and Stories : Herbert Butterfield and the Historiography of Science », *History of Science*, XLI, 2003.
KOYRÉ A., *Études galiléennes* (1939), Paris, Hermann, 1966.
– *Études d'histoire de la pensée philosophique*, Paris, Gallimard, 1961.
– *Du monde clos à l'univers infini*, Paris, Gallimard, 1962.
– *Études d'histoire de la pensée scientifique*, Paris, Gallimard, 1966.
– *Études newtoniennes*, Paris, Gallimard, 1966.
KUHN Th., *La structure des révolutions scientifiques* (1962), Paris, Flammarion, 1983.
– *La tension essentielle. Tradition et changement dans les sciences*, Paris, Gallimard, 1990.
– *The Road since Structure. Philosophical Essays, 1970-1993*, Chicago-Londres, Chicago University Press, 2000.
LECOURT D., *Pour une critique de l'épistémologie (Bachelard, Canguilhem, Foucault)*, Paris, Maspéro, 1972.
MARTIN O., *Sociologie des sciences*, Paris, Nathan, 2000.

---

1. J. Roger, *Pour une histoire des sciences à part entière*, Paris, Albin Michel, 1995, p. 51.
2. *Ibid.*, p. 52.

MEYER A.-K., « Setting up a Discipline : Conflicting Agendas of the Cambridge History of Science Committee », *Studies in History and Philosophy of Science*, 31, 2000.

– « Setting up a Discipline, II : British History of Science and "the End of Ideology", 1931-1948 », *Studies in History and Philosophy of Science*, 35, 2004.

MERTON R. K., « Science, Technology and Society in Seventeenth Century England », *Osiris*, 4 (1938), rééd. New York, Howard Fertig, 1970.

REDONDI P. (éd.), « Science : The Renaissance of a History », *History and Technology*, *Special issue*, 4, 1-4, 1987.

ROGER J., *Pour une histoire des sciences à part entière*, Paris, Albin Michel, 1995.

SHAPIN S., « Discipline and Bounding : the History of Science as Seen Through the Externalism-Internalism Debate », *History of Science*, XXX, 1992.

– « Understanding the Merton Thesis », *Isis*, 79, 4, déc. 1988.

SKINNER Q., « Meaning and Understanding in the History of Ideas », dans J. Tully (ed.), *Meaning and Context. Quentin Skinner and his Critics*, Princeton, Princeton University Press, 1988.

PIERRE DUHEM

LES ORIGINES DE LA STATIQUE[*]

CONCLUSION

Après qu'il a parcouru le causse desséché du Larzac, aux mamelons de pierre grise, aux dédales rocheux, semblables à des ruines de cités, le voyageur dirige ses pas vers les plaines que baigne la Méditerranée. Le chemin qu'il doit suivre est dessiné par de larges ravines; traces d'anciens torrents ou de rivières taries, elles s'enfoncent peu à peu, entaillant toujours plus profondément le plateau calcaire. Ces ravines confluent bientôt en une gorge unique; de hautes murailles à pic, surmontées de dangereux glacis de pierres croulantes, resserrent le lit où, jadis, une belle rivière roulait ses eaux profondes et impétueuses. Aujourd'hui, ce lit n'est plus qu'un chaos de blocs brisés et usés; nulle source ne suinte aux parois rocheuses, nulle flaque d'eau ne mouille les graviers; entre les amas pierreux, nulle plante ne verdoie. La *Vissec*, tel est le nom que les Cévennols ont donné à ce fleuve d'aridité et de mort.

Le marcheur, qui chemine péniblement parmi les graves et les éboulis, perçoit par intervalles une sourde rumeur, semblable aux roulements d'un tonnerre lointain; au fur et à mesure qu'il avance, il entend ce grondement s'enfler, pour éclater enfin en un formidable fracas : c'est la grande voix de la *Foux*.

Dans la paroi calcaire, une sombre caverne est béante, largement fendue comme une énorme gueule; sans relâche, cette

[*] P. Duhem, *Les origines de la statique*, 2 tomes, Paris, Hermann, 1905-1906.

gueule vomit en un gouffre, avec des transparences de cristal et des bouillonnements d'écume blanche, la masse puissante des eaux que les fissures du causse ont recueillies au loin, qu'elles ont réunies en un lac souterrain.

D'un seul coup, une rivière est formée ; désormais, la *Vis* roule ses eaux limpides et froides parmi les grèves blanches et les oseraies d'argent ; son gai murmure éveille – tel un écho – le tic-tac des moulins et le rire sonore des villages cévenols, tandis qu'un grand rayon de soleil, rasant le bord crénelé du causse, glisse, oblique, jusqu'au fond de la gorge et pose un ourlet d'or aux rameaux des peupliers.

Lorsque l'histoire classique, faussée par les préjugés et tronquée par les simplifications voulues, prétend retracer le développement des sciences exactes, l'image qu'elle évoque à nos yeux est toute semblable au cours de la Vis.

Autrefois, la Science hellène a épanché avec abondance ses eaux fertilisantes ; alors le monde a vu germer et croître les grandes découvertes, à tout jamais admirables, des Aristote et des Archimède.

Puis, la source de la pensée grecque a été tarie et le fleuve auquel elle avait donné naissance a cessé de vivifier le Moyen Âge. La science barbare de ce temps n'a plus été qu'un chaos où s'entassaient pêle-mêle les débris méconnaissables de la sagesse antique ; fragments desséchés et stériles auxquels se cramponnent seulement, comme des lichens parasites et rongeurs, les gloses puériles et vaines des commentateurs.

Tout à coup, une grande rumeur a ému cette aridité scolastique ; de puissants esprits ont fendu le rocher dont les entrailles recelaient, endormies depuis des siècles, les eaux pures jaillies des sources antiques ; libérées par cet effort, ces eaux se sont précipitées, joyeuses et abondantes ; elles ont provoqué, partout où elles passaient, la renaissance des sciences, des lettres et des arts ; la pensée humaine a reconquis sa force en même temps que sa liberté ; et, bientôt, l'on a vu naître les grandes doctrines qui, de siècle en siècle, pousseront toujours plus profondément leurs pénétrantes racines, étendront toujours plus loin leur imposante ramure.

Histoire insensée! Au cours de l'évolution par laquelle se développe la science humaine, elles sont bien rares, les naissances subites et les renaissances soudaines – de même que, parmi les sources, la Foux est une exception.

Une rivière ne remplit pas tout d'un coup un large lit de ses eaux profondes. Avant de couler à pleins bords, le fleuve était simple ruisseau et mille autres ruisseaux, semblables à lui, lui ont, tour à tour, apporté leur tribut. Tantôt les affluents sont venus à lui nombreux et abondants, et alors sa crue a été rapide; tantôt, au contraire, de minces et rares filets ont seuls alimenté son imperceptible croissance; parfois même les fissures d'un sol perméable ont bu une partie de ses eaux et appauvri son débit; mais, toujours, son flux a varié d'une manière graduelle, ignorant les disparitions totales et les soudaines résurrections.

La Science, en sa marche progressive, ne connaît pas davantage les brusques changements; elle croît, mais par degrés; elle avance, mais pas à pas. Aucune intelligence humaine, quelles que soient sa puissance et son originalité, ne saurait produire de toutes pièces une doctrine absolument nouvelle. L'historien ami des vues simples et superficielles célèbre les découvertes fulgurantes qui, à la nuit profonde de l'ignorance et de l'erreur, ont fait succéder le plein jour de la vérité. Mais celui qui soumet à une analyse pénétrante et minutieuse l'invention la plus primesautière et la plus imprévue en apparence, y reconnaît presque toujours la résultante d'une foule d'imperceptibles efforts et le concours d'une infinité d'obscures tendances. Chaque phase de révolution qui, lentement, conduit la Science à son achèvement, lui apparaît marquée de ces deux caractères : la continuité et la complexité.

Ces caractères se manifestent avec une particulière netteté à celui qui étudie les origines de la Statique.

De la Statique ancienne, l'historien simpliste ne mentionne qu'une seule œuvre, l'œuvre d'Archimède; il nous la montre dominant, comme un colosse isolé, l'ignorance qui l'environne. Mais, pour admirer la grandeur de cette œuvre, il n'est point nécessaire de la rendre monstrueuse par un incompréhensible isolement. La Statique du géomètre de Syracuse, cette recherche d'une impeccable rigueur au cours des déductions, cette analyse subtile appliquée à des problèmes compliqués, ces solutions, merveilleusement habiles, de questions dont l'intérêt, caché au vulgaire, apparaît au seul géomètre, portent, à n'en pas douter, la marque d'une Science raffinée ; elles ne ressemblent nullement aux tâtonnantes hésitations d'une doctrine naissante.

Il est clair qu'Archimède a eu des précurseurs ; ceux-ci ont, avant lui, par d'autres méthodes que lui, aperçu les lois de l'équilibre du levier auxquelles il devait donner un développement magnifique.

De ces précurseurs, d'ailleurs, la trace est demeurée empreinte dans l'histoire. Les Μηχανικὰ προβλήματα ne sont peut-être pas d'Aristote comme la tradition le prétend ; en tout cas, la Statique qui y est exposée se rattache si directement à la Dynamique admise dans la Φυσικὴ ἀκρόασις et dans le Περὶ Οὐρανοῦ que nous les devons attribuer à quelque disciple immédiat du Stagirite. Les méthodes de démonstration qui y sont suivies peuvent avoir été des méthodes d'invention, alors que, des déductions d'Archimède, l'on ne saurait concevoir la même opinion.

D'autre part, une tradition antique et vivace persiste à attribuer à Euclide des écrits sur le levier. Ces écrits ne sont peut-être point ceux que nous possédons sous le nom du grand géomètre. Mais il serait difficile, en niant leur existence, d'expliquer la constante rumeur qui l'affirme.

Si Archimède a eu des précurseurs, il a eu assurément, dans l'Antiquité, des continuateurs. La science byzantine et alexandrine a poursuivi les voies diverses qu'il avait tracées. L'art de l'ingénieur, que le grand Syracusain avait porté à un très haut degré, inspirait les tentatives de Ctesibios, de Philon de Byzance, de Héron d'Alexandrie ; Pappus, au contraire, s'efforçait, dans la recherche des centres de gravité, d'égaler le talent du géomètre ; enfin, l'énigmatique Chariston, par ses raisonnements sur la balance romaine, pénétrait plus avant qu'Aristote et Archimède au sein des principes de la Statique.

De cette Statique hellène, les Arabes n'ont transmis qu'une bien faible part aux Occidentaux du Moyen Âge. Mais ceux-ci ne sont nullement les commentateurs serviles et dénués de toute invention que l'on se plait à nous montrer en eux. Les débris de la pensée grecque, qu'ils ont reçus de Byzance ou de la Science islamique, ne demeurent point en leur esprit comme un dépôt stérile; ces reliques suffisent à éveiller leur attention, à féconder leur intelligence; et, dès le XIIᵉ siècle, peut-être même avant ce temps, l'École de Jordanus ouvre aux mécaniciens des voies que l'Antiquité n'avait pas connues.

Les intuitions de Jordanus de Nemore sont, d'abord, bien vagues et bien incertaines; de très graves erreurs s'y mêlent à de très grandes vérités; mais, peu à peu, les disciples du grand mathématicien épurent la pensée du maître; les erreurs s'effacent et disparaissent; les vérités se précisent et s'affermissent, et plusieurs des lois les plus importantes de la Statique sont enfin établies avec une entière certitude.

En particulier, nous devons à l'École de Jordanus un principe dont l'importance se marquera avec une netteté toujours croissante, au cours du développement de la Statique. Sans analogie avec les postulats, spéciaux au levier, dont se réclamaient les déductions d'Archimède, ce principe n'a qu'une affinité éloignée avec l'axiome général de la Dynamique péripatéticienne. Il affirme qu'une même puissance motrice peut élever des poids différents à des hauteurs différentes, pourvu que les hauteurs soient en raison inverse des poids. Appliqué par Jordanus au seul levier droit, ce principe fait connaître au Précurseur de Léonard de Vinci la loi d'équilibre du levier coudé, la notion de moment, la pesanteur apparente d'un corps posé sur un plan incliné.

Au XIVᵉ et au XVᵉ siècles, la Statique issue de l'École de Jordanus suit paisiblement son cours sans qu'aucun affluent important en vienne accroître le débit; mais, au début du XVIᵉ siècle, elle se prend à rouler comme un torrent impétueux, car le génie de Léonard de Vinci vient de lui apporter son tribut.

Léonard de Vinci n'est point du tout un voyant qui, subitement, découvre des vérités insoupçonnées jusqu'à lui; il possède une intelligence prodigieusement active, mais sans cesse inquiète et hésitante. Il reprend les lois de Mécanique que ses prédécesseurs ont établies, les discute, les retourne en tous sens. Ses incessantes méditations l'amènent à préciser certaines idées déjà connues des disciples de Jordanus, à en montrer la richesse et la fécondité; telle la notion de puissance motrice; telle aussi la notion de moment; de cette dernière, il fait jaillir, par une admirable démonstration, la loi de composition des forces concourantes. Mais son esprit, enclin aux tâtonnements, aux retouches et aux repentirs, ne sait point toujours garder fermement les vérités qu'il a un instant saisies. Léonard ne parvient pas à fixer son opinion au sujet du problème du plan incliné, si parfaitement résolu dès le XIIIᵉ siècle.

L'indécision qui, toujours, agita l'âme de Léonard, qui, si rarement, l'a laissé achever une œuvre, ne lui a pas permis de mener à bien le *Traité du poids* qu'il souhaitait d'écrire. Le fruit de ses réflexions, cependant, ne fut point entièrement perdu pour la Science. Par la tradition orale qui avait pris naissance durant sa vie, par la dispersion de ses manuscrits après sa mort, ses pensées furent jetées aux quatre vents du ciel et quelques-unes rencontrèrent un terrain propice à leur développement.

Cardan, l'un des esprits les plus universels et l'un des hommes les plus étranges qu'ait produits le XVIᵉ siècle, Tartaglia, mathématicien de génie, mais plagiaire impudent, restituèrent à la Statique de la Renaissance plusieurs des découverte faites par l'École de Jordanus; mais ils les lui restituèrent souvent sous la forme plus riche et plus féconde que leur avait donnée Léonard de Vinci.

Les écrits de Tartaglia et de Cardan répandent, en plein XVᵉ siècle, un afflux de la Mécanique du Moyen Âge. Mais, à ce moment, un courant en sens contraire prend naissance et vigueur en les traités de Guido Ubaldo del Monte et de J.B. Benedetti. Les œuvres de Pappus et d'Archimède viennent d'être exhumées; elles sont étudiées avec passion et commentées avec talent; elles donnent aux mécaniciens le goût de cette impeccable rigueur où, depuis Euclide, excellent les géomètres. Cette admiration enthousiaste et exclusive pour les monuments de la Science hellène fait rejeter avec mépris les découvertes profondes, mais encore confuses et mêlées d'erreur, qu'ont produites les Écoles du XIIIe siècle; les plus pénétrantes intuitions de Jordanus et de ses disciples sont méconnues par l'École nouvelle, qui appauvrit et épuise la Statique sous prétexte de la rendre plus pure. De même, l'admiration exclusive des œuvres empreintes de la beauté grecque fait traiter de gothiques les plus merveilleuses créations artistiques du Moyen Âge.

À la fin du XVe siècle donc, presque rien ne subsistait de ce qu'avait spontanément produit, en Statique, le génie propre de l'Occident. L'œuvre était à refaire. Il fallait reprendre les démonstrations des vérités que les docteurs du Moyen Âge avaient aperçues et leur assurer toute la clarté, toute la précision, toute la rigueur des théories léguées par les Grecs. À cette restauration vont se consacrer, jusqu'au milieu du XVIIe siècle, les plus puissants géomètres de la Flandre, de l'Italie et de la France.

Malgré l'extraordinaire talent des ouvriers, que de tâtonnements et de malfaçons, avant que l'ouvrage soit mené à bien !

Une déduction rigoureuse suppose des axiomes. Où trouver les postulats auxquels s'attacheront fixement les raisonnements de la Statique? Ceux qu'Archimède a formulés sont infiniment particuliers; ils suffisent à peine à traiter de l'équilibre du levier droit. De toute nécessité, il faut avoir recours à des hypothèses nouvelles. Les mécaniciens qui vont les énoncer les donneront pour principes inédits et vérités inouïes. Mais si nous les dépouillons du masque d'originalité dont les a affublées l'amour-propre de ceux qui les proclament, nous y reconnaîtrons presque toujours des propositions fort anciennes qu'une longue tradition a conservées, qu'elle a mûrie, et dont elle a montré la fécondité. Là où une histoire trop sommaire et trop systématique a cru voir une Renaissance de la méthode scientifique, oubliée depuis les Grecs, nous verrons le développement naturel de la Mécanique du Moyen Âge.

Galilée, dont la légende fait le créateur de la Dynamique moderne, va chercher le fondement de ses déductions dans la Dynamique déjà chancelante d'Aristote. Il postule la proportionnalité entre la force qui meut un mobile et la vitesse de ce mobile. Les travaux des mécaniciens du XIIIᵉ siècle l'inspirent lorsqu'il veut tirer de ce principe la pesanteur apparente d'un corps posé sur un plan incliné; mais ils ne vont pas jusqu'à lui faire reconnaître que la notion cardinale de toute la Statique est la notion de puissance motrice, produit d'un poids par sa hauteur de chute. À cette notion, Galilée substitue celle de *momento*, produit du poids par la vitesse de sa chute, notion qui se relie immédiatement à la Dynamique déjà condamnée d'Aristote.

Pour traiter de la pesanteur apparente sur un plan incliné, Stevin invoque l'impossibilité du mouvement perpétuel; or, ce principe, Léonard de Vinci et Cardan l'avaient formulé avec une netteté singulière, en le rattachant à la notion de puissance motrice qu'ils tenaient eux-mêmes de l'École de Jordanus. Mais cette notion n'apparaît qu'incidemment dans l'œuvre de Stevin; le grand géomètre de Bruges n'en a point vu l'extrême importance.

Elle s'affirme plus nettement en la belle démonstration que donne Roberval de la règle selon laquelle se composent des forces concourantes; cette démonstration, qui comble si heureusement une profonde lacune, béante en l'œuvre de Stevin, n'est point, d'ailleurs, d'un type imprévu; pour traiter de l'équilibre du levier coudé, ce disciple de Jordanus qui fut le Précurseur de Léonard de Vinci en avait tracé le modèle.

Le génie admirablement clair et méthodique de Descartes a tôt fait de saisir avec sûreté l'idée maîtresse qui doit régir toute la Statique. Cette idée, c'est celle dont Jordanus avait déjà marqué l'emploi dans la théorie du levier droit, celle dont son disciple avait fait usage pour traiter du levier coudé et du plan incliné; c'est la notion de *puissance motrice*. Cette notion, Descartes la définit avec précision; il l'oppose victorieusement au *momento* considéré par

Galilée; tandis que l'emploi du *momento* découle d'une Dynamique désormais insoutenable, la notion de puissance motrice permet de formuler un axiome, très clair et très sûr, qui porte la Statique tout entière; et ce principe autonome n'attend point, pour devenir acceptable, que la Dynamique nouvelle ait été construite sur les ruines de la Dynamique péripatéticienne.

Malheureusement, l'orgueil insensé qui trouble la conscience de Descartes le pousse à exagérer la grandeur du service qu'il rend à la Statique, et à l'exagérer au point d'en fausser la nature. Incapable, plus encore que Stevin, que Galilée et que Roberval, de rendre justice à ses prédécesseurs, il se donne pour le créateur d'une doctrine dont il n'est que l'organisateur. D'ailleurs, ce que nous disons ici de la Statique cartésienne, ne le pourrait-on répéter du Cartésianisme tout entier? La superbe de son auteur a triomphé, et son triomphe n'a point d'analogue dans l'histoire de l'esprit humain; elle a dupé le monde; elle a fait prendre le Cartésianisme pour une création étrangement spontanée et imprévue; cependant, ce système n'était, presque toujours, que la conclusion nettement formulée d'un labeur obscur, poursuivi pendant des siècles. Le vol gracieux du papillon aux ailes chatoyantes a fait oublier les lentes et pénibles reptations de l'humble et sombre chenille.

Les quelques lignes où Jordanus démontrait la règle du levier droit contenaient en germe une idée juste et féconde; de Jordanus à Descartes, cette idée s'est développée au point de comprendre la Statique tout entière. Tandis que se poursuit et s'achève cette graduelle évolution d'une vérité, la Science est le théâtre d'un phénomène non moins intéressant, mais plus étrange; une doctrine fausse se transforme peu à peu en un principe très profond et très exact; il semble qu'une force mystérieuse, attentive au progrès de la Statique, sache rendre également bienfaisantes la vérité et l'erreur.

Archimède avait usé, sans la définir, de la notion de centre de gravité; certains géomètres s'étaient efforcés de la préciser; mais Albert de Saxe et, après lui, la plupart des physiciens de l'École, profitant de l'indétermination mécanique où demeurait ce point, lui attribuaient des propriétés tout autres que celles dont nous le douons aujourd'hui ; en chaque portion de matière, ils y voyaient le lieu où se trouvait concentrée la pesanteur de cette matière ; la pesanteur d'un corps leur apparaissait comme le désir que le centre de gravité de ce corps a de s'unir au centre de l'Univers. La révolution copernicaine, en déplaçant le centre de l'Univers, en niant même, avec Giordano Bruno, l'existence de ce centre, ne modifia guère cette théorie de la pesanteur ; elle vit en cette qualité la tendance qu'a le centre de gravité de chaque corps à s'unir à son semblable, le centre de gravité de la Terre.

L'un des titres de gloire de Képler est d'avoir éloquemment combattu cette hypothèse d'une attraction entre points géométriques et d'avoir affirmé que l'attraction de gravité s'exerçait entre les diverses parties de la Terre prises deux à deux ; mais ses contemporains, moins clairvoyants, ne partageaient pas cette opinion ; en particulier, Benedetti, Guido Ubaldo et Galilée affirmaient la sympathie que le centre de gravité de chaque corps éprouve pour le centre commun des graves, tandis que Bernardino Baldi et Villalpand plagiaient les corollaires exacts que Léonard de Vinci avait tirés de cette doctrine erronée.

Lorsque cette tendance se trouve satisfaite aussi complètement que le permettent les liaisons d'un système de poids ; en d'autres termes, lorsque le centre de gravité du système est le plus près possible du centre de la Terre, rien ne sollicite plus le système à se mouvoir ; il demeure en équilibre. Tel est le principe de Statique que formulent Cardan, Bernardino Baldi, Mersenne, Galilée, qui le doivent peut-être à Léonard de Vinci.

Ce principe est faux ; mais, pour le rendre exact, il suffira de rejeter à l'infini le centre de la Terre que Galilée invoque sans cesse dans ses raisonnements et de regarder les verticales comme parallèles entre elles. La modification parait insignifiante ; elle est grave, cependant, puisqu'elle transforme une affirmation erronée en un axiome exact et fécond ; elle est grave, aussi, en ce qu'elle suppose l'abandon d'une théorie de la pesanteur très ancienne et très autorisée.

Les débats confus et compliqués que provoquent, en France, les recherches de Beaugrand et de Fermat sur la variation de la pesanteur avec l'altitude préparent cette réforme. Torricelli l'accomplit ; il dote ainsi la Science d'un *nouveau postulat* propre à fonder la Statique.

Lorsque l'historien, après avoir suivi le développement continu et complexe de la Statique, se retourne pour embrasser d'un coup d'œil le cours entier de cette Science, il ne peut, sans un étonnement profond, comparer l'ampleur de la théorie achevée à l'exiguïté du germe qui l'a produite. D'une part, en un manuscrit du XIIIᵉ siècle, il déchiffre quelques lignes d'une écriture gothique presque effacée ; elles justifient d'une manière concise la loi d'équilibre du levier droit. D'autre part, il feuillette de vastes traités, composés au XIXᵉ siècle ; en ces traités, la méthode des déplacements virtuels sert à formuler les lois de l'équilibre aussi bien pour les systèmes purement mécaniques que pour ceux où peuvent se produire des changements d'état physique, des réactions chimiques, des phénomènes électriques ou magnétiques. Quel disparate entre la minuscule démonstration de Jordanus et les imposantes doctrines des Lagrange, des Gibbs et des Helmholtz ! Et cependant, ces doctrines étaient en puissance dans cette démonstration ; l'histoire nous a permis de suivre pas à pas les efforts par lesquels elles se sont développées à partir de cette humble semence.

Ce contraste entre le germe, extrêmement petit et extrêmement simple, et l'être achevé, très grand et très compliqué, le naturaliste le contemple chaque fois qu'il suit le développement d'une plante ou d'un animal quelque peu élevé en organisation. Cette opposition, cependant, n'est peut-être point ce qui excite au plus haut degré son admiration. Un autre spectacle est plus digne encore d'attirer son attention et de servir d'objet à ses méditations.

Le développement qu'il étudie résulte d'une infinité de phénomènes divers ; il faut, pour le produire, une foule de divisions de cellules, de bourgeonnements, de transformations, de résorptions. Tous ces phénomènes, si nombreux, si variés, si compliqués, se coordonnent entre eux avec une précision parfaite ; tous concourent d'une manière efficace à la formation de la plante ou de l'animal adulte. Et cependant, les êtres innombrables qui agissent en ces phénomènes, les cellules qui prolifèrent, les phagocytes qui font disparaître les tissus devenus inutiles, ne connaissent assurément pas le but qu'ils s'efforcent d'atteindre ; ouvriers qui ignorent l'œuvre à produire, ils réalisent néanmoins cette œuvre avec ordre et méthode. Aussi le naturaliste ne peut-il s'empêcher de chercher, en dehors d'eux et au-dessus d'eux, un je-ne-sais-quoi qui voie le plan de l'animal ou de la plante à venir et qui, à la formation de cet organisme, fasse concourir la multitude des efforts inconscients ; avec Claude Bernard, il salue l'idée directrice qui préside au développement de tout être vivant.

À celui qui l'étudie, l'histoire de la Science suggère sans cesse des réflexions analogues. Chaque proposition de Statique a été constituée lentement, par une foule de recherches, d'essais, d'hésitations, de discussions, de contradictions. En cette multitude d'efforts, aucune tentative n'a été vaine ; toutes ont contribué au résultat ; chacune a joué son rôle, prépondérant ou secondaire, dans la formation de la doctrine définitive ; l'erreur même a été féconde ; les idées, fausses jusqu'à l'étrangeté, de Beaugrand et de Fermat ont contraint les géomètres à passer au crible la théorie du centre de gravité, à séparer les vérités précieuses des inexactitudes auxquelles elles se trouvaient mêlées.

Et cependant, tandis que tous ces efforts contribuaient à l'avancement d'une science que nous contemplons aujourd'hui dans la plénitude de son achèvement, nul de ceux qui ont produit ces efforts ne soupçonnait la grandeur ni la forme du monument qu'il construisait. Jordanus ne savait assurément pas, en justifiant la loi d'équilibre du levier droit, qu'il postulait un principe capable de porter toute la Statique. Ni Bernoulli, ni Lagrange ne pouvaient deviner que leur méthode des déplacements virtuels serait, un jour, admirablement propre à traiter de l'équilibre électrique et de l'équilibre chimique ; ils ne pouvaient prévoir Gibbs, bien qu'ils en fussent les précurseurs. Maçons habiles à tailler une pierre et à la cimenter, ils travaillaient à un monument dont l'architecte ne leur avait pas révélé le plan.

Comment tous ces efforts auraient-ils pu concourir exactement à la réalisation d'un plan inconnu des manœuvres, si ce plan n'avait préexisté, clairement aperçu, en l'imagination d'un architecte, et si cet architecte n'avait eu le pouvoir d'orienter et de coordonner le labeur des maçons? Le développement de la Statique nous manifeste, autant et plus encore que le développement d'un être vivant, l'influence d'une idée directrice. Au travers des faits complexes qui composent ce développement, nous percevons l'action continue d'une Sagesse qui prévoit la forme idéale vers laquelle la Science doit tendre et d'une Puissance qui fait converger vers ce but les efforts de tous les penseurs; en un mot, nous y reconnaissons l'œuvre d'une Providence.

Bordeaux, 26 octobre 1905.

Robert K. Merton

LE PURITANISME, LE PIÉTISME ET LA SCIENCE [*]

Dans son introduction à une sociologie de la culture, Alfred Weber fait une distinction entre les mécanismes de la société, de la culture et de la civilisation [1]. Weber s'intéresse, essentiellement à différencier ces catégories de phénomènes sociaux ; mais il a, pour une grande part, méconnu leurs interrelations, champ d'étude fondamental pour le sociologue. Nous voudrions étudier cette interaction dans l'Angleterre du dix-septième siècle.

Esquissons d'abord les valeurs du puritain et l'intérêt croissant pour la science, durant la seconde partie du dix-septième siècle anglais. Ensuite nous comparerons l'étude des sciences naturelles chez les protestants et dans les autres religions.

L'ÉTHIQUE PURITAINE

Notre thèse est que l'éthique puritaine, vue comme l'expression idéale de valeurs fondamentales, canalisa les intérêts

[*] « Puritanism, Pietism and Science », *Sociological Review*, XXVIII (1936), repris dans R.K. Merton, *Social Theory and Social Structure*, 2ᵉ éd., Glencoe, The Free Press, 1957 ; trad. H. Mendras, 2ᵉ éd. Paris, Plon, 1965. Ce texte est reproduit avec l'aimable autorisation des éditions Plon.

[1]. A. Weber, « Prinzipielles Kultursoziologie : Gesellschaftsprozess, Zivilisationsprozess und Kulturbewegung », *Archiv für Sozialwissenschaft und Sozialpolitik*, XLVII (1920), p. 1-49. Se reporter également à la classification similaire de R.M. Mac Iver, *Society, its Structure and Changes*, chap. XII, et à l'analyse de ces études par M. Ginsberg, *Sociology* (Londres, 1934), p. 45-52.

des Anglais au dix-septième siècle et joua un rôle important dans le développement scientifique. Les intérêts religieux [1] de l'époque incitaient à l'étude systématique, rationnelle et empirique de la nature, pour la glorification de Dieu et de ses œuvres, mais aussi pour prendre le contrôle d'un monde corrompu. Pour ce faire, étudions le comportement des savants de ce temps-là. En étudiant les motifs avoués de ces hommes, nous risquons de travailler sur des rationalisations, des conséquences plutôt que sur des descriptions exactes de leurs motifs véritables. Ces motifs peuvent se référer à des cas isolés. La valeur de notre étude n'en est pas pour autant viciée car ces rationalisations sont des preuves (*Erkenntnismitteln* de Weber) que ces motifs étaient socialement acceptables à l'époque puisque, comme l'observe Kenneth Burke : « Une terminologie des motifs reflète une attitude générale à l'égard des buts et des moyens, et une image de la vie idéale, etc. ».

Robert Boyle fut l'un des savants qui tenta de lier dans la vie sociale la place de la science et les autres valeurs culturelles, notamment dans *Usefulness of Experimental Natural Philosophy*. John Ray fit de même et ses études sur l'histoire naturelle sortaient des sentiers battus ; Haller appela Ray le plus grand botaniste de l'histoire humaine. Francis Willoughby fut aussi éminent en zoologie que Ray en botanique. Quant à John Wilkins, il faisait partie des esprits d'avant-garde du « Collège Invisible » qui devint par la suite la Royal Society of London. Il y eut encore d'autres chercheurs tels que Oughtred, Wallis, etc. Vers le milieu du siècle

---

1. « Ce que nous avons en vue (sous le nom d'"éthique économique" d'une religion), ce n'est pas la théorie éthique contenue dans les traités de théologie, qui peut servir seulement d'instrument de connaissance (sans doute important parfois), mais les incitations pratiques à l'action enracinées dans les articulations psychologiques et pragmatiques des religions », M. Weber, *Gesammelte Aufsätze zur Religonssoziologie* I, Tübingen, 1920, p. 238 [*Sociologie des religions*, Paris, Gallimard, 1996, p. 332]. Comme Weber l'indique, la religion n'est qu'un élément de la détermination de l'éthique religieuse, néanmoins, c'est actuellement une tâche très difficile, et non indispensable, de déterminer tous les autres éléments constituant cette éthique. Un tel problème exige une analyse ultérieure qui est en dehors de notre propos.

la *Royal Society* alors naissante stimula, plus qu'aucune autre institution, le progrès scientifique. Un rapport contemporain, rédigé sous l'autorité constante des membres de la société, exprime les buts et les motifs de l'association : *History of the Royal Society of London* de Thomas Sprat, publié en 1667 [1].

Ces écrits révèlent un fait remarquable : certains éléments de l'éthique protestante se sont si bien infiltrés dans le royaume de la science qu'ils ont laissé une empreinte indélébile sur l'attitude des savants à l'égard de leurs travaux. Les discussions à propos des « pourquoi », des « comment » de la science ressemblent point par point aux enseignements puritains. Une force aussi prédominante que la religion à cette époque n'était pas et ne pouvait pas être limitée à son secteur propre. On s'explique alors l'apologie où Boyle déclare que l'étude de la nature se poursuit pour la plus grande gloire de Dieu et pour le bien de l'homme [2]. Ce motif est sans cesse répété. La juxtaposition du spirituel et du matériel y est caractéristique. La civilisation du dix-septième siècle était basée sur des normes utilitaires, qui servaient d'aune pour juger de l'intérêt de diverses activités. La définition de l'action utile à la gloire de Dieu était vague et fragile, mais les normes utilitaires pouvaient être appliquées facilement.

Au début du siècle, la note dominante était donnée par l'éloquence de Francis Bacon « véritable apôtre des sociétés scien-

---

1. *Cf.* C.L. Sonnichsen, *The Life and Works of Thomas Sprat*, Harvard, Harvard UP, dissertation de doctorat non publiée, 1931, p. 131, où il présente avec évidence que l'*History* (de Sprat) est représentative des opinions de la Société royale. Très intéressantes aussi les affirmations contenues dans l'ouvrage de Sprat quant aux visées de la Société, affirmations proches de celles de Boyle dans ses caractérisations des motifs et objectifs des savants en général. Une telle similitude est une preuve de la prédominance d'une éthique qui impliquait de telles attitudes.

2. R. Boyle, *Some Considerations touching the Usefulness of Experimental Natural Philosophy* (Oxford, 1664), p. 22. Voir également les lettres de W. Oughtred dans *Correspondence of Scientific Men of the Seventeenth Century*, S.J. Rigaud (ed.) (Oxford, 1841), p. XXXIV *sq.* ; ou encore les lettres de J. Ray dans la *Correspondence of John Ray*, Ed. Lankester (ed.) (Londres, 1848), p. 389, 395, 402 et *passim*.

tifiques ». Celui-ci, cependant, ne fut pas l'initiateur de découvertes scientifiques, et fut même incapable d'apprécier l'importance des grandes découvertes faites par ses contemporains, Galilée, Kepler et Gilbert. Il croyait naïvement à une méthode scientifique qui situerait tous les esprits presque au même niveau. Empiriste radical, il prétendait que les mathématiques n'étaient d'aucun usage pour la science et fut néanmoins l'un de ceux qui réussirent à donner à la science sa place dans la société et à faire rejeter une scolastique stérile. Ce fils d'une « mère cultivée, éloquente, religieuse, qui vécut entourée de ferveur puritaine » a été influencé sans aucun doute par l'attitude de sa mère ; il dit en effet que les fins véritables de l'activité scientifique sont la « gloire du Créateur et le soulagement de la condition humaine ». La profession de foi baconienne a été reprise par la *Royal Society* dans sa charte.

Dans ses dernières volontés, Boyle fait écho à cette même attitude et, dans ses vœux à ses confrères de la *Royal Society*, il « leur souhaite tout le succès dans leurs efforts louables pour découvrir la nature véritable des œuvres de Dieu, et les prie avec tous les autres chercheurs des vérités physiques, de rapporter leurs découvertes à la gloire du Grand Créateur de toutes choses, ainsi qu'au bien-être de l'humanité »[1]. John Wilkins proclamait que l'étude expérimentale de la nature était le moyen le plus sûr pour faire naître en l'homme la vénération de Dieu[2]. Francis Willoughby ne se décida à publier ses travaux – qu'il jugeait indignes de l'être – que lorsque Ray insista et lui dit que c'était un moyen de glorifier Dieu[3]. Le *Wisdom of God* de Ray, réédité cinq fois en vingt ans, est un panégyrique de ceux qui glorifient le Seigneur par l'étude de ses œuvres[4].

1. Cité par Gilbert [Burnet], Lord Bishop de Sarum, *A Sermon preached at the Funeral of the Hon. Robert Boyle* (Londres, 1692), p. 25.
2. *Principles and Duties of Natural Religion* (Londres, 1710, 6e éd.), p. 236 *sq.*
3. *Memorials of John Ray*, p. 14 *sq.*
4. *Wisdom of God* (Londres, 1691), p. 126-129 *sq.*

Pour l'homme moderne, relativement détaché des idées religieuses et conscient de la séparation presque complète de la science et de la religion, le ressassement de ces phrases pieuses semble être une sorte de coutume sans résonance spéciale et non une conviction enracinée. Mais une telle interprétation est un anachronisme. Boyle qui dépensa des sommes considérables pour faire traduire la Bible en plusieurs langues était animé d'une ferveur véritable. Selon G. N. Clark,

> Il est [...] difficile de faire la part, dans tout ce qui fut dit dans la langue religieuse du XVIIᵉ siècle, de ce que nous nommons religion. On ne résout rien par le rejet pur et simple des termes théologiques, ou en les considérant comme des clichés. Au contraire, il est plus souvent nécessaire de se souvenir que ces termes étaient à l'époque rarement utilisés sans justification immédiate, et leur utilisation impliquait généralement une grande intensité de sentiment [1].

Le second élément qui domine l'éthique puritaine, c'est le souci constant du bien être du plus grand nombre. Ici encore, les savants de l'époque avaient emprunté leurs objectifs aux valeurs courantes. La science devait être protégée et se développer pour dominer la nature, grâce aux inventions techniques. Selon les historiens de la *Royal Society*, celle-ci «n'a pas l'intention de s'arrêter à quelque bénéfice particulier, mais va jusqu'à la racine de toutes les nobles inventions» [2]. Cependant, les expériences qui n'apportent pas de gain immédiat, ne sont pas pour autant condamnées. En dehors de sa valeur purement terrestre, le pouvoir de la science d'améliorer les conditions matérielles de l'homme est un bien, selon la doctrine évangélique du salut en Jésus-Christ.

Ainsi les principes chers au puritanisme avaient, point par point, leurs correspondants dans les objectifs et les résultats de la science. Le puritanisme exigeait un travail systématique, méthodique et une diligence constante chez chacun. Quoi de plus actif,

1. G.N. Clark, *The Seventeenth Century*, Oxford, Clarendon Press, 1929, p. 323.
2. Th. Sprat, *History of the Royal Society*, p. 78-79.

plus industrieux, plus systématique, se demande Sprat, que cet « art d'expérimenter » que « le labeur d'un homme ni de la plus grande assemblée n'épuisera jamais »[1]? Car il y aura toujours du travail dans cette industrie inépuisable tant qu'il y aura des trésors de la nature à découvrir à force de patience et de souffrance[2].

Le puritanisme condamne l'oisiveté, occasion de distraction et de péché, obstacle à la poursuite d'une vocation. Dans un esprit passionné par l'étude de la science naturelle, quelle place peut-il y avoir pour des choses basses, petites[3]? Le théâtre et les livres légers sont pernicieux, accaparants, complaisants aux tendances de la chair, et donc contraires à des préoccupations sérieuses[4]. Alors, le moment est venu de s'adonner à la recherche, d'enseigner une sagesse qui « s'élève des profondeurs de la connaissance, de secouer l'obscurité, de disperser les brumes (des dissipations spirituelles apportées par le théâtre) »[5]. Enfin, une vie d'activité sérieuse en ce monde doit-elle être préférée à l'ascétisme monastique? Il faut reconnaître que le « secret du cloître ne convient pas à l'étude des sciences naturelles puisque celles-ci sont utiles à ce monde »[6]. Donc, la science exprime deux hautes valeurs, l'utilitarisme et l'empirisme.

---

1. *Ibid.*, p. 341-342.

2. Ray, *Wisdom of God*, p. 125.

3. Sprat, *op. cit.*, p. 344-345.

4. R. Baxter, *Christian Directory* (1664), Londres, Richard Edwards, 1825, I, p. 152; II, p. 167. *Cf.* R. Barclay, l'apologiste quaker qui suggère de rechercher les divertissements innocents des « expériences géométriques et mathématiques », au lieu de pièces de théâtre pernicieuses. *An Apology for the True Christian Divinity* (1675), Philadelphie, Kimber, Conrad, 1805, p. 554-555.

5. Sprat, *op. cit.*, p. 362.

6. *Ibid.*, p. 365-366. Sprat suggère que l'ascétisme monastique commandé par les scrupules religieux fut en partie responsable de l'absence d'empirisme chez les hommes de science. « Mais quelle sorte affligeante de philosophie les scolastiques devaient-ils produire, quand cela faisait partie de leur religion de se séparer, autant que possible, du reste de l'humanité? Quand ils étaient si loin d'être capables de découvrir les secrets de la nature, qu'ils avaient à peine l'occasion d'observer ses œuvres communes », *ibid.*, p. 19.

En un sens, cette coïncidence entre les éléments du puritanisme et les qualités nécessaires à la science comme profession est pure casuistique. C'est une tentative évidente d'adapter le savant en tant que « pieux profane » aux valeurs sociales dominantes. C'est une « option » en vue du salut religieux et social, car, en ce temps-là, la position sociale et l'autorité personnelle du clergé étaient bien plus importantes qu'elles ne le sont aujourd'hui. Mais l'explication n'est pas complète. Les efforts justificateurs d'un Sprat, d'un Wilkins, d'un Boyle et d'un Ray, ne sont pas simple opportunisme servile ; c'est une tentative sincère de justifier devant Dieu les voies de la science.

La Réforme avait transféré de l'Église à l'individu le fardeau du salut. Ce sens accablant, écrasant de la responsabilité de l'individu envers son âme explique le vif souci religieux. Si la science n'avait pas été une vocation légitime et désirable, elle n'aurait pu prétendre à l'attention de ceux qui se sentaient « toujours sous le regard du Seigneur ».

L'exaltation de la raison dans l'éthique puritaine, basée en partie sur l'idée que la raison est un instrument pour lutter contre les passions – conduisit inévitablement à une attitude favorable aux activités qui réclament une rigueur constante de raisonnement. Mais, là encore, à l'encontre du rationalisme médiéval, la raison devint l'auxiliaire de l'empirisme. Sprat signale la valeur prééminente de la science à cet égard[1]. C'est sur ce point probablement que le puritanisme et le tempérament scientifique présentent l'accord le plus remarquable, car la combinaison de la rationalité et de l'empirisme, si évidente dans l'éthique puritaine, forme l'essence de la science moderne. Le puritanisme se propagea avec

---

1. Sprat, *op. cit.*, p. 361. Baxter à la manière des puritains condamna l'invasion de l'« enthousiasme » en religion. La Raison doit maintenir son autorité dans le gouvernement et la maîtrise de la pensée », *Christian Divinity*, II, p. 199. Ce même état d'esprit animait ceux qui, dans la maison de Wilkins posèrent les premiers fondements de la *Royal Society* et qui « étaient invinciblement armés contre tous les mirages de l'Enthousiasme », Sprat, *op. cit.*, p. 53.

le rationalisme néo-platonicien, dérivé indirectement des enseignements augustiniens. Dès lors, l'accent était mis. La nécessité consciente de conduire avec succès les affaires pratiques de la vie en ce monde rejoignait l'empirisme scientifique et découlait de la doctrine calviniste de la prédestination. Ces deux thèmes convergèrent, aidés par un système cohérent de valeurs ; ils s'associèrent si bien aux autres valeurs de l'époque qu'ils préparèrent la voie à une fusion analogue dans les sciences naturelles.

Ainsi empirisme et rationalisme furent pour ainsi dire sanctifiés. Il est possible que l'éthique puritaine n'ait pas influencé directement la méthode scientifique et que le phénomène résulte simplement de développements parallèles. Mais il est évident qu'à travers la contrainte psychologique exercée en faveur de certains modes de pensée et de comportement, ce complexe de valeurs réhabilita la science empirique que le Moyen Âge avait condamnée, ou, au mieux, tolérée. Certains talents se tournèrent vers la science au lieu de s'engager dans d'autres voies. Que la science aujourd'hui soit largement, sinon complètement, indépendante des positions religieuses est un exemple du processus de sécularisation. Les premiers efforts vers une telle sécularisation, à peine perceptible encore à la fin du Moyen Âge, sont manifestes dans l'éthique puritaine : c'est d'abord dans le système puritain de valeurs que la raison et l'expérience furent considérées sérieusement comme des moyens indépendants de prouver les vérités religieuses elles-mêmes. Une foi qui n'est pas « rationnellement pesée », dit Baxter, n'est pas la foi, mais un rêve, une fantaisie, une opinion. Mais c'est attribuer à la science un pouvoir qui, pour finir, limitera celui de la théologie.

Dès lors, il n'est plus surprenant qu'un Luther et même un Melanchthon aient exécré la cosmologie de Copernic, et que Calvin ait eu du mal à accepter de nombreuses découvertes de son temps, alors que l'éthique religieuse qu'ils ont créée encourageait le développement de la science naturelle [1]. En fait, aussi longtemps que les théologiens dominèrent l'éthique religieuse subversive (comme le fut celle de Calvin à Genève, jusqu'au début du dix-huitième siècle) la science était tenue en bride. Mais, avec le relâchement de cette influence hostile, et la naissance d'une éthique différente, la science reprit un souffle nouveau, notamment à Genève.

L'élément de l'éthique protestante qui emporta l'approbation pour les sciences naturelles fut certainement l'idée que l'étude de la nature conduit à une meilleure valorisation des œuvres du Très-Haut, et permet à l'homme d'admirer la puissance, la sagesse et la bonté de Dieu, évidentes dans sa Création. Une telle conception ne fut pas inconnue du Moyen Âge, mais ses conséquences furent totalement différentes. Ainsi, Arnaud de Villeneuve, penché sur l'étude des œuvres de l'Artisan divin, respecte l'idéal médiéval en cherchant à déterminer les propriétés des phénomènes à partir de tables où sont énumérées les combinaisons diverses selon les canons de la logique. Mais, au dix-septième siècle, l'empirisme permet d'étudier les phénomènes de la nature à partir de l'observation directe [2]. Cette différence d'interprétation d'une même doctrine

---

1. Sur la base de cette analyse, on est surpris de trouver l'affirmation attribuée à Weber que l'opposition des Réformateurs eux-mêmes est une raison suffisante pour ne pas allier le protestantisme aux intérêts scientifiques. Voir *Wirtschaftsgeschichte*, Munich, Duncker & Humblot, 1924, p. 314. Car elle ne s'accorde nullement avec la discussion de Weber sur ce point, dans ses autres ouvrages. Cf. *Religionssoziologie*, I, p. 141, 564 ; et *Wissenschaft als Beruf*, Munich, Duncker & Humblot, 1921, p. 19-20. L'explication probable est qu'elle ne vient pas de Weber, et que la *Wirtschaftsgeschichte* a été compilée à partir de notes prises par deux de ses étudiants, qui ont omis sans doute de spécifier la distinction requise. Il est assez improbable que Weber ait confondu l'opposition des Réformateurs envers certaines découvertes scientifiques avec les conséquences imprévisibles pour l'éthique protestante, étant donné qu'il met en garde expressément dans sa *Religionssoziologie* contre l'erreur de pratiquer de telles discriminations. On pourra se reporter à A. Comte, *Cours de philosophie positive*, *op. cit.*, chap. IV, p. 127-130, où il esquisse, de façon intuitive, mais vague, l'hypothèse de Weber.

2. W. Pagel, « Religious motives in the medical biology of the seventeenth century », *Bulletin of the Insitute of the History of Medicine*, III (1935), p. 214-215.

peut parfaitement se comprendre si l'on tient compte des valeurs différentes des deux civilisations.

Pour un Barrow, un Boyle, un Wilkins, un Ray ou un Grew, la science trouve ses raisons d'être dans la fin de toute existence : la glorification de Dieu. Écoutons plutôt Boyle [1] :

> [...] Dieu, aimant être honoré comme il le mérite pour toutes les facultés qu'Il nous a données, doit être glorifié et vénéré par notre Raison autant que par notre Foi ; car, en vérité, la différence est grande entre l'idée confuse que nous avons de sa Puissance et de sa Sagesse, et les notions rationnelles que nous pouvons nous faire sur ses attributs par une étude attentive de ses Créatures dans lesquelles il a voulu se refléter.

Ray va jusqu'à la conclusion logique de cette idée en affirmant que si la Création est la manifestation de la Puissance divine rien n'est impropre à une étude scientifique [2]. L'univers entier et l'insecte, le macrocosme et le microcosme sont donc des preuves de « la Divine raison qui coule comme un filon d'or dans la mine de plomb de la nature brute ».

Jusqu'ici nous nous sommes attachés à la sanction que les valeurs puritaines apportaient à la science. Cette influence a été considérable, mais un autre type de parenté est aussi manifeste bien que plus subtil et difficile à saisir : l'édification d'un ensemble de postulats implicites fondamentaux pour tout tempérament scientifique du dix-septième siècle et des siècles suivants. Ce qui ne veut pas dire simplement que le protestantisme octroya la liberté d'enquête, le libre examen et condamna l'ascétisme monastique : c'est un élément important mais non le seul.

---

1. *Usefulness of Experimental Natural Philosophy*, p. 53 ; *cf.* Ray, *Wisdom of God*, p. 132 ; de Wilkins, *Natural Religion*, p. 236 ; I. Barrow, *Opuscula*, IV, p. 88 ; de N. Grew, *Cosmologia sacra*, Londres, 1701 ; Grew y souligne que « Dieu est la fin première » et que « nous sommes tenus d'étudier ses Œuvres ».

2. Ray, *Wisdom of God*, p. 130. M. Weber cite Swammerdam disant : « Je vous apporte ici, dans l'anatomie d'un pou, la preuve de la providence divine », *Wissenschaft als Beruf*, p. 19 [*Le savant et le politique*, Paris, Plon, 1963, p. 83].

À toute époque, un système scientifique repose sur un ensemble de postulats implicites acceptés par les savants contemporains[1]. Le postulat de base, en science moderne, « est une conviction universelle instinctive de l'existence d'un ordre des choses, et en particulier, d'un ordre de la Nature »[2]. Depuis Hume, cette croyance ou cette foi ne peuvent être soumises au jugement d'un rationalisme cohérent. Dans les systèmes de pensée scientifique de Galilée, de Newton et de leurs successeurs, le témoignage de l'expérience était l'ultime critère de vérité; la nature constituant un ordre intelligible, lorsque des questions adéquates lui étaient posées, elle devait y répondre. Ce postulat est final et absolu[3]. Comme l'indique le professeur Whitehead, cette « foi dans les possibilités de la science, née antérieurement au développement de la théorie de la science moderne, était un dérivé inconscient de la théologie médiévale ». Cette conviction toutefois était une condition nécessaire mais non suffisante pour le développement de la science. Ce qui était nécessaire, c'était un intérêt constant pour l'étude des phénomènes naturels, et un état d'esprit particulier. Le protestantisme en tant que religion fournissait cet intérêt; il imposa des obligations d'intense concentration sur les activités temporelles, et mit l'accent sur l'expérience et la raison comme fondements de l'action et de la foi. Même la Bible, en tant qu'autorité finale et suprême était soumise à l'interprétation de l'individu. La similitude d'approche et d'attitude intellectuelle entre ce système et celui de la science contemporaine ne pouvait que développer une attitude favorable à la science. Voici, pris dans la théologie de

1. A.E. Heath, dans *Isaac Newton: A Memorial Volume*, W.J. Granstreet (éd.), Londres, 1927, p. 133; E.A. Burtt, *The Metaphysical Foundations of Modern Science*, Londres, 1925.

2. A.N. Whitehead, *Science and the Modern World*, New York, Macmillan, 1931, p. 5.

3. *Cf.* E.A. Burtt, dans *Isaac Newton: A Memorial Volume*, p. 139. En ce qui concerne l'exposé classique de sa foi scientifique, voir les « Rules of Reasoning in Philosophy » de Newton dans ses *Principia*, Londres, 1729, chap. II, p. 160.

Calvin, un commentaire qui montre que cette similitude, loin d'être superficielle, était au contraire profondément enracinée [1].

> Les pensées sont objectivées, construites et fondées sur une méthode scientifique. Elles portent pour ainsi dire la marque des sciences naturelles ; cela est clair, facile, saisissable et formulable comme tout ce qui appartient au monde extérieur, plus clair à former que ce qui se passe dans les profondeurs.

La conviction qu'il existe des lois immuables est aussi nécessaire à la théorie de la prédestination qu'à l'investigation scientifique : « La loi immuable existe et doit être reconnue » [2]. La similitude entre cette conception et le postulat scientifique est clairement exprimée par Hermann Weber [3] :

> [...] la doctrine de la prédestination peut être comprise en son sens le plus profond quand on la conçoit comme un fait au sens des sciences de la nature, et même comme le principe le plus haut sur lequel repose chaque phénomène des sciences naturelles, qui est l'expérience vécue en son for intérieur de la *gloria dei*.

Venons-en à l'essentiel de notre étude. En effet notre hypothèse que les attitudes et les valeurs apportées par l'éthique protestante furent favorables à la science n'est pas prouvée. Il n'est pas prouvé non plus que cette éthique permit aux savants d'exprimer leurs motivations ; ni inversement, que la conformité entre le type de pensée de la science moderne et les valeurs implicites du protestantisme ait été due au hasard. Le test le plus significatif de la probabilité de notre hypothèse sera la confrontation des résultats que nous en déduisons avec des données empiriques pertinentes. Si l'éthique protestante sous-tend des attitudes favorables à la science, nous devrions trouver parmi les protestants une propension supérieure à la moyenne pour ce genre de recherches. Comme

---

1. H. Weber, *Die Theologie Calvins*, Berlin, Elsner, 1930, p. 23.

2. *Ibid.*, p. 31. L'importance de la doctrine de la pré-connaissance de Dieu pour le renforcement de la croyance en une loi naturelle est soulignée par H.T. Buckle dans *History of Civilization in England*, Londres-New York, Oxford UP, 1925, p. 482.

3. *Op. cit.*, p. 31.

il a été remarqué[1], l'empreinte laissée par cette éthique est restée vivace longtemps après que la théologie qui lui avait servi de base ait été abandonnée; et le phénomène s'est perpétué bien après le dix-septième siècle.

L'IMPULSION DONNÉE À LA SCIENCE PAR LE PURITANISME

On trouve dans les débuts de la *Royal Society* un lien très étroit entre la science et la société. La *Royal Society* prit naissance grâce à l'intérêt porté aux activités scientifiques par ses membres fondateurs. Le groupe d'hommes passionnés de science qui devait devenir cette *Royal Society* tenait des réunions dès 1645. En tête de ces esprits éclairés, on peut nommer John Wilkins, John Wallis, puis, quelque temps après, Robert Boyle et sir William Petty; or chacun d'eux était profondément religieux.

John Wilkins, devenu plus tard évêque anglican, avait été élevé dans la famille de son grand-père maternel, John Dod, remarquable théologien non-conformiste. Cette «éducation première l'a marqué d'un fort penchant pour les principes puritains»[2]. L'influence de Wilkins, alors directeur du Collège de Wadham, était très grande. Il eut pour disciples Ward, Rooke, Wren, Sprat et Walter Pope (son demi-frère); tous ces hommes furent membres fondateurs de la Royal Society[3]. À propos de certaines de ses conceptions mathématiques, Newton reconnaît sa dette envers *l'Arithmetica Infini-*

---

1. Troeltsch l'exprime ainsi: «Le monde d'aujourd'hui ne vit pas plus de consistance logique qu'un autre monde; les forces spirituelles peuvent exercer une influence prédominante même lorsqu'elles sont ouvertement reniées», voir *Die Bedeutung des Protestantismus für die Entstehung der modernen Welt*, Munich, Oldenburg, 1911, p. 22.; *cf.* G. Harkness, *John Calvin : The Man and his Ethics*, New York, H. Holt, 1931, p. 7.

2. *Memorials of John Ray*, p. 18-19; P.A.W. Henderson, *The Life and Times of John Wilkins*, Londres, Blackwood, 1910, p. 36. De plus, lorsque Wilkins entra dans les ordres il devint le chapelain du vicomte Say and Seale qui était un puritain actif et résolu.

3. Henderson, *op. cit.*, p. 72-73.

torum, de John Wallis, pasteur connu pour ses principes puritains. La piété de Boyle était elle aussi remarquable ; la seule raison qui l'empêcha d'entrer dans les ordres, comme il l'avouait lui-même, fut « l'absence de l'appel intérieur »[1]. Quant à Théodore Haak, le virtuose allemand qui joua une si grande part dans la formation de la Royal Society, il était calviniste déclaré. Denis Papin, dont le séjour en Angleterre contribua à un notable progrès de la science et de la technologie, était lui aussi un calviniste français, forcé de quitter son pays pour fuir les persécutions religieuses. Thomas Sydenham, parfois appelé « l'Hippocrate anglais » était un ardent puritain qui combattit aux côtés de Cromwell. Les écrits de sir William Petty, ancien partisan de Cromwell, trahissent des influences puritaines. Pour sir Robert Moray, que Huyghens appelle « l'âme de la *Royal Society* », « la religion fut le mobile essentiel de la vie ; durant cette vie partagée entre la Cour et les garnisons, il consacra chaque jour de longues heures à la dévotion »[2].

Ce n'est pas l'effet du hasard si les dirigeants de la *Royal Society* furent des théologiens et des hommes profondément religieux, mais il ne serait pas tout à fait exact de dire, avec le Dr Richardson, que la formation de la *Royal Society* est due à un petit groupe d'hommes cultivés dont la majorité était des théologiens puritains[3]. Ce qui est évident, c'est que les promoteurs de cette Société étaient imprégnés des conceptions puritaines.

---

1. *Dictionary of National Biography*, II, p. 1028. Cette raison, valable également pour sir Samuel Morland qui se tourna vers les mathématiques plutôt que vers le ministère du culte, est un exemple de l'effet direct de l'éthique protestante, qui, comme nous l'expose Baxter, soutenait que seuls ceux qui ressentaient « un appel intime » devaient se consacrer au culte, et que tous les autres serviraient mieux la Société en adoptant d'autres activités temporelles honnêtes. Pour Morland, voir l'« Autobiography of sir Samuel Morland » dans *Letters Illustrative of the Progress of Science in England* de J.O. Halliwell-Phillips, Londres, 1841, p. 116.

2. *Dictionary of National Biography*, XIII, p. 1299.

3. C.F. Richardson, *English Preachers and Preaching*, New York, Macmillan, 1928, p. 177.

Le doyen Dorothy Stimson, dans une étude publiée récemment, est arrivé à la même conclusion [1]. Il nous apprend que parmi les 10 hommes qui constituaient « le Collège Invisible », en 1645, un seul d'entre eux, Scarbrough, était un non-puritain. Il existe quelque incertitude en ce qui concerne deux autres membres, dont Merret, qui reçut néanmoins une éducation puritaine. Les autres sont tous des puritains affirmés. Parmi les membres de la Société en 1663, sur 68 dont on connaît l'orientation religieuse, 42 sont nettement puritains. Si l'on prend en considération le fait que les puritains constituaient une minorité restreinte au sein de la population anglaise de ce siècle, le fait que 62% des membres de la Royal Society le fussent est particulièrement frappant. Dorothy Stimson conclut : « Si la science expérimentale s'étendit aussi rapidement qu'elle le fit en ce dix-septième siècle, il me semble que cela est dû en partie à l'encouragement que lui donnèrent des puritains modérés de l'époque ».

L'INFLUENCE PURITAINE
SUR L'ÉDUCATION SCIENTIFIQUE

Comme on le verra, cette influence ne fut pas seulement ressentie parmi les membres de la *Royal Society*. Les puritains introduisirent également un type d'éducation qui mettait l'accent sur l'utilitarisme et sur l'empirisme. Ils critiquaient « le rabâchage des formes grammaticales » au même titre que le formalisme de l'Église.

Samuel Hartlib, puritain éminent, chercha avec ténacité à introduire un enseignement nouveau, réaliste, utilitaire et empirique. Il travailla à resserrer les liens entre les différents éducateurs protestants d'Angleterre et d'Europe qui désiraient étendre l'enseignement de la science. C'est à Hartlib que Milton dédie son *Traité*

---

1. D. Stimson, « Puritanism and the new philosophy in seventeenth-century England », *Bulletin of the Institute of the History of Medicine*, III (1935), p. 321-334.

de l'éducation. C'est encore à Hartlib que s'adresse sir William Petty, en lui dédiant ses *Conseils* [...] *pour l'avancement de plusieurs éléments particuliers d'enseignement.* Hartlib contribua particulièrement à la diffusion des idées de Comenius, qu'il fit venir en Angleterre.

Johann Amos Coménius, réformateur de Bohême, est l'un des plus éminents éducateurs de son époque. Les normes de l'utilitarisme et de l'empirisme sont à la base de son système d'éducation, valeurs qui mettent l'accent sur l'étude de la science et de la technologie, des *realia*[1]. Dans l'un de ses ouvrages les plus importants, *Didactica Magna*, il résume ainsi ses idées[2] :

> La tâche de l'élève sera facilitée si le maître, lorsqu'il enseigne les diverses matières, lui montre en même temps leurs applications pratiques dans la vie de chaque jour. Cette règle doit être observée avec attention dans l'enseignement des langues, de la dialectique, de l'arithmétique, de la géométrie, de la physique, etc. [...] La vérité et la certitude de la science dépendent davantage du témoignage des sens que de n'importe quel autre élément. Car les choses s'impriment directement sur les sens et ne parviennent à la compréhension que par le canal des sens...

Coménius se rendit en Angleterre sur l'invitation de Hartlib[3] avec la ferme intention de faire une réalité de la *Maison de Salomon* de Bacon. Il le dit lui-même : « Rien ne semblait plus certain que la réalisation du projet du grand Verulam : la création, quelque part dans le monde, d'un collège universel, qui aurait pour objet l'avancement des sciences »[4]. Le projet lui-même ne fut point réalisé ; la révolte sociale sévissait alors en Irlande ; mais Cromwell fonda l'université de Durham (la seule université créée entre le Moyen

---

1. W. Dilthey, *Pädagogik : Geschichte und Grundlinien des Systems, Gesammelte Schriften*, Leipzig-Berlin, Teubner, 1934, p. 163.

2. J.A. Comenius, *The Great Didactic*, trad. M.W. Keatinge, Londres, Black, 1896, p. 292, 377 ; également p. 195, 302, 329 et 413.

3. R.F. Young, *Comenius in England*, Oxford, Oxford UP, 1932, p. 5-9.

4. *Opera Didactica Omnia*, Amsterdam, 1657, livre II, préface.

Âge et le dix-neuvième siècle) destinée à «l'enseignement de toutes les sciences»[1]. À Cambridge, quand prévalut l'influence puritaine, l'étude des sciences fut considérablement étendue[2].

Dans ce même ordre d'idées, Hezekiah Woodward, puritain lui aussi et ami de Hartlib, mettait l'accent sur le réalisme (celui des choses, non des mots) et sur l'enseignement scientifique[3]. Pour faciliter l'introduction de la nouvelle science sur une échelle beaucoup plus vaste, les puritains fondèrent un certain nombre d'académies dissidentes de sorte que des écoles universitaires surgirent dans tout le royaume. L'une des premières fut l'académie de Morton, destinée spécialement aux études scientifiques. Charles Morton vint par la suite en Nouvelle-Angleterre, où il fut nommé vice-président du collège Harvard, dans lequel il introduisit les systèmes scientifiques qu'il avait institués en Angleterre»[4]. Une autre académie réputée, celle de Northampton, était l'un de ces centres éducatifs puritains où une place importante était donnée à la mécanique, à l'hydraulique, à la physique, à l'anatomie et à l'astronomie. Les études y étaient poursuivies en profondeur grâce à l'observation et à des expériences concluantes.

On jugera sans doute mieux de l'importance donnée par le puritanisme à l'étude des sciences et de la technologie si l'on compare entre elles académies et universités. Les universités, même après avoir inscrit au programme des sujets scientifiques, donnaient une éducation essentiellement classique; étaient considérées comme véritables études celles qui, sans être tout à fait inutiles, n'avaient aucune fin utilitaire. Les Académies soutenaient au contraire qu'une éducation vraiment libérale devait rester

1. F.H. Hayward, *The Unknown Cromwell*, Londres, Allen and Unwin, 1934, p. 206-230, p. 315.

2. J.B. Mullinger, *Cambridge Characteristics in the Seventeenth Century*, Londres, Macmillan, 1867, p. 180-181 *sq.*

3. I. Parker, *Dissenting Academies in England*, Cambridge, Cambridge UP, 1914, p. 24.

4. *Ibid.*, p. 62.

« en contact avec la vie » et comprendre le maximum de sujets pratiques. Notons ce qu'écrit à ce propos le D r Parker [1] :

> [...] la différence entre les deux systèmes éducatifs est évidente non pas à cause de l'introduction dans les académies de sujets et de méthodes « modernes » mais du fait que chez les non-Conformistes, il existait un système totalement différent. L'esprit qui animait ces académies dissidentes fut l'esprit qui, en France et en Allemagne, anima un Ramus et un Coménius, et dont s'inspirèrent en Angleterre Bacon, et après lui Hartlib et ses successeurs.

Cette comparaison entre les académies puritaines d'Angleterre et les systèmes éducatifs protestants du continent est significative. Les académies protestantes en France attachaient plus d'intérêt aux sujets scientifiques et utilitaires que les institutions catholiques dans ce pays [2]. Après que les catholiques eurent pris en charge les académies protestantes, l'étude des sciences s'en trouva nettement diminuée [3]. Toutefois, comme nous le verrons, même dans la France à prédominance catholique, la plus grande part des travaux scientifiques est à mettre au crédit des protestants. Les protestants français exilés comptèrent parmi eux un nombre important de savants et d'inventeurs [4].

PURITANISME ET SCIENCE

Il est vrai que le simple fait qu'un individu soit catholique ou protestant n'entraîne pas des attitudes définies par rapport à la science. Mais, lorsque cet homme adopte un enseignement plutôt que l'autre, alors son affiliation religieuse devient significative. Prenons le cas de Pascal qui ne perçut la « vanité de la science »

---

1. *Ibid.*, p. 133-134.
2. P.D. Bourchenin, *Étude sur les académies protestantes en France au seizième et dix-septième siècles*, Paris, Grassart, 1882, p. 445.
3. M. Nicholas, « Les académies protestantes de Montauban et de Nîmes », *Bulletin de la société de l'histoire du Protestantisme français*, IV (1858), p. 35-48.
4. D.C.A. Agnew, *Protestant Exiles from France*, Edinburgh, 1866, p. 210.

qu'à l'instant où il se convertit totalement aux enseignements du jansénisme. Jansénius maintenait que l'homme devait se méfier de ce vain amour pour la science qui, apparemment innocent, est en fait un piège qui «éloigne de la contemplation des vérités éternelles, et arrête l'homme par les satisfactions qu'il donne à une intelligence bornée»[1]. Lorsque Pascal se fut converti, il résolut «de mettre fin à toutes les recherches scientifiques auxquelles il s'était jusqu'alors consacré»[2]. Ainsi, c'est bien l'acceptation des valeurs fondamentales de l'un des deux dogmes qui est responsable des contributions scientifiques si différentes des catholiques et des protestants.

De même dans le Nouveau Monde. Les correspondants et les membres de la Royal Society venus se fixer en Nouvelle-Angleterre, avaient tous été «élevés dans la pensée calviniste»[3]. Les fondateurs de Harvard étaient le produit de cette culture calviniste et non du mouvement littéraire de la Renaissance ni même du mouvement scientifique du dix-septième siècle, encore qu'ils fussent relativement plus près de ce dernier que du précédent[4]. Le professeur Morison écrit : «Les membres du clergé puritain, au lieu de s'opposer à la théorie de Copernic, furent les premiers défenseurs et promoteurs en Nouvelle-Angleterre de l'astronomie nouvelle et des autres découvertes scientifiques»[5]. Il est remarquable que le jeune John Winthrop, du Massachusetts, se

1. É. Boutroux, *Pascal*, trad. E.M. Creak, Manchester, Sherratt & Hughes, 1902, p. 16.

2. *Ibid.*, p. 17 ; *cf.* J. Chevalier, *Pascal*, New York, Longmans, Green & co., 1930, p. 143 ; Pascal, *Pensées*, trad. O.W. Wright, Boston, 1884, p. 224, n. 27 : «Vanité des sciences. La science des choses extérieures ne me console pas de l'ignorance de l'éthique dans les temps d'affliction ; mais la science de la morale me console de l'ignorance des sciences extérieures ... ».

3. Stimson, *op. cit.*, p. 332.

4. P.G. Perrin, «Possible sources of *Technologia* at early Harvard», *New England Quarterly*, VII (1934), p. 724.

5. S.E. Morison, «Astronomy at colonial Harvard», *New England Quarterly*, VII (1934), p. 3-24 ; voir également C.K. Shipton, «A plea for Puritanism», *The American Historical Review*, XL (1935), p. 463-464.

rendit à Londres en 1641, et y passa probablement quelque temps en compagnie de Hartlib, de Dury et de Comenius. Il aurait, semble-t-il, suggéré à ce dernier de venir s'établir en Nouvelle-Angleterre pour y fonder un collège scientifique [1]. Increase Mather, président du Harvard College de 1684 à 1701, fondait à Boston, quelques années plus tard, une « Société philosophique » [2].

Le contenu scientifique du programme éducatif de Harvard s'était grandement inspiré du protestant Peter Ramus [3]. Ramus avait mis au point un curriculum qui, par contraste avec celui des universités catholiques, mettait particulièrement en relief l'enseignement des sciences [4]. Les idées de Ramus furent bien accueillies par les universités protestantes d'Europe, notamment par celle de Cambridge (Angleterre) où l'élément puritain et scientifique était plus important qu'à Oxford [5]. Ces idées parvinrent plus tard jusqu'à Harvard, mais furent énergiquement dénoncées par de nombreuses institutions catholiques [6]. L'esprit de la Réforme et son attitude à l'égard de l'utilitarisme et du « réalisme » furent pour beaucoup sans doute dans l'acceptation des idées de Ramus dans le Nouveau Monde.

1. R.F. Young, *Comenius in England*, p. 7-8.

2. *Ibid.* p. 95.

3. Perrin, *op. cit.*, p. 723-724.

4. Th. Ziegler, *Geschichte der Pädagogik* I, Munich, Beck, 1895, p. 108. Ziegler indique que les institutions catholiques françaises réservaient à la science un sixième de leur programme d'enseignement à l'époque où Ramus recommandait d'allouer à l'étude des sciences la moitié de l'ensemble du programme.

5. D. Masson appelle justement Cambridge l'*alma mater* des Puritains. Dans la liste établie par Masson et comprenant le clergé puritain de la Nouvelle Angleterre, on trouve sur 20 ministres du culte 17 venant droit de Cambridge et seulement 3 anciens élèves d'Oxford. Voir Masson, *Life of Milton*, Londres, Macmillan, 1875, chap. II, p. 563 ; cité par Stimson, *op. cit.*, p 332. Se reporter également à Ch.E. Mallet, *A History of the University of Oxford*, Londres, Methuen & co., 1924, chap. II, p. 147.

6. H. Schreiber, *Geschichte der Albert-Ludwigs-Universität zu Freiburg*, Freiburg, 1857-1868, II, p. 135. Par exemple, dans l'université jésuite de Freiburg on ne pouvait citer Ramus que si on le réfutait et « les ouvrages de Ramus ne doivent pas être mis dans les mains des étudiants ».

PIÉTISME ET SCIENCE

Le Dr Parker fait observer que les académies puritaines en Angleterre « peuvent être comparées aux écoles des piétistes en Allemagne, qui, sous l'égide de Francke et de ses disciples, préparèrent la voie aux *Realschulen* ». En effet, les piétistes poursuivirent l'œuvre de Coménius en Allemagne et les Dissidents en Angleterre mirent en pratique ses théories [1]. Cette comparaison est significative, car les valeurs et les principes du puritanisme et du piétisme s'identifient presque totalement. Selon Cotton Mather : « Le puritanisme américain ne forme qu'un tout avec le piétisme allemand », si bien qu'on peut virtuellement les considérer comme identiques [2]. Mis à part « l'enthousiasme plus grand » qui l'anime, on pourrait dire du Piétisme qu'il est le pendant européen du puritanisme. Ainsi notre hypothèse sur les rapports du puritanisme et de la science devrait se retrouver pour le piétisme, et c'est le cas en effet.

Les piétistes d'Allemagne étaient en faveur de la « nouvelle éducation » des *realia* et de l'enseignement de la science et de la technologie [3]. Les deux mouvements avaient en commun un point de vue réaliste et pratique, allié à une aversion pour la spéculation des philosophes aristotéliciens. Les valeurs utilitaires et empiriques dont s'inspiraient les puritains étaient aussi fondamentales pour les piétistes [4]. Et c'est sur la base de ces valeurs que les maîtres

---

1. Parker, *op. cit.*, p. 135.

2. K. Francke, « Cotton Mather and August Hermann Francke », *Harvard Studies and Notes*, V (1896), p. 63. Voir aussi la discussion très convaincante de ce point par M. Weber, *Protestant Ethic*, p. 132-135.

3. F. Paulsen, *German Education : Past and Present*, trad. T. Lorenz, Londres, Charles Scribner's Sons, 1908, p. 104.

4. A. Heubaum, *Geschichte des Deutschen Bildungswesens seit der Mitte des siebzehnten Jahrhunderts* I, Berlin, Weidmann, 1905, p. 90 : « Le but de l'éducation (chez les piétistes) est l'utilité pratique de l'élève pour le bien commun. La forte influence du moment utilitariste (…) diminue le risque d'une exagération du moment religieux et donne un sens assuré au mouvement pour le futur proche ».

du piétisme, Auguste Hermann Francke, Coménius et leurs disciples s'enthousiasmaient pour la science nouvelle.

Francke désirait que les étudiants se familiarisent avec la connaissance scientifique pratique[1]. Avec son collègue Christian Thomasius, il s'opposa au mouvement éducatif lancé par Christian Weise qui prônait un enseignement des classiques et de l'élo-quence et il chercha à « introduire les disciplines modernes telles que la biologie, la physique, l'astronomie, etc. »[2].

Partout où le piétisme étendit son influence, il introduisit dans l'enseignement des matières scientifiques et techniques[3]. Francke et Thomasius fondèrent l'université de Halle, première université allemande qui présentât un programme scientifique complet[4]. Les professeurs les plus éminents, comme Friedrich Hoffmann, Ernst Stahl (professeur de chimie et réputé pour sa théorie du phlogis-tique), Samuel Stryk et Francke lui-même, avaient des attaches avec le mouvement piétiste. L'université de Königsberg, grâce à l'action de Gehr, disciple de Francke[5], et l'université de Göttingen, toutes deux filiales de Halle, furent renommées pour leur ensei-gnement des sciences[6]. De même, l'université calviniste de Heidelberg[7] et l'université protestante de Altdorf[8].

1. Pendant les promenades à travers champs, dit Francke, le professeur doit « raconter des histoires utiles et édifiantes, ou dire quelque chose de la physique des créatures et des œuvres de Dieu (…). Le cabinet d'histoire naturelle, avec l'aide du médecin de l'établissement, sert à rendre l'élève familier, pendant ses heures de liberté, avec les phénomènes des sciences naturelles, en faisant des expériences ici et là, par exemple avec des minéraux et des minerais », Heubaum, *op. cit.*, I, p. 89-94.

2. *Ibid.*, I, p. 136.

3. *Ibid.*, I, p. 176.

4. K.S. Pinson, *Pietism as a Factor in the Rise of German Nationalism*, New York, Columbia UP, 1934, p. 18 ; Heubaum, *op. cit.*, I, p. 118. « Halle fut la première université allemande à avoir une empreinte originale, scientifique et nationale ».

5. Heubaum, *op. cit.*, I, p. 153.

6. Paulsen, *op. cit.*, p. 120-121.

7. Heubaum, *op. cit.*, I, p. 60.

8. S. Günther, « Die mathematische Studien und Naturwissenschaften an der nürnbergischen Universität Altdorf », *Mitteilungen des Vereins für Geschichte der Stadt Nürnberg*, III (1881), p. 9. Heubaum, *op. cit.*, I, p. 241 ; voir également

Affiliation religieuse des savants

Cette association entre science et piétisme apparaît aussi au niveau de l'enseignement secondaire. Le *Pädagogium* de Halle introduisit les mathématiques et les sciences naturelles et insista sur l'importance de la leçon de choses et de l'application pratique [1]. Johann Georg Lieb, Johann Bernhard von Rohr et Johann Peter Ludewig (alors recteur de l'université de Halle), influencés par l'enseignement de Francke et le piétisme, étaient en faveur des écoles d'arts appliqués, de physique, de mathématiques et d'économie, afin d'apprendre comment « la fabrication peut être perfectionnée » [2]. Ils prétendaient et espéraient que leurs suggestions finiraient par créer des *Collegium physicum-mechanicum* ou *Werkschulen*.

Autre fait significatif et qui apporte du poids à notre hypothèse : les *ökonomisch-mathematische Realschulen* étaient un produit purement piétiste. Ce genre d'école, conçu par Francke, centrait son programme sur l'enseignement des mathématiques, des sciences naturelles et de l'économie et affichait ouvertement son adhésion au réalisme et à l'utilitarisme [3]. Johann Julius Hecker, Semler, Silberschlag et Hahn, piétistes et élèves de Francke, organisèrent la première *Realschule* [4] [1]. Les protestants formèrent

Paulsen, *op. cit.*, p. 122.; J.D. Michaelis, *Raisonnement über die protestantischen Universitäten in Deutschland,* I, Francfort, Andreae, 1768, section 36.

1. Paulsen, *op. cit.*, p. 127.

2. Heubaum, *op. cit.*, I, p. 184.

3. A. Heubaum, « Christoph Semlers Realschule und seine Beziehung zu A.H. Francke », *Neue Jahrbücher für Philologie und Pädagogik*, II (1893), p. 65-77 ; se reporter également à Ziegler, *Geschichte der Pädagogik*, I, p. 197, qui fait observer : « seule une conception vraiment unilatérale, religieuse et théologique du piétisme, peut ne pas prendre en compte le lien interne qui unit les *Realschulen* tournées vers la pratique et la dévotion tournée vers la pratique des piétistes (…) : ils se sont retrouvés un temps avec le rationalisme dans l'esprit de l'utilité pratique et de l'utilité publique et c'est sur cet esprit que se sont fondées les *Realschulen* à l'époque de Francke à Halle ».

4. Paulsen, *op. cit.*, p. 133.

progressivement le corps estudiantin le plus important, en particulier dans les écoles scientifiques et techniques[2]; les étudiants
catholiques eux se dirigeaient de préférence vers l'enseignement
classique et théologique. En Prusse par exemple, la distribution fut
la suivante[3] :

Indice de fréquentation dans les écoles secondaire en fonction des
affiliations religieuses des étudiants : Prusse, années 1875-1876

	Protestants %	Catholiques %	Israélites %
Progymnasien	49.1	39.1	11.2
Gymnasien	69.7	20.2	10.1
Realschulen	79.8	11.4	8.8
Oberrealschulen	75.8	6.7	17.5
Höheren Bürgerschulen	80.7	14.2	5.1
ENSEMBLE	73.1	17.3	9.6
Population générale 1875	64.9	33.6	1.3

Cette propension plus importante chez les protestants aux
études scientifiques et techniques, confirmée par d'autres analyses[4], renforce notre hypothèse. Qui plus est, cette distribution ne

1. Sur la base de ce fait ainsi que d'autres faits, Ziegler prétend trouver le « lien
causal » entre le piétisme et l'étude de la science. Voir ses *Geschichte*, chap. I,
p. 196 *sq.*

2. La particularité caractéristique des *Gymnasien* est la base classique de leur
enseignement. À l'opposé se trouvent les *Realschulen* où domine l'enseignement des
sciences, et où aux langues mortes on a substitué les langues modernes. Le *Realgym-
nasium* de son côté est un compromis entre ces deux types –son programme présente
moins de matières classiques que le *Gymnasium* et donne une certaine importance
aux sciences et aux mathématiques. Les *Oberrealschulen* et *höheren Bürgerschulen*
sont en fait des *Realschulen*; les premières maintiennent un programme étalé sur neuf
années, les secondes sur six années de cours. *Cf.* Paulsen, *German Education*, p. 46 *sq.*

3. A. Petersilie, « Zur Statistik der höheren Lehranstalten in Preussen »,
Zeitschrift des königlich Preussichen Statistichen Bureaus, XVII (1877), p. 109.

4. Ed. Borel, *Religion und Beruf*, Bâle, Wittmer, 1930, p. 93, qui fait observer la
proportion remarquablement élevée de protestants dans les professions techniques à
Bâle; J. Wolf, « Die deutschen Katholiken in Staat und Wirtschaft », *Zeitschrift für
Sozialwissenschaft*, IV (1913), p. 199, note que « les protestants dépassent «naturellement» la moyenne pour les professions scientifiques ou intellectuelles, à l'exception

représente pas une fausse corrélation qui résulterait de différences entre ville et campagne, car chacun sait que la population urbaine contribue davantage aux sciences que la population rurale; des données sur le canton suisse de Bâle-Ville nous en donnent une preuve [1].

L'étude minutieuse de Martin Offenbacher est complétée par une analyse de l'affiliation religieuse des élèves dans les écoles de Bade, de Bavière, du Wurtemberg, de Prusse, d'Alsace-Lorraine et de Hongrie. Les résultats statistiques dans chacune de ces régions montrent la même caractéristique: les protestants dépassent proportionnellement le nombre des catholiques et des israélites dans les diverses écoles secondaires; la différence est particulièrement marquante lorsqu'il s'agit d'écoles qui inscrivent à leur programme les sciences et la technologie. Voici le chiffre moyen de 1885-1895, pour la région de Bade [2]:

	Protestants	Catholiques	Israélites
Gymnasien	43	46	9,5
Realgymnasien	69	31	9
Oberrealschulen	52	41	7
Realschulen	49	40	11
Höheren Bürgerschulen	51	37	12
Ensemble	48	42	10
Population générale 1895	37	61,5	1,5

des fonctions religieuses (…) ». En 1860, A. Frantz avait déjà signalé semblable fait. Se reporter à son « Bedeutung der Religionunterschiede für das physische Leben der Bevölkerungen », *Jahrbücher für Nationalökonomie und Statistik*, II (1868), p. 51. *Cf.* également des résultats similaires à Berlin dans *Statistisches Jahrbuch der Stadt Berlin*, XXII (1897), p. 468-472. Buckle, *op. cit.*, p. 482, note que « le calvinisme est favorable à la science ». *Cf.* également Weber, *Protestant Ethic*, p. 38, 189; et Troeltsch, *Social Teachings…*, II, p. 894.

1. Se reporter à « Die Bevölkerung des Kantons Basel-Stadt », *Mitteilungen des Statistischen Amtes des Kantons Basel-Stadt* (1932), p. 48-49; ainsi qu'à la même publication pour les années 1910 et 1921.

2. M. Offenbacher, *Konfession und soziale Schichtung*, Tübingen, Mohr, 1900, p. 16. Les erreurs légères de l'original sont ici inévitablement reproduites.

Il est bon de noter toutefois que, si les *Realschulen* sont axées principalement sur les sciences et les mathématiques, le *Gymnasium* n'y attache qu'un intérêt tout relatif, mais prépare néanmoins aux carrières scientifiques et de recherche. La proportion relativement importante de catholiques dans les *Gymnasien* est due au fait que ces écoles enseignent la théologie alors que les protestants sont en général orientés vers les professions scientifiques. Ainsi, pendant les trois années scolaires des années 1891-1894, parmi les catholiques des *Gymnasien* de Bade, un peu plus de 42% obtinrent leur doctorat en théologie et seulement 14% parmi les protestants, les 86% restants s'orientèrent vers les professions scientifiques[1].

Parallèlement, l'apologiste catholique Hans Rost, voulant étayer sa thèse sur «l'Église catholique, amie chaleureuse des sciences», est obligé d'accepter les données citées plus haut et de reconnaître que les catholiques évitent d'entrer dans les *Realschulen*[2]. Ce même phénomène est valable pour le Wurtemberg en 1872-1879[3].

	Protestants	Catholiques	Israélites
Gymnasien	68.2	28.2	3.4
Lateinschulen	73,2	22.3	3.9
Realschulen	79.7	14.8	4.2
Population générale 1880	69.1	30.0	0.7

1. H. Gemss, *Statistik der Gymnasialabiturienten im deutschen Reich*, Berlin, W. Pormetter, 1895, p. 14-20.

2. H. Rost, *Die wirtschaftlische und kulturelle Lage der deutschen Katholiken*, Cologne, Bachem, 1911, p. 167.

3. Offenbacher, *op. cit.*, p. 18. Ces données sont corroborées par l'étude de L. Cron ayant trait à l'Allemagne des années 1869-1893, *Glaubenbekenntnis und höheres Studium*, Heidelberg, Wolff, 1900. E. Engel avait constaté également que dans les provinces de Prusse, de Posen, du Brandebourg, de Poméranie, de Saxe et de Westphalie et du Rhin, il y avait une incidence plus grande d'étudiants protestants dans les institutions dont le programme présentait un maximum de sciences naturelles et de sujets techniques. Voir ses «Beiträge zur Geschichte und Statistik des Unterrichts», *Zeitschrift des königlich Preussischen statistischen Bureaus*, IX (1896), p. 99-116 et 153-212.

L'intérêt des protestants ne se limite pas à l'éducation scientifique. Des études variées ont démontré la surreprésentation des protestants parmi les savants éminents[1]. Candolle fait observer que, sur une population européenne (la France exclue) de 107 millions de catholiques et de 68 millions de protestants, l'Académie des sciences de Paris, sur ses listes de savants étrangers, fait figurer, de 1666 à 1883, 18 catholiques et 80 protestants[2]. Mais Candolle précise que cette comparaison ne peut être tout à fait concluante du fait que les savants français, en majorité catholiques, ne figurent pas sur ces listes. Pour tenter de combler cette lacune, Candolle prend la liste des membres étrangers de la *Royal Society* de Londres, appartenant à deux périodes où de nombreux émigrés français séjournaient en Angleterre ; pour la période 1829, le nombre total de catholiques et protestants est à peu près égal ; mais, pour l'année 1869, le nombre de protestants dépasse le nombre de catholiques. Il faut ajouter à cela, Grande-Bretagne et Irlande mises à part, qu'il y avait à cette époque en Europe 139 millions et demi de catholiques et seulement 44 millions de protestants[3]. En d'autres termes, malgré le fait que la quantité de catholiques dépassait de trois fois le nombre de protestants, ceux-ci étaient les plus nombreux dans les activités scientifiques. Il existe des données encore plus significatives que celles que nous venons de présenter. Une comparaison faite entre des populations voisines a permis d'éliminer les autres facteurs et les résultats obtenus sont sensiblement les mêmes. Revenons à la liste des savants étrangers de

---

1. Par exemple, dans *Study of British Genius*, H. Ellis, p. 66, montre que l'Écosse protestante donna 21 remarquables savants sur sa liste, contre un seul savant catholique pour l'Irlande. Alfred Odin présente une liste des hommes de lettres et souligne la prédominance des protestants pour des sujets scientifiques et techniques ; voir sa *Genèse des grands hommes*, I, Paris, Welter, 1895, p. 477, II, tables XX-XXI.

2. A. de Candolle, *Histoire des sciences et des savants*, Genève-Bâle, H. Georg, 1885, p. 329.

3. *Ibid.*, p. 330. *Cf.* J. Facaoaru, *Soziale Auslese*, Klausenberg, Huber, 1933, p. 138-139. « La religion a eu une grande influence sur le développement des sciences. Les protestants représentent partout un plus grand nombre de grands hommes ».

l'Académie parisienne : il n'y figure aucun Irlandais ni aucun Anglais catholique, quoique leur proportion dans le Royaume-Uni excédât 5%. Pour l'Autriche, et pour l'Allemagne il n'y figure aucun catholique. Enfin, la Suisse, où les deux religions parfois clairement différenciées par canton, sont mélangées dans d'autres, et où il y a au total 3 protestants pour 2 catholiques, a 14 représentants ; pas un seul n'est catholique. On constate la même différence sur les listes de la *Royal Society* de Londres et de l'Académie royale de Berlin, autant pour la Suisse, pour l'Angleterre comme pour l'Irlande[1].

Nous venons de donner les preuves empiriques de notre hypothèse. La corrélation entre protestantisme et esprit scientifique est très marquée même lorsqu'on élimine autant que possible les facteurs extra-religieux. Une telle association est pleinement compréhensible en termes de normes et de valeurs. L'encouragement donné à l'utilitarisme, aux intérêts temporels, à l'empirisme, au libre examen, ainsi qu'à la critique individuelle de toute autorité, toutes ces valeurs régissent pareillement la science moderne. Et, par dessus tout, l'influence décisive de l'élan ascétique qui pousse à l'étude de la nature pour la dominer. Cette complémentarité de la religion et de la science peut s'observer dans l'Angleterre du dix-septième siècle, mais également en d'autres temps et d'autres pays.

1. Candolle, *op. cit.*, p. 330.

ALEXANDRE KOYRÉ

PERSPECTIVES SUR L'HISTOIRE DES SCIENCES*

La très belle communication de M. Guerlac – à la fois un admirable *survey* à vol d'oiseau de l'évolution de l'histoire en général et de l'histoire des sciences en particulier, et une critique de la manière dont elle a été faite jusqu'ici – vient à son heure. Il est bon, en effet, qu'après avoir consacré beaucoup de temps et d'efforts à la discussion de problèmes concrets de l'histoire des sciences, nous fassions un retour sur nous-mêmes et que, en tant qu'historiens, nous nous mettions nous-mêmes « en question ». Suivons donc l'injonction delphique de M. Guerlac; demandons-nous : « Qu'est-ce que l'histoire ? ». Ce terme, ainsi qu'il nous le rappelle, s'applique, en propre, à l'histoire *humaine*, au *passé humain*. Mais il est ambigu : il désigne, d'une part, l'ensemble de tout ce qui s'est passé avant nous, autrement dit, l'ensemble des faits et des événements du passé – on pourrait l'appeler « histoire objective » ou « actualité passée » – et, d'autre part, le *récit* qu'en fait l'historien, récit dont ce passé est l'objet. *Res gestae* et *historia rerum gestarum*. Or le passé, en tant justement que *passé*, nous reste à jamais inaccessible : il s'est évanoui, il n'est plus, nous ne

* Communication au colloque d'Oxford de juillet 1961, dans A.C. Crombie (ed.), *Scientific change, Historical Studies in the Intellectual, Social and Technical Conditions for Scientific Discovery and Technical Invention, from Antiquity to the Present*, Londres, Heinemann, 1963, trad. fr. dans A. Koyré, *Études d'histoire de la pensée scientifique*, Paris (1966), Gallimard, 1973. Ce texte est reproduit avec l'aimable autorisation des Éditions Gallimard.

pouvons pas le toucher et c'est seulement à partir de ses vestiges et ses traces, de ses débris qui sont *encore présents* – œuvres, monuments, documents qui ont échappé à l'action destructrice du temps et des hommes – que nous essayons de le reconstruire. Mais l'histoire objective – celle que les hommes font et subissent – a très peu cure de l'histoire des historiens; elle laisse subsister des choses pour lui sans valeur et détruit sans pitié les documents les plus importants[1], les œuvres les plus belles, les monuments les plus prestigieux[2]. Ce qu'elle leur laisse – ou lui a laissé – ce sont d'infimes fragments de ce dont ils auraient besoin. Aussi les reconstructions historiques sont-elles toujours incertaines, et même doublement incertaines... Pauvre petite science conjecturale, c'est ainsi que Renan a appelé l'histoire.

De plus, elles sont toujours partielles. L'historien ne raconte pas tout, même pas tout ce qu'il sait ou pourrait savoir – comment le pourrait-il? Tristram Shandy nous a bien montré que c'était impossible – mais seulement ce qui est important. L'histoire de l'historien, *historia rerum gestarum*, ne contient pas toutes les *res gestae*, mais seulement celles qui sont dignes d'être sauvées de l'oubli. L'histoire de l'historien est donc l'effet d'un choix. Et même d'un double choix.

Du choix des contemporains et successeurs immédiats – ou médiats – des *res gestae* qui, historiens du présent ou conservateurs du passé, ont noté dans leurs annales, inscriptions et mémoires les faits qui *leur* semblaient être importants et dignes d'être retenus et transmis à leurs descendants, qui ont copié les textes qui *leur* paraissaient devoir être préservés, d'abord; et du choix de l'historien qui, plus tard, utilise les documents – matériaux dont il a hérité

---

1. Ainsi les écrits des présocratiques, de Démocrite... En revanche, nous avons conservé Diogène Laërce.

2. Parfois sans doute, c'est aux destructions et aux catastrophes que nous devons ces fragments... Ainsi les tablettes cunéiformes que nous ont conservées les sables du désert et qui se détériorent aujourd'hui dans nos musées; ainsi les admirables statues grecques découvertes par l'archéologie sous-marine.

– et qui, le plus souvent, n'est pas d'accord avec les contemporains, ou ses prédécesseurs, sur l'importance relative des faits et la valeur des textes qu'ils lui transmettent; ou ne lui transmettent pas.

Mais il n'y peut rien. Aussi est-il réduit à se plaindre d'ignorer tel ensemble de faits, ou la date de tel événement que les contemporains avaient jugé négligeable et qui lui paraissent, à lui, d'une importance primordiale; ou de ne pas disposer de textes qui seraient, pour lui, d'une valeur capitale, et que ses prédécesseurs n'ont pas jugé bon de nous conserver[1].

C'est que l'historien projette dans l'histoire les intérêts et l'échelle de valeurs de son temps : et que c'est d'après les idées de son temps – et les siennes propres – qu'il entreprend sa reconstruction. C'est pour cela justement que l'histoire se renouvelle, et que rien ne change plus vite que l'immuable passé.

Dans son très beau résumé de l'évolution de l'histoire – l'histoire des historiens – M. Guerlac attire notre attention sur l'élargissement et l'approfondissement de celle-ci pendant les Temps modernes; surtout depuis le XVIIIᵉ siècle[2]. L'intérêt se porte sur les périodes et les domaines de la vie auparavant inconnus, méconnus ou négligés : de l'histoire dynastique et politique il passe à celle des peuples, des institutions, à l'histoire sociale, économique, à celle des mœurs, des idées, des civilisations. Sous l'influence de la philosophie des lumières, l'histoire devient celle du « progrès de l'esprit humain » : pensons à Condorcet que, curieusement, M. Guerlac a oublié de mentionner. Aussi est-il normal que ce soit au XVIIIᵉ siècle que l'histoire des sciences – domaine dans lequel ce

---

1. Les contemporains prennent note de ce qui les touche immédiatement; c'est-à-dire d'événements : les processus lents et profonds leur échappent. En outre, parmi les événements il y en a un grand nombre qui, au moment où ils se produisent, ne sont aucunement importants ou remarquables et qui ne le deviennent que par la suite, par les effets qu'ils produisent plus tard, tels par exemple que la naissance des grands hommes, l'apparition d'une invention technique, etc.

2. Contrairement à l'opinion répandue qui le considère comme anti-historique, le XVIIIᵉ siècle est à l'origine de notre historiographie.

progrès est incontestable et même spectaculaire – se constitue en discipline indépendante [1].

Presque en même temps, ou un peu plus tard, sous l'influence surtout de la philosophie allemande, l'histoire devient le mode universel d'explication. Elle conquiert même le monde de la nature! La règle : « Le passé explique le présent » s'étend à la cosmologie, à la géologie, à la biologie. Le concept de l'évolution devient un concept clé et c'est avec justice que le XIXᵉ siècle a été baptisé : le siècle de l'histoire. Quant à l'histoire proprement dite, l'histoire humaine, ses progrès au XIXᵉ et au XXᵉ siècle ont été, et demeurent, bouleversants : le déchiffrement des langues mortes, les fouilles systématiques, etc., ont ajouté des millénaires à notre connaissance du passé. Hélas, toute médaille a son revers; en s'étendant et en s'enrichissant, l'histoire se spécialise et se fragmente, se divise et se subdivise; au lieu de l'histoire de l'humanité, nous avons des histoires multiples de ceci ou de cela, des histoires partielles et unilatérales; au lieu d'un tissu uni, des fils séparés; au lieu d'un organisme vivant, des *membra disjecta*.

C'est justement cette spécialisation à outrance et le séparatisme hostile des grandes disciplines historiques que M. Guerlac reproche aux « histoires » – ou aux historiens – modernes, et tout particulièrement à l'histoire – et aux historiens – des sciences. Car ce sont elles – et eux – qui se sont, plus que d'autres, rendus coupables des deux défauts majeurs que je viens de mentionner, qui ont pratiqué un isolationnisme orgueilleux envers leurs voisins, qui ont adopté une attitude abstraite – M. Guerlac l'appelle « idéaliste » – en ne tenant pas compte des conditions réelles dans lesquelles est née, a vécu et s'est développée la science. En effet, si depuis Montucla et Kästner, Delambre et Whewell, l'histoire des sciences a fait des progrès éclatants en renouvelant notre conception de la science antique, en nous révélant la science babylonienne, et aujourd'hui la science chinoise, en ressuscitant la science médiévale et arabe; si,

---

1. Comme l'histoire de l'art un siècle auparavant.

avec Auguste Comte, elle a cherché – sans succès d'ailleurs – à s'intégrer dans l'histoire de la civilisation et, avec Duhem et Brunschvicg, à s'associer à l'histoire de la philosophie (discipline presque aussi « abstraite » qu'elle-même), elle est tout de même, et ce malgré Tannery, demeurée une discipline à l'écart, sans liaison avec l'histoire générale ou sociale (même pas par le biais de l'histoire de la technique et de la technologie). Aussi a-t-elle – à tort sans doute, mais non sans raison apparente – été négligée à son tour par les historiens proprement dits.

M. Guerlac estime donc que l'histoire des sciences, qui en ces derniers temps a accompli sa liaison avec l'histoire des idées et non seulement avec celle de la philosophie, est néanmoins restée trop abstraite, trop « idéaliste ». Il pense qu'elle doit surmonter cet idéalisme en cessant d'isoler les faits qu'elle décrit de leur contexte historique et social et de leur prêter une (pseudo-) réalité propre et indépendante, et, qu'elle doit, en premier lieu, renoncer à la séparation – arbitraire et artificielle – entre science pure et science appliquée, théorie et pratique. Elle doit ressaisir l'unité réelle de l'activité scientifique – pensée active et action pensante – liée dans son développement aux sociétés qui lui ont donné naissance et ont nourri – ou entravé – son développement, et sur l'histoire desquelles elle a, à son tour, exercé une action. C'est ainsi seulement qu'elle pourra éviter la fragmentation qui la menace de plus en plus et retrouver – ou trouver – son unité. Être une *histoire de la science*, et non une juxtaposition pure et simple d'histoires séparées des sciences – et des techniques – différentes.

Je suis dans une très grande mesure d'accord avec mon ami Guerlac – je pense, d'ailleurs, que nous le sommes tous – dans sa critique de la spécialisation à outrance et de la fragmentation qui en résulte dans l'histoire. Nous savons tous que le tout est plus grand que la somme des parties; qu'une collection de monographies d'histoires locales ne forme pas l'histoire d'un pays; et que même celle d'un pays n'est qu'un fragment d'une histoire plus générale – d'où les tentatives récentes de prendre pour objet du récit des ensembles plus vastes, d'écrire par exemple l'histoire de la

Méditerranée au lieu des histoires séparées des pays riverains, etc.
Nous savons tous également que la division que nous opérons entre
diverses activités humaines que nous isolons pour en faire des
domaines séparés, objets d'histoires elles aussi séparées, est passablement artificielle et qu'en réalité elles se conditionnent, s'inter-
pénètrent et forment un tout. Mais que faire ? Nous ne pouvons pas
comprendre le tout sans en distinguer les aspects, sans l'analyser
en parties[1]... la reconstitution, la synthèse vient après. Si tant
est qu'elle vienne... ce qui n'est pas fréquent à en juger par les
dernières tentatives de renouveler les exploits de Burckhardt et de
nous les offrir sous le nom prestigieux d'histoires des civilisations.
Les histoires juxtaposées ne forment pas une histoire... Une
histoire des mathématiques, plus une histoire de l'astronomie, plus
une de la physique, une de la chimie et une de la biologie, ne
forment pas une histoire de la science ; ni même des sciences[2].
C'est regrettable, sans doute ; d'autant plus regrettable que les
sciences s'influencent l'une l'autre et s'appuient l'une sur l'autre.
Du moins partiellement. Mais, encore une fois, qu'y faire ? La
spécialisation est la rançon du progrès ; de l'abondance des matériaux ; de l'enrichissement de nos connaissances qui, de plus en
plus, dépassent les capacités des êtres humains. Aussi, personne ne
peut plus écrire l'histoire des sciences, ni même l'histoire d'une
science... Les tentatives récentes, là encore, le prouvent abondamment. Mais il en est de même partout ; personne ne peut écrire
l'histoire de l'humanité, ni même l'histoire de l'Europe, l'histoire
des religions ou l'histoire des arts[3]. Comme personne aujourd'hui
ne peut se targuer de connaître les mathématiques ; ou la physique ;
ou la chimie ; ou la littérature. Nous sommes, partout, submergés.

---

1. Notre pensée est abstrayante et analysatrice. La réalité est une et les sciences
diverses qui en étudient les aspects divers – physique, chimique, électromagnétique –
sont des produits de l'abstraction.

2. Une histoire de la musique juxtaposée à des histoires de l'architecture, de la
sculpture, de la peinture, etc., ne forme pas une histoire de l'art.

3. Ni même d'un seul.

C'est là un gros problème – surabondance, spécialisation à outrance. Mais il ne nous est pas propre. Et quant à moi, je n'en connais pas la solution.

Venons-en maintenant au second reproche que nous adresse M. Guerlac, celui d'être « idéalistes », et de négliger la liaison entre science dite pure et science appliquée et, de ce fait, de méconnaître le rôle de la science comme facteur historique. J'avoue que je ne me sens pas coupable. D'ailleurs, notre « idéalisme » – je reviendrai là-dessus dans un instant – n'est, en fait, qu'une réaction contre les tentatives d'interpréter – ou de mésinterpréter – la science moderne, *scientia activa*, *operativa*, comme une promotion de la technique. Qu'on la loue et l'exalte pour son caractère pratique et efficace en expliquant sa naissance par l'activisme de l'homme moderne – de la bourgeoisie montante – en l'opposant à l'attitude passive du spectateur – celle de l'homme médiéval ou antique, ou qu'on la désigne et la condamne comme une « science d'ingénieur » qui substitue la recherche de la réussite à celle de l'intellection, et qu'on l'explique par une *hybris* de la volonté de puissance qui tend à rejeter la *theoria* au profit de la *praxis* pour faire de l'homme « le maître et possesseur de la nature », au lieu d'en être le contemplateur révérencieux, ne fait rien à l'affaire : dans les deux cas, nous sommes en présence d'une même méconnaissance de la nature de la pensée scientifique.

Je me demande en outre si l'insistance de M. Guerlac sur la liaison entre la science pure et la science appliquée et le rôle de la science comme facteur historique n'est pas, partiellement du moins, une reprojection dans le passé d'un état de choses actuel, ou tout au moins moderne. Il est certain, en effet, que le rôle de la science dans la société moderne s'est constamment accru au cours de ces derniers siècles et qu'elle y occupe aujourd'hui une place énorme, et qui est en train de devenir prépondérante. Il est certain aussi qu'elle est devenue un facteur d'une importance très grande, peut-être même décisive, de l'histoire. Il est non moins certain que sa liaison avec la science appliquée est plus qu'étroite : les grands « instruments » de la physique nucléaire sont des usines ; et nos usines automatiques ne sont que de la théorie incarnée, comme le sont, d'ailleurs, un grand nombre d'objets de notre vie quotidienne depuis l'avion qui nous transporte jusqu'au haut-parleur qui nous permet de nous faire entendre…

Tout cela, sans doute, n'est pas un phénomène entièrement nouveau, mais l'aboutissement d'un développement. D'un développement toujours accéléré dont les débuts sont loin derrière nous. Ainsi, il est clair que l'histoire de l'astronomie moderne est indissolublement liée à celle du télescope et qu'en général, la science moderne eût été inconcevable sans la construction des innombrables instruments d'observation et de mesure dont elle se sert, dans la fabrication desquels, ainsi que nous l'a montré M. Daumas, s'est, depuis les XVIIᵉ et XVIIIᵉ siècles, réalisée la collaboration du savant et du technicien[1]. Il est incontestable qu'il y a un parallélisme sensible entre l'évolution de la chimie théorique et celle de la chimie industrielle, entre celles de la théorie de l'électricité et de son application.

Pourtant, cette interaction entre la théorie et la pratique, la pénétration de la seconde par la première, et *vice versa*, l'élaboration théorique de la solution de problèmes pratiques – et nous avons vu pendant et après la guerre jusqu'où cela peut aller – me semblent être un phénomène essentiellement moderne. L'Antiquité et le Moyen Âge nous en offrent peu d'exemples, si même ils nous en offrent, en dehors de l'invention du cadran solaire et de la découverte, par Archimède, du principe qui porte son nom[2]. Quant aux techniques antiques, force nous est d'admettre que, même en Grèce, elles sont tout autre chose que de la « science appliquée ».

1. Cette collaboration entraîna l'apparition et le développement d'une industrie entièrement nouvelle, celle des instruments scientifiques, qui jouaient – et jouent encore – un rôle prépondérant dans la *scientification* de la technologie et dont l'importance n'a cessé d'augmenter avec chaque progrès réalisé dans le domaine des sciences, en particulier dans celui des sciences expérientielles. En effet, comment le développement de la physique atomique serait-il possible sans le développement parallèle des machines à calculer - et de la photographie ?

2. On peut ajouter l'exemple du célèbre tunnel d'Eupalinos.

Aussi surprenant que cela puisse nous paraître, on peut édifier des temples et des palais, et même des cathédrales, creuser des canaux et bâtir des ponts, développer la métallurgie et la céramique, sans posséder de savoir scientifique; ou en n'en possédant que des rudiments. La science n'est pas nécessaire à la vie d'une société, au développement d'une culture, à l'édification d'un État et même d'un Empire. Aussi y eut-il des empires, et des grands, des civilisations et de fort belles (pensons à la Perse ou à la Chine) qui s'en sont entièrement, ou presque entièrement, passé; comme il y en eut d'autres (pensons à Rome) qui, en ayant reçu l'héritage, n'y ont rien, ou presque rien ajouté. Aussi ne devons-nous pas exagérer le rôle de la science comme facteur historique : dans le passé, là même où elle a existé effectivement comme en Grèce, ou dans le monde occidental prémoderne, il fut minime [1].

Ceci nous amène ou nous ramène au problème de la science phénomène social, et à celui des conditions sociales qui permettent, ou entravent son développement. Qu'il y ait de telles conditions, c'est parfaitement évident, et je suis bien d'accord en cela avec M. Guerlac. Comment, d'ailleurs, ne le serais-je pas, étant donné que j'ai moi-même insisté là-dessus [2] il y a quelques années? Pour que la science naisse et se développe, il faut, ainsi que nous l'a déjà expliqué Aristote, qu'il y ait des hommes disposant de loisirs; mais cela ne suffit pas : il faut aussi que parmi les membres des *leisured classes* apparaissent des hommes trouvant leur satisfaction dans la compréhension, la *theoria*; il faut encore que cet exercice de la *theoria*, l'activité scientifique, ait une valeur aux yeux de la société [3]. Or ce sont là choses nullement nécessaires; ce sont même choses très rares, et qui, à ma connaissance, ne se sont réalisées que deux fois dans l'histoire. Car, n'en déplaise à Aristote, l'homme

1. M. Neugebauer souligne le nombre infime de savants dans l'Antiquité.

2. *Cf.* mon article dans *Scientific Monthly*, t. LXXX (1995), p. 107-111.

3. Les aristocraties guerrières méprisent la science -aussi ne l'ont-elles pas cultivée, ainsi Sparte; les sociétés « acquisitives » de même, ainsi Corinthe. Je pense qu'il est inutile de donner des exemples plus récents.

n'est pas naturellement animé du désir de comprendre; même pas l'homme athénien. Et les sociétés, petites et grandes, n'apprécient généralement que fort peu l'activité purement gratuite, et, à ses débuts du moins, parfaitement inutile, du théoricien[1]. Car, il faut bien le reconnaître, la théorie ne conduit pas, du moins pas immédiatement, à la pratique; et la pratique n'engendre pas, du moins pas directement, la théorie. Le plus souvent, tout au contraire, elle en détourne. Ainsi, ce ne sont pas les harpédonaptes égyptiens, qui avaient à mesurer les champs de la vallée du Nil, qui ont inventé la géométrie : ce sont les Grecs, qui n'avaient à mesurer rien qui vaille; les harpédonaptes se sont contentés de recettes. De même ce ne sont pas les Babyloniens qui croyaient à l'astrologie et, de ce fait, avaient besoin de pouvoir calculer et prévoir les positions des planètes dans le Ciel, comme vient de nous le rappeler M. van der Waerden, qui ont élaboré un système de mouvements planétaires[2]; ce sont, encore une fois, les Grecs, qui n'y croyaient pas; les Babyloniens se sont contentés d'inventer des méthodes de calcul – des recettes encore – extrêmement ingénieuses d'ailleurs.

Il en résulte, me semble-t-il, que si nous pouvons bien expliquer pourquoi la science n'est pas née, et ne s'est pas développée en Perse ou en Chine – les grandes bureaucraties, ainsi que nous l'a expliqué M. Needham, sont hostiles à la pensée scientifique indépendante – et si, à la rigueur, nous pouvons expliquer pourquoi elle a pu naître et se développer en Grèce, nous ne pouvons même pas expliquer pourquoi cela se fit effectivement.

Aussi me parait-il vain de vouloir déduire la science grecque de la structure sociale de la cité; ou même de l'*agora*. Athènes n'explique pas Eudoxe; ni Platon. Pas plus que Syracuse n'expli-

---

1. Ce sont des résultats pratiques que Hiéron demande à Archimède. Et c'est pour l'invention légendaire de machines de guerre que ce dernier est glorifié par la tradition. Ce sont également des résultats pratiques que Louvois attendait de l'Académie royale des Sciences, et ceci contribua au déclin de cette dernière.

2. L'astrologie, on l'oublie souvent, ne s'intéresse qu'aux positions des planètes dans le Ciel et aux figures qu'elles y forment.

que Archimède ; ou Florence, Galilée. Je crois, pour ma part, qu'il en est de même pour les Temps modernes, et même pour notre temps, malgré le rapprochement de la science pure et de la science appliquée dont j'ai parlé il y a un instant. Ce n'est pas la structure sociale de l'Angleterre du XVIIᵉ siècle qui peut nous expliquer Newton, pas plus que celle de la Russie de Nicolas Iᵉʳ ne peut jeter une lumière sur l'œuvre de Lobatchevski. C'est là une entreprise entièrement chimérique, tout aussi chimérique que celle de vouloir prédire l'évolution future de la science ou des sciences en fonction de la structure sociale, ou des structures sociales, de notre société ou de nos sociétés.

Je pense qu'il en est de même en ce qui concerne les applications pratiques de la science : ce n'est pas par elles que l'on peut expliquer sa nature et son évolution. Je crois, en effet (et si c'est là de l'*idéalisme*, je suis prêt à porter l'opprobre d'être un *idéaliste* et de subir les reproches et les critiques de mon ami Guerlac), que la science, celle de notre époque, comme celle des Grecs, est essentiellement *theoria*, recherche de la vérité, et que de ce fait elle a, et a toujours eu une vie propre, une histoire immanente, et que c'est seulement en fonction de ses propres problèmes, de sa propre histoire qu'elle peut être comprise par ses historiens.

Je crois même que c'est justement là la raison de la grande importance de l'histoire des sciences, de la pensée scientifique, pour l'histoire générale. Car si l'humanité, ainsi que l'a dit Pascal, n'est qu'un seul homme qui vit toujours et qui apprend toujours, c'est de notre propre histoire, bien plus, c'est de notre autobiographie intellectuelle que nous nous occupons en l'étudiant. Et c'est aussi pour cela qu'elle est si passionnante et, en même temps, si instructive ; elle nous révèle l'esprit humain dans ce qu'il a de plus haut, dans sa poursuite incessante, toujours insatisfaite et toujours renouvelée, d'un but qui toujours lui échappe : recherche de la vérité, *itinerarium mentis in veritatem*. Or cet *itinerarium* n'est pas donné d'avance ; et l'esprit n'y avance pas en ligne droite. La route vers la vérité est pleine d'embûches, et parsemée d'erreurs, et les échecs y sont plus fréquents que les succès. Échecs, d'ailleurs, aussi révélateurs et instructifs parfois que les succès. Aussi aurions-nous tort de négliger l'étude des erreurs – c'est à travers elles que l'esprit progresse vers la vérité. *L'itinerarium mentis in veritatem* n'est pas une voie droite. Elle fait des tours et des détours, s'engage dans des impasses, revient en arrière. Et ce n'est même pas une voie, mais plusieurs. Celle du mathématicien n'est pas celle du chimiste, ni celle du biologiste, ni même celle du physicien… Aussi nous faut-il poursuivre toutes ces voies dans leur réalité concrète, c'est-à-dire dans leur séparation historiquement donnée et nous résigner à écrire des histoires *des* sciences avant de pouvoir écrire l'histoire de *la science* dans laquelle elles viendront se fondre comme les affluents d'un fleuve se fondent dans celui-ci.

Sera-t-elle jamais écrite ? Cela, l'avenir seul le saura.

GASTON BACHELARD

L'ACTUALITÉ DE L'HISTOIRE DES SCIENCES[*]

Quand on entre au Palais de la Découverte, quand cette étonnante exposition d'essentielles nouveautés appelle de toute part l'attention vers l'essentielle modernité de la science d'aujourd'hui, on peut se demander si ce n'est pas commettre un véritable anachronisme que d'y venir faire une conférence sur le passé de la science.

À bien des égards, la science contemporaine peut se désigner, par ses découvertes révolutionnaires, comme une *liquidation d'un passé*. Ici sont exposées des découvertes qui renvoient la toute proche histoire au rang d'une préhistoire. C'est pourquoi le passé de la science pourrait, dans certains cas, ne relever que d'une simple curiosité historique. Il semble alors qu'on ne devrait considérer certains cantons de l'histoire des sciences que dans une enquête intellectuellement détendue, en se satisfaisant simplement des joies de l'érudition.

Nous voici donc placés devant la dialectique héroïque de la pensée scientifique de notre temps, devant la dialectique qui sépare la curiosité naturelle et la curiosité scientifique : la première veut *voir*, la seconde veut *comprendre*.

Cette dialectique est, à mon sens, la philosophie même du Palais de la Découverte. En effet, le visiteur ne doit pas entrer au

* « L'actualité de l'histoire des sciences », conférence faite au Palais de la Découverte le 20 octobre 1951, reprise dans G. Bachelard, *L'engagement rationaliste*, Paris, PUF, 1972. Ce texte est reproduit avec l'aimable autorisation des PUF.

Palais de la Découverte pour voir, il doit y venir, y venir souvent, pour comprendre. Le Palais de la Découverte n'est pas un musée pour badauds. On ne s'y promène pas un jour de pluie, pour passer le temps, pour tuer le temps. On vient y travailler. On y vient faire travailler son esprit. On y vient, en comprenant la science dans sa nouveauté, s'y faire un esprit neuf. Au surplus, les conférences que vous entendrez ici de semaine en semaine seront – hormis la mienne – des preuves de cet esprit neuf qui caractérise la science contemporaine. Les conférences qui suivront celle-ci vous mettront à la pointe du savoir humain, en face de l'avenir même de la science. Quand vous aurez ainsi pris conscience de la lumineuse modernité du Palais de la Découverte, vous comprendrez que, toute modestie mise à part, je pouvais parler de l'anachronisme que présente la conférence d'un philosophe historien en un tel cadre.

J'ai cependant donné pour titre à cette causerie : *L'actualité de l'histoire des sciences*. Mon projet est, en effet, de chercher avec vous dans quelles conditions et sous quelle forme l'histoire des sciences peut avoir une action positive sur la pensée scientifique de notre temps. D'abord, premier point à méditer : l'histoire des sciences ne peut être tout à fait une histoire comme les autres. Du fait même que la science évolue dans le sens d'un progrès manifeste, l'histoire des sciences est nécessairement la détermination des successives valeurs de progrès de la pensée scientifique. On n'a jamais vraiment écrit une histoire, une large histoire, d'une *décadence de la pensée* scientifique. Au contraire, on a abondamment développé des histoires de la décadence d'un peuple, d'une nation, d'un État, d'une civilisation.

Bien sûr, quand une civilisation décline, l'ignorance envahit les esprits. On entre dans des siècles de ténèbres. Mais si les historiens de la civilisation ont à retracer les événements de ces temps d'ignorance, à décrire l'abaissement des mœurs, la misère intellectuelle et morale, l'historien des sciences ne peut que traverser d'un trait ces périodes d'inactivité de la pensée scientifique. De toute manière, prise dans son essence, *la science ne saurait être cause d'une régression du savoir*. Tout au plus, et d'une manière partielle, une pensée scientifique mal engagée peut être une cause de stagnation.

Dans les périodes de régression générale, il semble que la vérité attend. Elle attend une renaissance. Pour un historien des sciences une vérité trouvée est la conclusion d'une histoire, elle est le terme d'une ligne particulière de recherches. De cette conclusion, de ce terme pourra repartir une nouvelle ligne de recherches. Mais l'historien des sciences a accompli sa tâche quand il a décrit l'histoire d'une vérité. Sans doute des temps peuvent venir où une vérité trouvée sera oubliée. L'historien des sciences ne s'intéresse guère au processus de cet oubli. Il reprendra sa tâche positive quand cette vérité oubliée sera retrouvée. Mais alors, après une période d'inefficacité, la vérité scientifique reprendra son action spécifique d'essentielle croissance; elle fonctionnera comme elle avait psychiquement fonctionné, bref elle suivra la même dynamique psychique du progrès manifeste. Quand le vieux principe d'Archimède appliqué aux liquides vient à être appliqué aux gaz, il apporte aux nouveaux phénomènes envisagés la même puissance de compréhension, la même force de conviction rationnelle. Une vérité scientifique est une vérité comprise. D'une idée vraie, comprise comme vraie, on ne peut faire une idée fausse. La temporalité de la science est un accroissement du nombre des vérités, un approfondissement de la cohérence des vérités. L'histoire des sciences est le récit de cet accroissement, de cet approfondissement.

Faites donc, si vous voulez, des histoires de décadence de civilisation, faites même des histoires de décadence d'enseignement, vous décrirez des décadences qui réagissent sans doute sur les progrès de la science, qui arrêtent les progrès de la science; mais ces descriptions sont extérieures à la science; elles n'appartiennent pas proprement à l'histoire toute positive de la science.

Si vous m'objectez que cette distinction est artificielle, si vous pensez qu'elle tend à désincarner la pensée scientifique en la privant de ses réactions sur les hommes d'un pays et d'un temps, je me référerai tout simplement aux faits tels qu'ils sont, à la culture historique telle qu'elle est. Ouvrez n'importe quel livre d'histoire des sciences – les livres élémentaires comme les ouvrages les plus savants – et vous verrez que c'est un fait constant, un fait significatif : l'histoire des sciences est toujours décrite comme l'histoire d'un progrès de la connaissance. Elle fait passer le lecteur d'un état où l'on savait moins à un état où l'on a su plus. Penser historiquement la pensée scientifique, c'est la décrire du moins au plus. Jamais, à l'envers, du plus au moins. Autrement dit, l'axe central de l'histoire des sciences est nettement dirigé dans le sens d'une compréhension améliorée et d'une expérience élargie.

Si parfois on a à décrire le déclin d'une théorie particulière (par exemple le déclin de la physique cartésienne), c'est que le progrès de la pensée scientifique a découvert un autre axe de l'augmentation des valeurs de compréhension (par exemple, la physique newtonienne). Cet axe nouveau, tout positif, révèle une sorte de naïveté dans la science antérieure. Nous touchons précisément une dialectique de liquidation du passé, si caractéristique de certaines révolutions de la pensée scientifique.

Au surplus, rendons-nous bien compte à quel point l'obligation de décrire un progrès est caractéristique pour l'histoire des sciences. L'histoire de l'art, par exemple, est, sous ce rapport, entièrement différente de l'histoire des sciences. Dans l'histoire de l'art, le progrès serait un simple mythe. En effet, l'histoire de l'art se trouve devant des œuvres qui peuvent avoir, à toute époque, un sens d'éternité, des œuvres qui ont une sorte de perfection primitive, une perfection de premier jet. De telles œuvres immobilisent la méditation, centralisent l'admiration. Le rôle de l'historien est de les mettre en valeur. L'histoire de la philosophie donnerait lieu aux mêmes remarques. Les grands systèmes se reconnaissent à leur isolement. La notion de progrès est impropre à décrire leur apparition. Bien entendu, j'aurais trop beau jeu si je comparais l'empirisme de la notion de progrès dans l'histoire politique au rationalisme de cette notion de progrès dans l'histoire des sciences. Dans l'histoire politique, ce qui est progrès pour un historien est bien souvent déclin pour un autre historien : nous sommes là devant un règne de valeurs mal établies, ou plus exactement nous sommes livrés à des valorisations polémiques. Le bon historien s'en écarte sans doute, ou croit s'en écarter. Il s'attache aux faits. Mais une sourde interprétation peut toujours troubler la détermination des faits.

Quittons donc ces trop faciles comparaisons et revenons à notre problème précis qui est de mettre en lumière la positivité quasi absolue du progrès scientifique.

Cette positivité absolue du progrès scientifique apparaîtra comme indéniable si nous examinons l'histoire d'une science modèle, l'histoire des mathématiques. Ici, il est bien évident qu'on ne peut décrire une décadence, car une diminution dans la cohérence des vérités serait tout de suite une erreur. Si l'histoire des sciences relatait des erreurs qui peuvent être faites après la découverte de la vérité mathématique, elle serait une histoire des mauvais élèves en mathématiques et non plus l'histoire des mathématiciens véritables. Une telle histoire quitterait le courant de l'histoire positive.

Mais j'en ai sans doute assez dit pour justifier la remarque que je faisais au début : tenons donc pour acquis que, dans son ensemble, l'histoire des sciences est placée devant une croissance absolue. Ou bien elle relate une croissance, ou bien elle n'a rien à dire.

Cette situation spéciale va imposer des obligations particulières à l'historien des sciences, obligations qui vont faire apparaître l'actualité de l'histoire des sciences.

En effet, en opposition complète aux prescriptions qui recommandent à l'historien de ne pas juger, il faut au contraire demander à l'historien des sciences des jugements de valeur. L'histoire des sciences est, pour le moins, un tissu de jugements implicites sur la valeur des pensées et des découvertes scientifiques. L'historien des sciences qui explique clairement la valeur de toute pensée nouvelle nous aide à comprendre l'histoire des sciences. Bref, l'histoire des sciences est essentiellement une histoire jugée, jugée dans le détail de sa trame, avec un sens qui doit être sans cesse affiné des valeurs de vérité. L'histoire des sciences ne saurait être simplement une histoire enregistrée. Les actes des

Académies contiennent naturellement de nombreux documents pour l'histoire des sciences. Mais ces actes ne constituent pas vraiment une histoire des sciences. Il faut que l'historien des sciences y vienne tracer des lignes de progrès.

Mais j'ai maintenant tous les éléments de la petite démonstration à laquelle m'oblige le titre de la présente conférence. En effet, si l'historien d'une science doit être un juge des valeurs de vérité touchant cette science, où devra-t-il apprendre son métier? La réponse n'est pas douteuse: l'historien des sciences, pour bien juger le passé, doit connaître le présent; il doit apprendre de son mieux la science dont il se propose d'écrire l'histoire. Et c'est en cela que l'histoire des sciences, qu'on le veuille ou non, a une forte attache avec l'actualité de la science.

Dans la proportion même où l'historien des sciences sera instruit dans la modernité de la science, il dégagera des nuances de plus en plus nombreuses, de plus en plus fines, dans l'historicité de la science. La conscience de modernité et la conscience d'historicité sont ici rigoureusement proportionnelles.

À partir des vérités que la science actuelle a rendues plus claires et mieux coordonnées, le passé de vérité apparaît plus clairement progressif en tant que passé même. Il semble que la claire histoire des sciences ne puisse être tout à fait contemporaine de son déroulement. Le drame des grandes découvertes, nous en suivons le déroulement dans l'histoire d'autant plus facilement que nous avons assisté au cinquième acte.

Parfois une soudaine lumière exalte la valeur du passé. Sans doute c'est la connaissance du passé qui éclaire le cheminement de la science. Mais on pourrait dire qu'en certaines circonstances c'est le présent qui illumine le passé. On l'a bien vu quand, à deux siècles de distance, Brianchon présenta son théorème formant dualité avec le fameux hexagramme mystique de Pascal. Tout ce qui était épistémologiquement mystérieux dans l'hexagramme mystique de Pascal paraît dans une nouvelle lumière. C'est vraiment le mystère en pleine lumière. Il semble que, dans la dualité Pascal-Brianchon, l'étonnant théorème de Pascal redouble de valeur.

Naturellement cette lumière récurrente qui joue si nettement dans l'harmonieux développement de la pensée mathématique peut être beaucoup plus indécise dans la fixation des valeurs historiques pour d'autres branches de la science comme la physique ou la chimie. À vouloir rendre trop actives des pensées du passé on peut commettre de véritables rationalisations, des rationalisations qui attribuent un sens prématuré à des découvertes passées. Léon Brunschvicg l'a finement noté en critiquant un texte de Houllevigne. Houllevigne écrivait, après avoir rappelé plusieurs essais faits en 1659 pour dissoudre l'or :

> À ces méthodes purement chimiques, Langelot, en 1672, substituait un procédé physique, qui consistait à triturer l'or battu en feuilles minces un mois durant dans un « moulin philosophique », sans doute un mortier dont le pilon était actionné par une manivelle. Au bout de ce temps, il obtenait une poudre d'extrême finesse qui, mise en suspension dans l'eau, s'y maintenait en formant un liquide très rouge ; ce liquide obtenu par Langelot… – nous le connaissons aujourd'hui, c'est l'or colloïdal. Et c'est ainsi qu'en courant après leur chimère les alchimistes avaient découvert les métaux colloïdaux dont Bredig, deux cent cinquante ans plus tard, devait montrer les étonnantes propriétés.

Mais Léon Brunschvicg avec son sens des nuances habituel arrête d'un mot cette « rationalisation » :

> Seulement, dit-il, leur découverte existe pour nous, elle n'existait pas pour eux. En effet, il n'est pas permis de dire qu'on sait une chose alors même qu'on la fait tant qu'on ne sait pas qu'on la fait. Socrate professait déjà que savoir c'est être capable d'enseigner [1].

L'avertissement de Brunschvicg devrait être inscrit au rang des maximes directives de l'histoire des sciences. Il faut un véritable tact pour manier les récurrences possibles. Mais il reste nécessaire de doubler l'histoire du déroulement des faits par une histoire du déroulement des valeurs. Et l'on ne peut bien apprécier les valeurs

---

1. L. Brunschvicg, *La connaissance de soi*, p. 68.

qu'en connaissant les valeurs dominantes, les valeurs qui, dans la pensée scientifique, s'activent dans la modernité.

La position philosophique que j'assume ici est, certes, non seulement difficile et dangereuse. Elle tient en soi un élément qui la ruine : cet élément ruineux est le caractère éphémère de la modernité de la science. En suivant l'idéal de tension moderniste que je propose pour l'histoire des sciences, il faudra que l'histoire des sciences soit souvent refaite, soit souvent reconsidérée. En fait, c'est précisément ce qui se passe. Et c'est l'obligation d'éclairer l'historicité des sciences pour la modernité de la science qui fait de l'histoire des sciences une doctrine toujours jeune, une des doctrines scientifiques les plus vivantes et les plus éducatives.

Mais je ne voudrais pas vous donner l'impression que je me borne à développer ici une philosophie abstraite de l'histoire des sciences sans recourir à des exemples historiques concrets. Je vais prendre un exemple très simple qui me servira à deux fins :

1) il vous montrera que le caractère d'histoire jugée a toujours, plus ou moins nettement, été actif dans l'histoire des sciences.

2) il vous montrera que cette assimilation du passé de la science par la modernité de la science peut être ruineuse quand la science n'a pas encore conquis cette hiérarchie des valeurs qui caractérise, en particulier, la science du XIXe et du XXe siècle.

L'exemple je vais étudier m'est fourni par une explication que le bon physicien suisse Jean Ingen-Housz, écrivant à la fin du XVIIIe siècle, prétend apporter des propriétés de la poudre à canon. Il va entreprendre de faire comprendre les effets de la poudre à canon en se servant des nouvelles conceptions de la chimie lavoisienne, au niveau donc de la modernité de la science de son temps.

Jean Ingen-Housz s'exprime ainsi[1] :

> La poudre à canon est un ingrédient d'autant plus merveilleux que, sans les connaissances que nous avons à présent des différentes

---

1. J. Ingen-Housz, *Nouvelles expériences et observations sur divers objets de physique*, Paris, Théophile Barrois, 1785, p. 352.

espèces de fluides aériens, surtout de l'air déphlogistiqué (entendez l'oxygène) et de l'air inflammable (entendez l'hydrogène), il paraît impossible qu'on eût pu en imaginer le composé *a priori*, c'est-à-dire qu'on eût pu deviner plus tôt que ces trois substances (soufre, charbon, salpêtre, ou même ces deux dernières car la première, le soufre, n'est pas absolument nécessaire) mêlées ensemble, pouvaient produire un effet si étonnant.

Et Jean Ingen-Housz explique longuement comment, somme toute, on n'aurait pas dû pouvoir inventer la poudre. Il prétend ainsi faire comprendre dans l'actualité de la science de son temps ce qui ne pouvait être compris au moment où l'histoire fixe la découverte. Mais précisément, la science du temps d'Ingen-Housz ne permet pas encore cette explication récurrente qui fait saillir les valeurs, et les explications d'Ingen-Housz donnent un bon exemple de ces textes confus si caractéristiques de la vérité en train de se constituer, mais encore tout embarrassés par des notions préscientifiques.

Donnons un résumé de cette modernisation prématurée. Elle est, de notre point de vue, un exemple de l'histoire des sciences inchoative, de l'histoire des sciences qui essaie de se constituer.

Le salpêtre, dit Ingen-Housz, composé de potasse et d'acide «nommé nitreux» ne contient aucun principe igné, la potasse «bien loin d'être combustible éteint le feu, et prive même de leur inflammabilité les corps combustibles qui en sont imprégnés». De même, «l'acide nitreux, quelque concentré qu'il soit, ne peut être enflammé, et éteint même le feu comme l'eau». L'union de ces deux substances non ignées dans le salpêtre ne crée pas, pour Ingen-Housz, le principe d'ignition. «On peut même plonger un fer rouge dans une masse de nitre fondu et rougi, sans qu'il s'enflamme»[1].

> Le charbon, qui est le second ingrédient nécessaire de la poudre à canon, continue Ingen-Housz, ne nous offre non plus rien qui puisse

---

1. *Op. cit.*, p. 354.

nous faire suspecter le moindre danger en le traitant. Il prend feu et se
réduit en cendre sans le moindre fracas ou mouvement.

Donc, conclusion d'Ingen-Housz, les constituants n'ayant en
eux-mêmes ni principe d'ignition, ni force d'explosion, il va de soi
que la poudre à canon ne peut ni s'enflammer, ni exploser. Le vieil
inventeur, au dire d'Ingen-Housz, ne pouvait comprendre son
invention en partant de la connaissance commune des substances
qu'il mélangeait.

Voyons maintenant Ingen-Housz à l'œuvre pour donner à la
vieille connaissance historique une actualité au niveau de la
science de son propre temps.

Il estime, avec raison, que le salpêtre est une source d'air
déphlogistiqué (oxygène). Il pense, à tort, que le charbon est une
source de gaz inflammable (hydrogène). Il sait que le mélange des
deux « airs » s'enflamme « avec une violence extrême à l'approche
du feu ». Il croit avoir alors tous les éléments pour comprendre le
phénomène de l'explosion. Il actualise l'histoire en réimaginant
ainsi une découverte qu'il estime rationnelle de la poudre à canon.

> Il me parait probable, dit-il, que ces nouvelles découvertes (celles de
> l'oxygène et de l'hydrogène), faites sans avoir la moindre idée de
> les adapter à la nature de la poudre à canon, nous auraient menés
> bientôt à la découverte de ce composé terrible, s'il n'eût déjà été
> découvert par accident.

Ainsi, dans ce simple exemple nous voyons en action un besoin
de refaire l'histoire des sciences, un effort pour comprendre en
modernisant. Ici, cet effort est malheureux et il ne pouvait être que
malheureux dans un temps où les concepts pour comprendre les
explosifs n'étaient pas formulés. Mais cet effort malheureux est,
lui aussi, dans l'histoire et il y a, croyons-nous, un certain intérêt
à suivre cette histoire de l'histoire des sciences, cette histoire des
sciences en train de réfléchir sur elle-même, cette histoire toujours
réfléchie, toujours recommencée.

Pour dire toute ma pensée, je crois que l'histoire des sciences ne
saurait être une histoire empirique. Elle ne saurait être décrite dans

l'émiettement des faits puisqu'elle est essentiellement, dans ses formes élevées, l'histoire du progrès des liaisons rationnelles du savoir. Dans l'histoire des sciences – outre le lien de cause à effet – s'établit un lien de raison à conséquence. Elle est donc, en quelque manière, doublement liée. Elle doit s'ouvrir de plus en plus aux organisations rationnelles. Plus nous approchons de notre siècle, plus nous sentons que les valeurs rationnelles mènent la science. Et si nous prenons des découvertes modernes, nous voyons que, dans l'espace de quelques lustres, elles passent du stade empirique à l'organisation rationnelle. Et c'est ainsi que, sur un mode accéléré, l'histoire récente reproduit la même accession à la rationalité que le processus de progrès qui se développe au ralenti dans l'histoire plus ancienne.

Prenons donc le problème de l'histoire des sciences dans son action toute moderne. Voyons de près l'intérêt actuel de l'histoire des sciences. Nous avons fait, jusqu'ici, assez de philosophie ; abordons, dans une deuxième partie de cette conférence, une suite de remarques où nous nous efforcerons de dire tous les rôles que l'histoire des sciences doit jouer dans une culture scientifique.

D'abord, il y a une observation qui va de soi : la science moderne se développe au niveau de la modernité de la culture. Les problèmes sont présentement si nombreux qu'on ne va guère chercher lointainement, dans le passé, des problèmes non résolus. Mais pour être au point de culture où l'on peut participer au progrès de la science, il faut naturellement connaître les progrès antécédents. Tous les mémoires originaux comportent une bibliographie du sujet étudié, donc un court préambule historique. Ces mémoires originaux seraient peut-être plus accessibles à la culture scientifique générale si leurs auteurs approfondissaient leur enracinement dans la culture classique, s'ils remontaient davantage dans l'histoire de leur problème. J'indique en passant cette sorte de désir insatisfait d'histoire. Tout philosophe des sciences doit, je crois, la ressentir dès qu'il comprend que toute philosophie des sciences doit servir à faciliter l'accession à la modernité de la science.

Si l'on hésite à inscrire les bibliographies préparatoires au compte de l'histoire des sciences, c'est parce qu'on est habitué à lire l'histoire des sciences sous des formes parfois détendues, sous des formes qui enjambent des dizaines d'années. Mais précisément, l'histoire des sciences doit en s'approchant de la période contemporaine accepter l'accélération si caractéristique des temps modernes.

On sentirait mieux cette tension si l'on étudiait davantage l'histoire des sciences au cours des tout derniers siècles, en particulier au cours de ce merveilleux siècle scientifique que fut le XIXe siècle. Mais il y a ici un étrange paradoxe à signaler. C'est dans les périodes qui seraient les plus utiles à étudier que les travailleurs en histoire des sciences sont le moins nombreux. Il y a peu d'historiens des sciences pour le XIXe siècle. Nous en avons cependant d'excellents. La belle thèse de René Taton, qui fit ici même une conférence, en est une preuve. Un autre conférencier du Palais de la Découverte, Maurice Daumas, réunit des documents très précieux. Je connais d'autres travailleurs qui sont à l'ouvrage. Mais la tâche est si considérable que les équipes devraient être multipliées. Plus une science devient difficile, plus il est nécessaire qu'on fixe bien la naissance des problèmes, qu'on mette au point, à tout moment, le classicisme de la science et des axes d'évolution – autrement dit qu'on détermine pour tous les cantons de la science ce que Georges Bouligand appelle à l'égard des mathématiques la synthèse globale d'où les problèmes prennent leur origine. Tout cela est impossible sans un examen minutieux de l'histoire récente des doctrines.

Jusqu'ici j'ai examiné l'histoire des sciences dans sa tension vers les problèmes de l'heure présente, comme le réclamait le titre de ma conférence.

Mais il y a, pour l'histoire des sciences, une forme d'actualité moins tendue que je veux maintenant considérer. Il faut, en effet, que nous donnions notre attention à la transmission de la science d'une génération à une autre, à la formation de l'esprit scientifique, à l'inscription profonde de la pensée scientifique dans la psyché humaine. Par cette dernière formule, je voudrais marquer, dans le style de l'anthropologie philosophique contemporaine, la puissance hominisante de la pensée scientifique.

Et d'abord, il faut transmettre la science de manière à ce qu'elle demeure dans l'histoire des hommes d'aujourd'hui au moins au niveau où elle s'est élevée pour les hommes d'hier. Il faut surtout maintenir l'intérêt pour la pensée scientifique, ce qui n'est pas commode dans un temps où l'on charge assez légèrement la science des fautes humaines dont elle n'est nullement responsable.

Pour maintenir cet intérêt pour la culture scientifique, il faut intégrer la culture scientifique dans la culture générale. Ici une histoire des sciences élémentaires est de première importance. Il semble que tout le monde soit d'accord et qu'on sente d'instinct la vertu de l'histoire des grands savants. On demande donc que le professeur de sciences fasse connaître les génies scientifiques comme le professeur de lettres fait connaître les génies littéraires. Même du simple point de vue humain, la recherche scientifique opiniâtre est un si grand exemple d'énergie, de ténacité, que la jeunesse aura toujours intérêt à entendre le récit de la vie d'un Bernard Palissy, d'un Galilée, d'un Képler. L'histoire des sciences doit transmettre le souvenir des héros de la science. Elle a besoin, tout comme une autre, de garder ses légendes. La légende, écrit Victor Hugo à propos de William Shakespeare, n'est-elle pas une « forme de l'histoire aussi vraie et aussi fausse qu'une autre » ? Mais cette histoire illustrée de la science ne va pas loin et il n'est pas rare qu'on retienne de Bernard Palissy le fait qu'il brûla son plancher sans bien savoir ce qu'il faisait cuire dans son four. L'image de Bernard Palissy activant son feu met dans l'ombre ses longues recherches sur les substances chimiques, sur la consistance des terres.

Il faut donc en venir à des études historiques plus nuancées. Il faut surtout faire comprendre la multiplicité des difficultés qui ont entravé le progrès. À cet égard, sans aller jusqu'à affirmer – à la manière d'Auguste Comte – le parallélisme du développement de l'individu et du développement de l'humanité, parallélisme trop simpliste pour fournir des remarques fécondes, il est bien sûr que l'histoire des sciences est pleine d'enseignement pour la péda-gogie. Et c'est en pédagogue que je crois qu'on peut considérer l'histoire des sciences comme une immense école, comme une suite de classes, depuis les classes élémentaires jusqu'aux classes supérieures. Dans cette immense école, il y a de bons élèves, il y en a de médiocres. J'ai assez dit au début de cette conférence que l'histoire positive des sciences était en somme l'histoire des bons élèves, pour vous demander de considérer un instant l'influence des mauvais.

Autrement dit, s'il y a transmission des vérités dans le cours de l'histoire des sciences, il y a aussi toujours une certaine perma-nence de l'erreur. Comme le disait Van Swinden, il y a deux siècles, dans son ouvrage sur les *Analogies entre l'électricité et le magné-tisme* (t. I, p. 23) : « Il semble que les mêmes erreurs se rencontrent à différentes périodes, mais toujours sous quelques formes nouvelles et adaptées à la philosophie du temps ». Profonde remarque, en particulier dans son dernier argument. Il est sans doute pénible à un philosophe de l'avouer, mais il semble bien que, dans les erreurs mémorables qui ont ralenti le progrès des sciences, ce soit la philosophie qui se trompe. Elle incorpore les théories scientifiques à des systèmes trop généraux. Il faut donc que le philosophe de la pensée scientifique soit toujours prêt à mesurer ce qui entrave le progrès de la science.

C'est ainsi que dans un livre déjà ancien j'ai proposé la notion d'obstacle épistémologique et que j'ai essayé de classer différents obstacles épistémologiques suivant leur aspect philosophique. Je me bornerai à quelques exemples généraux.

Quand on considère la physique et la chimie modernes, n'est-il pas évident qu'elles ont rompu avec l'expérience commune. Ne faut-il, dans la pédagogie élémentaire, atteindre au point de rupture ? Quand on veut faire comprendre à de jeunes élèves les lois de l'électricité, on rencontre des difficultés qui sont celles qui ont fait obstacle à l'avancement rapide de la science au XVIIIe siècle. Ainsi l'expérience immédiate – quoi qu'en pensent la généralité des philosophes – peut faire obstacle à la connaissance de l'expérience scientifique.

Parfois un substantialisme exagéré masque les lois profondes. Par exemple, Aldini, le neveu de Galvani, pense que l'électricité s'imprègne des substances qu'elle traverse. Traverse-t-elle l'urine, l'électricité donne un « éclair blanc », elle a un goût âcre. À travers le lait, elle a un goût doux, acidulé, un éclair rouge ; à travers le vin, un goût acidulé ; à travers le vinaigre un goût piquant ; à travers la bière, un goût piquant, un éclair blanchâtre…

Quand on lit de telles pages, il semble qu'on voie un homme appliqué à ne rien faire, un homme qui se trompe avec effort et constance. Quelle réforme de la pensée et de l'expérience ne faudra-t-il pas pour accéder, parti de là, à la notion scientifique de résistance électrique, pour constituer le jeu de concepts qui objectivent et coordonnent les phénomènes scientifiques.

En me bornant à la physique et à la chimie, c'est par centaines que j'ai pu réunir des textes comme celui d'Aldini. Bien souvent, dans l'enseignement de la physique et de la chimie j'ai pu reconnaître que certains obstacles qui ont ralenti l'histoire se retrouvent pour ralentir une culture. J'ai trouvé ainsi dans l'histoire des sciences de véritables tests pédagogiques. Il y a là une actualité minutieuse des anciennes erreurs pour désigner les difficultés de la pédagogie élémentaire.

J'ai essayé de systématiser ces remarques en une psychanalyse de la connaissance objective. Ce mot de psychanalyse a heurté quelques critiques. Il me semble cependant tout naturel si l'on veut bien considérer qu'entre les difficultés spécifiquement scientifiques de l'acquisition du savoir scientifique, il y a des difficultés plus générales, plus intimes, plus profondément inscrites dans l'âme humaine. La psychologie n'a pas trop de toutes ses doctrines pour éclaircir ce fond obscur qui empêche le travail de la science.

Ainsi l'histoire des sciences méditée dans les valeurs de progrès et dans les résistances des obstacles épistémologiques nous livre vraiment l'homme intégral. Si cette histoire a une actualité manifeste c'est précisément parce qu'on sent bien qu'elle représente un des traits profonds du destin de l'homme. La science est devenue partie intégrante de la condition humaine. Elle est devenue ? Ne l'était-elle pas déjà quand l'homme a compris l'intérêt de la recherche désintéressée ? N'a-t-elle pas été dès l'Antiquité une véritable action sociale de l'homme solitaire ? Il n'y a pas vraiment de pensée scientifique égoïste. Si la pensée scientifique eût été primitivement égoïste, elle le fût demeurée. Son destin était autre. Son histoire est une histoire de socialisation progressive. La science est, actuellement, socialisée de part en part. Depuis quelques siècles l'histoire des sciences est devenue l'histoire d'une cité scientifique. La cité scientifique, dans la période contemporaine, a une cohérence rationnelle et technique qui écarte tout retour en arrière. L'historien des sciences, tout en cheminant le long d'un passé obscur, doit aider les esprits à prendre conscience de la valeur profondément humaine de la science d'aujourd'hui.

GEORGES CANGUILHEM

LE RÔLE DE L'ÉPISTÉMOLOGIE DANS L'HISTORIOGRAPHIE SCIENTIFIQUE CONTEMPORAINE *

À qui entreprend d'examiner les rapports entre épistémologie et histoire des sciences une première constatation s'impose, et ce fait lui-même est instructif pour une position correcte de la question. C'est qu'à l'heure actuelle on dispose, en cette matière, de plus de manifestes ou de programmes que d'échantillons. Au regard du recensement des intentions, le bilan des réalisations est maigre.

Face à l'histoire des sciences, discipline qui a elle-même une histoire, l'épistémologie se trouve dans une situation fausse, à première vue. Sous le rapport de la chronologie, l'histoire des sciences ne doit rien à cette sorte de discipline philosophique que, depuis 1854, semble-t-il, on nomme épistémologie [1]. L'*Histoire des Mathématiques* de Montucla (1758), l'*Histoire de l'Astronomie* de Bailly (1775-1782), le *Versuch einer pragmatischen Geschichte der Arzneikunde* de Kurt Sprengel (1792-1803) sont des ouvrages composés hors de toute référence à un système de concepts critiques ou normatifs. Sans doute, tous ces travaux

---

* Dans G. Canguilhem, *Idéologie et rationalité dans l'histoire des sciences de la vie. Nouvelles études d'histoire et de philosophie des sciences*, Paris, Vrin, 1977.

1. *Cf.* J.F. Ferrier, *Institutes of Metaphysics. Epistemology* est inventé pour être opposé à *ontology*.

procédaient-ils, même sans conscience réflexive revendiquée par chacun de leurs auteurs, d'une conscience d'époque, impersonnellement thématisée dans la doctrine de la perfectibilité indéfinie de l'esprit humain, s'autorisant d'une succession assez continue de révolutions en cosmologie, mathématique et physiologie, opérées par Copernic, Galilée, Descartes, Harvey, Newton, Leibniz, Lavoisier, pour n'anticiper les progrès scientifiques à venir que sous l'aspect de la continuité. Si Sprengel, dans l'Introduction à son *Histoire de la Médecine*, fait expressément allusion, en raison de la date 1792, à la philosophie critique, c'est comme à une doctrine dont quelques médecins ont été imprégnés, au même titre qu'il y eut autrefois des médecines dogmatiques, empiriques ou sceptiques, et nullement comme à un instrument nouveau et efficace de valorisation ou de dévalorisation des procédés du savoir. Il serait donc parfaitement vain de reprocher à des historiens des sciences du XVIIIe et du XIXe siècles de n'avoir mis en œuvre aucun des concepts que des épistémologues s'efforcent aujourd'hui de faire valoir, auprès de qui pratique et produit l'histoire des sciences, comme règles d'écriture ou de composition.

Or, parmi ces historiens, ceux qui supportent mal le regard dirigé par l'épistémologie vers leur discipline ne manquent pas de faire remarquer que, nourrie elle-même d'histoire des sciences, l'épistémologie n'est pas fondée à prétendre rendre plus qu'elle n'a reçu et à réformer en principe ce dont elle procède en fait. Cette acrimonie n'est pas sans quelque rapport, vague ou lâche, avec l'ancienne correspondance établie entre les disciplines et les facultés de l'âme. Histoire relèverait de Mémoire. Mais on doit se demander de quel côté se trouve l'ambition la plus exorbitante. N'est-il pas plus prétentieux de se prendre pour une mémoire que de prétendre exercer un jugement? Du côté du jugement, l'erreur est un accident possible, mais du côté de la mémoire l'altération est d'essence. Des reconstitutions propres à l'histoire des sciences il faut dire ce qui a été déjà dit des reconstitutions en d'autres domaines de l'histoire – politique, diplomatique, militaire, etc. … –, à savoir que, contrairement à l'exigence de Leopold Ranke, l'historien ne saurait se flatter de présenter les choses comme elles se sont réellement passées (*wie es eigentlich gewesen*).

On a souvent commenté le mot de Dijksterhuis, selon lequel l'histoire des sciences n'est pas seulement la mémoire de la science mais aussi le « laboratoire » de l'épistémologie [1]. Du fait qu'une élaboration n'est pas une restitution, on peut conclure que la prétention de l'épistémologie à rendre plus qu'elle n'a reçu est légitime. Il s'agit pour elle, en déplaçant le pôle de l'intérêt, de substituer à l'histoire des sciences les sciences selon leur histoire. Ne prendre pour objet d'étude que des questions de sources, d'inventions ou d'influences, d'antériorité, de simultanéité ou de succession reviendrait, au fond, à ne pas faire de différence entre les sciences et d'autres aspects de la culture. Une histoire des sciences, pure de toute contamination épistémologique, devrait réduire une science, à un moment donné, par exemple la physiologie végétale au XVIIIᵉ siècle, à un exposé des rapports chronologiques et logiques entre différents systèmes d'énoncés relatifs à quelques classes de problèmes ou de solutions. La valeur respective des historiens serait alors mesurée par l'ampleur de l'érudition et par la finesse d'analyse des rapports, analogies ou différences, établis entre les savants. Mais cette diversité des histoires ne modifierait en rien leur rapport commun à ce dont elles se diraient l'histoire. L'histoire pure de la botanique au XVIIIᵉ siècle ne peut comprendre sous le nom de botanique rien de plus que ce que les botanistes de l'époque se sont assigné comme leur domaine d'exploration. L'histoire pure réduit la science qu'elle étudie au champ d'investigation qui lui est désigné par les savants de l'époque, et au genre de regard qu'ils portent sur ce champ, mais

1. « The History of Science forms not only the memory of science, but also its epistemological laboratory », *The origins of classical Mechanics*, dans *Critical Problems in the History of Science* (1959), M. Clagett (ed.), 2ᵉ éd. Madison, University of Wisconsin Press, 1962.

cette science du passé est-elle un passé de la science d'aujourd'hui ? Voilà une première question, peut-être fondamentale. Essayons de la poser correctement, à propos de l'exemple invoqué ci-dessus.

Pris absolument, le concept de *passé d'une science* est un concept vulgaire. Le passé est le fourre-tout de l'interrogation rétrospective. Qu'il s'agisse de la figure de la terre, de l'hominisation de l'homme, de la division du travail social ou du délire alcoolique de tel individu, la recherche des antécédents de l'actualité, plus ou moins étalée ou abrégée, selon les moyens et les besoins du moment, nomme passé sa condition d'exercice et se la donne d'avance comme un tout de capacité indéfinie. En ce sens, le passé de la physiologie végétale d'aujourd'hui comprendrait tout ce que des gens nommés botanistes, médecins, chimistes, horticulteurs, agronomes, économistes ont pu écrire, touchant leurs conjectures, observations ou expériences, quant aux rapports entre structure et fonction, sur des objets nommés tantôt herbes, tantôt plantes, et tantôt végétaux. On peut se faire une idée de cette abondance, même dans les limites d'un découpage chronologique et politique, en se rapportant au très utile inventaire que Lucien Plantefol a dressé des travaux des botanistes français dans l'Académie des Sciences, à l'occasion de son troisième centenaire[1]. Mais un inventaire de travaux antérieurs au moment où on le compose est une histoire de la botanique au sens où la botanique elle-même est d'abord une histoire, c'est-à-dire une description ordonnée, des plantes. L'histoire d'une science est ainsi le résumé de la lecture d'une bibliothèque spécialisée, dépôt et conservatoire du savoir produit et exposé, depuis la tablette et le papyrus jusqu'à la bande magnétique, en passant par le parchemin et l'incunable. Bien qu'il s'agisse là, en fait, d'une bibliothèque idéale, elle est idéalement, en droit, l'intégralité d'une somme de traces. La totalité du passé y est représentée comme une sorte de plan continu donné sur lequel

---

1. Institut de France, Académie des Sciences, Troisième Centenaire, 1666-1966, II, *Histoire de la Botanique*, par L. Plantefol, Paris, Gauthier-Villars, 1967.

LE RÔLE DE L'ÉPISTÉMOLOGIE

on peut déplacer, selon l'intérêt du moment, le point de départ du progrès dont le terme est précisément l'objet actuel de cet intérêt. Ce qui distingue les historiens des sciences les uns des autres c'est la témérité ou la prudence dans leurs déplacements sur ce plan.

On peut penser que ce que l'histoire des sciences est en droit d'attendre de l'épistémologie, c'est une déontologie de la liberté de déplacement régressif sur le plan imaginaire du passé intégral. C'est d'ailleurs, en somme, la conclusion d'une rigoureuse argumentation de Suzanne Bachelard, *Épistémologie et Histoire des Sciences*, dont on doit regretter qu'elle reste encore dissimulée dans les Actes d'un Congrès [1]. « Que l'activité de l'historien soit rétrospective lui impose des limites mais lui donne des pouvoirs. L'historien construit son objet dans un espace-temps idéal. À lui d'éviter que cet espace-temps ne soit imaginaire ».

Pour revenir à notre exemple, les botanistes du XVIIIe siècle qui ont repris des recherches de physiologie végétale ont cherché des modèles dans la physiologie animale de l'époque et, de ce fait, se sont partagés entre physiologistes-physiciens comme Stephen Hales, et physiologistes-chimistes, comme Jean Senebier et Jan Ingen-Housz. Mais parce que la physiologie végétale contemporaine utilise des méthodes d'analyse chimique et des techniques physiques, il serait pour le moins téméraire de composer une histoire où la continuité d'un projet masquerait la discontinuité radicale des objets et la nouveauté radicale des disciplines nommées biochimie et biophysique. Entre la chimie de l'oxydation et la biochimie des oxydations enzymatiques, la physiologie végétale a dû d'abord se faire physiologie cellulaire – et l'on sait assez quelles résistances a rencontrées la théorie cellulaire des organismes – et ensuite se défaire des premières conceptions de la cellule et du protoplasme pour aborder au niveau moléculaire l'étude des

1. *XIIe Congrès international d'histoire des sciences. Colloques, textes des rapports*, Paris, Albin Michel, 1968, p. 39-51.

métabolismes. Dans sa remarquable *History of Biochemistry*[1], Marcel Florkin, reprenant de Gaston Bachelard le concept de « rupture épistémologique », montre que la substitution d'une physiologie enzymatiste à une physiologie protoplasmiste de la nutrition végétale a été l'effet théorique de la découverte par Eduard Büchner du phénomène de fermentation non-cellulaire (1897), incompris et longtemps refusé par les tenants du pasteurisme[2].

On voit donc pourquoi le passé d'une science d'aujourd'hui ne se confond pas avec la même science dans son passé. Pour rétablir la succession des recherches, expériences et conceptualisations, sans lesquelles seraient inintelligibles les travaux de Gabriel Bertrand (1897) sur la présence nécessaire de métaux dans la constitution des molécules d'enzymes et sur le rôle de ce qu'il a nommé « coenzyme »[3], il est sans intérêt de régresser jusqu'à Théodore de Saussure (1765-1845), pour le comprendre dans une histoire de la nutrition végétale. Par contre, il n'est pas sans intérêt de remonter à son contemporain Brisseau de Mirbel (1776-1854) et aux origines de la théorie cellulaire en botanique pour comprendre la fécondité heuristique de la localisation infra-cellulaire des objets de la première biochimie des enzymes. Ainsi, à la même place dans l'espace de l'exercice historique, on peut situer des événements théoriques significatifs ou insignifiants, selon le cheminement discursif dont le terme momentané doit être mis en relation de dépendance avec des départs conceptuellement homogènes, cheminements dont la progression révèle une allure propre.

1. *A History of Biochemistry*, part I and II, Amsterdam-Londres-New York, Elsevier, 1972; part III (History of the Identification of the Sources of Free Energy in Organisms), 1975. *Cf.* Introduction; *The Emergence of Biochemistry*, p. 1-20.

2. *Op. cit.*, part III, p. 29 : « Kohler (*J. Hist. Biol.*, 5 (1972), p. 327) has analysed the reception of Büchner's discovery by the scientific circles of the time. He does not only take into account the intellectual aspects but also the social aspects... As Kohler points out, what Büchner provided was more than a fact or a theory; it was the basis of a new conceptual system ».

3. *Ibid.*, p. 191-193.

À ce compte, dira l'historiographe de la science, n'est-il pas normal que l'objectif de l'épistémologue ne puisse être atteint que par le scientifique? N'est-ce pas lui qui a compétence pour indiquer quels sont les points d'arrivée dont l'intérêt scientifique, estimé selon le pressentiment de développements futurs, mérite d'être confirmé par la reconstitution du cheminement discursif dont il est la conclusion provisoire? L'appel à ce troisième personnage ne saurait surprendre ou gêner l'épistémologue. Il n'ignore pas que s'il y eut et s'il y a des scientifiques qui se sont délassés de leurs rapports laborieux avec la science en acte en composant des histoires narratives de leur science en repos, il y a eu et il y a des scientifiques qui ont su, à l'appui d'une épistémologie aux concepts de laquelle ils acquiesçaient, composer des histoires critiques, capables d'intervenir positivement dans le devenir de la science même. L'ouvrage d'Ernst Mach, *Die Mechanik in ihrer Entwicke-lung* (1883), est un exemple célèbre. Son impact sur les recherches d'Einstein est bien connu. Il a fait l'objet d'une étude historico-épistémologique dans *L'Histoire du principe de relativité* de Marie-Antoinette Tonnelat[1]. Quel épistémologue ne souscrirait à la déclaration liminaire par laquelle certaine façon d'écrire l'histoire est rejetée:

> Au risque de décevoir certains spécialistes, nous affirmerons donc qu'il n'existe pas une authentique et imperfectible Relativité dont nous nous proposerions de rechercher l'esquisse dans les premiers développements des théories scientifiques. Aucune ébauche impar-faite mais prometteuse n'attend sous le voile des ignorances et des préjugés une sorte d'investiture. Cette idée même est antirelati-viste… Née dans la confusion de l'aristotélisme finissant, rénovée par les contradictions attachées à un insaisissable éther, *l'idée de Relativité semble chaque fois liée davantage à ce qui la suit qu'à ce qui la* précède[2]. Vision novatrice, elle éclaire son propre chemin

---

1. Paris, Flammarion, 1971.
2. Souligné par nous G.C.

et même, dans une large mesure, en définit les méandres et en détermine l'approfondissement [1].

Mais reconnaître l'existence et la valeur d'une histoire épistémologique composée par des scientifiques [2] doit-il entraîner pour l'épistémologue la renonciation au type spécifique de sa relation à l'histoire des sciences, sous prétexte qu'une relation analogue peut s'instaurer entre le scientifique et l'histoire, pour le plus grand bénéfice de celle-ci? Ou bien l'épistémologue doit-il se maintenir en tiers comme partie prenante, en faisant valoir que si la relation est apparemment de même type, la motivation qui l'institue, dans son propre cas et dans le cas du scientifique, est fondamentalement différente?

Dans un tout récent ouvrage, *La Philosophie silencieuse ou Critique des philosophies de la science* [3], Jean-Toussaint Desanti, ayant d'abord pris acte de la rupture actuelle du lien des sciences à la philosophie, s'interroge sur la pertinence des questions posées par le philosophe – l'épistémologue – au scientifique concernant ses voies et moyens de production de connaissances. Parce que le discours philosophique n'est pas productif de connaissances, le philosophe est-il disqualifié pour discourir des conditions de leur production? Faut-il se résoudre à ne rien dire des sciences, sauf à en produire soi-même? Il s'en faut. Il est vrai que la tâche critique, celle qui consiste à annuler les discours intériorisants et reproducteurs, exige une installation dans le contenu des énoncés scientifiques. Cette « installation » ne peut être qu'une pratique. C'est là une partie, et non la moindre, de l'enseignement de G. Bachelard. « Ou bien se taire sur une science, ou bien en parler de l'intérieur, c'est-à-dire en la pratiquant » [4]. Mais il y a pratiquer et pratiquer. Si c'est au sens où Descartes dit qu'il pratiquait sa méthode en des

---

1. *Op. cit.*, p. 13.
2. Par exemple *La logique du vivant, une histoire de l'hérédité*, par F. Jacob, Prix Nobel, Paris, Gallimard, 1970.
3. Paris, Seuil, 1975.
4. *Op. cit.*, p. 108.

difficultés de mathématique[1], il peut sembler que cette sorte de pratique productive ne soit pas à la portée du philosophe, sans quoi il serait l'un des éclaireurs de l'armée des scientifiques. Reste donc que pratiquer une science, pour l'épistémologue, revienne à *mimer* la pratique du scientifique en tentant de restituer les gestes productifs de connaissances, par une fréquentation studieuse des textes originaux dans lesquels le producteur s'est expliqué sur sa conduite[2].

Comme dans sa conduite théorique un chercheur ne peut s'abstenir de s'intéresser à la frange immédiatement antérieure des recherches de même ordre, et puisqu'un bord est bordé lui aussi et ainsi à la suite, l'intérêt pour la science dans son histoire, même s'il n'est pas très répandu parmi les scientifiques, doit leur être reconnu naturel. Mais parce qu'il est intérieur à l'heuristique cet intérêt ne saurait s'étendre à des antécédents trop éloignés. L'éloignement est ici d'ordre conceptuel plutôt que chronologique. Tel mathématicien du XIXe siècle peut se sentir plus intéressé par Archimède que par Descartes. En outre, le temps est mesuré, et l'on ne saurait accorder la même importance à l'avancement de la théorie et à l'investigation rétrospective.

À la différence de l'intérêt historique du scientifique, celui de l'épistémologue peut s'exercer sinon à plein temps, du moins en priorité. C'est un intérêt de vocation et non de complément. Car son problème c'est de parvenir à abstraire de l'histoire de la science en tant qu'elle est une succession manifeste d'énoncés, plus ou moins systématisés, à prétention de vérité, le cheminement ordonné

---

1. *Discours de la Méthode*, 3e partie.
2. *Cf.* Desanti, *op. cit.*, p. 17 : « On sait que Kant a mis en physique mathématique, la main à la pâte. Mais il n'est pas comme Newton, d'Alembert, Euler, Lagrange ou Laplace, du nombre de ceux qui l'ont faite. Sa relation à l'œuvre de la science n'est plus le rapport d'intériorité qu'un Leibniz avait à la mathématique ou à la logique ». Dans son ouvrage, *Raisonnement expérimental et recherches toxicologiques chez Claude Bernard*, D. Grmek a bien montré quel parti critique on peut tirer de la confrontation entre des cahiers de laboratoire et des carnets de notes où le scientifique s'efforce de rationaliser *a posteriori* ses démarches expérimentales.

latent, maintenant seulement perceptible, dont la vérité scientifique présente est le terme provisoire. Mais parce qu'il est principal
et non auxiliaire l'intérêt de l'épistémologue est plus libre que celui
du scientifique. Son ouverture peut compenser son infériorité
relative dans la possession et l'usage rétro-analytique des produits
d'un savoir de pointe. Par exemple, l'intérêt de Sir Gavin de Beer
pour une relecture de Charles Darwin[1], parallèle à la publication
(1960-1967) des *Note books on Transmutation of Species*, était en
partie motivé et éclairé par ses travaux d'embryologiste fondé à
réviser les conceptions pré-darwinienne et darwinienne du rapport
embryon-ancêtre. Mais lorsque Camille Limoges[2], dans son étude
La Sélection naturelle, s'autorise des inédits de Darwin, publiés
et commentés par Sir Gavin de Beer, pour contester l'assertion,
plusieurs fois reprise depuis bientôt un siècle, selon laquelle
Darwin devrait à la lecture de Malthus la condition d'élaboration
du concept capable de coordonner intelligiblement l'ensemble de
ses observations jusqu'alors, il s'agit d'une tout autre optique. Ce
que conteste Limoges c'est l'utilisation du concept *d'influence*,
concept vulgaire de l'historiographie usuelle. Ce qu'il cherche à
illustrer, sur l'exemple de Darwin, c'est un certain mode de questionnement des textes, sans privilège accordé à ceux-là mêmes
dans lesquels un auteur a cru devoir s'expliquer lui-même. La mise
en rapport polémique du nouveau concept de sélection naturelle
et du concept antérieur d'économie naturelle permet à C. Limoges
de situer la rupture entre l'ancienne et la nouvelle histoire naturelle au niveau de la révision du concept d'adaptation, pris
maintenant au sens aléatoire, dans le cadre d'observations d'ordre
biogéographique ou, comme on dit désormais, écologique[3].

---

1. Ch. Darwin, *Evolution by Natural Selection*, Edinburgh, Nelson, 1963.

2. Directeur de l'Institut d'Histoire et de Politique de la Science à l'Université de
Montréal.

3. Une comparaison analogue, concernant l'œuvre de Pasteur, pourrait être faite
entre l'étude de R. Dubos, *Louis Pasteur, Free Lance of Science*, Londres, Victor
Gollancz, 1951 et celle de F. Dagognet, *Méthodes et doctrine dans l'œuvre de Pasteur*,

L'intérêt épistémologique en histoire des sciences n'est pas neuf. Nous venons de dire qu'il est de vocation. À bien regarder, l'épistémologie n'a jamais été qu'historique. Au moment où la théorie de la connaissance a cessé d'être fondée sur une ontologie, incapable de rendre compte des nouvelles références adoptées par de nouveaux systèmes cosmologiques, c'est dans les actes mêmes du savoir qu'il a fallu chercher non pas leurs raisons d'être mais leurs moyens de parvenir. Dans la seconde Préface (1787) à la *Critique de la Raison pure*, Kant s'est autorisé d'une histoire des sciences, mathématique et physique, comprimée en quelques lignes, pour justifier son projet de renversement du rapport entre le connu et le connaître. Dans les commentaires de cette Préface on insiste traditionnellement sur le pseudo-renversement copernicien et l'on néglige, à tort selon nous, le sens novateur des termes en lesquels Kant définit le moteur de ce qu'il nomme les révolutions des techniques de la pensée (*Denkart*). La mathématique – initialement Thalès ou quelque autre – doit produire (*hervorbringen*) ses objets de démonstration; la physique – initialement Galilée et Torricelli – doit produire (*hervorbringen*) ses objets d'expériences comme effet de la marche en tête (*Vorangehen*) de la raison, c'est-à-dire de ses initiatives. Si Kant a cru pouvoir abstraire des produits des sciences de l'époque un tableau des contraintes et des règles de production des connaissances qu'il jugeait définitif, cela même est un fait culturel d'époque. Quand on pense l'histoire de la science sous la catégorie du progrès des lumières, il est difficile, d'entrevoir la possibilité d'une histoire des catégories de la pensée-scientifique.

Il est à peine besoin de dire qu'en liant aussi étroitement le développement de l'épistémologie à l'élaboration d'études d'historiographie scientifique nous nous inspirons de l'enseignement de

Paris, PUF, 1967. Une comparaison critique de ces deux études, sous le rapport de la méthode en histoire des sciences, a été faite par N. Roll-Hansen, « Louis Pasteur – A case against reductionist historiography », *Brit. J. Phil. Sci.* 23 (1972), p. 347-361.

Gaston Bachelard[1]. Les concepts de base de cette épistémologie
sont maintenant bien connus, peut-être même souffrent-ils d'une
vulgarisation qui fait qu'on les commente ou les discute souvent,
surtout à l'étranger, sous la forme banalisée, qu'on dirait aseptique,
privée de la puissance polémique originelle. Ces concepts sont,
rappelons-le, ceux de nouvel esprit scientifique, d'obstacle épistémologique, de rupture épistémologique, d'histoire de la science
périmée ou sanctionnée. Des traductions de commentaires critiques
– notamment ceux de Dominique Lecourt – plutôt que des traductions de l'œuvre épistémologique elle-même, ont fait connaître
Bachelard aux lecteurs de langue italienne, espagnole, allemande
et même anglaise. S'il nous fallait indiquer un texte dans lequel
Bachelard lui-même condense sa recherche et son enseignement
nous citerions volontiers les pages de conclusion de son dernier
travail d'épistémologue, *Le matérialisme rationnel*[2]. Dans ce texte
la thèse de la discontinuité épistémologique du progrès scientifique
est soutenue d'arguments empruntés à l'histoire des sciences au
XXᵉ siècle, à la pédagogie de ces sciences, à la nécessaire trans-
position de leur langage. Bachelard termine par une variation sur le
doublet *véritable-véridique*. « La science contemporaine est faite
de la recherche des faits véritables et de la synthèse des lois véridiques ». La véridicité ou le dire-le-vrai de la science ne consiste
pas dans la reproduction fidèle de quelque vérité inscrite de
toujours dans les choses ou dans l'intellect. Le vrai c'est le dit du
dire scientifique. À quoi le reconnaître? À ceci qu'il n'est jamais
dit premièrement. Une science est un discours normé par sa
rectification critique. Si ce discours a une histoire dont l'historien
croit reconstituer le cours, c'est parce qu'il *est* une histoire dont
l'épistémologue doit réactiver le sens. « … Tout historien des
sciences est nécessairement un historiographe de la vérité. Les
événements de la science s'enchaînent dans une vérité sans cesse

1. *Cf.* notre article « Gaston Bachelard », *Scienziati e tecnologi contemporanei*,
I, 1974, p. 65-67.

2. Paris, PUF, 1953.

accrue… De tels moments de la pensée jettent une lumière récurrente sur le passé de la pensée et de l'expérience » [1]. C'est cet éclairage récurrent qui doit empêcher l'historien de prendre des persistances de termes pour les identités de concepts, des invocations de faits d'observation analogues pour des parentés de méthode et de questionnement, et par exemple de faire de Maupertuis un transformiste ou un généticien avant l'heure [2].

On voit toute la différence entre la récurrence, entendue comme juridiction critique sur l'antérieur d'un présent scientifique, assuré, précisément parce qu'il est scientifique, d'être dépassé ou rectifié, et l'application systématique et quasi-mécanique d'un modèle standard de théorie scientifique exerçant une sorte de fonction de police épistémologique sur les théories du passé. Ce que le Père Joseph T. Clark a appelé la méthode de haut en bas en histoire des sciences [3] consisterait à s'appuyer sur l'assurance donnée par la philosophie analytique de la science, que la science est maintenant parvenue à sa maturité, que le modèle logique de la production de nouveaux résultats à venir restera ce qu'il est. En sorte que le travail de l'historien, muni d'un type achevé de théorie, consisterait à demander aux théories du passé les raisons de leur manque de maturité logique. Un modèle définitif actuel, rétroactivement appliqué comme pierre de touche universelle, n'est pas une projection sélective de lumière sur le passé, c'est une sorte de cécité pour l'histoire. C'est ce que Ernest Nagel a objecté à cette thèse [4]. En imaginant, par exemple, comment Copernic aurait pu surmonter certaines limitations de sa théorie s'il avait formalisé toutes ses *assumptions*, on confond possibilité logique et possibi-

---

1. *Le matérialisme rationnel*, p. 86.

2. *Cf.* l'exposé de A. Fagot, « Le «transformisme» de Maupertuis », et nos remarques au cours de la discussion, dans les *Actes de la Journée Maupertuis (Créteil, 1er décembre 1973)*, Paris, Vrin, 1975. Dans *Les sciences de la vie aux XVIIe et XVIIIe siècles* (1941), E. Guyénot va jusqu'à écrire : « Un généticien, Maupertuis » (p. 389).

3. « The philosophy of science and the history of science », dans *Critical Problems in the History of Science* (1959 ; 2e éd., 1962), p. 103-140.

4. *Ibid.*, p. 153-161.

lité historique. Nagel pense que Clark fait preuve d'une confiance dogmatique en la philosophie analytique de la science.

S'il est aisé de distinguer de la récurrence épistémologique la méthode dite du haut vers le bas, il ne l'est pas moins de distinguer de la « normalité », caractéristique selon Bachelard de l'activité scientifique [1], ce que Thomas S. Kuhn nomme « science normale » [2]. En dépit d'un certain nombre de rencontres entre les deux épistémologies, notamment en ce qui concerne la majoration par l'enseignement et les manuels des preuves de continuité dans la science, et aussi en ce qui concerne l'allure discontinue du progrès, il faut bien convenir que les concepts de base qui semblent de même famille ne se réclament pas en fait de la même lignée. Cela a été vu et dit par le P. François Russo, dans un article bien documenté, *Épistémologie et Histoire des Sciences* [3], où malgré quelques réserves concernant la revendication de supériorité parfois propre à l'histoire épistémologique, l'auteur décèle chez Kuhn une méconnaissance de la rationalité spécifiquement scientifique. En dépit du soin qu'il prétend apporter à conserver de l'enseignement de Sir Karl Popper la nécessité de la théorie et sa priorité sur l'expérience, Kuhn parvient mal à répudier l'héritage de la tradition logico-empiriste et à s'installer décidément sur le terrain de la rationalité, de laquelle semblent pourtant relever les concepts clés de cette épistémologie, ceux de *paradigme* et de *science normale*. Car paradigme et normal supposent une intention et des actes de régulation, ce sont des concepts qui impliquent la possibilité d'un décalage ou

1. *L'activité rationaliste de la physique contemporaine* (1951), p. 3. *Cf.* également *Le rationalisme appliqué* (1949), p. 112 : « La pensée rationaliste "commence" pas. Elle *rectifie*. Elle *régularise*. Elle *normalise* ».

2. *The structure of Scientific Revolutions*, Chicago, University of Chicago Press, 2ᵉ éd., 1970. – *The Copernican Revolution*, New York, Vintage Books, 1957.

3. *Archives de Philosophie*, 37, 4, oct.-déc. 1974. Le P. Russo se réfère à plusieurs reprises à l'ouvrage capital sur la question, *Criticism and the Growth of Knowledge*, Lakatos et Musgrave (ed.), Cambridge, Cambridge UP, 1970. Les thèses de Kuhn y sont longuement, et par endroits sévèrement, discutées et critiquées par Popper, Lakatos, Feyerabend.

d'un décollage à l'égard de ce qu'ils régularisent. Or Kuhn leur fait jouer cette fonction sans leur en accorder les moyens, en ne leur reconnaissant qu'un mode d'existence empirique comme faits de culture. Le paradigme c'est le résultat d'un choix d'usagers. Le normal c'est le commun, sur une période donnée, à une collectivité de spécialistes dans une institution universitaire ou académique. On croit avoir affaire là des concepts de critique philosophique, alors qu'on se trouve au niveau de la psychologie sociale. D'où l'embarras dont témoigne la postface de la deuxième édition de *Structure des révolutions scientifiques*, quand il s'agit de savoir ce qu'il convient d'entendre par vérité de la théorie.

Par contre, quand Bachelard parle de norme ou de valeur c'est parce que, s'agissant de sa science de prédilection, la physique mathématique, il identifie théorie et mathématique. C'est un mathématisme qui est l'ossature de son rationalisme. En mathématiques, il n'y a pas de normal, mais du normé. Contrairement aux tenants, plus ou moins directs ou orthodoxes du logicisme empiriste, Bachelard pense que les mathématiques ont un contenu de connaissance, parfois effectif, parfois en attente, dans lequel est déposé, momentanément, leur progrès. Sur ce point, Bachelard rencontre Jean Cavaillès, dont la critique du logicisme empiriste n'a rien perdu de sa vigueur et de sa rigueur. Après avoir montré, contre Carnap, que « l'enchaînement mathématique possède une cohésion interne qui ne se laisse pas brusquer : le progressif est d'essence… »[1], Cavaillès conclut, sur la nature de ce progrès :

> Or l'un des problèmes essentiels de la doctrine de la science est que justement le progrès ne soit pas augmentation de volume par juxtaposition, l'antérieur subsistant avec le nouveau, mais révision perpétuelle des contenus par approfondissement et rature. Ce qui est après est plus que ce qui était avant, non parce qu'il le contient ou même qu'il le prolonge, mais parce qu'il en sort nécessairement

---

1. *Sur la logique et la théorie de la science*, 3ᵉ éd., Paris, Vrin, 1976, p. 70.

et porte dans son contenu la marque chaque fois singulière de sa supériorité[1].

En raison des spécialités scientifiques – physique mathématique et chimie des synthèses calculées – sur le champ desquelles elle a été initialement élaborée, la méthode historique de récurrence épistémologique ne saurait être tenue pour un passe-partout. Sans doute, d'une spécialité bien travaillée, bien « pratiquée », dans l'intelligence de ses actes générateurs, on peut abstraire des règles de production de connaissances, règles susceptibles d'extrapolation prudente. En ce sens la méthode peut être élargie plutôt que généralisée. Mais elle ne saurait être étendue à d'autres objets de l'histoire des sciences sans une ascèse préparatoire à la délimitation de son nouveau champ d'application. Par exemple, avant d'importer dans l'histoire de l'histoire naturelle au XVIIIe siècle les normes et procédures du nouvel esprit scientifique, il conviendrait de se demander à partir de quelle date on peut repérer dans les sciences des êtres vivants quelque fracture[2] conceptuelle de même effet révolutionnaire que la physique relativiste ou la mécanique quantique. Il nous semble que cette fracture est à peine repérable à l'époque de la réception du darwinisme[3] et que, si elle l'est, c'est sous l'effet récurrent de séismes ultérieurs, la constitution de la génétique et de la biochimie macromoléculaire.

Il convient donc d'admettre comme indispensables un bon usage de la récurrence et une éducation de l'attention aux ruptures. Souvent le chercheur de ruptures croit, à la façon de Kant, qu'un savoir scientifique s'inaugure par une rupture unique, géniale.

---

1. *Ibid.*, p. 78.

2. Ce terme de « fracture » – à rapprocher de ceux de rupture ou de déchirure propres à G. Bachelard – est emprunté à J. Cavaillès « ... ces fractures d'indépendance successives qui chaque fois détachent sur l'antérieur le profil impérieux de ce qui vient après nécessairement et pour le dépasser », *Sur la logique et la théorie de la science*, *op. cit.*, p. 28.

3. La réception du darwinisme en France a été étudiée, dans l'optique de l'épistémologie critique, par Y. Conry dans *l'Introduction du darwinisme en France au XIXe siècle*, Paris, Vrin, 1974.

Souvent aussi l'effet de rupture est présenté comme global, affectant la totalité d'une œuvre scientifique. Il faudrait pourtant savoir déceler, dans l'œuvre d'un même personnage historique, des ruptures successives ou des ruptures partielles. Dans une trame théorique certains fils peuvent être tout neufs, alors que d'autres sont tirés d'anciennes textures. Les révolutions copernicienne et galiléenne ne se sont pas faites sans conservation d'héritage. Le cas de Galilée est ici exemplaire. Aussi bien dans l'article *Galilée et Platon*[1] que dans les *Études galiléennes*[2] Alexandre Koyré a indiqué où se situe, selon lui, dans l'œuvre de Galilée la « mutation »[3] décisive qui la rend irréductible à la mécanique et à l'astronomie médiévales. Car l'élévation de la mathématique – arithmétique et géométrie – à la dignité de clé d'intelligibilité pour les questions de physique signifie le retour à Platon par delà Aristote. La thèse est suffisamment connue pour nous dispenser d'insister. Mais en évoquant, à juste titre d'ailleurs, un Galilée archimédien autant que platonicien, Koyré n'abuse-t-il pas de la liberté de récurrence[4]? Et ne majore-t-il pas quelque peu l'effet de la rupture galiléenne en la présentant comme la répudiation de tout aristotélisme? Sur ce point, Ludovico Geymonat n'est-il pas fondé à relever dans son *Galileo Galilei*[5] que Koyré a aisément gommé, dans son interprétation, tout ce que Galilée conservait de tradition aristotélicienne en demandant à la mathématique de renforcer la

1. *Études d'histoire de la pensée scientifique*, Paris, Gallimard, 1973, p. 166-195.
2. Paris, Hermann, 1940.
3. Au début des *Études galiléennes*, Koyré déclare emprunter à G. Bachelard ce terme de mutation, repris dans *Galilée et Platon*. Il est vrai que dans *Le nouvel esprit scientifique* (1934) et dans *La philosophie du non* (1940) la discontinuité épistémologique est décrite en termes tirés métaphoriquement du vocabulaire de la biologie. Ces premiers vocables bachelardiens ont disparu au profit de « rupture épistémologique » dans *Le rationalisme appliqué* (1949).
4. Dans sa thèse de doctorat *La philosophie naturelle de Galilée*, Paris, Armand Colin, 1968, M. Clavelin confirme la validité du modèle archimédien et teste la fécondité de l'invocation platonicienne.
5. Torino, Einaudi, 1957. Voir notamment trad. fr. Paris, Robert Laffont, 1968, p. 323-338.

logique ? Koyré se voit donc repris sur le point même où il reprenait Duhem quand il écrivait : « L'apparente continuité dans le développement de la physique, du Moyen Âge aux Temps modernes (continuité que Caverni et Duhem ont si énergiquement soulignée), est illusoire... Une révolution bien préparée est néanmoins une révolution »[1].

À ce propos serait-il sans intérêt de s'interroger sur les raisons qui ont fait de Duhem, davantage encore que de Koyré, en matière d'histoire et d'épistémologie, l'interlocuteur français privilégié des historiens et des épistémologues anglo-saxons de la lignée analytique ? Ne serait-ce pas que la fidélité de Duhem aux schèmes aristotéliciens, quand il étudie la structure des théories scientifiques, accommode mieux des descendants de l'empirisme logique que ne le font le mathématisme historique de Koyré et surtout le mathématisme militant de Cavaillès et de Bachelard ?[2].

Et n'est-il pas paradoxal qu'il appartienne à une épistémologie de type discontinuiste de justifier pleinement la pertinence d'une histoire des sciences inspirée par une épistémologie de la continuité ? Car s'il y a entre elles discordance sous le rapport des normes de validation du passé scientifique, c'est par suite d'un choix différent du champ d'application. L'épistémologie des ruptures convient à la période d'accélération de l'histoire des sciences, période dans laquelle l'année et même le mois sont devenus l'unité de mesure du changement. L'épistémologie de la continuité trouve dans les commencements ou l'éveil d'un savoir ses objets de préférence. L'épistémologie des ruptures ne méprise nullement l'épistémologie de la continuité, alors même qu'elle ironise sur les philosophes qui ne croient qu'en elle. Bachelard comprend Pierre Duhem et supporte mal Émile Meyerson.

---

1. *Op. cit.*, p. 171-172.
2. Sur l'épistémologie de Duhem et sur ses conceptions de l'histoire des sciences, *cf.* les articles de R. Poirier et de M. Boudot dans *Les Études philosophiques*, XXII, n° 4 (1967).

En somme, voici l'axiome d'épistémologie posé par les continuistes : puisque les débuts sont lents, les progrès sont continus. Le philosophe ne va pas plus loin. Il croit inutile de vivre les temps nouveaux, les temps où précisément les progrès scientifiques *éclatent* de toute part, faisant nécessairement « éclater » l'épistémologie traditionnelle [1].

Capable, d'un côté, de rendre justice à une forme d'histoire des sciences qu'elle ne condamne ni n'exclut tout en la doublant, mais sur un autre segment de diachronie, l'histoire selon la méthode épistémologique de la récurrence est-elle, d'un autre côté, capable, du fait de ses concepts et de ses normes, d'anticiper et de légitimer son dépassement éventuel ?

Sans doute, il va de soi que le progrès scientifique par rupture épistémologique impose la refonte fréquente de l'histoire d'une discipline qu'on ne peut pas dire exactement la même, puisque sous un même nom usuel, perpétué par inertie linguistique, il s'agit d'un objet différent. En dehors de la personnalité de leurs auteurs, ce n'est pas seulement par le volume des connaissances accumulées que *La logique du vivant* (1970) de François Jacob diffère de la deuxième édition (1950) de *l'History of biology* de Charles Singer [2], c'est du fait de la découverte de la structure de l'ADN (1953) et de l'introduction en biologie de nouveaux concepts, soit sous des termes conservés comme organisation, adaptation, hérédité, soit sous des termes inédits comme message, programme, téléonomie.

Mais la question n'est pas de refonte, elle est de désuétude et peut-être même de mort. Il y a, chez les épistémologues français de la jeune génération, deux façons différentes de prendre ses distances par rapport à cette sorte d'histoire des sciences. La première consiste à dénoncer l'illusion épistémologique et à annoncer une

---

1. *Le matérialisme rationnel*, p. 210.
2. New York, Schuman, 1950. L'ouvrage a pour sous-titre : *A General Introduction to the Study of Living Things*. La première édition était de 1931 ; elle a été traduite en français : *Histoire de la biologie*, Paris, Payot, 1934.

relève mettant fin à une usurpation de fonction. La seconde consiste à dire que l'histoire des sciences est encore à naître.

Dominique Lecourt, l'auteur d'exégèses minutieuses, pénétrantes, compréhensives de l'œuvre de Gaston Bachelard, dans la dernière étude qu'il lui consacre, sous le titre *Le Jour et la Nuit*[1], tente ingénieusement de démontrer que Bachelard n'a pas réussi à prendre conscience du moteur et du sens de ses analyses épistémologiques, qu'il est resté prisonnier des implications idéalistes de la philosophie des sciences, en appliquant aux productions du savoir une méthode de jugement vertical, alors que toutes ses conclusions tendent à renforcer les thèses du matérialisme dialectique. Puisque la production des savoirs est un fait de pratique sociale, le jugement de ces savoirs quant à leur rapport avec leurs conditions de production relève en fait et en droit de la théorie de la pratique politique, c'est-à-dire du matérialisme marxiste repensé par Louis Althusser et son école. Certes, on accordera que s'il en est ainsi la prétention d'un recoupement vertical de la science par l'épistémologie doit tomber. Mais on demandera d'abord s'il est possible de conserver le nom de « science » à un genre de productions dont la verticale de recoupement (ou, plus exactement dit, la dernière instance dominante) est la politique, substituant à l'ancienne polarité du vrai et du faux la nouvelle polarité de la conformité et de la déviation par rapport à une « ligne ». On demandera ensuite comment un concept fondamental d'une épistémologie illusionniste, celui de rupture, majoré dans son pouvoir par l'invention du terme de « coupure », peut supporter une réinterprétation du marxisme, dans sa constitution comme science de l'histoire, au nom de laquelle l'épistémologie est refusée comme une illusion.

Michel Serres dresse un constat d'absence. « Tout le monde parle d'histoire des sciences. Comme si elle existait. Or je n'en

1. Paris, Grasset, 1974.

connais pas»[1]. Dans «histoire *des* sciences», *des* est indéfini partitif. Il y a l'histoire de la géométrie, de l'optique, de la thermo-dynamique, etc., donc de disciplines définies par un découpage qui les rend insulaires, extérieures les unes aux autres. Or il faudrait que *des* soit un indéfini global, pour que l'histoire des sciences soit celle de «la coulée générale du savoir comme tel et non désin-tégré»[2]. Alors seulement le savoir comme formation pourrait être mis en rapport avec d'autres formations dans l'histoire générale. Selon Michel Serres l'histoire des sciences est victime d'une classification qu'elle accepte comme un fait de savoir alors que le problème est de savoir de quel fait elle procède, alors qu'il faudrait entreprendre d'abord «une histoire critique des classifications»[3]. Accepter sans critique la partition du savoir avant «le procès historique» où cet ensemble va se développer, c'est obéir à une «idéologie». L'usage de ces derniers termes pourrait paraître impliquer une référence au marxisme, mais le contexte ne permet pas d'en décider[4]. En tout état de cause, on fera remarquer que l'épistémologie de Gaston Bachelard a rencontré un tel problème,

1. *Faire de l'histoire*, J. Le Goff et P. Nora (dir.), Paris, Gallimard, 1974, t. II, *Nouvelles Approches : Les sciences*, p. 303-228.

2. *Ibid.*, p. 204.

3. Dans son étude sur Auguste Comte (*Histoire de la philosophie* 3, Paris, Gallimard, 1974) Michel Serres exprime le même regret de l'absence d'une étude critique des classifications. Cette étude existe et ce qui est regrettable c'est qu'elle n'ait pas connu une plus large diffusion. Elle est due à Robert Pagès, directeur du Laboratoire de psychologie sociale, *Problèmes de classification culturelle et documentaire*, Paris, Éditions documentaires industrielles et techniques, 1955 ; impression roneo.

4. L'hypothèse de la référence au marxisme se trouverait-elle fortifiée par un passage des *Esthétiques sur Carpaccio* (Paris, Hermann, 1975) ? Ayant dénoncé «le sot projet qui consiste à décrire ce qui se passe dans le fonctionnement du sujet connaissant» Michel Serres ajoute : «Qui vous l'a dit ? L'avez-vous vu ? Dites-moi où aller pour voir ça. Ce conditionnel est un irréel. Les conditions de possibilité sont ici et là, non à l'intérieur de ce palais de fées, de cette utopie. C'est bien Kant et le projet critique, Kant et le champ conditionnel, que Marx remis sur ses pieds. Enfin posé sur un sol repérable. Le marxisme est un criticisme réussi qui empêche de rêver au prince charmant» (p. 86-88).

avant qu'il soit fait à l'histoire des sciences le reproche de l'ignorer. La plus grande partie du *Rationalisme appliqué* est faite d'interrogations sur les causes et la valeur de la division en «régions distinctes dans l'organisation rationnelle du savoir» et sur les relations des «rationalismes régionaux» à un «rationalisme intégrant».

Les textes polémiques que nous venons de citer mériteraient, évidemment, chacun de son côté, un exposé moins succinct et un examen moins rapide. Mais il nous a paru juste de les signaler, dans la mesure où l'un et l'autre promettent à une nouvelle histoire des sciences des rapports plus féconds que ceux qu'elle entretient parfois avec l'épistémologie. Même s'ils sont critiques à l'égard des programmes dont nous disions, au début de cette étude, qu'ils sont plus nombreux que les échantillons, ce sont bien des programmes. Il faut donc les ajouter aux autres. En attendant des échantillons.

THOMAS KUHN

EN QUOI CONSISTENT LES RÉVOLUTIONS SCIENTIFIQUES?[*]

Cela fera maintenant bientôt vingt ans que j'ai distingué pour la première fois ce que je considérais être deux types de développement scientifique : le type normal et le type révolutionnaire[1]. La recherche scientifique, quand elle est couronnée de succès, provoque la plupart du temps un changement du premier type, dont la nature est bien saisie par une image classique : la science normale produit les briques que la recherche scientifique ajoute continuellement aux réserves toujours plus fournies de la connaissance scientifique. Cette conception cumulative du développement scientifique est familière, et elle a présidé à l'élaboration d'une littérature méthodologique considérable. Cette conception et ses sous-produits méthodologiques s'appliquent à un grand nombre de recherches scientifiques d'importance. Mais un mode non-cumulatif se manifeste aussi dans le développement scientifique et les épisodes qui l'illustrent fournissent des indications incompa-

[*] Th. Kuhn, « What are Scientific Revolutions? », dans L. Kruger, L. Daston, M. Heidelberger (ed.), *The Probabilistic Revolution*, vol. I : *Ideas in History*, Cambridge, M.I.T. Press, 1987, repris dans Th. Kuhn, *The Road since Structure. Philosophical Essays, 1970-1993 with an Autobiographical Interview*, Chicago, Chicago UP, 2000. Cet article est publié avec l'aimable autorisation de MIT Press.

[1]. T.S. Kuhn, *The Structure of Scientific Revolutions*, Chicago, University of Chicago Press, 1962; trad. fr. L. Meyer, *La structure des révolutions scientifiques*, Paris, Flammarion, 1983.

rables pour appréhender un aspect central de la connaissance scientifique. Renouant ici avec une préoccupation de longue date, je vais tenter d'isoler plusieurs de ces indications, tout d'abord en procédant à la description de trois exemples de changement révolutionnaire, puis en examinant brièvement trois caractéristiques qu'ils ont en commun. Les changements révolutionnaires partagent sans doute d'autres caractéristiques, mais ces trois exemples-là fournissent une base suffisante pour les analyses d'ordre plus théorique qui m'occupent actuellement et sur lesquelles je m'appuierai de manière quelque peu cryptique quand j'en viendrai à conclure cet article.

Avant de passer à un premier exemple détaillé, laissez-moi suggérer – pour ceux qui ne sont pas encore familiarisés avec mon vocabulaire – ce qu'il est censé illustrer. Un changement révolutionnaire est en partie défini par ce qui le distingue d'un changement normal, et un changement normal est, comme on l'a indiqué précédemment, un type de changement qui provoque une croissance, une accrétion, une addition à ce qui était déjà connu. Les lois scientifiques, par exemple, sont généralement produites par ce processus normal : la loi de Boyle illustre ce que ce processus implique. Les découvreurs de la loi de Boyle avaient déjà en leur possession les concepts de pression d'un gaz et de volume, ainsi que les instruments nécessaires pour déterminer leur grandeur. La découverte du fait que, pour un échantillon de gaz donné, le produit de la pression et du volume était, à température constante, une constante s'était simplement ajoutée à ce que l'on savait de la manière dont ces variables « antérieurement disponibles » [1] se

---

1. L'expression « antérieurement disponible » a été introduite par C.G. Hempel, qui montre qu'elle peut bien souvent remplacer l'expression « observationnel » dans le cadre des discussions concernant la distinction entre termes observationnels et termes théoriques (*cf.*, en particulier, ses *Aspects of Scientific Explanation* [New York, Free Press, 1965], p. 208 *sq.*). J'emprunte cette expression parce que la notion d'un terme « antérieurement disponible » est intrinsèquement développementale ou historique et que son utilisation par les empiristes logiques indique des zones importantes de recoupement entre l'approche traditionnelle en philosophie des sciences et

comportaient. L'écrasante majorité des avancées scientifiques relève de ce type normal cumulatif, mais je ne vais pas multiplier les exemples.

Les changements révolutionnaires sont différents et bien plus problématiques. Ils concernent des découvertes qui ne peuvent être assimilées par les concepts en usage avant qu'elles aient été faites. Pour faire ou assimiler une telle découverte, on doit transformer la manière dont on pense et décrit toute une gamme de phénomènes naturels. La découverte (dans des cas comme ceux-là, le terme d'« invention » semble mieux convenir) de la seconde loi du mouvement de Newton est de ce type. Les concepts de force et de masse mobilisés dans cette loi étaient différents de ceux en usage avant que cette loi fût introduite et cette loi était elle-même indispensable à la définition de ces concepts. La transition de l'astronomie ptolémaïque à l'astronomie copernicienne fournit un second exemple, plus complet quoique moins élaboré, de ce type de changement. Avant cette transition, on comptait le soleil et la lune au nombre des planètes, mais pas la terre. Cette transition effectuée, la terre était une planète, comme Mars et Jupiter ; le soleil une étoile ; et la lune une nouvelle sorte de corps, un satellite. Des chan-

---

l'approche historique plus récente. En particulier, l'appareil, souvent très élégant, développé par les empiristes logiques pour l'examen de la manière dont se forment les concepts et de la manière dont sont définis les termes théoriques peut être intégralement récupéré par l'approche historique et utilisé pour analyser la formation de nouveaux concepts et la définition de nouveaux termes, opérations qui toutes deux ont généralement lieu en étroite association avec l'introduction d'une nouvelle théorie. Une conception plus systématique de la manière de préserver une part importante de la distinction observationnel/théorique, par le biais de son incorporation à une approche développementale, a été développée par J.D. Sneed (*The Logical Structure of Mathematical Physics* [Dordrecht, Reidel, 1971], p. 1-64, 249-307). W. Stegmüller a clarifié et étendu l'approche de Sneed en postulant une hiérarchie de termes théoriques, dans laquelle chaque niveau est introduit par une théorie historiquement déterminée (*The Structure and Dynamics of Theories* [New York, Springer, 1976], p. 40-67, 196-235). Les strates linguistiques évoquées par cette conception présentent de troublantes analogies avec celles qu'examine M. Foucault dans l'*Archéologie du savoir* (Paris, Gallimard, 1969).

gements de ce type ne se résumaient pas à la correction d'erreurs individuelles contenues par le système ptolémaïque. À l'instar du passage aux lois du mouvement de Newton, ces changements ne concernaient pas seulement des changements dans les lois de la nature, mais aussi des changements dans les critères selon lesquels certains des termes de ces lois se rattachaient à la nature. En outre, ces critères étaient en partie dépendants de la théorie avec laquelle ils avaient été introduits.

Lorsque des changements référentiels de cette sorte accompagnent un changement de loi ou de théorie, le développement scientifique ne peut pas être entièrement cumulatif. On ne peut pas passer de l'ancien au nouveau simplement en ajoutant quelque chose à ce qui était déjà connu, pas plus que l'on ne peut entièrement décrire dans l'ancien vocabulaire ce qui est nouveau et vice versa. Considérez la phrase composée : « Dans le système ptolémaïque, les planètes tournent autour de la terre ; dans le système copernicien, elles tournent autour du soleil ». Interprétée de manière stricte, cette phrase est incohérente. La première occurrence du terme est ptolémaïque, la seconde copernicienne, et les deux se rattachent à la nature de manière différente. Il n'existe pas d'interprétation univoque du terme « planète » qui rende vraie cette phrase composée.

Un exemple si schématique ne peut que se limiter à suggérer ce qui est impliqué par un changement révolutionnaire. Je passe donc maintenant à des exemples plus complets, en commençant par celui qui, il y a une génération de cela, m'a initié au changement révolutionnaire, la transition de la physique aristotélicienne à la physique newtonienne. Seule une petite partie de cette transition, centrée sur des problèmes de mouvement et de mécanique, peut être considérée ici, et, même à son propos, je devrai me montrer schématique. De surcroît, mon exposé va inverser l'ordre historique et décrire, non pas ce dont les philosophes de la nature aristotéliciens eurent besoin pour arriver aux concepts newtoniens, mais ce dont moi, newtonien par éducation, j'ai eu besoin pour arriver aux concepts de la philosophie de la nature aristotélicienne. La route que j'ai parcouru à rebours à l'aide de textes fut – et ceci je ne fais que simplement l'affirmer – à peu près la même que celle que les scientifiques d'autrefois parcoururent en allant de l'avant, sans textes mais avec la nature pour guide.

Ce fut pendant l'été 1947 que je lus pour la première fois quelques uns des écrits d'Aristote sur la physique, à une époque où l'étudiant de troisième cycle en physique que j'étais alors essayait de préparer une étude de cas portant sur le développement de la mécanique et destinée à un cours de science pour non-scientifiques. Comme on pouvait s'y attendre, j'abordai les textes d'Aristote avec clairement en tête la mécanique newtonienne que j'avais lue précédemment. La question à laquelle j'espérais répondre était celle de savoir quelle était l'étendue des connaissances mécaniques d'Aristote, et de ce qu'il avait laissé à découvrir pour des gens comme Galilée ou Newton. Etant donné cette formulation de la question, je découvris rapidement qu'Aristote n'avait disposé d'à peu près aucune connaissance mécanique. Tout restait à faire pour ses successeurs, surtout pour ceux des seizième et dix-septième siècles. Telle était la conclusion standard à laquelle menait ma question et elle aurait bien pu être, en principe, correcte. Mais je la trouvais dérangeante parce que, à la manière dont je le lisais, Aristote ne semblait pas simplement tout ignorer de la mécanique, mais il semblait aussi être un terriblement mauvais physicien. Notamment en ce qui concernait le mouvement, ses écrits me paraissaient être remplis d'erreurs flagrantes, tant du point de vue logique que du point de vue de l'observation.

Ces conclusions n'étaient pas plausibles. Après tout, on avait beaucoup admiré en Aristote le codificateur de la logique ancienne. Durant presque deux mille ans après sa mort, son travail avait joué le même rôle en logique que celui d'Euclide en géométrie. En plus de cela, Aristote s'était souvent révélé être un observateur extra-ordinairement pénétrant des phénomènes naturels. En biologie, plus particulièrement, ses écrits descriptifs avaient fourni des modèles qui furent essentiels dans le développement de la tradition biologique moderne aux seizième et dix-septième siècles.

Comment ces talents qui lui étaient propres pouvaient-ils lui avoir fait si systématiquement défaut quand il s'était intéressé à l'étude du mouvement et de la mécanique ? De la même manière, si ses talents lui avaient ainsi fait défaut, comment se faisait-il que ses écrits portant sur la physique aient été pris au sérieux durant autant de siècles après sa mort ? Ces questions me troublèrent. Je pouvais aisément croire qu'Aristote avait trébuché, mais pas qu'à l'orée du domaine physique il se soit effondré. Je me demandais si cela ne pouvait pas être moi qui me trompais, plutôt qu'Aristote. Peut-être ses mots n'avaient-ils pas toujours signifié pour lui et ses contemporains exactement ce qu'ils signifiaient pour moi et les miens.

Habité par ce sentiment, je continuais à réfléchir à ce texte, et mes soupçons se révélèrent finalement être fondés. J'étais assis à mon bureau avec le texte de la *Physique* d'Aristote ouvert devant moi et un crayon quatre-couleurs en main. Levant les yeux, je regardai par la fenêtre au loin d'un air absent – je conserve encore aujourd'hui l'image visuelle de cette scène. Soudainement, les fragments que j'avais en tête s'organisèrent d'eux-mêmes d'une nouvelle manière et trouvèrent chacun leur place les uns à coté des autres. Mes bras en tombèrent, car Aristote apparaissait tout d'un coup comme un très bon physicien, mais un physicien d'un type que je n'avais jamais imaginé possible. Je pouvais maintenant comprendre pourquoi il avait dit ce qu'il avait dit et la nature de l'autorité qu'il avait eue. Des affirmations qui m'avaient précédemment semblé des erreurs flagrantes me paraissaient être maintenant, au pire, des accidents survenus dans le cadre d'une tradition solide et généralement couronnée de succès. Ce type d'expérience – les pièces s'organisant d'elles-mêmes et s'assemblant d'une manière nouvelle – est la première caractéristique générale du changement révolutionnaire que j'analyserai une fois considérés d'autres exemples. Bien que les révolutions scientifiques laissent un gros travail d'ajustement à opérer, le changement essentiel ne peut pas être éprouvé de manière fragmentaire, étape par étape. Il implique au contraire une transformation relativement soudaine et non-structurée au cours de laquelle une partie du flux de l'expérience s'organise d'elle-même d'une manière différente et révèle des structures qui n'étaient pas visibles auparavant.

Pour rendre tout ceci plus concret, laissez-moi maintenant donner des exemples de ce qui était impliqué par ma découverte d'une certaine façon de lire la physique aristotélicienne, une façon de lire les textes qui leur donnait du sens. Mon premier exemple sera familier à beaucoup d'entre vous. Quand on rencontre le terme « mouvement » dans la physique aristotélicienne, il renvoie au changement en général, pas seulement au changement de position d'un corps physique. Le changement de position, l'objet exclusif de la mécanique pour Galilée et Newton, est l'une des sous-catégories du mouvement pour Aristote. Les autres catégories incluent la croissance (la transformation d'un gland en chêne), les variations d'intensité (le fait de chauffer une barre de fer) et un certain nombre de changements qualitatifs plus généraux (le passage de la maladie à la santé). Il en résulte que, même si Aristote reconnaît que les différentes sous-catégories du changement ne sont pas identiques à tous égards, les caractéristiques élémentaires pertinentes pour l'identification et l'analyse du mouvement s'appliquent à des changements de toutes sortes. En un sens, ceci n'est pas simplement métaphorique : toutes les variétés du changement sont considérées comme semblables les unes aux autres, comme constituant une seule famille naturelle [1].

Un second aspect de la physique d'Aristote – plus difficile à appréhender et encore plus important que le précédent – est le caractère essentiel des qualités pour sa structure conceptuelle. Je ne veux pas simplement suggérer que cette physique cherche à

---

1. Pour tout ceci, voir la *Physique* d'Aristote, livre V, chap. 1-2 (224a21-226b16). Il faut noter qu'Aristote dispose bien d'un concept de changement qui est plus large que le concept de mouvement. Le mouvement est un changement de substance, un changement qui va de quelque chose vers quelque chose (225a1). Mais le changement comprend aussi la génération et la corruption, i.e. le changement qui va du néant à quelque chose et le changement qui va de quelque chose au néant (225a34-225b9), qui eux ne sont pas des mouvements.

expliquer la qualité et les changements de qualité, puisque d'autres physiques l'ont fait. J'ai plutôt en tête l'inversion, opérée par la physique aristotélicienne, de la hiérarchie ontologique de la matière et de la qualité qui a été la norme depuis le milieu du dix-septième siècle. Dans la physique newtonienne, un corps est constitué de particules de matière et ses qualités résultent de la manière dont ces particules sont disposées, dont elles se déplacent et dont elles inter-agissent. Dans la physique d'Aristote, au contraire, on peut presque se passer de la matière. C'est un substrat neutre, présent là où il y a de l'espace ou du « lieu ». Un corps particulier, une substance existe dans un lieu quelconque où ce substrat neutre, une sorte d'éponge, se trouve suffisamment imprégné de qualités telles que la chaleur, l'humidité, la couleur, etc. pour lui donner une iden-tité individuelle. Le changement se produit par le changement des qualités, pas par celui de la matière, par la suppression de certaines qualités dans une portion de matière donnée et leur remplacement par d'autres qualités. Il existe même des lois de conservation implicites que les qualités doivent apparemment respecter [1].

La physique d'Aristote présente d'autres aspects généraux similaires, dont certains ont une grande importance. Mais je vais m'acheminer vers les points qui m'intéressent en partant de ceux passés en revue précédemment, abordant juste en passant un autre de ses aspects bien connus. Ce que je veux maintenant commencer à suggérer, c'est qu'à partir du moment où l'on identifie ces aspects propres à la perspective aristotélicienne, ils commencent à s'accor-der, à se prêter les uns aux autres un soutien mutuel et à avoir un certain sens collectivement qui leur manque individuellement. Au cours de cette expérience première qui m'a fait pénétrer dans le texte d'Aristote, les éléments nouveaux que j'ai décrits et le senti-ment qu'ils s'accordent d'une manière cohérente apparurent en fait de concert.

---

1. À comparer avec la *Physique* d'Aristote, livre I, et plus particulièrement son *De la génération et de la corruption*, livre II, chap. 1-4.

Partons de la notion d'une physique qualitative qui vient juste d'être décrite. Quand on analyse un objet particulier en spécifiant les qualités dont la matière neutre omniprésente est imprégnée, une des qualités qui doit être spécifiée est la position de l'objet, ou, dans la terminologie aristotélicienne, son lieu. La position est donc, comme l'humidité ou la chaleur, une qualité de l'objet, qui change quand l'objet se déplace ou est déplacé. Le mouvement local (le mouvement *tout court* au sens de Newton) est par conséquent un changement-de-qualité ou un changement-d'état pour Aristote, plutôt qu'un état, comme c'est le cas pour Newton. Mais c'est précisément le fait de concevoir le mouvement comme un changement-de-qualité qui permet son assimilation à tous les autres types de changements – du gland au chêne ou de la maladie à la santé, par exemple. Cette assimilation est l'aspect de la physique d'Aristote dont je suis parti, et je pourrais tout aussi bien avoir parcouru ce chemin dans le sens inverse. La conception du mouvementcomme-changement et la conception d'une physique qualitative se révèlent être des conceptions profondément interdépendantes, presque équivalentes, et ceci constitue un premier exemple de la solidarité ou de l'imbrication des éléments les uns avec les autres.

Toutefois, si ce qui précède est clair, alors un autre aspect de la physique d'Aristote – un aspect qui, considéré de façon isolée, semble ridicule – commence aussi à faire sens. La plupart des changements de qualité, particulièrement dans le règne organique, sont asymétriques, tout du moins quand ils sont laissés à euxmêmes. Un gland se développe naturellement en chêne, et pas le contraire. Un homme malade recouvre souvent la santé par luimême, mais un agent externe est nécessaire, ou estimé nécessaire, pour le rendre malade. Un ensemble de qualités, un terme final au changement, représente l'état naturel d'un corps, celui qu'il réalise volontairement et à la suite duquel il demeure en repos. La même asymétrie devrait être caractéristique du mouvement local, du changement de position, et elle l'est en effet. La qualité qu'une pierre ou tout autre corps lourd s'efforce de réaliser est de se trouver au centre de l'univers ; la position naturelle du feu se trouve à la périphérie de l'univers. Voilà pourquoi les pierres tombent vers le centre tant qu'un obstacle ne les en empêche pas et que le feu s'élève vers les cieux. Ils réalisent leurs propriétés naturelles, tout comme le gland le fait au cours de sa croissance. Une autre partie de la doctrine aristotélicienne, qui initialement paraissait étrange, commence à trouver sa place.

On pourrait continuer ainsi longtemps, en imbriquant des portions spécifiques de physique aristotélicienne à leur place à l'intérieur du tout. Mais au lieu de cela je vais conclure ce premier exemple avec une dernière illustration, la doctrine aristotélicienne du vide. Cette doctrine révèle avec une clarté particulière la manière dont un certain nombre de thèses qui paraissent être arbitraires quand elles sont considérées de façon indépendante se prêtent une autorité et un soutien mutuels les unes aux autres. Aristote déclare que l'existence d'un vide est impossible : sa position de fond est que la notion est en elle-même incohérente. Arrivé à ce moment de l'analyse, le fait que cela puisse en être ainsi devrait apparaître avec évidence. Si la position est une qualité et si les qualités ne peuvent pas exister en étant séparées de la matière, alors il doit y avoir de la matière là où il y a position, où que le corps puisse se trouver. Mais cela revient à dire qu'il doit y avoir de la matière partout dans l'espace : on pourrait dire que le vide, l'espace sans matière, gagne ainsi le statut d'un cercle carré [1].

---

1. Un ingrédient manque à mon résumé de cet argument : la doctrine aristotélicienne du lieu, développée dans la *Physique*, livre VI, juste avant son examen du vide. Le lieu, pour Aristote, est toujours le lieu d'un corps ou, plus précisément, la surface intérieure du corps contenant ou environnant (212a2-7). En passant à son thème suivant, Aristote dit qu'« étant donné que le vide (s'il existe) doit être conçu comme le lieu dans lequel il se pourrait trouver un corps et que ce corps ne s'y trouve pas, il est clair qu'ainsi conçu, le vide ne peut absolument pas exister, ni comme qui est séparable ni comme ce qui est inséparable » (214a16-20) [je cite la traduction de Ph.H. Wickstead et F.M. Cornford pour la Loeb Classical Library, dont la version, sur ce point difficile de la *Physique*, me semble plus claire que la plupart des autres traductions, tant pour le texte que pour le commentaire]. La dernière partie du prochain paragraphe de mon texte indique pourquoi ce n'est pas une erreur de remplacer le terme de « lieu » par celui de « position » dans le résumé de cet argument.

Cet argument est puissant mais sa prémisse semble arbitraire. On pourrait ainsi imaginer qu'Aristote n'avait pas besoin de concevoir la position comme une qualité. Peut-être, mais nous avons remarqué précédemment que cette conception sous-tend sa conception du mouvement comme changement-d'état, et que d'autres aspects de sa physique en dépendent aussi. S'il pouvait y avoir un vide, alors l'univers, ou le cosmos, aristotélicien ne pourrait pas être fini. C'est seulement parce que la matière et l'espace sont coextensifs que l'espace peut finir là où la matière finit, c'est-à-dire à la sphère la plus éloignée au-delà de laquelle il n'y a plus rien, ni espace ni matière. On pourrait penser que l'on peut aussi se passer de cette doctrine. Mais étendre la sphère stellaire à l'infini serait problématique d'un point de vue astronomique, dans la mesure où les rotations de la sphère font mouvoir les étoiles autour de la terre. Une autre difficulté plus essentielle se fait jour plus tôt encore. Dans un univers infini il n'y a pas de centre – tous les points sont aussi près du centre les uns que les autres – et il n'y a par conséquent pas de position naturelle où les pierres et les autres corps lourds réalisent leur qualité naturelle. Ou, pour dire les choses d'une manière différente, manière qu'Aristote a en fait utilisée, dans un vide un corps ne pourrait pas être averti de la localisation de son lieu naturel. C'est seulement en étant en contact avec toutes les positions dans l'univers, par l'intermédiaire d'une chaîne de matière qui les relie les unes aux autres, qu'un corps est capable de trouver son chemin jusqu'au lieu où ses qualités naturelles sont complètement réalisées. La présence de matière est ce qui fournit une structure à l'univers[1]. C'est ainsi que la théorie aristotélicienne du mouvement local naturel et l'astronomie géocentrique antique se trouvent toutes deux menacées par une attaque dirigée contre la doctrine aristotélicienne du vide. Il n'y a pas

---

1. À propos de ce point et d'autres arguments qui lui sont liés, voir Aristote, *Physique*, livre IV, chap. 8, en particulier 214b27-215a24.

moyen de « corriger » les opinions d'Aristote sur le vide sans reconstruire une grande partie du reste de sa physique.

Les remarques précédentes, quoiqu'à la fois simplifiées et incomplètes, devraient suffisamment illustrer la manière dont la physique aristotélicienne découpe et décrit le monde phénoménal. Plus important encore, elles devraient aussi indiquer comment les éléments de cette description s'imbriquent pour former un tout qui a dû être brisé et reformé à mesure que l'on s'acheminait vers la mécanique newtonienne. Plutôt que d'approfondir ces remarques, je vais maintenant passer à un deuxième exemple, et pour ce faire revenir au début du dix-neuvième siècle. L'année 1800 est remarquable, entre autres choses, à cause de la découverte de la pile électrique par Volta. Cette découverte fut annoncée dans une lettre adressée à Sir Joseph Banks, président de la Royal Society[1]. Elle était destinée à être publiée et était accompagnée par l'illustration reproduite ici par la figure 1. Pour un public moderne, cette illustration a quelque chose de bizarre, même si cette bizarrerie est rarement relevée, même par les historiens. Quand on regarde n'importe laquelle des « piles » (de pièces de monnaie), comme on les appelait, qui se trouvent dans les deux-tiers inférieurs du diagramme, on voit, en lisant en montant en bas à droite, une pièce de zinc, Z, puis une pièce d'argent, A, puis un morceau de papier buvard humide, puis une deuxième pièce de zinc, et ainsi de suite. Le cycle zinc, argent, papier buvard humide est répété un nombre entier de fois, huit dans l'illustration originale de Volta. Supposez maintenant qu'au lieu d'avoir tout ce dispositif expliqué clairement, on vous ait simplement demandé de regarder ce diagramme, puis de le mettre de côté et de le reproduire de mémoire. Il est à peu près certain que même ceux d'entre vous qui n'ont que des connaissances physiques élémentaires auraient dessiné le zinc (ou l'argent), suivi par

1. A. Volta, « On the Electricity Excited by the Mere Contact of Conducting Substances of Different Kinds », *Philosophical Transactions*, vol. 90, 1800, p. 403-431. Sur ce sujet, voir T.M. Brown, « The Electric Current in Early Nineteenth-Century French Physics », *Historical Studies in the Physical Sciences* (1969), p. 61-103.

du papier buvard humide, suivi par du zinc (ou de l'argent). Dans une pile, comme nous le savons tous, le liquide doit se trouver entre les deux métaux.

Figure 1

Si l'on identifie cette difficulté et que l'on cherche à la comprendre à l'aide des textes de Volta, il est probable que l'on réalise soudainement que, pour Volta et ceux qui l'ont suivi, la cellule élémentaire est constituée par deux pièces de métal en contact. La source de courant est l'interface métallique, la soudure bimétallique dont Volta avait précédemment découvert qu'elle était la source d'une tension électrique, ce que nous appellerions aujourd'hui un voltage. Le rôle du liquide est alors simplement de connecter une cellule élémentaire à la suivante sans générer de potentiel de contact qui neutraliserait l'effet initial. En poursuivant la lecture du texte de Volta, on se rend compte qu'il incorpore cette nouvelle découverte à l'électrostatique. La soudure bimétallique est un condensateur ou bouteille de Leyde, mais qui se charge lui-même. La pile de pièces correspond quant à elle à un assemblage ou « batterie » de bouteilles de Leyde chargées et reliées les unes aux autres, et c'est de là que vient le terme de « batterie » dans ses applications électriques, puisque l'on utilise un terme qui décrit le groupe aussi bien que ses membres. En guise de confirmation, regardez la partie supérieure du diagramme de Volta, qui figure un dispositif qu'il appelait la « couronne de tasses ». Cette fois, la ressemblance avec les diagrammes que l'on trouve dans les manuels élémentaires modernes est frappante, mais une bizarrerie est encore présente ici. Pourquoi les tasses situées aux deux extré-mités du diagramme contiennent-elles uniquement une seule pièce en métal ? Pourquoi Volta inclut-il deux demi-cellules ? La réponse est la même que précédemment. Pour Volta, les tasses ne sont pas des cellules mais simplement des récipients contenant les liquides qui connectent les cellules. Les cellules elles sont les lamelles bimétalliques en forme de fer à cheval. Les positions qui appa-remment ne sont pas occupées dans les tasses des extrémités sont ce que nous concevrions comme des plots de fixation. Il n'y a pas de demi-cellule dans le diagramme de Volta.

Comme dans l'exemple précédent, considérer la pile de cette manière a des conséquences importantes. Par exemple, comme il est montré dans la figure 2, le passage du point de vue de Volta au point de vue moderne inverse la direction du flux de courant. Le diagramme d'une pile moderne (figure 2, en bas) peut être dérivé du diagramme de Volta (en haut à gauche) en utilisant un procédé qui inverse l'ordre des différents composants (en haut à droite). Dans ce procédé, ce qui précédemment était le flux de courant interne à la pile devient le courant externe et vice versa. Dans le diagramme voltaïque, le flux de courant externe passe du métal noir au métal blanc, de telle sorte que le blanc soit positif. Dans le diagramme moderne, et la direction du flux et la polarité sont inversées. Plus important conceptuellement encore est le changement au sujet de la source du courant qui s'effectue avec ce passage du point de vue de Volta au point de vue moderne. Pour Volta, l'interface métallique était un élément essentiel de la cellule et nécessairement la source du courant que la cellule produisait. Quand les différents composants de la cellule étaient mis à l'envers, le liquide et ses deux interfaces avec les métaux constituaient l'essentiel du dispositif, et les effets chimiques à ces interfaces devenaient la source du courant. Quand les deux points de vue se trouvèrent brièvement en concurrence, le premier fut désigné par le nom de théorie du contact et le second par celui de théorie chimique de la pile.

Figure 2

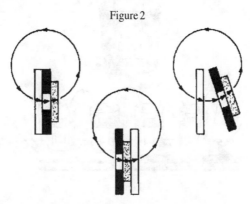

Ces deux théories sont seulement les conséquences les plus évidentes de la conception électrostatique de la pile, et certaines des autres conséquences de cette conception furent encore plus importantes à ce moment-là. Par exemple, le point de vue de Volta dissimulait le rôle conceptuel du circuit externe. Ce que nous concevrions aujourd'hui comme un circuit externe est simplement un circuit de déchargement à l'image du court circuit à la terre qui décharge une bouteille de Leyde. Il en résulte que les premiers diagrammes de pile ne montrent pas de circuit externe à moins qu'un effet particulier, comme l'électrolyse ou l'échauffement d'un fil, n'y ait lieu, et alors très souvent la pile n'est pas montrée. Ce n'est pas avant les années 1840 que les diagrammes de pile modernes commencent à apparaître de manière régulière dans les ouvrages traitant d'électricité. Quand ils y apparaissent, le circuit externe ou la mention des points nécessaires à sa connexion y figurent aussi [1]. Des exemples sont donnés dans les figures 3 et 4.

Figure 3

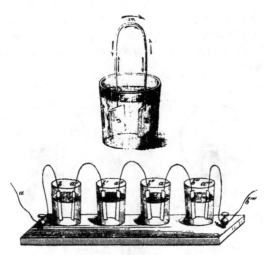

Figure 4

1. Les illustrations sont tirées de A. de la Rive, *Traité d'électricité théorique et appliquée*, vol. 2, Paris, J.B. Baillière, 1856, p. 600, 656. Des diagrammes schématiques mais structurellement similaires apparaissent dans les recherches expérimentales de Faraday à partir du début des années 1830. Mon choix des années 1840, période durant laquelle de tels diagrammes deviennent standards est la conséquence d'un survol rapide des ouvrages traitant d'électricité à ma disposition. Une étude plus systématique devrait nécessairement distinguer les réponses britanniques, françaises et allemandes à la théorie chimique de la pile.

Pour finir, la conception électrostatique de la pile conduit à un concept de résistance électrique très différent de celui qui est aujourd'hui standard. Il existe, ou du moins il existait à cette période, un concept électrostatique de résistance. Pour un matériau isolant de section donnée, la résistance était mesurée par la longueur minimale que le matériau pouvait prendre sans se briser ou fuir – c'est-à-dire cesser d'isoler – quand il était soumis à un voltage donné. Pour un matériau conducteur de section donnée, elle était mesurée par la longueur minimale que le matériau pouvait prendre sans qu'il fonde une fois branché sur un voltage donné. Il est possible de mesurer la résistance ainsi conçue, mais les résultats ne sont pas compatibles avec la loi d'Ohm. Pour parvenir à ces résultats, on doit concevoir la pile et le circuit selon un modèle plus hydrodynamique. La résistance doit devenir quelque chose de semblable à la résistance frictionnelle au courant de l'eau dans des tuyaux. L'assimilation de la loi d'Ohm requérait un changement non-cumulatif de cette sorte, et c'est ce qui a en partie rendu sa loi si difficile à accepter pour beaucoup de gens. Elle a fourni pendant quelque temps l'exemple standard d'une découverte importante qui a été initialement rejetée ou ignorée.

C'est ici que je termine mon deuxième exemple et que je passe immédiatement à mon troisième exemple, qui est à la fois plus moderne et plus technique que ceux qui l'ont précédé. Du point de vue de son contenu, il est sujet à controverse, puisqu'il concerne une interprétation nouvelle, et pas encore universellement acceptée, des origines de la théorie quantique[1]. Son objet est le travail de Max Planck sur ce que l'on a appelé le problème du corps noir et il peut être utile de le présenter par avance comme suit. Planck a résolu le premier le problème du corps noir en 1900 en utilisant une méthode classique développée par le physicien autrichien Ludwig Boltzmann. Six ans plus tard, on découvrit dans sa

---

1. Pour la version complète de cette analyse et les éléments de preuve qui la corroborent, voir mon *Black Body and the Quantum Discontinuity, 1894-1912*, Oxford-New York, Clarendon-Oxford UP, 1978.

dérivation une erreur minime mais cruciale, ce qui nécessita qu'un des ses éléments essentiels soit repensé. Une fois que cela fut fait, la solution de Planck fonctionna à nouveau, mais elle rompait alors radicalement avec la tradition. Finalement, cette rupture s'étendit et causa la reconstruction d'une bonne partie de la physique.

Commençons avec Boltzmann, pour qui le comportement d'un gaz pouvait être conçu comme celui d'un ensemble de molécules minuscules qui se déplacent rapidement à l'intérieur d'un récipient en se heurtant fréquemment entre elles et contre les parois du récipient. En s'appuyant sur des travaux antérieurs d'autres chercheurs, Boltzmann connaissait la vélocité moyenne des molécules (plus précisément, la moyenne du carré de leur vélocité). Mais bien sûr, beaucoup de ces molécules se déplaçaient soit beaucoup plus vite soit beaucoup plus lentement que cette moyenne. Boltzmann voulait connaître la proportion d'entre elles qui se déplaçaient, disons, à la moitié de la vélocité moyenne, quelle proportion à quatre tiers de la moyenne, et ainsi de suite. Ni la question, ni la réponse qu'il y apporta n'étaient neuves. Mais Boltzmann parvint à la réponse par une route nouvelle, en partant de la théorie des probabilités. Cette route a été fondamentale pour Planck et c'est son travail qui l'a rendue standard.

Un seul aspect de la méthode de Boltzmann nous intéresse ici. Il étudiait l'énergie cinétique totale E des molécules. Pour permettre l'introduction de la théorie des probabilités, il subdivisa alors mentalement cette énergie en petites cellules ou éléments de taille ε, comme dans la figure 5. Il eut ensuite l'idée de distribuer les molécules au hasard dans ces cellules, en tirant au sort dans une urne des bouts de papier numérotés pour préciser la répartition des molécules et en excluant toutes les distributions qui n'avaient pas pour énergie cinétique totale la valeur E. Par exemple, si la première molécule avait été assignée à la dernière cellule (énergie E), alors la seule distribution acceptable aurait été celle qui aurait assigné toutes les autres molécules à la première cellule (énergie o). Il est clair que cette distribution particulière est très improbable. Il est beaucoup plus probable que la plupart des molécules auront une énergie appréciable, et, grâce à la théorie des probabilités, on peut découvrir la distribution la plus probable de toutes. Boltzmann montra comment le faire et ce résultat coïncida avec celui que Boltzmann et d'autres avaient précédemment obtenu par des moyens plus problématiques.

Figure 5

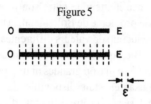

Cette manière de résoudre le problème avait été inventée en 1877, et trente-trois ans plus tard, à la fin de l'année 1900, Max Planck l'appliqua à un problème apparemment assez différent, la radiation du corps noir. D'un point de vue physique, le problème consiste à expliquer la manière dont la couleur d'un corps chauffé change avec la température. Pensez par exemple à la radiation d'une barre de fer qui, au fur et à mesure que la température augmente, commence par émettre de la chaleur (radiation infrarouge), puis rougeoie d'un rouge mat, puis devient graduellement d'un blanc brillant. Pour analyser cette situation, Planck a imaginé un récipient ou une cavité remplis de radiation, c'est-à-dire de lumière, de chaleur, d'ondes radio et ainsi de suite. Il a en plus supposé que la cavité contenait un grand nombre de ce qu'il appelait des « résonateurs » (il faut se les imaginer comme de minuscules diapasons électriques, qui seraient tous sensibles à la radiation pour une fréquence donnée mais pas pour les autres). Ces résonateurs absorbent l'énergie venant de la radiation et Planck se posait la question suivante : De quelle manière l'énergie captée par chaque résonateur dépend-t-elle de sa fréquence ? Quelle est la distribution des fréquences de l'énergie dans les résonateurs ?

Conçu de cette manière, le problème de Planck était très proche de celui de Boltzmann, et Planck lui appliqua les techniques probabilistes de Boltzmann. *Grosso modo*, il a utilisé la théorie

des probabilités pour trouver la proportion de résonateurs qui
tombaient dans chacune des différentes cellules, tout comme
Boltzmann avait trouvé la proportion de molécules. Sa réponse
s'accorde avec les résultats expérimentaux beaucoup mieux
qu'aucune des autres réponses connues alors ou depuis, mais on
trouva une différence inattendue entre son problème et celui de
Boltzmann. Dans le problème de Boltzmann, la taille de la cellule ε
pouvait prendre beaucoup de valeurs différentes sans que le résultat en soit changé. Bien que les valeurs permises fussent limitées,
qu'elles ne puissent être ni trop grandes ni trop petites, une infinité
de valeurs satisfaisantes était disponible dans l'intervalle. Le
problème de Planck se révéla être différent : d'autres aspects de la
physique déterminaient ε, la taille de la cellule. Elle pouvait seulement prendre une valeur unique donnée par la fameuse formule
$\varepsilon = h\mathrm{V}$, dans laquelle V est la fréquence du résonateur et h la
constante universelle connue plus tard sous le nom de constante de
Planck. Planck était bien sûr intrigué par la raison de cette limi-
tation concernant la taille de la cellule, même s'il avait un fort
pressentiment au sujet de h, qu'il essaya de développer. Mais,
hormis cette énigme résiduelle, il avait résolu son problème et son
approche demeurait très proche de celle de Boltzmann. C'était en
particulier le cas du point ici crucial : dans les deux solutions, la
division de l'énergie totale E en cellules de taille ε était une division
mentale opérée pour des besoins statistiques. Les molécules et les
résonateurs pouvaient se trouver n'importe où sur la ligne continue
d'énergie, et ils étaient gouvernés par toutes les lois standard de la
mécanique classique.

Figure 6

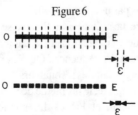

Le reste de l'histoire est vite raconté. Le travail que l'on vient juste de décrire fut effectué vers la fin de l'année 1900. Six ans plus tard, au milieu de l'année 1906, deux autres physiciens soutinrent que le résultat de Planck ne pouvait être obtenu à la manière de Planck. Une altération minime mais cruciale du raisonnement était nécessaire. On ne pouvait pas permettre aux résonateurs de se trouver n'importe où sur la ligne continue d'énergie mais seulement aux divisions entre cellules. C'est-à-dire qu'un résonateur pouvait avoir l'énergie o, ε, 2ε, 3ε, ..., et ainsi de suite, mais pas $(1/3)\varepsilon$, $(4/5)\varepsilon$, etc. Quand l'énergie d'un résonateur changeait, elle ne le faisait pas de manière continue mais par des sauts discontinus de taille ε ou multiples de ε.

Une fois ces altérations opérées, le raisonnement de Planck était à la fois radicalement différent et à peu près le même. D'un point de vue mathématique, il était virtuellement inchangé, de telle sorte qu'il est devenu habituel de lire dans l'article de 1900 de Planck la présentation moderne du raisonnement. Mais d'un point de vue physique, les entités auxquelles se réfère la dérivation sont très différentes. En particulier, l'élément ε est passé du statut de division mentale de l'énergie totale à celui d'un atome d'énergie physique séparable, pour lequel le résonateur peut prendre la valeur 0,1, 2,3 ou toute autre valeur. La figure 6 tente de capturer ce changement de telle manière que soit suggérée sa ressemblance avec la pile mise à l'envers de mon dernier exemple. Encore une fois, la transformation est subtile, difficile à apercevoir. Mais une fois encore, le changement est d'importance. Le résonateur, auparavant un type familier d'entité gouverné par les lois classiques standards, s'était transformé en une étrange créature dont l'existence même est incompatible avec les manières traditionnelles de pratiquer la physique. Comme la plupart d'entre vous le savent, des changements du même type se sont poursuivis durant les vingt années suivantes, au fur et à mesure que des phénomènes non-classiques étaient découverts dans d'autres parties du champ.

Je ne vais pas tenter de suivre ces changements plus tardifs, mais je vais plutôt conclure cet exemple, mon dernier, en indiquant un autre type de changement qui s'est produit à ses débuts. En examinant les exemples précédents, j'ai indiqué que les révolutions étaient accompagnées de changements dans la manière dont les termes « mouvement » ou « cellule » se rattachaient à la nature. Dans cet exemple, il y a eu en fait un changement dans les mots mêmes, un changement qui met en lumière les caractéristiques de la situation physique que la révolution avait rendues saillantes. Quand Planck, aux alentours de 1900, fut finalement convaincu que la discontinuité était là pour durer, il adopta un vocabulaire qui est depuis devenu standard. Auparavant, il avait l'habitude de se référer à la taille de la cellule ε en parlant de l'« élément » d'énergie. Mais, à partir de 1909, il commença à utiliser de manière régulière le terme de « quantum » d'énergie, car « quantum », tel qu'on l'employait dans la physique allemande, était un élément séparable, une entité de type atomique qui ne pourrait pas exister par elle-même. Tant que ε avait simplement été la taille d'une sous-division mentale, ce n'était pas un quantum mais un élément. En 1909 également, Planck abandonna l'analogie acoustique. Les entités qu'il avait introduites comme des « résonateurs » devinrent alors des « oscillateurs », terme neutre qui se réfère à n'importe quelle entité qui se contente de vibrer régulièrement d'avant en arrière. Par contraste, « résonateur » se réfère en première instance à une entité acoustique ou, par extension, à un vibrateur qui répond graduellement aux stimulations, augmentant et diminuant selon le stimulus qu'on lui applique. Pour quelqu'un qui pensait que l'énergie changeait de manière discontinue, « résonateur » n'était pas le terme approprié, et Planck l'abandonna à partir de 1909 et par la suite.

Ce changement de vocabulaire conclut mon troisième exemple. Plutôt que d'en donner d'autres, je vais conclure mon analyse en me demandant quelles caractéristiques du changement révolutionnaire sont révélées par les exemples précédents. Les réponses tomberont sous trois chefs différents, et je serai relativement bref à propos de chacune. Je ne suis pas prêt à me lancer dans l'examen approfondi qu'elles nécessitent.

Un premier ensemble de caractères révolutionnaires communs à ces exemples a été mentionné au début de cet article. Les changements révolutionnaires sont, d'une manière ou d'une autre, holistiques. C'est-à-dire qu'ils ne peuvent pas s'opérer de manière fragmentaire, étape par étape, ce qui les distingue ainsi des changements normaux ou cumulatifs tels que, par exemple, la découverte de la loi de Boyle. Dans un changement normal, on se contente de réviser ou d'ajouter une seule généralisation, en laissant intactes les autres. Dans un changement révolutionnaire, on est dans l'obligation, soit de vivre avec une incohérence, soit de réviser de manière conjointe un certain nombre de généralisations interdépendantes. Si ces changements étaient introduits un par un, il n'y aurait pas de points d'arrêt intermédiaire. Seuls les ensembles initiaux et finaux de généralisations fournissent une explication cohérente de la nature. Même dans mon troisième exemple, qui est celui qui se rapproche le plus du type cumulatif, on ne peut pas simplement se contenter de changer la description de l'élément énergie E. On doit aussi modifier la notion que l'on se fait d'un résonateur, parce que les résonateurs, dans les tous les sens normaux du terme, ne peuvent pas se comporter de la manière dont ces résonateurs-là le font. Pour permettre ce nouveau comportement, on doit simultanément modifier, ou essayer de modifier, les lois de la mécanique et celles de la théorie électromagnétique. De la même manière, dans mon second exemple, on ne peut pas se contenter de changer d'idée à propos de l'ordre des éléments dans la cellule d'une pile. La direction du courant, le rôle du circuit externe, le concept de résistance électrique, et ainsi de suite, doivent aussi être modifiés. De la même manière encore, dans le cas de la physique aristotélicienne, on ne peut pas découvrir simplement qu'un vide est possible ou que le mouvement est un état et pas un changement-d'état. À chaque fois, c'est la façon dont on se représente la cohérence des différents aspects de la nature qui doit être changée.

Une deuxième caractéristique de ces exemples est étroitement liée à ce qui vient d'être dit. C'est celle que j'ai décrite dans le passé comme changement de signification et que j'ai décrite ici, de manière un peu plus spécifique, comme le changement dans la manière où les mots et les phrases se rattachent à la nature, le changement dans la manière dont leurs référents sont déterminés. Pourtant, même cette dernière version est encore trop générale. Comme des études récentes sur la référence l'ont souligné, tout ce que l'on peut savoir des référents d'un terme peut être utile pour rattacher ce terme à la nature. Une propriété électrique ou de radiation nouvellement découverte, ou des effets de la force sur le mouvement, peuvent par la suite être invoqués (généralement avec d'autres propriétés) pour déterminer la présence d'électricité, de radiation ou de force et ainsi repérer les référents du terme correspondant. De telles découvertes ne sont pas nécessairement révolutionnaires et généralement elles ne le sont pas. La science normale, elle aussi, altère la manière dont les termes se rattachent à la nature. Par conséquent, ce qui caractérise les révolutions, ce n'est pas un changement dans la manière dont les référents sont déterminés, mais un changement d'un type encore plus limité.

Comment caractériser au mieux ce type de changement limité fait partie des problèmes qui m'occupent en ce moment, et je n'ai pas de solution complète à proposer. Mais, *grosso modo*, on peut dire que le caractère distinctif d'un changement révolutionnaire dans le langage est qu'il n'altère pas seulement les critères par lesquels les termes se rattachent à la nature mais aussi, de manière massive, l'ensemble des objets ou des situations auxquels ces termes se rattachent. Ce qui constituait des exemples paradigmatiques du mouvement pour Aristote – du gland au chêne ou de la maladie à la santé – n'était tout simplement pas des mouvements pour Newton; les membres de la catégorie mouvement ont été redistribués dans des ensembles préexistants et seul l'un des ces ensembles a continué à porter l'ancien nom. De la même manière, ce qui avait été la cellule élémentaire de la pile de Volta n'était plus le référent d'aucun terme quarante ans après son invention. Bien que les successeurs de Volta aient encore eu affaire à des métaux, des liquides et au flux de la charge, les unités de leurs analyses étaient différentes et dépendaient les unes des autres de manière différente.

Ainsi, ce qui caractérise les révolutions, c'est le changement à l'intérieur de plusieurs catégories indispensables aux descriptions et généralisations scientifiques. De plus, ce changement n'est pas seulement un ajustement des critères pertinents pour la catégorisation mais aussi de la manière dont des objets et des situations données sont distribués dans des catégories préexistantes. Étant donné qu'une telle redistribution inclut toujours plus d'une catégorie et que ces catégories se définissent mutuellement, ce type d'altération est nécessairement holistique. Ce holisme est de surcroît enraciné dans la nature même du langage, car les critères pertinents pour la catégorisation sont *ipso facto* les critères qui rattachent les noms de ces catégories au monde. Le langage est une pièce de monnaie à deux faces, l'une regardant à l'extérieur vers le monde, l'autre à l'intérieur vers le reflet du monde dans la structure référentielle du langage.

Considérons maintenant la dernière des trois caractéristiques partagées par mes exemples. C'est celle que j'ai repérée le plus difficilement, mais elle me paraît maintenant être la plus évidente et celle dont les conséquences sont les plus importantes. Encore plus que pour les autres caractéristiques, son étude plus approfondie sera certainement payée de retour. Tous mes exemples impliquaient un changement essentiel de modèle, de métaphore, d'analogie ou un changement dans le sentiment qu'on a que quelque chose est similaire à autre chose, ou est différent d'autre chose. Parfois, comme dans l'exemple d'Aristote, la similarité est interne à l'objet d'étude. Ainsi, pour les aristotéliciens, le mouvement était un cas particulier du changement, de telle sorte que la pierre qui tombe était *comme* le chêne qui pousse, ou *comme* le patient se remettant de sa maladie. C'est cette structure de similarité qui constitue ces phénomènes en une famille naturelle, qui les place dans la même catégorie taxonomique, et qui a dû être remplacée au cours du développement de la physique newtonienne. Dans les autres cas, la similarité est externe. Ainsi, les résonateurs de Planck étaient *comme* les molécules de Boltzmann, les cellules de la pile de Volta étaient *comme* des bouteilles de Leyde, et la résistance était *comme* une fuite électrostatique. Dans ces cas aussi, l'ancienne structure des similarités a dû être rejetée et remplacée avant ou pendant le processus de changement.

Tous ces cas manifestent des traits interdépendants familiers aux spécialistes de la métaphore. Dans chaque cas, deux objets ou situations sont juxtaposés et sont dits être les mêmes ou similaires (un examen un peu plus étendu devrait aussi considérer des exemples de dissemblance, car eux aussi sont importants dans l'établissement d'une taxonomie). De plus, quelle que soit leur origine – une question à part qui ne m'intéresse pas ici – la fonction première de toutes ces juxtapositions est de transmettre et de conserver une taxonomie. Les éléments juxtaposés sont présentés à des spectateurs jusque-là non-initiés, par quelqu'un qui peut déjà reconnaître leur similarité et qui enjoint aux spectateurs d'apprendre à en faire de même. Si la présentation réussit, les nouveaux initiés se retrouvent avec une liste acquise de traits caractéristiques de la relation de similarité concernée – avec un espace d'attributs dans lequel les éléments précédemment juxtaposés sont durablement conglomérés comme autant d'exemples de la même chose et en même temps séparés d'objets ou de situations avec lesquels on aurait autrement pu les confondre. Ainsi l'éducation d'un aristotélicien associe-t-elle le vol d'une flèche à la chute d'une pierre, et ceux-ci à la croissance du chêne et au retour à la santé. Tous deviennent des changements d'état; leurs termes et le temps écoulé durant la transition sont leurs traits saillants. Considéré de cette façon, le mouvement ne peut pas être relatif et doit être placé dans une catégorie distincte du reste des choses, la catégorie d'état. De la même manière, dans le cadre de cette conception, un mouvement infini, parce qu'il lui manque un terme, devient une contradiction dans les termes.

Ces juxtapositions qui ressemblent à des métaphores et qui changent au moment des révolutions scientifiques sont essentielles au processus par le biais duquel tout langage, scientifique ou autre, est acquis. C'est seulement une fois que l'acquisition ou le processus d'apprentissage a passé un certain point que la pratique scientifique peut commencer. La pratique scientifique implique toujours la production et l'explication des généralisations qui portent sur la nature, ces activités présupposent un langage d'une richesse minimale, et l'acquisition d'un tel langage apporte une connaissance de la nature avec lui. Quand la présentation d'exemples fait partie du processus d'apprentissage de termes comme « mouvement », « cellule » ou « élément d'énergie », c'est à la fois une connaissance du langage et une connaissance du monde qui est acquise. D'une part, celui qui fait l'expérience de cet apprentissage apprend ce que les termes veulent dire, quelles caractéristiques sont pertinentes pour les rattacher à la nature, ce que l'on ne peut pas en dire sous peine de contradiction, et ainsi de suite. D'autre part, il apprend aussi quelles catégories de choses peuplent le monde, quels sont leurs traits marquants, et aussi quelque chose au sujet du comportement qu'elles peuvent ou ne peuvent pas avoir. Au cours d'une bonne part de l'apprentissage du langage, ces deux sortes de connaissance – connaissance des mots et connaissance de la nature – sont acquises ensemble, non pas du tout comme deux types de connaissance, mais comme les deux faces de la pièce unique que le langage nous fournit.

La réapparition de ce caractère biface du langage scientifique fournit un terme approprié à cet article. Si j'ai raison, la caractéristique essentielle des révolutions scientifiques est qu'elles altèrent la connaissance de la nature qui fait partie intégrante du langage lui-même et qui est ainsi antérieure à peu près à tout ce que l'on pourrait qualifier de description ou généralisation, scientifique ou commune. Faire du vide ou d'un mouvement linéaire infini des éléments de la science a nécessité des comptes-rendus observationnels qui ne pouvaient être formulés qu'en altérant la langage dont on se servait pour décrire la nature. Jusqu'à ce que ces changements aient eu lieu, le langage a résisté à l'invention et à l'introduction des théories nouvelles que l'on recherchait. J'estime que c'est cette même résistance du langage qui est la raison qui a fait passer Planck d'«élément» à «quantum» et «oscillateur». La violation ou la distorsion d'un langage scientifique jusque là non-problématique est la pierre de touche du changement révolutionnaire.

Traduction Vincent GUILLIN

PROBLÈMES CONTEMPORAINS

« DÉSUNITÉS », STYLES
ET ÉPISTÉMOLOGIES HISTORIQUES

Un certain nombre de changements ont affecté l'histoire des sciences depuis une trentaine d'années, que Lorraine Daston regroupe, dans le texte ici reproduit, autour de « trois écoles historiographiques » qui ont récemment « dominé l'histoire des sciences »[1]. Une école « philosophique », inspirée de Koyré, qui s'intéresse aux théories et aux liens entre la science et des présupposés d'ordre métaphysique. Une école « sociologique », qui accorde toute son attention aux « structures sociales dans l'activité scientifique » et enfin une école « historique », plus attentive que les deux précédentes aux pratiques scientifiques « locales », à la manière de la microhistoire que pratique Carlo Ginzburg.

Il serait sans doute possible de présenter ces trois écoles suivant un ordre chronologique, dans la mesure où les écoles « sociologique » et « locale » ont pour une large part pris la succession de l'école philosophique « à la Koyré », dont il a été traité dans le chapitre précédent, et se sont construites à partir de sa critique. Il conviendrait en outre d'évoquer une autre approche plus récente, en termes de « style de pensée scientifique », qu'illustrent, parmi d'autres, des auteurs comme Ian Hacking ou Lorraine Daston elle-même. Nous voudrions montrer que ce n'est pas entièrement par hasard que cette dernière approche de l'histoire des sciences a retrouvé, pour se présenter, le terme d'« épistémologie historique », qui avait naguère servi à caractériser le style français en histoire des sciences, illustré notamment par Gaston Bachelard, Georges Canguilhem ou Michel Foucault[2].

1. Cf. *infra*, p. 363.
2. I. Hacking, « Historical Meta-Epistemology », dans W. Carl, L. Daston (éd.), *Wahrheit und Geschichte. Ein Kolloquium zu Ehren des 60. Geburtstages von Lorenz Krüger*, Göttingen, Vandenhoeck et Ruprecht, 1999.

L'HISTOIRE SOCIOLOGIQUE DES SCIENCES

Du côté de la sociologie, c'est sans doute *La structure des révolutions scientifiques* qui a servi de déclencheur à une nouvelle version de la sociologie des sciences, même si Kuhn a toujours refusé cette interprétation sociologique de ses thèses, et ses conséquences relativistes. On peut pourtant estimer, comme le faisait Georges Canguilhem dans le texte reproduit dans la section précédente, que cette interprétation était plausible puisque « le paradigme, c'est le résultat d'un choix d'usagers. Le normal c'est le commun sur une période donnée, à une collectivité de spécialistes dans une institution universitaire ou académique »[1]. Si l'on admet cette interprétation de Kuhn, il n'y a pas de critère supérieur à l'accord des savants pour décider de la vérité d'une théorie scientifique : c'est cette lecture de Kuhn, conjuguée à l'influence de Wittgenstein, qui ouvrira la voie, dans la première moitié des années 1970, à un renouveau de la sociologie des sciences, illustrée par l'« école d'Edimbourg », avec David Bloor, puis Barry Barnes, Steven Shapin, Simon Schaffer ou Andrew Pickering. Ce renouveau de la sociologie des sciences aura d'importantes conséquences pour l'histoire des sciences.

En effet, selon cette nouvelle sociologie des sciences ce sont bien « la nature et le contenu de la connaissance scientifique » qui peuvent être expliqués par la « sociologie de la connaissance »[2]. Il ne semble plus possible de distinguer aussi aisément que le faisait Merton entre l'« extérieur » et l'« intérieur » de la science. Les sciences apparemment les plus « pures » sont elles même déterminées socialement, comme en témoigne le titre français du livre de David Bloor, *Sociologie de la logique*[3]. Bloor synthétise ce qu'il appelle le « programme fort » en sociologie des sciences autour de quatre principes : causalité, impartialité, symétrie, réflexivité. La sociologie de la connaissance doit « s'intéresser aux conditions qui donnent naissance aux croyances », « être impartiale vis-à-vis de la vérité ou de la fausseté, de la rationalité ou de l'irrationalité, du succès ou de l'échec », « être symétrique dans son mode d'explication » en traitant de la même

1. Cf. *supra*, p. 189.

2. D. Bloor, *Sociologie de la logique ou les limites de l'épistémologie*, Paris, Pandore, 1983, p. 3.

3. Le titre anglais original est moins provocateur : *Knowledge and Social Imagery*, Chicago-Londres, Routledge, 1976.

manière les croyances « vraies » ou « fausses », et elle doit s'appliquer à elle-même ses modèles explicatifs[1]. Le point essentiel est celui du « principe de symétrie » qui établit « une totale symétrie de traitement entre les vaincus de l'histoire des sciences et les vainqueurs », et paraît à ce titre, comme le remarque Bruno Latour, « fort étrange pour des épistémologues nourris de Bachelard »[2]. Une telle interprétation relativiste de l'histoire des sciences peut d'ailleurs s'autoriser de la critique plus ancienne de l'histoire whig, qui avait conduit un auteur comme Collingwood à un relativisme extrême.

L'influence de la société, loin d'être seulement négative et cause d'erreurs, comme dans la sociologie de la connaissance traditionnelle, est à l'origine d'innovations scientifiques positives. L'histoire des sciences, bien mieux que la philosophie des sciences, devrait dès lors permettre de vérifier ces thèses paradoxales. La réussite majeure de cette histoire socio-logique des sciences est le livre de Steven Shapin et Simon Schaffer en 1985 sur *Leviathan et la pompe à air*[3], qui représentera ensuite le modèle de ce type d'approche. Les auteurs y montrent comment la controverse qui oppose Boyle et Hobbes sur la pompe à air et l'existence du vide est en fait sous-tendue par des oppositions qui ne sont pas seulement épistémolo-giques mais aussi rhétoriques, politiques ou métaphysiques : Hobbes n'admet pas la tentative de Boyle de « créer des phénomènes », ni le carac-tère « privé » de ses expérimentations, qu'il réserve aux membres de la Royal Society. Boyle de son côté, au sein de la Royal Society et dans ses relations avec les autres « virtuoses », spécialistes européens de la pompe à air, institue une nouvelle « forme de vie expérimentale », dont il fait un modèle de sociabilité. Boyle met également au point une « technologie

1. D. Bloor, *Sociologie de la logique ou les limites de l'épistémologie*, Paris, Pandore, 1983, p. 8.

2. B. Latour, S. Woolgar, *La vie de laboratoire. La production des faits scientifiques*, Paris, La Découverte, 1996, p. 20.

3. Le sous-titre français est « Hobbes et Boyle entre science et politique », Paris, La Découverte, 1993. Le titre original est *Leviathan and the Air-Pump. Hobbes, Boyle, and the Experimental Life*, Princeton, Princeton UP, 1985. Une autre grande réussite de cette nouvelle sociologie des sciences est le livre de M. Rudwick, *The Great Devonian Controversy. The Shaping of Scientific Knowledge among Gentle-manly Specialists*, Chicago, University of Chicago Press, 1985. *Cf.* aussi les études réunies dans M. Callon, B. Latour, *La science telle qu'elle se fait. Anthologie de la sociologie des sciences en langue anglaise*, Paris, La Découverte, 1990.

littéraire » qui lui permet de standardiser le compte rendu d'expériences. C'est aussi la défaite politique de Hobbes, partisan de l'absolutisme, hostile à la religion et matérialiste, qui va permettre à Boyle, favorable à un accord entre science et théologie, d'imposer des thèses, dont la portée est tout à la fois scientifique et sociale : « les solutions au problème des connaissances sont inscrites dans celles apportées pratiquement au problème de l'ordre social, et (…) les différentes solutions pratiques apportées au problème social impliquent des solutions différentes à celui des connaissances » [1]. Il est sans doute intéressant de noter que, dans la conclusion du livre, Shapin et Schaffer insistent sur l'importance qu'ils accordent à la notion d'« espace intellectuel » et soulignent que « la sensibilité topographique dans l'étude des cultures caractérise un certain nombre de sociologues et historiens français modernes » : ils citent alors les textes de Foucault sur la géographie et la médecine [2].

Une telle approche sociologique de l'histoire des sciences a conduit, pour ce qui est du choix des objets d'étude, à remettre en question la focalisation des recherches sur la « révolution scientifique » et sur les sciences physiques. L'histoire des sciences allait se tourner vers les XIXe et XXe siècles, périodes dans lesquelles les interactions entre science et société sont sans doute plus évidentes. L'histoire de sciences plus « pratiques », et jusqu'alors moins étudiées, comme l'histoire naturelle, la biologie, la géologie, la médecine ou les sciences humaines, allait devenir centrale pour ces historiens.

DES HISTOIRES LOCALES DES SCIENCES

Une autre tendance importante de l'histoire des sciences contemporaine consiste à proposer des études « locales », portant sur des « pratiques » scientifiques particulières. C'est une telle approche qu'illustre par exemple la revue *Science in Context*, fondée en 1988, qui se propose d'étudier « la place de la connaissance » à travers une « épistémologie comparative ». Le terme de « local » a ici plusieurs sens, qui ne sont pas équivalents, mais qui semblent tous aller contre l'universalité traditionnellement reconnue à la connaissance scientifique. Il serait possible ici aussi de rapprocher une telle

1. S. Shapin, S. Schaffer, *Léviathan et la pompe à air*, *op. cit.*, p. 21.
2. *Ibid.*, p. 401.

intention de l'histoire des sciences « à la française », et en particulier de la notion bachelardienne de « rationalisme régional » : selon Bachelard et Canguilhem, dans la mesure où une connaissance est appliquée, elle est toujours « régionale ». Certains auteurs anglo-saxons se réfèrent plus volontiers à Wittgenstein et à son insistance sur l'idée que la connaissance est toujours « ancrée » (*embedded*) dans la vie pratique.

Local peut avoir au moins trois significations, de la plus restreinte à la plus étendue. Ce terme peut désigner des enquêtes « micro-locales », des études « disciplinaires » ou des recherches « nationales ». Parmi les recherches micro-locales on peut compter les « études de laboratoire », qui s'efforcent de décrire ce qui se passe dans tel ou tel laboratoire. Le modèle de ces études est le livre que Bruno Latour et Steve Woolgar ont consacré en 1979 au laboratoire de neuroendocrinologie de Roger Guillemin, au Salk Institute de San Diego. Ils y étudient « la vie de laboratoire » et « les micro-processus de construction sociale des faits »[1], en s'inspirant notamment de l'ethnométhodologie de Garfinkel, qui impose une stricte neutralité dans l'observation. Il s'agit pour eux de rester au plus près de la « construction locale de connaissance », en évitant le « métalangage qui recouvre ce que disent et ce que font en pratique les acteurs sociaux ». Il faut donc être attentif à ce que les scientifiques font et disent, à la « science en train de se faire ». Mais il convient cependant, bizarrement, de « se méfier comme de la peste du discours philosophique que tient spontanément le savant »[2], qui contredit en effet les thèses de ces ethnologues de la science, notamment parce qu'il se réfère sans cesse à la notion de « vérité ». Outre le laboratoire, bon nombre d'autres « lieux du savoir » ont récemment été étudiés. Dans un style plus inspiré par l'épistémologie historique « à la française », Claire Salomon-Bayet a souligné le rôle de l'Académie royale des sciences dans l'« institution » de la science du vivant[3]. De même, musées, cabinets de curiosité ou zoos montrent que la disposition des objets du savoir comme l'architecture des lieux qui les réunissent sont hautement significatives. Ces études de laboratoire ont en outre conduit à accorder une plus grande attention au rôle des instruments dans la recherche scientifique. Le livre de

1. B. Latour, S. Woolgar, *La vie de laboratoire, op. cit.*, p. 148.

2. *Ibid.*, p. 26.

3. C. Salomon-Bayet, *L'institution de la science et l'expérience du vivant. Méthode et expérience à l'Académie royale des sciences, 1666-1793*, Paris, Flammarion, 1978.

Ian Hacking, *Concevoir et expérimenter*, en 1983, montre que ce n'est qu'à travers l'étude d'instruments comme le microscope qu'il est possible de poser de manière précise des questions comme celle du réalisme scientifique. Sur ce point Hacking n'hésite pas à se réclamer de la « phénoménotechnique » de Bachelard, qui a été « le premier à considérer les instruments et les appareils comme des théories matérialisées, le premier à rendre compte de la phénoménotechnique » [1]. Un autre classique des études de laboratoire est le livre de Peter Galison sur l'expérimentation en microphysique (*How Experiments End*, 1987), qui montre comment les différentes communautés du laboratoire (théoriciens, expérimentateurs, spécialistes des instruments) ont des cultures théoriques différentes et sont donc conduits, pour pouvoir communiquer, à élaborer des langages composites, sortes de pidgin, utilisés aux frontières des communautés, dans des « zones d'échange ».

Une seconde approche, dont l'objet est plus vaste que celui des études de laboratoire, est l'approche « disciplinaire » [2]. Il s'agit d'étudier la manière dont chaque discipline scientifique élabore ses propres types de raisonnement : les études classiques de « sociologie des professions » sont souvent utilisées comme point de départ. Les critères de scientificité, les méthodes de raisonnement, d'établissement des faits ou de la preuve ne seraient pas les mêmes en mathématiques qu'en biologie ou en psychiatrie. En outre des disciplines jusque là considérées comme mineures deviennent de nouveaux centres d'intérêt pour l'histoire des sciences, de la géologie aux sciences sociales. Cet engouement récent pour les études disciplinaires, qui se réclame souvent de Michel Foucault, aurait sans doute pu également se réclamer de Bachelard, voire même d'Auguste Comte. En effet, pour Bachelard, les méthodes scientifiques ne sont pas les mêmes suivant les « régions » du savoir, suivant les disciplines. Selon *Le rationalisme appliqué*, il existe un « rationalisme électrique » très différent du « rationalisme mécanique ». De même, selon Comte, chaque science invente sa « méthode d'investigation » propre. À propos de la physique, Comte note ainsi : « chaque science fondamentale (…) nous présentera ainsi naturelle-

---

1. I. Hacking, « Historical Meta-Epistemology », dans W. Carl, L. Daston (éd.), *Wahrheit und Geschichte. Ein Kolloquium zu Ehren des 60. Geburtstages von Lorenz Krüger*, Göttingen, Vandenhoeck et Ruprecht, 1999, p. 54-55.

2. *Cf.* par exemple L. Graham, W. Lepenies, P. Weingart (éd.), *Functions and Uses of Disciplinary Histories*, Dordrecht-Boston, Springer, 1983.

ment quelques indications philosophiques qui lui appartiennent spécialement »[1]. Pour connaître ces méthodes d'investigation il faut remonter « à leur source », à leur origine historique dans telle ou telle science déterminée. Chacune des six disciplines scientifiques fondamentales distinguées par Comte introduit ainsi un nouveau type de raisonnement : les mathématiques inventent la déduction, l'astronomie l'observation, la physique l'expérimentation, la chimie la nomenclature, la biologie la comparaison et la sociologie l'histoire. Chacun de ces types de raisonnement suppose un certain type de positivité : comme le remarque Ian Hacking, dans le positivisme comtien « une proposition ne peut être « positive », candidate au vrai-ou-faux sans qu'un certain mode de raisonnement se porte garant de sa valeur personnelle et permette, en principe, de la déterminer »[2].

Une approche locale de plus vaste amplitude est l'approche « nationale » des sciences. Cette étude « nationale » est une vieille histoire, dont les origines sont quelquefois douteuses, car loin d'être exemptes de nationalisme[3]. Il s'agit pourtant simplement de considérer que les cadres nationaux, universitaires, linguistiques, institutionnels ou autres, ne sont pas sans influence sur la manière de pratiquer la science et sur les « traditions de recherche ». Sont représentatifs de ces recherches des travaux comme ceux de Mary Jo Nye, qui compare la science française, abstraite, mathématique et centralisée et la science anglaise, empirique, décentralisée et ouverte sur le monde[4]. De la même manière Mitchell Asch a étudié les caractères particuliers qu'a pris la psychologie « dans la culture allemande », avec la psychologie de la forme[5].

De telles approches locales, quel qu'en soit le niveau, contredisent évidemment le mot d'ordre néo-positiviste d'une « unité de la science » et

1. A. Comte, *Cours de philosophie positive, op. cit.*, t. I *Philosophie première*, 28ᵉ leçon, p. 455.

2. I. Hacking, *Concevoir et expérimenter. Thèmes introductifs à la philosophie des sciences expérimentales*, Paris, Christian Bourgois, 1989, p. 88.

3. On se souvient, pendant la première guerre mondiale, de Wundt ou de Duhem opposant, chacun de leur côté, la « science allemande » à la « science française ».

4. M.J. Nye, *Science in the Provinces. Scientific Communities and Provincial Leadership in France. 1860-1930*, Berkeley-Los Angeles-Londres, University of California Press, 1986.

5. M.G. Ash, *Gestalt Psychology in German Culture, 1890-1967*, Cambridge, Cambridge UP, 1995.

sont plus volontiers attentives à la «désunité» des sciences qu'à leur unité[1]. De telles conséquences avaient déjà été assumées par des auteurs comme Canguilhem, qui notait, dans la préface d'un recueil de textes d'histoire des sciences: «abandonné le rêve d'une histoire générale de la science, il n'y a pas une histoire des sciences, mais des histoires des sciences. Nous nous trouvons donc devant des histoires régionales, dont chacune se réfère à une conception différente de ce que doit être une histoire des sciences»[2]. Avec Ian Hacking, on pourrait remarquer, en faveur d'une telle approche, que la question de l'unité est en fait typiquement une «question de philosophe», qui ne préoccupe guère les scientifiques. Hacking se demande ainsi pourquoi la nature serait une et il cite Maxwell qui met en cause l'image du «livre de la nature»: «peut-être que le livre de la nature, comme on l'a appelé, est régulièrement paginé (…). Mais si ce n'est pas un livre mais un magazine, rien n'est plus stupide de supposer qu'une partie peut faire de la lumière sur une autre»[3]. Il nous semble en tout cas que cette approche locale en histoire des sciences rejoint bien souvent les recherches de Michel Foucault, d'ailleurs citées par la plupart de ces auteurs. Foucault interprète dans un sens politique les remarques de Bachelard sur l'organisation régionale du savoir. Selon Foucault les «métaphores spatiales», en particulier géographiques, permettent de mieux mettre en évidence «les rapports qu'il peut y avoir entre pouvoir et savoir»: «dès lors qu'on peut analyser le savoir en termes de région, de domaine, d'implantation, de déplacement, de transfert, on peut saisir le processus par lequel le savoir fonctionne comme un pouvoir et en reconduit les effets»[4].

Le risque existe cependant que de telles approches «disciplinaires», ou en termes de «contexte local» ou «social» conduisent, comme l'a noté Nicholas Jardine, à «jeter le bébé avec l'eau du bain» et à perdre «le

1. *Cf.* P. Galison, D.J. Stump, *The Disunity of Science. Boundaries, Contexts and Power*, Stanford, Stanford UP, 1996.

2. G. Canguilhem, dans S. Bachelard *et alii* (éd.), *Introduction à l'histoire des sciences*, Paris, Hachette, 1970, t. II, p. 31.

3. I. Hacking, «The Disunities of the Sciences», dans P. Galison, D.J. Stump, *The Disunity of Science*, p. 61.

4. M. Foucault, «Questions à Michel Foucault sur la géographie» (1976), *Dits et écrits*, t. III, *1976-1979*, Paris, Gallimard, 1994, p. 33.

contact avec le contenu des œuvres et des traditions »[1]. Certes, les sciences sont multiples, certes elles ont pris naissance dans des contextes locaux et sont socialement déterminées : les études sociales et locales des sciences sont donc loin d'être inutiles[2]. En revanche, ce qui fait l'originalité des sciences c'est justement qu'elles tendent à dépasser les conditions locales, contingentes et particulières de leur apparition. Comme le notait Bachelard à propos de son régionalisme épistémologique, « dans tout rationalisme régional, il y a un germe de rationalisme général ; sans cela je ne l'appellerais pas un rationalisme »[3]. C'est ce que remarque aussi Hacking dans l'article ici reproduit où il souligne que chaque style de pensée scientifique apparaît de façon contingente, mais par la suite « s'est émancipé de sa propre histoire »[4]. De même, s'il est vrai qu'il faut se défier des anachronismes possibles d'une histoire whig ou récurrente, il est en même temps difficile de nier qu'il existe quelque chose comme un progrès scientifique, qui rend d'ailleurs pour une part impossible de retrouver la pensée des auteurs anciens telle qu'elle était « pour eux-mêmes ».

STYLES DE PENSÉE SCIENTIFIQUE
ET ÉPISTÉMOLOGIES HISTORIQUES

La notion de style pourrait permettre de dépasser les apories où conduit l'opposition entre l'histoire philosophique des sciences et les études sociologiques ou locales des sciences, que l'on a coutume de qualifier de *science studies*. C'est une telle approche que proposent Ian Hacking et Loraine Daston dans les textes ici reproduits. L'emploi de la notion de style en histoire des sciences connaît un grand succès depuis une dizaine d'années[5].

1. N. Jardine, « Intellectual History and Philosophy of Science », *Intellectual News. Newsletter of the International Society for Intellectual History*, 1, automne 1996, p. 33.

2. *Cf.* certains des textes majeurs de ces « science studies », que l'on peut retrouver en anglais dans M. Biagioli, *The Science Studies Reader*, New York-Londres, Routledge, 1999, ou en allemand dans M. Hagner (éd.), *Ansichten der Wissenschaftsgeschichte*, Francfort, Fischer, 2001.

3. G. Bachelard, *L'engagement rationaliste*, Paris, PUF, 1972, p. 69.

4. Cf. *infra*, p. 302.

5. *Cf.* J. Gayon, « De la catégorie de style en histoire des sciences », *Alliage*, 26 (1996) et le numéro spécial de *Science in Context*, 4, 2 (1991), « Style in Science ».

La notion de « style de pensée scientifique » a d'abord été utilisée, dans la période récente, par l'historien des sciences anglais, d'origine australienne, Alistair C. Crombie (1915-1996) auteur en 1994 d'une œuvre monumentale, d'une érudition admirable, *Styles of Scientific Thinking in the European Tradition*. Elle a ensuite été reprise et développée par Ian Hacking, qui préfère quant à lui parler de « styles de raisonnement scientifique », notamment dans le texte que nous avons reproduit. Cet intérêt pour la notion de style a alors conduit à redécouvrir l'œuvre de celui qui fut le premier à parler de « style de pensée », le médecin polonais Ludwik Fleck, auteur en 1935 de *Genèse et développement d'un fait scientifique. Introduction à la théorie du style de pensée et du collectif de pensée*, livre passé totalement inaperçu lors de sa parution, mais sur lequel Kuhn avait appelé l'attention dans la préface à la *Structure des révolutions scientifiques*. Kuhn avait cependant préféré insister sur la notion de « collectif de pensée » (*Denkkollektiv*) plutôt que sur celle de « style de pensée » (*Denkstil*), qui est pourtant « première » selon Fleck.

Une telle approche s'inspire évidemment de l'histoire de l'art et de l'usage qu'Aloïs Riegl (*Questions de style*, 1893) ou Heinrich Wölfflin (*Principes fondamentaux de l'histoire de l'art*, 1915) ont pu faire de la notion de style. Parler de style semble certes aller contre l'universalisme propre à la science : ainsi Gilles Granger écrivait que « le succès universel de l'entreprise scientifique serait même apparemment la mort du style »[1]. La notion de style, supposant toujours une pluralité de styles possibles, s'opposerait ainsi à la notion traditionnelle de méthode au singulier, nécessairement une. Il est cependant possible de répondre qu'il ne s'agit en fait là que d'un idéal et que l'« entreprise scientifique » réelle est en fait enracinée dans l'histoire : comme l'a montré Comte, il n'existe pas « une » méthode, mais des méthodes.

Penser l'histoire des sciences en termes de styles vise à dépasser, ou à déplacer, les controverses classiques de la discipline, dans la mesure où cela permet à la fois de comprendre les transformations, les innovations qu'introduisent de nouveaux styles de pensée mais aussi la relative persistance des caractères propres à chacun de ces styles. La notion de style suppose à la fois l'originalité, la nouveauté, comme le faisait la notion

1. G.G. Granger, *Essai d'une philosophie du style* (1968), Paris, Odile Jacob, 1988, p. 13.

kuhnienne de « révolution scientifique », mais aussi les continuités, les « techniques de stabilisation », qui permettent à ces innovations de se perpétuer ou de s'élargir à d'autres domaines scientifiques. Les styles évoluent lentement, à la différence des paradigmes de Kuhn, ou des épistémès de Foucault, qui s'effondrent brutalement. Là où Kuhn évoquait des « *paradigmchanges* » qui font brusquement « changer de monde », Fleck parle de « *Denkstilentwicklung* », d'une « évolution des styles de pensée », inspirée d'une vision évolutionniste du vivant. La science ne rompt pas brutalement avec ce qui la précède et Fleck montre comment des « *Urideen* », des idées originelles, sont à l'origine de concepts scientifiques qui s'en détacheront et les critiqueront progressivement[1]. De même Alistair Crombie, dans le texte reproduit ici, souligne, dans une tonalité assez duhémienne, la « forme unique de continuité » qui unit le mouvement scientifique européen « à son origine grecque antique »[2]. Chacun des styles de Crombie trouve ainsi son origine dans l'Antiquité grecque et chrétienne.

À la différence de la notion kuhnienne de paradigme, la notion de style permet également de penser la pluralité des approches scientifiques d'un même problème. C'est ainsi que Fleck montre, après en avoir écrit l'histoire, que la syphilis, y compris au XXe siècle, est considérée de manière différente suivant que l'on participe d'un style de pensée « clinique », « dermatologique », « bactériologique » ou même « sociopoli-tique ». À l'intérieur d'un même style de pensée existent aussi des nuances, et Fleck souligne que les croyances qui pèsent sur les membres du « cercle exotérique » sont très contraignantes, alors que les membres du « cercle ésotérique » sont beaucoup plus libres. Il illustre cela par une comparaison avec la mode : « les adeptes les plus fidèles de la mode sont éloignés dans le cercle exotérique (…). Pour les ésotériques, la contrainte est beaucoup moins importante : ils sont autorisés à de nombreuses innovations, qui ne deviendront contraignantes qu'une fois qu'elles auront été mises en circulation dans le collectif de pensée »[3]. En outre, un individu participe

---

1. Il serait possible de rapprocher ces *Urideen* de ces « antiques images » et même de ces « mythes », sur lesquels « se greffent », selon Canguilhem, « les théories scientifiques, pour ce qui est des concepts fondamentaux qu'elles font tenir dans leurs principes d'explication », *La connaissance de la vie* (1952), Paris, Vrin, 1975, p. 79.

2. Cf. *infra*, p. 276.

3. L. Fleck, *Genèse et développement d'un fait scientifique*, Paris, Les Belles Lettres, 2005, p. 187, 188.

toujours à plusieurs « collectifs de pensée », d'ailleurs plus souvent lointains que proches : « pour un seul et même problème on utilise beaucoup plus souvent des styles de pensée très différents que des styles de pensée très proches » [1]. On est plus souvent physicien et croyant ou physicien et musicien que physicien et biologiste : « de nombreux médecins s'occupent d'études historiques ou esthétiques, très peu de sciences exactes » [2]. C'est cette pluralité d'appartenances qui explique sans doute pour une bonne part la découverte scientifique.

Enfin la notion de style permet de comprendre comment apparaissent de nouveaux objets pour l'investigation scientifique et de dépasser ainsi le débat traditionnel sur le réalisme et l'ontologie. Fleck était déjà conscient de ce point lorsqu'il montre que les objets perçus par le chercheur sont toujours « conformes à un style » : les représentations anatomiques modernes ne sont pas « plus vraies » que celles de Vésale, elles ne correspondent pas davantage à la « réalité », elles sont simplement organisées différemment, en rapport avec des « motifs techno-mécaniques », alors que l'anatomie de Vésale faisait référence à une « symbolique de la mort ». De même, dans le texte reproduit ici, Fleck souligne, contre le positivisme logique d'un Carnap, qu'il n'y a pas d'observation « simple » : l'observation microscopique la plus élémentaire est le résultat d'un apprentissage, elle est « conforme au style de pensée de l'observateur » qui ne parvient à voir que ce qu'il est « prédisposé » à voir. L'autre exemple pris dans ce texte et qui sera développé dans *Genèse et développement d'un fait scientifique* est celui de l'histoire de l'anatomie : « le contenu des nouvelles observations, c'est-à-dire ce qui avait été vu à un endroit donné, dépendait du style de pensée qui prévalait » [3]. Fleck conclut que « dans la science tout comme dans l'art ou dans la vie, il n'y a pas d'autre fidélité à la nature que la fidélité à la culture » [4].

C'est sur ce point qu'insiste aussi Hacking dans le texte reproduit ici : selon lui chaque style introduit de nouveaux objets, de nouvelles phrases et ainsi « de nouvelles manières d'être susceptible d'être vrai ou faux », de nouveaux critères d'objectivité et de vérité [5]. Hacking donne l'exemple de

1. *Ibid.*, p. 192.
2. *Ibid.*, p. 191.
3. *Infra*, p. 269.
4. L. Fleck, *Genèse et développement d'un fait scientifique*, *op. cit.*, p. 66.
5. Hacking, *infra*, p. 303.

ce qu'il appelle le « style de laboratoire » qui propose de nouveaux critères d'établissement de la preuve. Selon lui « les styles de raisonnement (…) deviennent, non pas les révélateurs de la vérité objective, mais plutôt les standards de l'objectivité »[1]. Il se réfère ici plus largement à Kant et aux problèmes que soulève « notre conception « scientifique » occidentale de l'objectivité »[2]. C'est cette notion d'objectivité que Lorraine Daston se propose également d'éclairer par une approche historique, dans le texte reproduit ici et dans ses travaux ultérieurs.

Il n'est pas sans intérêt de noter que Hacking et Daston comme bon nombre d'autres chercheurs retrouvent, pour désigner une telle approche, l'expression d'« épistémologie historique », dont ils n'ont pas oublié les origines bachelardiennes et canguilhemiennes. Hacking relève certes une différence entre l'œuvre de Bachelard, qui « étudie les sciences dans leur développement historique », et sa propre approche qui porte sur « les idées sur la connaissance », et peut donc être qualifiée de « méta-épistémologie historique »[3]. Ailleurs Hacking explique que Daston est ses collègues ne font pas d'épistémologie à proprement parler, puisqu'ils ne « proposent pas, ne défendent pas ou ne réfutent pas des théories de la connaissance », mais étudient « des concepts épistémologiques qui évoluent et mutent », qu'ils retracent « les trajectoires des objets qui jouent certains rôles dans la réflexion sur la connaissance et la croyance »[4]. De telles recherches nous semblent pourtant fort proches de l'histoire des sciences « à la française », celle de Canguilhem par exemple, qui, elle non plus, ne se préoccupe pas de théorie de la connaissance et fait une « histoire des concepts » organi-sateurs de la connaissance. Ainsi l'histoire canguilhemienne du concept de réflexe ou du concept de milieu comme l'étude foucaldienne de la nais-sance de la clinique, ne dépareraient pas dans les *Biographies des objets scientifiques* écrites par Daston et ses collaborateurs. Ces objets sont certes des objets historiquement déterminés, en un sens contingents, mais il est cependant possible de les étudier rationnellement. Un autre point sur lequel

1. Cf. *infra*, p. 316.

2. Cf. *infra*, p. 317.

3. I. Hacking, « Historical Meta-Epistemology », dans W. Carl, L. Daston (ed.), *Wahrheit und Geschichte. Ein Kolloquium zu Ehren des 60. Geburtstages von Lorenz Krüger*, Göttingen, Vandenhoeck et Ruprecht, 1999, p. 55.

4. I. Hacking, « Historical Ontology », dans *Historical Ontology*, Cambridge (Mass.), Harvard UP, 2002, p. 9.

ces études diverses d'épistémologie historique, ancienne et nouvelle, se retrouvent est leur lien à une histoire politique des sciences, au sens large. Qu'il s'agisse de Canguilhem ou de Hacking, de Foucault ou de Daston, les enjeux pour le présent de ces recherches historiques ne sont jamais bien loin : l'idée d'une histoire « normative » implique des objectifs qui ne sont pas seulement épistémologiques au sens traditionnel.

De ce point de vue il serait instructif de lire en parallèle les deux textes, reproduits ici, où Canguilhem et Foucault s'estiment mutuellement. Dans la recension que Canguilhem fait des *Mots et les choses*, et où il prend la défense de Foucault contre « les enfants de Marie de l'existentialisme », il explique que l'épistémè foucaldienne est ce « fond de science », qui rend « possible » à une époque donnée, telle optique ou telle philosophie [1]. Il s'agit de ce que Foucault avait nommé, de manière volontairement paradoxale, un « *a priori* historique » et présenté comme « ce qui, à une époque donnée, découpe dans l'expérience un champ de savoir possible, définit le mode d'être des objets qui y apparaissent, arme le regard quotidien de pouvoirs théoriques, et définit les conditions dans lesquelles on peut tenir sur les choses un discours reconnu pour vrai » [2]. Canguilhem fait cependant une objection à Foucault. Il constate qu'« il n'y a pas, aujourd'hui, de philosophie moins normative que celle de Foucault, plus étrangère à la distinction du normal et du pathologique ». Mais, poursuit-il, « s'agissant d'un *savoir* théorique, est-il possible de le penser dans sa spécificité de son concept sans référence à quelque norme ? » [3]. La tentative de Foucault comporterait ainsi le risque d'un relativisme qui ne permettrait pas de comprendre ce que peut être « le commencement d'un progrès ». En même temps, en rapprochant Foucault du résistant Cavaillès, Canguilhem laisse entendre que le « structuralisme » n'engendre pas « entre autres méfaits, la passivité devant l'accompli » [4]. La question des normes semble ainsi être indissolublement une question scientifique et politique. Symétriquement

1. Cf. *infra*, p. 328.

2. M. Foucault, *Les mots et les choses. Une archéologie des sciences humaines*, Paris, Gallimard, 1966, p. 171. Comme l'a noté I. Hacking on a ici affaire à un « Kant historicisé, mais historicisé à la manière de Bachelard et non de Hegel », « Historical Meta-Epistemology », dans W. Carl, L. Daston (ed.), *Wahrheit und Geschichte*, Göttingen, Vandenhoeck et Ruprecht, 1999, p. 74.

3. Cf. *infra*, p. 336.

4. Cf. *infra*, p. 342.

Foucault apprécie que l'histoire des sciences telle que la pratique Canguilhem « ait posé à la pensée rationnelle la question non seulement de sa nature, de son fondement, de ses pouvoirs et de ses droits, mais celle de son histoire et de sa géographie, celle de son passé immédiat et de ses conditions d'exercice, celle de son moment, de son lieu et de son actualité »[1]. Mais il reconnaît que cette histoire, chez Canguilhem, « ne peut pas non plus faire l'économie d'un rapport au vrai et à l'opposition du vrai et du faux (…) qui donne à cette histoire sa spécificité et son importance »[2]. Selon Foucault « le point de vue de l'épistémologue », se situe entre histoire et science, entre historicité et vérité : en ce sens l'épistémologie historique est « la recherche de la normativité interne aux différentes activités scientifiques »[3]. Cette question épistémologique est, chez Foucault aussi, liée à une question politique, et l'on retrouve curieusement chez lui une même référence à Cavaillès, à Canguilhem et à la Résistance : la « philosophie du savoir, de la rationalité, du concept » est « en apparence (…) à la fois la plus théoricienne, la plus réglée sur des tâches spéculatives, la plus éloignée aussi des interrogations politiques immédiates. Et pourtant, c'est elle qui pendant la guerre a pris part, et de façon très directe au combat, comme si la question du fondement de la rationalité ne pouvait pas être dissociée de l'interrogation actuelle sur les conditions de son existence »[4]. L'idée d'épistémologie historique, hier comme aujourd'hui, signifie donc toujours qu'il existe des rapports complexes entre le passé et le présent de la science, ainsi qu'entre la science et ce qui n'est pas elle, c'est-à-dire aussi la politique.

Indications bibliographiques

BIAGIOLI M., *The Science Studies Reader*, New York-Londres, Routledge, 1999.

BORCK C., HESS V., SCHMIDGEN H., *Maß und Eigensinn. Studien im Anschluß an Georges Canguilhem*, Münich, Wilhelm Fink Verlag, 2005.

---

1. Cf. *infra*, p. 348.
2. Cf. *infra*, p. 353.
3. Cf. *infra*, p. 356.
4. Cf. *infra*, p. 347.

CROMBIE A., *Styles of Scientific Thinking in the European Tradition. The History of Argument and Explanation especially in the Mathematical and Biomedical Sciences and Arts*, Londres, Duckworth, 1994.

DAGOGNET F., « A Regional Epistemology with Multiple Possibilities for Expansion », *Science in Context*, 9, 1, 1996.

DASTON L. (ed.), *Biographies of Scientific Objects*, Chicago, University of Chicago Press, 2000.

FLECK L., *Genèse et développement d'un fait scientifique* (1935), Paris, Les Belles Lettres, 2005.

– *Erfahrung und Tatsache. Gesammelte Aufsätze*, Francfort, Suhrkamp, 1983.

GALISON P., *Ainsi s'achèvent les expériences. La place des expériences dans la physique du XXe siècle*, Paris, La Découverte, 2002.

— et STUMP D., *The Disunity of Science. Boundaries, Contexts, and Power*, Stanford, Stanford UP, 1996.

GAYON J., « De la catégorie de style en histoire des sciences », *Alliage*, 26, 1996.

GEISON G. L., « Research Schools and New Directions in the Historiography of Science », *Osiris*, 2nd series, vol. 8, 1993.

GOLINSKI J., *Making Natural Knowledge. Constructivism and the History of Science*, Cambridge-New York, Cambridge UP, 1998.

GUESNERIE R. et HARTOG F. (éd.), *Des sciences et des techniques : un débat*, Paris, EHESS, 1998.

GUTTING G., *Michel Foucault's Archaeology of Scientific Reason*, Cambridge, Cambridge UP, 1989.

HAGNER M. (éd.), *Ansichten der Wissenschaftsgeschichte*, Francfort, Fischer, 2001.

HACKING I., *Concevoir et expérimenter. Thèmes introductifs à la philosophie des sciences expérimentales*, Paris, Christian Bourgois, 1989.

JARDINE N., *The Scenes of Inquiry. On the Reality of Questions in the Sciences*, Oxford, Oxford UP, 1991.

LATOUR B., WOOLGAR S., *La vie de laboratoire. La production des faits scientifiques*, Paris, La Découverte, 1996.

LA VERGATA A. et PAGNINI A. (ed.), *Storia della filosofia e storia della scienza. Saggi in onore di Paolo Rossi*, Florence, La Nuova Italia, 1995.

MITTELSTRASS J. (ed.), *Einheit der Wissenschaften*, Berlin, Walter de Gruyter, 1991.

NYE M. J., *Science in the Provinces, Scientific Communities and Provincial Leadership in France, 1860-1930*, Berkeley, University of California Press, 1986.

PESTRE D., « Pour une histoire sociale et culturelle des sciences. Nouvelles définitions, nouveaux objets, nouvelles pratiques », *Annales*, 3, 1995.

SALOMON-BAYET C., *L'institution de la science et l'expérience du vivant. Méthode et expérience à l'Académie royale des sciences, 1666-1793*, Paris, Flammarion, 1978.

SHAPIN S., SCHAFFER S., *Leviathan et la pompe à air. Hobbes et Boyle entre science et politique*, Paris, La Découverte, 1993.

– « History of Science and Its Sociological Reconstructions », *History of Science*, 20, 1982.

ZAMMITO J. H., *A Nice Derangement of Epistemes. Post-positivism in the Study of Science from Quine to Latour*, Chicago, University of Chicago Press, 2004.

Ludwik Fleck

OBSERVATION SCIENTIFIQUE ET PERCEPTION EN GÉNÉRAL[*]

Jusqu'à une période récente la conviction suivante prévalait parmi les spécialistes en sciences de la nature, exprimée dans la formule de Poincaré : « si un chercheur avait un temps infini à sa disposition, il suffirait de lui dire : Regarde, mais regarde bien ». À partir de la description de ses observations de tout ce qui arrive devrait émerger tout le savoir.

Une telle conviction inclut un certain nombre de présupposés qui sont aujourd'hui insoutenables. Est-ce que l'observation peut vraiment être seulement « bonne » ou « mauvaise » (ou « meilleure » ou « pire ») et est-ce que chaque « bonne » observation conduit aux mêmes résultats ? Est-il sensé de parler des « descriptions de tous les événements » comme si ces descriptions s'additionnaient toujours fondamentalement et devaient nécessairement produire, toutes ensemble, une certaine totalité ayant un certain sens bien défini ? Est-ce que l'expression de « tous les événements » a un sens ? Est-ce que même le concept de « la totalité du savoir », du « savoir général » a un sens ? Est ce qu'il est possible qu'il y ait un chercheur isolé, même s'il avait un temps infini à sa disposition ?

Dans ces matières les théoriciens se fondent principalement sur l'expérience du siècle passé, et en particulier sur l'expérience des

[*] L. Fleck, « O obserwacji naukowej i postrzeganiu wogóle », *Przegląd Filozoficzny*, 38 (1935).

physiciens. Le problème de l'observation est apparu à cette époque comme étant bien plus simple qu'il l'est à présent. On croyait, par exemple, que l'observation n'exerce fondamentalement aucune influence sur l'état de l'objet observé. Aujourd'hui la théorie des quanta montre que chaque observation de phénomènes atomiques influe sur leur déroulement. Cependant la nature complexe du problème de l'observation ne se manifeste pleinement que dans les sciences biologiques, dans la mesure où elles sont les moins déductives et les moins abstraites.

Ma propre profession me fait faire des observations quotidiennes de choses qui sont très simples à observer : il s'agit de préparations microscopiques. Quand je regarde une préparation microscopique, par exemple une culture de bacille diphtérique, alors, pour me servir du langage commun, je vois seulement un certain nombre de lignes qui ont une certaine structure (ou couleur) spécifique, une certaine forme et un certain arrangement. Cependant, j'essaierais en vain de décrire ces trois éléments de l'image de manière à rendre en mots univoques pour le profane l'image de cette forme caractéristique que voit l'observateur entraîné, mais que le profane est tout simplement incapable de voir au début. Néanmoins, après une brève période, presque tous les élèves acquièrent la capacité de la percevoir et atteignent des résultats qui sont concordants (au moins dans une large mesure). Ainsi on doit d'abord apprendre à regarder de manière à être capable de percevoir ce qui forme la base d'une discipline donnée. On a à acquérir une certaine expérience, une certaine capacité qui ne peut être remplacée par des formules verbales. De ce point de vue un édifice complètement axiomatique de la science est impossible, parce que ni les mots ni les phrases ne suffisent à rendre son contenu complet. Un tel édifice n'est compréhensible que pour le spécialiste, pour un profane il ne correspond pas à une branche donnée de la connaissance. Le caractère nécessaire de la distinction entre le profane et le spécialiste, la nécessité d'une certaine expérience et de l'acquisition d'une certaine capacité introduisent dans le savoir un facteur fondamentalement alogique.

Encore plus vive est la nécessité d'un certain entraînement pour acquérir la possibilité de percevoir certaines formes, par exemple en dermatologie. Un profane dans ce champ, qui est pourtant capable de mener à bien de bonnes observations dans d'autres champs, disons un spécialiste en bactériologie, ne différencie pas et ne reconnaît pas les changements de la peau. Il écoute, au moins au début, les descriptions des dermatologues comme si elles étaient des contes de fées, bien qu'il ait l'objet décrit devant lui.

Ainsi existe la nécessité d'un entraînement personnel à la perception de formes spécifiques dans les champs variés de la science et il n'est pas possible de rendre ces formes univoques en les décrivant à l'aide des expressions d'une quelconque langue générale. Ainsi on ne peut pas parler en général de bonne ou mauvaise observation, mais seulement d'une observation concordante avec une certaine branche de la science ou d'une observation qui ne concorde pas avec elle.

La capacité d'observation n'est pas générale, elle n'inclut pas tous les champs du savoir en même temps. Au contraire, elle est toujours limitée à un seul champ déterminé. J'ai connu un éminent chirurgien, spécialiste de la cavité abdominale, qui n'avait besoin que de quelques regards et de quelques touchers de l'abdomen pour diagnostiquer l'état clinique de l'appendicite presque infailliblement, souvent dans des cas où les autres médecins « ne voyaient rien ». Le même spécialiste ne pouvait jamais distinguer sous un microscope les bandes de mucosités d'un cylindre hyalin. J'ai aussi connu un bactériologiste, professeur assistant dans une grande université, qui percevait et différenciait les plus infimes changements morbides dans les animaux inoculés mais qui était incapable de reconnaître une souris mâle d'une souris femelle.

Un observateur qui manque d'entraînement dans un certain champ n'est pas en état de fournir une description utile. Il procurera au mieux une description étendue contenant de très nombreux détails, dont la plupart sont inessentiels ou même fortuits, mais échouera à donner les traits caractéristiques et à souligner les caractères fondamentaux. L'image de son observation rappelle une photographie surexposée : elle est esquissée, sans contrastes. Le fond n'est pas vide ou discrètement fuyant, la forme ne se détache pas de lui, elle n'est pas mise en relief, elle n'« émerge » pas du fond.

Je donne volontairement ici des exemples de personnes dont l'occupation professionnelle consiste dans l'observation, mais on pourrait donner un grand nombre d'exemples de la vie de tous les jours, dans lesquels une précision de vision étroitement limitée est combinée avec un aveuglement limité concernant d'autres phénomènes. Des femmes à la mode perçoivent chaque détail d'un tissu, et sont à l'inverse souvent aveugles s'agissant des grands phénomènes naturels ou techniques. Dans de tels cas pris dans la vie de tous les jours le premier rôle est joué par les facteurs émotionnels qui résultent de la vie psychique entière d'une certaine personne et qui produisent la disponibilité dirigée d'avoir certaines perceptions. Dans l'observation scientifique il existe aussi une disposition déterminée pour certaines observations, mais elle est d'abord mise en place par une certaine formation, par une certaine tradition scientifique.

On pourrait juger que l'hypothétique chercheur de Poincaré, ayant un temps infini à sa disposition, serait simplement un spécialiste de toutes les matières, de toutes les sciences, et qu'il serait ainsi capable de percevoir des formes propres à tous les champs. Pourtant c'est un non sens psychologique, dans la mesure où nous savons que l'apparition de facultés de percevoir certaines formes est accompagnée par la disparition de facultés de percevoir d'autres formes. Un médecin qui examine une personne malade est souvent complètement aveugle au fait qu'elle est sale. Cet aveuglement spécifique – plus ou moins volontaire – rend possible d'exécuter l'observation médicale et en même temps évite d'éveiller une aversion. En lisant, nous ne remarquons pas en général les lettres, car nous sommes occupés avec les mots et les phrases. En corrigeant des épreuves, nous ne tenons pas compte des mots, car nous sommes absorbés par les lettres. Un médecin qui est entraîné professionnellement à observer les formes toujours changeantes et bizarres de la pathologie, est, en règle générale, un observateur médiocre de phénomènes continuellement récurrents; il n'est pas intéressé par eux, il ne les remarque pas non plus ni ne doit les remarquer s'il veut être un bon pathologiste. Un scientifique ne remarque pas, en règle générale, les phénomènes sociologiques, et dans bien des cas il est même impossible de les leur faire percevoir. Ainsi il existe une transition continue de la volonté de faire abstraction de certaines formes jusqu'à l'incapacité de les percevoir. Pour voir une forme définie dans un champ défini on doit être dans un état de préparation spécifique, qui est lui-même constituée par un détachement plus ou moins forcé concernant les possibilités d'autres formes. Chaque observateur est, en principe, dans la position d'un homme qui est mis face à une figure obtenue à partir d'une tache d'encre. On peut arranger différentes formes à partir d'elle, mais on les arrange en fait (on les voit) conformément à la disposition spécifique de la personne qui regarde. Nous devinons certains détails, nous faisons abstraction d'autres et c'est ainsi qu'une image définie en résulte.

La lettre capitale romaine A peut avoir diverses formes. Pour pouvoir l'identifier on doit avoir une certaine expérience. Ses jambages peuvent être d'une longueur égale ou inégale, ils peuvent être plus ou moins ouverts, droits ou courbes. La barre transversale peut être placée plus haut ou plus bas, elle peut être droite, plus longue ou plus courte, elle peut être composée de deux parties formant un angle, ou autrement elle peut être une courbe. Les jambages peuvent être deux lignes parallèles réunies au sommet par une ligne droite ou une courbe; elles peuvent être deux lignes droites qui divergent vers le haut, mais réunies par les moyens d'une courbe ou d'une ligne droite. En un mot, on peut introduire les modifications les plus variées dans cette lettre sans qu'elle cesse d'être la lettre A. On ne peut pas décrire après quelles modifications considérables nous cesserons de voir cette lettre comme la lettre A, car cela dépend de la personne qui regarde et aussi de l'environnement dans lequel la lettre se trouve : dans un mot qui est composé d'autres lettres convenablement stylisés, nous la reconnaîtrons plus facilement parce que nous serons enclins à penser que nous avons affaire à une lettre et que cette lettre est stylisée. Cette même lettre, nous ne l'identifierions peut-être même pas si elle était isolée. Pour percevoir n'importe quelle forme, nous avons donc besoin d'une prédisposition spéciale dont la base est donnée par l'éducation usuelle, alors que le supplément requis dans des cas extraordinaires doit être complété par des circonstances spéciales. Il est important de noter que la prédisposition a ses propres lois, que nous devons suivre durant le processus de perception : ainsi la lettre A pourrait avoir sa barre transversale à des distances variées de la base, entre 1/3 de la lettre à partir du haut et 1/3 de la lettre à partir du bas. Mais si cette lettre est composée de deux jambages qui divergent vers le haut et que ces jambages sont reliés en haut par une ligne droite ou une courbe, alors la barre transversale doit être placée dans la partie haute de la lettre; si elle est placée dans la partie basse, alors A ne sera reconnue qu'avec difficulté ou pas du tout.

Même la plus simple observation, par exemple celle d'expérimentations de sciences naturelles à l'école, requiert une certaine prédisposition mentale qui, du reste, peut être produite par peu de gestes et peu de phrases. Chaque professeur a certainement plusieurs fois constaté que, lorsqu'on leur demande « que vois-tu ? », les élèves décrivent souvent des observations qui sont très bizarres, parce qu'ils rapprochent en une seule forme ce que le professeur estime être accidentel et inessentiel, en laissant justement de côté les éléments essentiels et les plus importants. Une grande partie de l'éducation de l'enfant consiste précisément à lui apprendre à voir ce que les adultes voient, et à perdre en même temps la capacité vraiment « polyvalente » de l'enfant à voir des formes bizarres. Qui sait combien de connaissances futures, combien d'observations que la science admettra dans l'avenir, sont cachées dans ces fictions ? Certains phénomènes entoptiques, comme par exemple les « mouches volantes »[1], sont bien plus souvent observés et connus par les enfants que par les adultes et on

1. En français dans le texte.

devrait admettre que la science a découvert ici un phénomène que l'éducation élémentaire apprend, en règle générale, à oublier.

Quelqu'un pourrait objecter ici qu'observer une forme définie n'est pas une véritable observation scientifique, mais est tout au plus un *malum necessarium* psychologique. Que le chercheur devrait percevoir seulement les éléments les plus simples de l'image, qui sont immédiatement donnés, dont la forme est automatiquement composée, ou alors consécutivement à une hypothèse *sui generis* qui est plus ou moins subjectivement colorée. Que ces éléments les plus simples sont incontestables pour les gens « normaux », qu'ils peuvent être décrits complètement et que leurs descriptions ne laissent aucune place à une prédisposition mentale spécifique et orientée.

Je crois que il est inutile et superflu de discuter sur le principe de cette position « atomiste ». Les partisans du donné élémentaire direct se discréditent eux-mêmes puisqu'ils ne peuvent pas se mettre d'accord sur ce qui doit être considéré comme ce donné immédiat élémentaire. Qu'est-ce que ce *donné* immédiat, si on doit le chercher ? En quoi cela est-il donné *directement* s'il y a de telles controverses ? Il suffit de comparer le numéro 2 (p. 432) et le numéro 3 (p. 215) de la revue *Erkenntnis*, pour se convaincre combien Carnap est devenu compliqué avec ses « énoncés protocolaires » et pour établir la vacuité complète de toute cette matière. Cela conduit nécessairement au dogmatisme ou au relativisme, et dans les deux cas, cela échoue à fournir de nouvelles possibilités de recherche. À mon avis la seule théorie qui soit de quelque valeur est celle qui ouvre de nouveaux champs de recherches, de nouvelles possibilités mentales et non pas celle qui ferme la voie à des recherches futures.

Néanmoins je veux examiner concrètement, en utilisant l'exemple donné plus haut de l'observation de préparations de germes de la diphtérie, s'il est possible d'en donner une description univoque, utilisant des expressions de la langue de tous les jours, et comment la science résout dans ce cas le problème de l'observation et de la description.

L'image microscopique de la préparation d'une culture de germes de diphtérie, colorée, par exemple, selon la méthode de Gram, est, pour le profane ayant quelque culture générale et comme tel familier avec le microscope, un ensemble de lignes sombres sur un fond clair. Le profane verra en outre d'éventuels défauts dans le verre, quelques points qui sont des précipités de teinture, quelque figures accidentelles arrangées à partir de ces points, ressemblant à une île dentelée. Il est impossible d'obtenir de sa part une description qui ressemblerait à celle du spécialiste, sans lui poser des questions qui l'influencent (Est-ce que les lignes sont de la même épaisseur sur toute leur longueur? Sont-elles droites? Sont-elles teintes uniformément? Sont-elles parallèles? etc.). Il est de même impossible de diviser les images qui s'imposent d'elles mêmes à lui (comme par exemple l'image de l'île) sans certaines suggestions (par exemple, compare avec d'autres endroits, ne regarde pas ce détail parce qu'il est accidentel, c'est une erreur de teinture, etc.).

Plus l'éducation de l'observateur profane est pauvre, ou, plus précisément, plus elle est éloignée de l'éducation d'un spécialiste de notre champ, plus l'image qu'il voit est éloignée de celle que le spécialiste voit, plus distante aussi est la description. Quelqu'un qui n'a pas l'habitude du microscope ne verra pas du tout l'image, il ne regardera pas dans l'oculaire, il ne fera pas attention à la lumière, il ne mettra pas au point sur la préparation. Suivant la suggestion de la forme du microscope, l'œil cherche l'objet sur la paillasse, il tourne le miroir vers lui-même et regarde dans celui-ci. S'il sait que l'on doit regarder dans l'oculaire, il voit ses propres cils, il accommode sur la surface de l'oculaire, il regarde de manière oblique et voit la paroi sombre du tube, ou, enfin, «un disque clair sur fond sombre».

Plus l'éducation de l'observateur profane est proche de celle du spécialiste, plus proche sera l'image observée. Mais même un botaniste qui fait de la recherche en bactériologie générale et qui est familier de la littérature sur les caractères du bacille de la diphtérie, n'entreverra pas ces caractères de la préparation sur lesquels le spécialiste va se baser et ne sera pas capable de les distinguer, c'est à dire qu'il ne trouvera aucune correspondance entre les mots qu'il connaît dans les livres et les caractères observés de l'image. Même les descriptions les plus complètes ne peuvent compenser le manque d'expérience pratique.

Ainsi, en juxtaposant les résultats des observations par des observateurs variés, on obtient une gamme complète : de l'image perçue par le spécialiste, qui est en accord avec le savoir officiel, en passant par des « fantaisies » diverses jusqu'à l'impossibilité de percevoir quelque image que ce soit. Lequel de ces résultats d'observation est justifié à être désigné comme cette description désirée, univoque, généralement valide ?

1) On pourrait penser que c'est chacun d'entre eux. Néanmoins, on est obligé d'affirmer qu'une certaine partie de ces « résultats d'observation » est de toute façon tout à fait inexprimable. Le profane complètement ignorant n'atteindra aucun résultat, aucune forme évidente, parce qu'il ne fait l'expérience que d'un chaos d'impressions et d'opinions vacillantes et changeantes, contradictoires et qui s'annulent mutuellement. Si nous voulions absolument rendre son expérience avec des mots, la formule la plus appropriée serait : « je cherche » ou « j'ai un chaos ». Aucun autre mot ne rendrait mieux son expérience.

Certains résultats sont exprimables plus concrètement. Du chaos émerge une forme plus ou moins palpable. Dans certains cas c'est une forme tout à fait éloignée de celle qui est perçue par un spécialiste, et qui n'a rien en commun avec la préparation de germes de la diphtérie, telle qu'elle est comprise par le spécialiste. Elle est en rapport avec l'expérience de l'observation en général ou avec l'emploi du microscope en général, etc. Ainsi ces « observations » aussi échouent à produire un protocole simple à partir duquel pourrait, par voie de conclusion, être produite une connaissance de la diphtérie.

Enfin d'autres résultats d'observations se rapprochent de ce que le spécialiste croit être l'objet de sa recherche, c'est-à-dire la préparation des germes de la diphtérie. Malheureusement on ne

peut pas déterminer exactement ce qui appartient à la préparation
des germes de la diphtérie et ce qui ne lui appartient pas (par exemple
les caractères de la lamelle? Les taches de la teinture précipitée?
Des restes du milieu dans lequel la bactérie s'est développée?
L'ombre d'une bactérie décomposée?) Ainsi des problèmes contro-
versés peuvent toujours surgir sur ce qui est, et ce qui n'est plus,
le caractère de l'objet soumis à recherche. (Si nous considérons
que l'objet de l'observation n'est pas la préparation des germes
mais les germes eux-mêmes, le problème sera encore plus difficile :
personne ne sait aujourd'hui ce que sont les formes transitoires et
les états à travers lesquels passe le germe : donc il n'est pas possible
de déterminer *in concreto* ce qui est et ce qui n'est pas un germe.)
Eu égard à cela des divergences doivent toujours exister quand
il s'agit de limiter l'objet de l'observation. Celles-ci seront plus
mineures si l'observateur a une éducation et une expérience plus
spécialisées. Les observations dans le champ des chlamydozoaires
ou des pettenkoferia, que certains chercheurs considèrent comme
fantaisistes, conjectures sur fond d'artefacts, prouvent que, même
parmi les spécialistes, de telles divergences existent.

À partir de là nous avons affaire à deux difficultés mutuellement liées : 1) La nécessité d'un certain niveau d'éducation et
d'entraînement de l'observateur, sans lesquels l'observation du dit
objet est hors de question, et 2) l'impossibilité d'une complète
réconciliation d'observateurs variés, même éduqués, concernant la
délimitation de cet objet.

Ces deux difficultés sont oubliées par les théoriciens. Leurs
opinions comprennent implicitement l'idée que la « compétence
professionnelle » ou, au moins, la « préparation pour l'observation » sont des états qui premièrement sont toujours susceptibles
d'être atteints par une grande majorité de gens, et, secondement,
sont en général capables d'être déterminés ou définis, ou même
possèdent une valeur absolue, presque métaphysique. En ce qui
concerne la seconde difficulté : les scientifiques savent bien à peu
près tous que « le concept de l'observation contient en fait un arbitraire sur lequel il se repose essentiellement, celui de savoir quels

objets doivent être comptés comme faisant partie du système de l'observation » (Bohr), mais cela les conduit le plus souvent au conventionnalisme épistémologique, dans la mesure où ils pensent que cet « arbitraire » dépend de la volonté du chercheur et que, dans son choix, il est dirigé par un but, à travers lequel se crée un « agrément scientifique » tacite. Mais le chercheur n'a pas conscience de choisir, au contraire, le choix lui est imposé directement et d'une manière contraignante, d'après son mode de pensée, d'après le complexe de ses prédispositions mentales, d'après ses habitudes de pensée – en bref d'après ce que nous appelons le « style de pensée ».

Le style de pensée ainsi compris est le résultat de l'éducation théorique et pratique d'un individu donné, et, en passant du maître à l'élève, c'est une certaine valeur traditionnelle qui est sujette à un développement historique spécifique et à des lois sociologiques spécifiques. Les deux difficultés mentionnées plus haut se laissent ramener à la question des styles de pensée : on doit admettre que chacun des observateurs mentionnés plus haut a mené des observations en accord avec son propre style de pensée. Ces styles sont plus ou moins différents les uns des autres ; plus ils diffèrent, plus différents sont les résultats des observations. Chez les spécialistes nous constatons une communauté fondamentale de style de pensée et seules subsistent de légères différences de style, individuelles ou d'« orientation » (dépendant de l'« école »). S'il y avait une complète identité et immutabilité de style de pensée, aucune découverte, c'est-à-dire aucune perception de quelque chose de nouveau ne serait jamais possible. Chaque nouvelle observation est une expérience : il s'agit d'appliquer la combinaison qui convient le mieux aux conditions données en puisant dans la réserve des formes qui sont à notre disposition (éventuellement issues de champs complètement différents). La variété de ces réserves est donc une nécessité, et le collectif de chercheurs ne peut pas être remplacé par un seul chercheur, même s'il avait une infinité de temps à sa disposition.

Ce n'est pas seulement la délimitation de l'objet d'observation qui est déterminée (jusqu'à un déplacement complet des limites) par le style de pensée de l'observateur. Insister sur certains éléments et en minorer d'autres dépend de la même manière du style de pensée. On doit donc dire que deux observateurs possédant des styles de pensée très différents n'ont pas d'objets communs d'observation, mais que chacun d'entre eux observe en principe un autre objet. Quant il s'agit des protocoles de leurs observations, le problème devient de plus en plus complexe dans la mesure où ils vont utiliser des expressions différentes ou les mêmes expressions avec des sens différents. Donc il est hors de question d'admettre que, entre ces observateurs, il soit possible d'échanger les protocoles d'observation en général, ou même partiellement. Il est donc impossible de donner une description univoque du résultat de l'observation à l'aide des expressions d'un discours général.

2) On pourrait penser qu'aucun de ces résultats d'observation psychologiquement conditionnés n'est directement justifié à être privilégié pour fournir les protocoles d'une observation scientifique. On pourrait penser qu'un chercheur – comme cela a été dit plus haut – devrait, en utilisant une analyse critique, exclure de son résultat d'observation tous les éléments subjectifs, ou au moins les éléments personnels, de manière à obtenir ce que nous appelons une observation scientifique.

Mais cette analyse critique n'est-elle pas elle-même aussi conditionnée psychologiquement et historiquement? Du point de vue de la théorie de la connaissance comparée elle n'est rien d'autre que la stylisation de l'observation : d'abord faite consciemment en accord avec les prescriptions traditionnelles, elle devient ensuite une habitude mentale de l'observateur et enfin, le chercheur expérimenté n'est tout simplement pas en mesure « d'observer de manière non critique ». Et pourtant cette attitude critique conserve beaucoup de traits individuels et, qui plus est, subit une constante évolution. Sinon il serait impossible de percevoir de nouveaux détails dans un matériel ancien, ce qui se passe toujours dans la science. Dans les éléments fondamentaux d'un système légitime de connaissance les caractères de style sont aussi présents que dans l'observation brute.

Au lieu de s'aventurer dans l'analyse générale d'une telle observation scientifique critique, purifiée, impersonnelle, considérons, pour utiliser notre exemple de la préparation des germes de diphtérie, ce qu'ont en commun l'observation scientifique officielle et une telle description?

Dans le manuel bien connu et généralement accepté de Lehmann-Neumann (*Bakteriologische Diagnostik* (1927), II, p. 676) nous lisons la description suivante de la disposition des bacilles de la diphtérie :

> La disposition est très caractéristique; à côté de la grande richesse des formes (sous réserve d'omissions), la disposition est essentiellement irrégulière (désordonnée) de sorte qu'on l'a déjà comparée à des caractères chinois. Au contraire la pseudo-diphtérie présente dans sa forme et dans sa disposition de bien plus grandes régularités. La disposition en forme de doigts largement écartés ou d'un V romain, ensuite le rapprochement en forme de palissade, est plus caractéristique de la pseudo diphtérie, mais se rencontre aussi quelquefois dans la vraie diphtérie.

Si un spécialiste lit une telle description, il incline à exprimer son accord : Il est d'accord sur le fait que la disposition des bacilles de la diphtérie est caractéristique, c'est-à-dire qu'une grande partie du diagnostic de ces bacilles peut être basée sur elle, et que l'arrangement est désordonné, que la pseudo-diphtérie montre plus fréquemment un arrangement bien ordonné, en forme de palissade ou rappelant des doigts largement écartés.

Si un soi disant profane éduqué lit cette description, il doit ressentir une certaine surprise. Après tout, il lit que l'arrangement est caractéristique, et immédiatement après qu'il n'y a pas de règle. Est-ce donc qu'une disposition chaotique et désordonnée peut être caractéristique?

Le point est que «caractéristique» signifie dans ce cas «spécifique malgré un caractère chaotique, et contenant une différence par rapport à ce qui doit être distingué de lui en pratique, c'est-à-dire la pseudo-diphtérie». Cette différence consiste dans une nature largement plus chaotique de la disposition par rapport à la disposition plus régulière de la pseudo-diphtérie. Par contre cette disposition plus régulière est décrite dans les phrases suivantes de la description de Lehmann-Neumann. Ici le profane est à nouveau frappé par l'ordre inattendu des mots, et par le mot « plus » qui donne à la dernière phrase de Lehmann-Neumann un certain caractère polémique. On attendrait que les deux dernières phrases de la description se lisent à peu près comme suit : « Au contraire la pseudo-diphtérie montre en forme et en disposition une beaucoup plus grande régularité : on observe la position en forme de doigts largement écartés ou d'un V romain ; au-delà le regroupement en palissade – même si cette disposition se rencontre aussi dans la diphtérie authentique ». Les deux dernières phrases de Lehmann-Neumann paraissent dire que les auteurs combattent une opinion opposée. Et en fait ils polémiquent ici avec le passé et aussi avec leur propre passé scientifique, ce dont nous parlerons plus bas.

En tout cas la description citée consiste dans 1) la simple affirmation de la nature spécifique de l'image, 2) la prise en compte des exigences pratiques du chercheur (distinguer entre la diphtérie et la pseudo-diphtérie), sans fournir directement à chaque observateur un certaine image générale dérivée de quelques éléments de base. 3) D'ailleurs cette description nécessite un certain point de vue en rapport avec la description d'une époque passée. 4) Elle utilise certaines comparaisons (lettre V, doigts largement écartés, palissade) qui sont inattendues pour un profane, et sont dérivées de l'histoire de la connaissance de la diphtérie, dont je parlerai plus bas.

En bref cette description ne dépasse pas les limites du style spécifique de pensée des bactériologistes, de ses exigences, de son évolution historique, de ses comparaisons historiques. Nous considérerons ensuite s'il serait possible de le composer d'une manière différente.

Dans le manuel aussi connu et presque aussi apprécié de Kolle et Hetsch (*Die experimentelle Bakteriologie*, 1919, II, p. 669) nous lisons :

Très caractéristique est la disposition des individus isolés dans les préparations colorées, que celles-ci soient préparées à partir de cultures pures ou directement à partir de membranes de diphtérie. Les bactéries se disposent en effet volontiers (« *gern* ») parallèlement les unes aux autres, ce qui donne une disposition analogue à une palissade. Il est en outre jusqu'à un certain point typique (« *bis zu einem gewissen Grade typisch* ») que les bacilles de la diphtérie, quand ils sont réunis en groupes, s'accrochent à une extrémité pendant qu'ils divergent à l'extrémité opposée. Cela donne ainsi l'image des doigts ouverts.

Le spécialiste va aussi être d'accord avec cette description. La comparaison avec une palissade est adoucie par mot « *gern* » (et donc pas « toujours », mais « volontiers »), celle avec les doigts par les mots « jusqu'à un certain point typique » (donc là encore pas « absolument », seulement « jusqu'à un certain point »). En vérité, la description de Lehmann et Neumann est incomparablement plus mûre, mais celle-ci aussi n'est pas fausse.

Le profane doit avoir l'impression que cette description est incompatible avec la précédente. En fait, seule la définition de la disposition des bactéries de la diphtérie comme caractéristique leur est commune, et en outre la description de Kolle et Hetsch semble être complètement contraire à celle de Lehmann et Neumann : l'une affirme que l'arrangement en palissade et en forme de doigt est typique, et l'autre qu'il ne l'est pas.

Dans le manuel de Kisskalt et Hartmann (*Praktikum der Bakteriologie und Protozoologie*, 1914, I, p. 43) il est écrit : « particulièrement caractéristique est leur position : ils forment le plus souvent un angle, plusieurs ensemble sont comme des doigts écartés ». Chez Przesmycki (*Zarys bakteriologii praktycznej*, 1927, p. 55), on lit : « Les bacilles de la diphtérie […] se disposent habituellement selon la forme d'une palissade, ou alors ils rappellent les doigts écartés d'une main ». Fischer écrit (*Anleitung zur Hygiene. Untersuchungen* (1912), p. 237) sur les bacilles de la diphtérie : « Apparaissant fréquemment sous une forme en V, ou croisés ou disposés en tas irréguliers ». Sur le bacille de la pseudo-diphtérie : « la plupart du temps il est plus court et plus épais (que ceux-là), disposé de manière prédominante suivant la forme d'une palissade ».

Pour tout profane ces descriptions sont contradictoires, alors que pour le spécialiste non, parce qu'il sait qu'elles doivent être prises *cum grano salis* : chacune d'entre elles présente certaines images qui *peuvent*, mais ne *doivent* pas être trouvées partout. Le plus important et le plus essentiel est le fait que la disposition est caractéristique, ce qui est souligné par chacun, clairement ou moins clairement. Pour décrire cette nature caractéristique ils fournissent les comparaisons traditionnelles, usuelles, qui servent aussi bien quand elles sont utilisées pour mettre en relief les similitudes entre elles et les images observées, que quand elles sont utilisées pour mettre en relief les différences. La disposition des bacilles de la diphtérie montre une forme spécifique. On doit apprendre à la voir et ce n'est qu'ensuite qu'elle est « spécifique et rien d'autre », comme l'aspect spécifique de la lettre A, malgré sa variabilité. Avant que l'on apprenne à voir cette forme, des comparaisons variées s'imposent d'elles-mêmes. La relation de cette forme à celle avec laquelle on la compare, connue par ailleurs, vacille sous nos yeux : une fois nous voyons la similitude et une autre fois la différence. C'est de cette manière que nous apprenons comment produire une nouvelle forme. Une fois que nous l'avons fortement saisie, les comparaisons deviennent superflues ou alors elles ont simplement une valeur didactique, c'est-à-dire pour celui qui apprend à voir.

Très instructive est la considération du développement de l'observation et de la description dans ce champ. Dans l'édition de 1920 de leur manuel, Lehmann et Neumann (II, p. 554) écrivent :

> Caractéristique (*charakteristisch*) est la disposition face à face à la manière de doigts largement écartés. Ou en forme de palissade ou comme la lettre romaine V. Les deux dernières caractéristiques se rencontrent aussi principalement pour la pseudo-diphtérie.

Les auteurs ne développaient leur comparaison avec une palissade et avec la lettre V dans un sens plus positif que sept ans après. Le mot « *charakteristisch* » est répété, mais son explication est différente, elle apparaît même comme étant à peu près contraire.

Dans l'édition de 1899 (II, p. 371) on lit : « Les formes courtes sont plutôt disposées en parallèles, les longues plus croisées, rangées en rosaces en formes de doigt et ainsi de suite ». D'après Kurth la probabilité d'avoir une souche pathogène devant soi croît quand on arrive à établir que dans des préparations de frottis de cultures jeunes (six heures à 35 degrés) cultivées sur un sérum de Löffler, il y a au moins un certain nombre de formes longues (sept fois plus longues que larges) ou que cinq fois des images en V sont disponibles. Plus loin Kurth souligne qu'il voit les jeunes baguettes comme disposées comme les doigts de deux mains croisées ensemble. La discussion à peu près contemporaine par Marx (*Diagnostik* etc. (1902), p. 129) énonce : « …on obtient dans les préparations de frottis des ordonnancements de bactérie dans les cultures de six heures, que M. Neisser compare justement avec des images, qui se forment quand on met des mains avec les doigts croisés dans toutes les positions possibles. Plus tard elles reposent principalement côte à côte, en forme de palissade ». Besson écrit (*Technique microbiologique* (1898), p. 324) : « Ces bacilles peuvent être disposés parallèlement les uns aux autres ou associés par deux bout à bout ; souvent encore, ils sont unis par deux à angle plus ou moins aigu de manière à figurer un V ou un accent circonflexe ».

Les descriptions deviennent beaucoup plus longues, elles contiennent de nombreuses comparaisons, citent leurs auteurs, procurent des conditions détaillées. Comparée avec elles, la description de Lehmann-Neumann de 1927 est très maigre, en particulier si nous laissons de côté la dernière phrase polémique, qui corrige simplement toutes les opinions antérieures. C'est comme si les auteurs avaient abandonné, avec le temps, l'espoir de trouver des comparaisons adéquates : en 1927 ils se limitent déjà à écrire que le système est désordonné, chaotique comme les caractères chinois

– mais pourtant spécifique, caractéristique. Dans beaucoup de manuels plus récents, par exemple dans le *Handbuch der pathog. Mikroorganismen* de Kolle-Kraus-Uhlenhut, vol. V, part. 1, p. 460 (article de Gins en 1928) on lit des phrases qui sont très similaires aux descriptions modernes de Lehmann et Neumann : « Quand la caractéristique d'une culture pure de Löffler doit être décrite sous l'apparence d'une encre de chine, alors c'est à mon avis un fait, qu'à peine deux petites baguettes côte à côte vont se rencontrer ».

Dans le manuel de Calmette-Boquet-Nègre (*Manuel technique*, etc., 1933) les auteurs ne donnent pas du tout de description de l'arrangement des bacilles de la diphtérie, même s'ils ne mettent certainement pas en question sa nature caractéristique. Ils ont abandonné la description, parce qu'ils savent que l'arrangement est d'une nature spécifique, comparable à rien d'autre. Ils voient sa spécificité directement, et toute comparaison est superflue et même dommageable.

L'évolution de l'observation des bacilles de la diphtérie, qui a eu lieu dans la communauté officielle des bactériologistes (le collectif de pensée, *Denkkollektiv*) apparaît donc comme étant la suivante.

Autour de 1900, c'est-à-dire seize ans après la découverte du germe, les spécialistes voyaient dans l'arrangement de ces bacilles une série d'images et de figures connues par ailleurs : des doigts largement écartés, les doigts de deux mains superposées, la lettre V, l'accent circonflexe, les palissades. Quelquefois il semblait qu'une image était la plus adaptée, une autre fois c'était une autre – on enlevait donc une fois certaines images, une fois d'autres images sur le tas d'ordures de la diphtérie apparente (pseudo-diphtérie). On s'efforçait de fixer ces formes contradictoires, oscillantes, qui se présentaient alternativement à l'observateur. Les conditions de leur formation étaient étudiées, et certains auteurs croyaient que ces conditions avaient déjà été presque établies.

Plus tard, vers 1915-1920, les spécialistes ont commencé à montrer la spécificité des images de la disposition des bacilles de la diphtérie. Ils soulignaient qu'elles sont caractéristiques, mais les similitudes avec les images habituellement comparées commencèrent à devenir brouillées. Ces comparaisons ne sont plus si détaillées, certaines réserves et limites apparaissent.

Finalement, après 1925, les spécialistes voient directement la forme spécifique de cet arrangement, ils savent que sa description synthétique est impossible, que l'analyse conduit seulement à le disperser en un chaos désordonné. Ainsi une disponibilité spécifique pour percevoir une certaine forme séparée s'est mise en place. Les comparaisons n'ont qu'une valeur historique ou didactique, puisque les nouveaux membres du collectif sont introduits (c'est-à-dire que l'on produit leur disponibilité) à travers une voie historique.

En même temps, une évolution parallèle des notions s'est produite : que doit-on considérer comme la vraie diphtérie et comme la pseudo-diphtérie, quelles sont aussi bien les frontières entre la vraie diphtérie et la diphtérie apparente ? Cette évolution des concepts entraîne que, aujourd'hui, les sens des mots « bacille de la diphtérie » et « bacille de la diphtérie apparente » diffèrent de 1900. On ne peut pas même comprendre les expressions de cette époque dans la langue de notre temps ; les auteurs eux-mêmes ont perdu la capacité de comprendre les expressions qu'ils employaient à l'époque de la manière dont ils les comprenaient à l'époque. Cela fonde la dépendance des vues et des observations par rapport à l'époque et, sans cette dépendance, le développement de la connaissance est impossible.

Où sont donc ces « observations critiques », ces « bonnes observations uniquement », fiables, qui ne changent pas, ces observations valides pour toujours, d'après lesquelles la connaissance scientifique croîtrait par pure augmentation, comme s'il s'agissait de briques ?

Il existe une collectivité d'hommes possédant un style de pensée commun. Ce style se développe, et est, à chaque étape, lié à son histoire. Il crée une certaine aptitude définie, il le transmet par des méthodes sociologiques aux membres du collectif, et il dicte ce que ces membres voient et comment ils le voient. Cette image apparaît d'abord comme un résultat d'une certaine expérience de pensée : dans la réserve des images traditionnelles on essaye certaines images et leurs combinaisons, on en rejette une certain partie, on en stylise d'autres, on mène en quelque sorte un conflit avec les images alternativement dominantes – jusqu'à ce qu'enfin une nouvelle prédisposition soit créée, c'est-à-dire la prédisposition à voir une nouvelle forme, spécifique. Ce cheminement complexe est analysable : il peut être étudié par le moyen de la théorie de la connaissance qui se fonde sur la sociologie de la connaissance et sur l'histoire sociologique du développement de la science. Cette science, qui compare des styles de pensée différents et étudie la circulation des pensées à l'intérieur de styles de pensée variés, établit que la connaissance passe par trois stades de base : une découverte apparaît d'abord sous la forme d'un aviso de résistance faible, qui inhibe des oscillations mentales alternées dans le chaos créatif des pensées. À partir de cet aviso se constitue, par le biais de la circulation sociale et stylisante de la pensée, une pensée démontrable, c'est-à-dire une pensée qui peut être placée dans le système du style. Les développements ultérieurs le transforment en une pensée évidente – dans le cadre du style –, en une forme spécifique, directement connaissable, en un « objet » que les membres du collectif doivent traiter comme un fait existant à l'extérieur et indépendant d'eux. C'est ainsi que se présente l'évolution de ce que nous appelons « réel ». C'est seulement l'une des manières dont la connaissance se développe. L'autre manière, qui repose sur le développement de la connaissance à partir d'une certaine vision du collectif, n'est pas l'objet de la discussion du présent article [1].

L'exemple que nous avons pris (l'observation sous un microscope) peut sembler trop complexe et artificiel. On peut lui reprocher que ce n'est pas un exemple de l'observation en elle-

---

1. *Cf.* L. Fleck, « Jak powstał odczyn Bordeta-Wassermannna i jak wogóle powstaje odkrycie naukowe ? » (« Comment s'est constitué le test de Bordet-Wasserman et comment en général survient une découverte scientifique ? »), *Polska Gazeta Lekarska*, 13 (1934), p. 181-182, 203-205.

même, dans la mesure où une certaine capacité technique est requise pour observer à travers un microscope. On pourrait objecter qu'il existe aussi de simples observations, simplement « regarder et voir ». Je ne pense pas qu'il soit nécessaire de discuter en général et de manière abstraite si « simplement regarder » existe ; un exemple concret sera plus utile, un exemple qui, en même temps, complétera nos considérations antérieures, dans la mesure où il indique non seulement le développement du regard dans un certain domaine, mais aussi ses commencements. L'exemple des bacilles de diphtérie serait difficile à développer dans cette direction pour les non spécialistes.

Au Moyen Âge existait une anatomie spécifique, traditionnelle, prenant sa source chez Galien, mais corrompue à travers une longue chaîne d'intermédiaires, et réduite à la fois du point de vue du texte et des illustrations à de pauvres schémas, souvent enfantins et primitifs, avec des conjectures en complément. L'origine de la nouvelle anatomie est usuellement représentée comme suit : l'anatomie de Galien a survécu pendant des siècles parce que les savants médiévaux n'observaient pas et, en particulier, ne pratiquaient pas de dissections. Pourtant, « dès qu'elle s'est réveillée de son sommeil et a commencé à observer avec ses yeux perçants et ouverts les formes anatomiques, et à consigner par écrit ce qu'elle avait vue » (R. Sudhoff, *Tradition und Naturbeobachtung* (1907), p. 3), l'anatomie médiévale devait s'effondrer et l'anatomie moderne devait alors naître.

Or cette légende est erronée. D'abord on croyait Galien non pas parce que l'on ne faisait pas d'observations mais au contraire on ne faisait pas d'observation au sens moderne du terme, parce qu'il n'y avait pas besoin d'en faire : Galien – et même un Galien simplifié – suffisait largement pour les savants de cette époque [1]. Pourtant on ne peut pas dire que le savant médiéval n'avait aucune relation

---

1. L. Fleck, « Zur Krisis der Wirklichkeit » (« Sur la crise de la réalité »), *Naturwissenschaften*, 17 (1929), p. 33.

positive à l'observation. Bien sûr, cette relation était, qualitativement et quantitativement, différente de celle d'aujourd'hui, mais elle existait. Nous lisons par exemple, d'après l'auteur d'un manuscrit illustré de 1158, donc du plus profond du Moyen Âge, qu'il décrira les veines, les nerfs et les tendons l'un après l'autre « *ne forte erret inspector eorum, sed agnoscat ea ita ut videt* » (non pas afin que celui qui les inspecte ne se trompe pas, mais afin qu'il les connaisse comme il les voit). Donc le fait de regarder de près, de voir l'état réel des choses était même alors pris en compte. On prenait aussi en compte « les illusion des sens » c'est-à-dire qu'il existait une manière d'observation critique, bien qu'elle soit différente de celle d'aujourd'hui, car la critique consiste dans la stylisation, dans l'ajustement au style de pensée. Regarder et voir à cette époque différait d'aujourd'hui, mais il serait naïf de penser que l'homme de cette époque était endormi, et ne s'est réveillé de son sommeil que durant la Renaissance. Les obstacles techniques qui pouvaient exister pour des organes que seule la dissection anatomique pouvait rendre visibles n'existaient pas, par exemple, en ce qui concerne l'ostéologie : le XVIe siècle était en mesure de trouver des os autour des cimetières et de les étudier, mais le Moyen Âge n'éprouvait simplement pas le besoin intellectuel de telles observations ; quand on regardait un os, on pouvait voir seulement ce que l'on pouvait trouver dans les livres sans regarder. La conviction était généralement admise que l'homme avait, du côté gauche, une côte de moins que du côté droit, car cela était conforme à la Bible, et l'homme de cette époque le croyait simplement, c'est-à-dire qu'il ne voulait pas et ne pouvait pas s'assurer que cela était faux. Et pourtant cela serait aussi aisé que pour nous : nous, les hommes du temps présent, sommes capables, sans aucun moyen technique, de vérifier sur nous mêmes ou sur d'autres que le nombre des côtes est le même des deux côtés et pour les deux sexes.

Dans l'œuvre de Berengar (vers 1520) nous lisons, à propos de la vieille controverse sur l'origine des veines : d'après Aristote les veines viennent du cœur, d'après Galien elles viennent du foie. « Je dis cependant… que les veines ne viennent ni du cœur ni du foie, si ce n'est improprement et métaphoriquement, et je dis que celles-ci métaphoriquement naissent plus du foie que du cœur et je crois à cela plutôt avec les médecins qu'avec Aristote ». Il est évident qu'aujourd'hui toute discussion logique et toute démonstration *ad oculos* serait impuissante face à Berengar : nous ne connaissons pas la notion de « l'origine métaphorique et impropre des veines ». Nous connaissons seulement l'origine morphologique, phylogénétique ou ontologique des veines. Pour nous l'organisme n'est pas une collection de telles métaphores et symboles – même si nous sommes incapables de connaître la raison logique pour laquelle nous avons changé de style de pensée. Non seulement Berengar aurait été incapable de voir lui-même les relations qui sont connues aujourd'hui, mais il aurait été même impossible de les lui montrer : ce qui est important pour nous est pour lui inessentiel, inexplicable, étranger, comme, au contraire, ses propres pensées sont étrangères pour nous. On ne peut pas, simplement et immédiatement, voir quelque chose de neuf et de différent. En premier lieu le style de pensée tout entier doit être changé, l'état d'esprit intellectuel doit être ébranlé, et la force de la préparation mentale dirigée doit cesser. Une agitation intellectuelle spécifique doit se produire et un changement de l'état d'esprit du collectif de pensée, qui est la condition nécessaire pour créer d'abord la possibilité et ensuite la nécessité de créer quelque chose de neuf et de différent.

Il peut être démontré que la question de l'opposition à Galien et à la tradition était indépendante de détails anatomiques : certains désapprouvaient le galénisme en principe, sans être capables de dire quelque chose de différent lorsqu'il s'agissait de détails anatomiques (Berengar) ; d'autres le défendaient de manière fondamentale et absolue, bien qu'ils admettent que les innovateurs avaient raison dans les détails. Et il y en avait aussi d'autres qui occupaient un point de vue curieux, à savoir qu'il valait mieux se tromper avec les Anciens que de dire la vérité avec les Modernes. Cette période d'agitation intellectuelle dans la société des anatomistes dans la période qui précédait la nouvelle époque est reflétée chez les individus : cela est parfaitement visualisé par les précurseurs de Vésale, qui sont pleins de contradictions, toujours reculants et terrifiés par leurs propres découvertes. Berengar illustre cela à merveille. Quand nous lisons des articles de cette époque nous commençons par penser que leurs auteurs souffraient d'un vertige spécifique, qu'ils avaient des éblouissements, qu'ils voyaient alternativement le monde médiéval et la voie vers le nouveau monde. S'il n'y avait pas eu cette période d'agitation, Vésale aurait échoué à trouver des gens pour l'écouter : il ne lui aurait pas été possible de s'accorder avec la société, c'est à dire de créer un climat intellectuel différent qui permet de voir de nouvelles formes.

De cette manière les matériaux du climat intellectuel sont les premières conditions d'une découverte. C'est comme si se levait d'abord une tendance au changement, une « différence » de vues indéfinie, et que c'était seulement après que se cristallisaient ces « détails différents », ces découvertes et ces observations qui rendent cette différence concrète.

En ce qui regarde les détails : chaque détail même le plus minime, reste connecté avec les vues générales, et sa découverte dépend de cette relation. De même que la différence du nombre de côtes entre les hommes et les femmes est liée à des vues religieuses, de même aussi, plus tard, à l'aube de l'anatomie moderne, les nouvelles observations sont, dans leur contenu et dans leur aspect, dépendantes de certaines idées ou de mythes qui leur étaient reliés. La découverte des détails anatomiques ne se faisait pas suivant un ordre mécanique, par exemple suivant les régions du corps ou la taille et la précision des détails, mais ce qui était décisif était la légende, la vision générale, qui s'imposait en pratique, etc. De la même façon le contenu des observations, c'est-à-dire *ce qui* avait été vu à un endroit donné, dépendait du style de pensée qui prévalait : chaque nouvelle couche de découvertes a sa propre justification de style, et tous les détails d'une certaine époque ont un style déterminé en commun.

Les découvertes sont accompagnées par certains changements d'intérêts, et souvent, en même temps que certains nouveaux détails de la description apparaissent, certains anciens détails disparaissent. Dans les livres d'anatomie du XVIIe siècle nous trouvons de longs chapitres qui décrivent et énumèrent les soit disant os sésamoïdes, qui, dans les manuels modernes, sont écartés en quelques phrases : ils sont aujourd'hui, pour ainsi dire, en dehors du système osseux et ne présentent rien qui soit d'un quelconque intérêt d'un point de vue ontogénétique, morphologique ou physiologique. Au contraire, à cette époque ils étaient importants, à cause de certains vieux mythes selon lesquels c'est à partir de ces os que le corps tout entier se développait, « comme une plante à partir d'une graine », pour se présenter au moment du Jugement dernier. Aux XVIe et XVIIe siècles, quand un nom n'est pas encore considéré en lui-même comme un signe conventionnel, mais plutôt comme le caractère essentiel d'un objet, nous trouvons dans les description de détails anatomiques de longues considérations étymologiques et pseudo-étymologiques sur ce nom. Dans un certain manuel d'anatomie du milieu du XVIIe siècle, j'ai trouvé, dans un passage sur le fémur 135 mots se rapportant à une telle étymologie du mot « fémur » et seulement 31 mots en fournissant la description au sens moderne de ce mot.

Il est important, et cela peut être repéré dans les vieilles illustrations anatomiques, que l'on voit d'abord la forme générale de l'organe, quelque chose comme sa présentation symbolique, et seulement beaucoup plus tard la reproduction des éléments de cette forme. Ainsi les anciennes illustrations anatomiques représentaient non pas *les côtes* avec une certaine unité et une certaine forme, mais une symbolique « *côtéité* » de chaque côté de la poitrine ; non pas les *boucles* précises des intestins dans l'abdomen, mais de nombreuses lignes spirales qui les *symbolisent* ; non pas les *ganglions précis du cerveau* mais une « *forme ganglionnaire* » plissée sur toute la surface du cerveau, etc. Les sections de l'œil le montrent comme des sections d'un oignon puisqu'elles démontrent qu'il n'y a pas un certain nombre de couches dans la paroi du globe oculaire, mais qu'il a un caractère « multicouche ». Plus tard, à partir des

symboles d'une certaine forme, des schémas surviennent graduellement qui vont intensément souligner certains caractères. Ces
illustrations présentent leur objet dans une *perspective de style*
spécifique, en soulignant précisément les caractères conformes au
style. On peut montrer que les représentations modernes contiennent aussi cette perspective, qu'il est en fait impossible de représenter quelque chose sans cette perspective, et que le naturalisme
de chaque époque consiste à souligner les caractères de telle sorte
qu'ils soient compatibles avec le style d'une époque donnée et
d'une société donnée, mais invisible à ses membres.

De là une nouvelle observation, c'est à dire une découverte, se
présente de telle manière que, au milieu de l'époque d'équilibre,
une certaine agitation intellectuelle et une tendance au changement
émergent : un chaos d'images contradictoires, qui alternent l'une
dans l'autre. L'image, fixe jusque là, se désintègre en taches qui
s'arrangent d'elles même dans des formes différentes, contradictoires. Venus d'autres champs, précédemment séparés ou négligés,
certain motifs sont ajoutés ; des connections historiques, presque
accidentelles, divers restes intellectuels, souvent aussi les soi-
disant erreurs ou malentendus ajoutent pour leur part d'autres
motifs. À ce moment créatif s'incorporent dans un ou plusieurs
chercheurs le passé mental et le présent d'un collectif de pensée
donné. Tous les pères physiques et mentaux sont avec eux, tous,
amis et ennemis. Chacun de ces facteurs tire de son côté, pousse
ou freine. D'où le chaos chatoyant. Cela dépend de l'intensité du
sentiment du chercheur que la nouvelle forme lui apparaisse à
l'intérieur de ce chaos comme une vision symbolique éclatante, ou
bien comme le faible aviso d'une résistance qui freine le choix libre,
presque arbitraire, entre les images alternées. Dans les deux cas il
est nécessaire de défendre la nouvelle forme contre sa tendance à se
dissiper : on doit la séparer de ce qui, à partir de ce moment, va être
sans importance, accidentel. On doit créer des intérêts orientés et
détruire les intérêts hostiles. On doit créer une autre disposition
mentale et éduquer les gens à celle-ci. Si on arrive à faire cela, tous

les participants vont voir la nouvelle forme directement, avec leurs propres yeux, comme si elle était la seule et éternelle vérité, indépendante des gens. C'est seulement un changement ultérieur qui nous permettra de voir qu'elle a son propre conditionnement de style et qu'elle était une résultante historiquement déterminée.

Mais où est donc la pure observation sans préjugés? La «bonne» observation valide une fois pour toute et pour tous, indépendante de l'environnement, des traditions et des époques? Elle n'existe nulle part, ni dans l'histoire ni aujourd'hui, pas plus qu'elle n'est possible comme un idéal que l'on pourrait approcher par l'analyse ou la critique, dans la mesure où toute «légitimation» des faits d'observation est aussi soumise au style de pensée et risque toujours d'être parmi les derniers éléments révélés de la structure logique d'une science.

Un chercheur vraiment isolé est impossible, une découverte anhistorique est impossible, une observation sans style est impossible. Un chercheur isolé, sans préjugés et tradition, sans les forces de la société de pensée qui agissent sur lui, et sans l'influence de l'évolution de cette société, serait aveugle et dépourvu de pensée. La pensée est une activité collective, comme le chant choral ou la conversation. Elle est sujette à des changements spécifiques dans le temps; elle montre la continuité historique de ces transformations. Ce qu'elle produit est une certaine image, qui est visible seulement pour celui qui prend part à cette activité sociale, ou une pensée qui elle aussi est claire seulement pour les membres du collectif. Ce que nous pensons et comment nous voyons dépend du collectif de pensée auquel nous appartenons. Les images que nous voyons, possèdent, en plus d'un conditionnement génétique et historique, une détermination intérieure par le style. Un exemple d'une telle détermination par le style a été donné auparavant, avec la relation entre la position de la barre transversale dans la lettre A et l'angle formé par ses jambages. Dans les sciences naturelles, qui ont adapté et systématisé un certain style de pensée, nous qualifions le déterminisme conforme à ce style de réalité des sciences naturelles.

Elle se développe en parallèle avec le développement du style de pensée des sciences naturelles.

« Voir » signifie : recréer au moment opportun une image qui a été créée par la communauté de pensée à laquelle on appartient.

Traduction Jean-François BRAUNSTEIN
et Anna ZIELINSKA

ALISTAIR CROMBIE

STYLES ET TRADITIONS DE LA SCIENCE OCCIDENTALE[*]

L'ami pythagoricien de Platon, le mathématicien Archytas de Tarente, écrivait au IVe siècle av. J.-C., à propos de ses contemporains et de ses prédécesseurs : « Les mathématiciens jouissent à mes yeux d'un discernement remarquable, et il n'est certes pas étonnant qu'ils pensent droitement au sujet de la nature des individus. En effet, de ce qu'ils ont réussi à juger avec excellence de la nature du tout, on s'attend à la même excellence pour celle des choses séparées ». Lorsqu'on parle aujourd'hui des sciences de la nature, on entend par là un style spécifique de rationalité, apparu pour la première fois au sein de la culture méditerranéenne. Il s'agit d'une conception philosophique spécifique à la fois de la connaissance et de l'objet de la connaissance, d'une vision unitaire de la nature et de la science de la nature, exclusivement fondée, pour son exploration et sa validation, sur l'argumentation et la preuve. Trouvant sa source dans les accomplissements des mathématiques et de l'astronomie des Babyloniens, ainsi que de la médecine empirique des Égyptiens, ce style de pensée remonte à l'engagement des Grecs anciens en faveur de ce mode de décision par l'argumentation, en rupture avec ceux liés à la coutume, à l'édit, à l'autorité, à la révélation, ou à d'autres pratiques. Il fut profondément influencé,

[*] A.C. Crombie, « Styles et traditions de la science occidentale », trad. fr. J. Brumberg-Chaumont, *Alliages*, 26, 1996. Ce texte est reproduit avec l'aimable autorisation de J.-M. Lévy-Leblond et de la revue *Alliage*.

dans l'Antiquité tardive, par la théologie hébraïque, se développa au haut Moyen Âge par le monde arabo-islamique, et s'épanouit finalement dans l'Occident latin. Toutes ces cultures étaient liées par d'intenses échanges autour de leur mer commune.

Les Grecs avaient l'habitude d'expliciter leur style de rationalité à la façon de Socrate, et c'est ainsi que les philosophes, mathématiciens et médecins de la Grèce antique, par la recherche des principes à la fois de la nature – y compris la nature humaine – et de l'argumentation elle-même, ont donné naissance à la pensée scientifique européenne. Les Grecs ont introduit une forme unique de rationalité fondée sur deux idées principales : celle d'une causalité naturelle universelle et connaissable, et, corrélativement, celle d'une preuve formelle. De ces deux idées découle l'essentiel du style de la philosophie, des mathématiques et des sciences de la nature occidentales, c'est-à-dire l'idée d'un système rationnel, à l'intérieur duquel les problèmes sont distingués des théories, où l'on peut déterminer ceux qui sont susceptibles d'une solution, et disposer d'un critère pour évaluer ces solutions. En décidant que, parmi les mondes possibles que présentent des cultures différentes, seul existe celui qui relève exclusivement d'une causalité naturelle indépendante et connaissable, la pensée occidentale s'est engagée exclusivement dans cette direction alors que d'autres s'y refusaient. À l'intérieur d'un système scientifique rationnel, le raisonnement formel est la réplique de la causalité naturelle, de sorte que les faits naturels doivent se déduire directement des principes scientifiques, exactement de la même façon que les conclusions mathématiques et logiques doivent se déduire de leurs prémisses. Partant, ce raisonnement permet un contrôle rationnel dans toutes sortes de domaines, qu'ils soient mathématiques ou matériels, idéels ou réels.

Platon décrivait ainsi la théorie architecturale comme une « science directive » (*Le politique*), destinée à régler la construction d'un bâtiment par la mesure et le calcul. Tout artiste ou tout artisan, lorsqu'il produit quelque chose, « contemple avec les yeux de l'esprit la forme ou l'idée » (*La République*) de ce qu'il va produire, exactement comme le démiurge a modelé le monde à partir des formes éternelles. De même, la science rhétorique, grâce à une analyse et une classification des types de personnes et d'arguments pouvait dire « quel type de personne est sensible à quel type d'argument » (*Phèdre*), et fournissait ainsi un puissant instrument de persuasion aux avocats, politiciens et hommes de communication. Platon a montré dans ses différents écrits ce fait historique, que la maîtrise rationnelle acquise par l'analyse et la synthèse logique conférait un pouvoir unique de manipulation aussi bien de la matière que de l'esprit, pour atteindre que ce soit la vérité ou l'efficacité. Selon Aristote, la capacité rationnelle à mener des analyses, à se donner des fins et à les régler rationnellement était également ce qui distingue l'espèce humaine, qui « vit par l'art et le raisonnement », des autres animaux, et rend l'homme seul capable d'inventer, de choisir, d'apprendre et de « connaître les causes » (*Métaphysique*), et ainsi de progresser. Car du fait que « de l'art procèdent les choses dont la forme est dans l'âme de l'artisan », « tout art s'applique (…) à la recherche et à la considération de la façon dont quelque chose peut venir à être (…), dont l'origine est dans celui qui produit et non dans la chose produite » (*Éthique à Nicomaque*). « Dans tous les arts et dans toutes les sciences, nous devons régler aussi bien la fin que les moyens » (*Politique*). Une pratique saine exigeait toujours un raisonnement sain préalable, et un raisonnement sain était validé par la réussite pratique.

Le mouvement scientifique européen s'est préoccupé des relations de l'homme avec la nature et avec son prochain en tant qu'il perçoit, qu'il connaît et qu'il agit. Son style explicite et spécifique de rationalité définit la tradition intellectuelle prédominante de l'Europe, dont les sciences de la nature et les mathématiques ont non seulement fait partie intégrante, mais à laquelle elles ont servi de modèles. Elles ont également été au cœur de l'éducation traditionnelle médiévale et humaniste, jusqu'à son démantèlement, induit par le mouvement romantique anti-rationaliste du début du dix-huitième siècle. Du seul fait de l'ampleur et de la complexité des connaissances scientifiques contemporaines, il est évidemment impossible aujourd'hui de rétablir leur place dans la culture et l'éducation sous sa forme traditionnelle, mais on pourrait renouer avec une vision plus informée et plus réaliste de notre être culturel grâce à une histoire philosophique des sciences. Il nous faut donc analyser et tenter de présenter la véritable identité des sciences de la nature au sein de la complexe histoire de la culture européenne.

Nous devons adopter un point de vue comparatif sur le long terme, afin de mettre en relation la pensée scientifique et ses applications avec les autres formes de pensée et de pratiques qui constituent la totalité d'une culture, comme avec celles de cultures comparables. Au plan historique, le mouvement scientifique se présente comme une série d'interactions de différentes cultures, chacune apportant ses engagements, ses attentes, sa mémoire, ses techniques et ses styles propres. Sur ces points, toutes les autres civilisations antiques, qu'elles soient babylonienne, égyptienne, chinoise, indienne ou maya, présentaient des différences essentielles ; aucune d'elles ne contient ces idées fondamentalement grecques de causalité et de preuve, dont découlent explicitement celles de système, d'argument et de décision. Les Grecs ont engagé la culture intellectuelle européenne dans une certaine conception de la nature et dans une certaine conception de la science, que l'on ne retrouve dans aucune des autres cultures de l'Antiquité. La fidélité de l'essence du mouvement scientifique européen à son origine grecque antique explique sa forme unique de continuité (malgré de longues interruptions reliées entre elles par la redécouverte des textes), la spécificité de ses progrès tant dans les connaissances que dans l'argumentation, ainsi que le besoin récurrent d'une critique de ses fondements logiques et de sa justification morale.

La quête occidentale du sens du temps et de l'histoire fut transformée par l'entrée dans le débat philosophique de la théologie judéo-chrétienne de la création. La première confrontation systématique de la philosophie grecque et de cette théologie se fit au premier siècle av. J.-C., avec le juif Philon d'Alexandrie. Philon, suivi plus lard par saint Augustin, acceptait sans peine la conception grecque d'une causalité immuable déterminant l'ordre du monde, mais ils cherchèrent ailleurs la source véritable de cet ordre. Elle ne pouvait consister, selon eux, en ce principe nécessaire, divin et rationnel des Grecs, opérant dans la nature et pleinement connaissable par l'homme, mais relevait du Dieu d'Abraham, tout-puissant et inatteignable, le Créateur absolument distinct de sa création, qu'il avait décidée librement en vertu de ses raisons propres. Ces raisons ne pouvaient être comprises de l'homme qu'à travers leur découverte par l'exégèse de ce que Dieu lui-même nous avait révélé, à la fois dans le Livre des Saintes Écritures, et dans le Livre de la Nature. Dieu ne pouvait être limité par aucune définition humaine. La causalité en vint à être incorporée dans une théologie des lois de la nature édictées par le Créateur. La sépara-tion de Dieu et de la nature ouvrit les frontières de la découverte scientifique, qui étaient fermées par la conception aristotélicienne d'une science apodictique achevée de tout ce qui existe et pourrait exister, même si les exégèses contradictoires des deux Livres finirent par engendrer de nouvelles difficultés.

Augustin introduisit une conception fondamentalement nouvelle du temps linéaire. Dieu avait procédé à la création unique du monde et de l'humanité, à partir d'une origine bien définie, et lui assignait un cours temporel linéaire jusqu'à la fin bien définie du Jugement dernier. Ainsi, dans le cours ordonné du règne de la providence divine, chaque événement était unique, chaque décision humaine responsable, et chaque acte à la fois individuel et histo-rique était en même temps une nouveauté authentique et l'accom-plissement d'un projet. La simplicité de la certitude chrétienne quant à l'origine, au but et à la fin du monde et de l'homme apporta une impulsion puissante, même si pas suffisante, au développe-ment de la pensée scientifique. Elle offrit l'espoir, à la fois mora-lement et scientifiquement, de lois de la nature stables et ouvertes à une recherche sûre. La conception d'un monde naturel produit par un Créateur rationnel et bienveillant, et d'un homme fait à son image était une invite à utiliser les dons de la raison et des sens pour développer la pensée humaine. Kepler l'énoncerait clairement. En tout cas, cette vision à la fois de l'histoire et de la nature fut projetée par Augustin sur l'Occident latin où la science naturelle finit par devenir un élément majeur de la culture intellectuelle et pratique, au-delà des hauts et des bas des controverses théologiques et institutionnelles.

Ce fut le développement médiéval des universités qui apporta la condition essentielle suivante à la poursuite stable et organisée de la curiosité intellectuelle. La science occidentale s'y développa par une série de réponses à la pensée grecque, retrouvée à travers les traductions en latin à partir du grec et de l'arabe. Car les premiers héritiers des Grecs furent les savants et philosophes arabo-islamiques, qui, jusqu'à leur déclin vers la fin du XIIIᵉ siècle, exercèrent sur l'Occident une influence majeure.

La redécouverte de la pensée grecque, dans le cadre nouveau de la société, de l'économie et de la théologie de l'Europe médiévale et des débuts de l'âge moderne, s'est déroulée selon trois étapes, chaque fois en réponse à un modèle antique différent. Il y eut d'abord cette première réalisation intellectuelle : l'élaboration critique aux XIIᵉ et XIIIᵉ siècles, par la communauté philosophique des écoles et universités médiévales, de systèmes d'explication démonstratifs sur le modèle de ceux d'Euclide et d'Aristote, et d'une logique précise pour le contrôle des arguments et des preuves, afin de décider de différentes questions, allant de la théologie et du droit aux sciences expérimentales et quantitatives, notamment en optique, en magnétisme et en médecine.

Grâce à cette capacité ordonnée de contrôler rationnellement les arguments et les calculs, cette nouvelle orientation intellectuelle de l'Europe occidentale engendra en même temps – et c'est la deuxième étape – une capacité ordonnée de régler de nombreux problèmes matériels et pratiques. Travaillant principalement en dehors de la communauté philosophique académique, mais possédant un niveau d'instruction de plus en plus élevé, ceux qui pratiquaient des arts allant de la peinture, de l'architecture et de la cartographie à la musique, aux arts mécaniques et à l'arithmétique commerciale, devaient leurs réussites à des anticipations rationnelles et, là où c'était possible, quantitatives, qui précédaient la réalisation concrète ou l'action. C'étaient des artistes rationnels, travaillant avec le même style que les philosophes rationnels, mais en l'appliquant à des objets différents. C'étaient les hommes de la *virtu* de la Renaissance, dotés d'une active capacité intellectuelle de maîtriser n'importe quelle situation. Faisant écho à l'image employée par Platon deux mille ans auparavant, Marsile Ficin, au XVᵉ siècle, remarquait comment « les hommes, par leurs arts, construisent exactement tout ce que la nature elle-même construit, comme s'ils n'étaient pas les esclaves de la nature, mais ses rivaux ». Ainsi, écrivait-il, ils « imitent Dieu, l'artisan de la nature » : « comment nier que l'homme possède un génie pour ainsi dire presque identique à celui du créateur des cieux » (*Theologica Platonica*).

L'épanouissement de la figure de l'observateur et de l'expérimentateur rationnel en tant qu'artiste rationnel de l'investigation scientifique, travaillant d'abord à partir d'une conception purement intellectuelle fondée sur une analyse théorique préalable, pour conduire ensuite à l'exécution manuelle, marque l'apogée de la troisième étape de l'orientation de l'Europe en réponse à ses origines scientifiques antiques. Philosophes comme artistes ne pouvaient réaliser leurs objectifs qu'à condition, pour reprendre l'expression de Galilée, de « suivre la constitution nécessaire de la nature ». Galilée lui-même assure le lien et la transition entre deux grands mouvements intellectuels de l'Europe : on passe du monde de l'artiste rationnel constructeur, à celui du savant rationnel expérimentateur. Ceux qui furent les architectes de cette nouvelle science expérimentale, la pensaient comme le fruit concerté d'une rencontre entre la recherche théorique en quête de formes générales d'explication et l'exigence pratique de résultats précis et reproductibles. Ils purent ainsi développer une théorie générale, d'une part, de la découverte et de l'explication dans laquelle s'inséraient leurs solutions particulières, et déterminer l'identité spécifique de la nature parmi les diverses possibilités envisagées jusque-là, et, d'autre part, celle des sciences de la nature en tant que mode d'investigation et de décision distinct des autres formes de pensée, comme celles qui président à la recherche d'une solution dans les controverses théologiques, juridiques ou commerciales, au sein de la même culture. Dans l'ensemble du mouvement scientifique pris dans le contexte de la société et de la communication, la persuasion était devenue aussi importante que la preuve. Il s'agissait de rendre convaincants et pertinents les idées, les découvertes et les modes d'argumentation scientifiques pour la pensée et la vie, non seulement à l'intérieur du mouvement scientifique, mais également dans la société en général.

À partir du XVIe siècle, le mouvement scientifique européen fut centré sur l'Italie, d'abord dans les universités et, plus tard, suivant le développement premier du soutien aux arts et aux lettres, dans les cultures de cours, avant tout celles de Venise, des Médicis à Florence et des papes à Rome. Pendant le XVIIe siècle, la direction du développement culturel et scientifique quitta la Méditerranée pour le Nord, vers l'Angleterre, les Pays-Bas et la France, dominée par Paris. Cette translation correspondit au déplacement vers le Nord du pouvoir économique et politique, et fut stimulée par le soutien et le financement des gouvernements, spécialement en France. Suivant les exemples italiens antérieurs, la recherche scientifique devint l'affaire des académies scientifiques, au premier chef la Royal Society britannique et l'Académie royale des sciences française. C'est là que la profession scientifique s'institutionnalisa, processus renforcé dans les universités au cours du XIXe siècle.

Une vue d'ensemble de l'histoire des sciences demande que l'on dépasse le niveau superficiel des résultats scientifiques immédiats au profit d'une continuité de structures plus profondes. Nous pouvons l'aborder dans le cadre d'une sorte d'anthropologie historique comparée de la pensée, où nous devons non seulement voir avec les yeux de l'observateur, mais aussi dans ces yeux. J'ai employé dans mon analyse historico-anthropologique du mouvement scientifique européen deux concepts fondamentaux : celui d'engagement ou de disposition, et celui de style de pensée. Nous pouvons distinguer trois genres corrélés d'engagements ou de dispositions morales et intellectuelles. Il y eut premièrement les engagements quant aux conceptions que l'on se fait de la nature, en tant qu'elle est perçue à travers les schèmes généraux de l'existence et par rapport à sa possibilité d'être connue par l'homme. La nature comme système général fut une invention des Grecs, qui découlait de leur engagement initial en faveur d'une causalité universelle, et suivait l'ordre même de la science. Nous trouvons là un élément constant à travers ses différentes formes en compétition, qu'il s'agisse de l'idée d'une nature comme produit de l'art divin, comme émanant directement de son créateur ou distinct de lui, comme résultat de la rencontre fortuite des atomes, des probabilités, de l'émergence d'une nouvelle conception évolutionniste, etc. Il y eut, deuxièmement, les engagements concernant ce que doit être la science et l'organisation de l'investigation scientifique, de l'argumentation et de l'explication scientifiques, en fonction des différents styles. Ces deux engagements, en amont de toute recherche particulière, fixent les types acceptables d'arguments, de preuves et d'explications. Tous deux sont profondément déterminés par le langage, qu'ils modifient en retour. Il y eut, troisièmement, les engagements concernant ce que l'on conçoit comme désirable et possible, et qui donne à la recherche et à l'action leurs motivations, ou au contraire comme nuisible ou inutile. Ils peuvent se fonder sur des valeurs intellectuelles, religieuses, sociales, commerciales, militaires, etc. Ces trois engagements ou dispositions déterminent clairement les possibilités d'évolution et d'innovation scientifiques, qui peuvent être ouvertes dans certaines sociétés et dans certaines circonstances, et restreintes ou nulles dans d'autres. L'ouverture se fit dans les sociétés argumentatives de la chrétienté latine médiévale et moderne, mais la fermeture s'instaura évidemment en Chine et dans l'Islam. Il semble en effet que l'Islam n'ait pas connu de théologie rationnelle susceptible de déboucher sur une science rationnelle, comme celle qui fut développée dans la chrétienté par le raisonnement et l'argumentation exégétique et philosophique. Il y a enfin un quatrième type d'engagement envers l'environnement physique et biologique où se trouvent les hommes. Ils peuvent tenter de le maîtriser ou de le changer, mais il leur est d'abord donné par la nature indépendamment de leur volonté.

À l'intérieur des ces engagements généraux, la pensée scientifique se diversifia en un certain nombre de styles. J'en propose une classification en six styles différents. Mon attention s'est portée sur les facteurs critiques de l'orientation intellectuelle, qui amènent chaque style à sa maturité, que j'ai étudiés et illustrés en détail à l'aide d'une sélection de textes. Il y a un ordre chrono-logique et logique, à l'intérieur duquel chaque style intervient dans son contexte culturel, où un ensemble de thèmes différents mais apparentés, scientifiques, artistiques, économiques, ou autres, sont unifiés sous la forme d'un argument unique et commun à tous. Les styles se diversifièrent selon les thèmes visés, les différentes conceptions de la nature et de la science, et par l'expérience scienti-fique des interactions des projets et des réalisations. Un style scien-tifique, par ses engagements propres, identifie certaines régularités dans le cours de la nature, qui deviennent l'objet de ses investiga-tions, et lui permettent de définir ses questions, et les réponses acceptables. Trois styles se développèrent à partir de régularités individuelles, et trois autres à partir des régularités collectives dans le temps et dans l'espace.

1) La postulation (ou axiomatisation) fut le premier style à se développer et à se perpétuer, inventé par les Grecs sous deux formes différentes. L'une exploita la puissance démonstrative de la logique établie par Aristote, l'autre exploita la puissance démons-trative de la géométrie et de l'arithmétique appliquées aux régula-rités les plus élémentaires de la nature, subsumant tous les arts et les sciences mathématiques, de l'astronomie, de l'optique et de la cartographie jusqu'à la mécanique et la musique sous une même forme de preuve. Ils réduisirent ainsi les phénomènes astrono-miques aux propriétés de la sphère, la perspective aux propriétés de la ligne droite et de l'angle, et la musique aux propriétés et aux proportions des nombres. Inspirée évidemment par Platon et Aristote, l'élaboration définitive de ce style fut la grande œuvre

d'Euclide, Archimède et Ptolémée. Galilée fit d'Archimède son idéal scientifique. De même, Descartes au dix-septième siècle s'appuya sur le pouvoir démonstratif de l'algèbre, et Newton sur celui du calcul infinitésimal.

2) L'argumentation expérimentale, aussi bien pour contrôler la postulation que pour explorer la nature par l'observation et la mesure planifiées, fut développée dans le cadre d'une stratégie de recherche des principes s'appliquant à des thèmes plus complexes, et s'appuyant sur une analyse théorique préalable. Ce style est illustré en Grèce par l'acoustique raffinée des pythagoriciens, l'optique ptoléméenne, et par la physiologie de Galien, sur laquelle se fonda William Harvey. Il fut élaboré définitivement dans l'Europe du Moyen Âge et des débuts de l'âge moderne, sous l'espèce d'une forme de raisonnement par analyse et par synthèse, à l'intérieur de laquelle la pertinence de l'intervention de l'expérience dans l'argumentation était précisément définie. Grâce à diverses contributions venues de la logique médiévale, des artistes rationnels de la Renaissance, et des techniques de quantification instrumentales et mathématiques mises en place aux XVIe et XVIIe siècles, il put servir de fondement au mouvement scientifique classique. Il fut appliqué à tous les thèmes possibles par Gilbert, Galilée, Harvey, Kepler, Descartes, Newton et bien d'autres, et notamment par le père Mersenne dans la science musicale.

3) La modélisation hypothétique, qui s'appuyait également sur une analyse théorique préalable, fut développée comme méthode pour découvrir les propriétés inconnues d'un phénomène naturel en simulant ce phénomène à l'aide des propriétés connues d'un artefact. La première et la plus importante illustration de ce style fut le modèle géométrique de l'univers créé par Eudoxe, dont découle toute l'astronomie géométrique jusqu'à Newton. Des modèles formalisés du ciel au Moyen Âge à l'aide de sphères astronomiques et d'horloges, et de l'explication de la perception naturelle à la Renaissance sur le modèle de la perspective picturale décrite par Alberti, ce style fut systématiquement transposé de l'art à la science et à la philosophie durant le XVIIe siècle. Les exemples les plus

frappants en sont les modélisations de Kepler pour décrire l'œil par la chambre noire, de Descartes pour la physiologie générale, de Mersenne pour le langage, de Hobbes pour le corps politique, etc.

4) La taxinomie, que Platon et Aristote furent les premiers à développer, répondait au besoin d'une logique explicite de classification. À de nombreux égards, nous trouvons là le fondement de toute science de la nature, puisque la taxinomie permet d'établir des différences et des ressemblances fondamentales. Elle trouva son élaboration définitive aux XVIIe et XVIIIe siècles, comme méthode de recherche des systèmes et des affinités naturels ; elle allait dans le sens du réalisme, contre le nominalisme représenté classiquement par Buffon et Linné. Cette recherche posait le problème de l'origine de ces affinités et de ces systèmes, qu'on la trouve dans l'esprit de Dieu ou qu'on l'explique de façon évolutionniste.

5) L'analyse statistique et probabiliste surgit du besoin d'une logique rigoureuse de décision dans les situations juridiques et pratiques où règnent contingence et incertitude, ainsi que de la découverte explicite au XVIIe siècle d'une nouvelle forme de régularité, de nature statistique. Parti des premières réalisations en Italie, notamment dans le domaine des assurances, ce style atteint une élégante maturité en devenant quantitatif au XVIIe siècle où, selon l'expression de Pascal, l'incertitude fut maîtrisée par la raison et stabilisée grâce à une théorie des probabilités. L'idée essentielle était celle d'une valeur instantanée de tout cas pris à un moment donné des activités humaines et des processus naturels. Il revêt la même forme, qu'il s'agisse d'un enjeu dans un jeu de hasard, dans une entreprise commerciale, dans une controverse philosophique ou juridique, ou dans le cas d'une espèce vivante au cours de la sélection naturelle. Cette analyse a donné lieu au XVIIIe siècle à une conception statistique de la nature utilisée dans la théorie de la sélection naturelle par Maupertuis le premier, puis en physique, puis à des conceptions probabilistes des sciences elles-mêmes.

6) La dérivation historique, c'est-à-dire l'analyse et la synthèse d'un développement génétique, fut créée par les Grecs dans leurs recherches portant sur l'origine de la civilisation humaine, et plus

particulièrement du langage. Ainsi, Diodore et Lucrèce pensèrent un procès historique causal de la nature et de l'humanité, à l'intérieur duquel on pouvait inférer le passé à partir de l'observation des phénomènes réguliers du présent, et comprendre le présent comme le résultat du développement de ce passé par le jeu de lois naturelles. Ce style reçut son élaboration systématique aux débuts de l'âge moderne en Europe, notamment grâce à Leibniz, sous la forme d'une méthode d'analyse et de synthèse taxinomiques et causales, appliquée d'abord aux langages, puis, plus généralement, aux civilisations humaines, à l'histoire géologique, et finalement, avec Darwin, à l'évolution des organismes vivants. L'idée d'une dérivation historique fut fondée sur la découverte, à partir des caractéristiques communes de différents phénomènes, d'une source commune antérieure permettant de rendre compte de ces différenciations. Cette méthode pouvait fonctionner dans les deux sens.

Les sciences naturelles ne se sont pas développées sous la forme d'un système monolithique, même si elles se sont toutes développées à partir de l'engagement grec initial en faveur de la recherche de principes valables à la fois pour la nature et le raisonnement, dans toute la diversité de leurs corrélations. Ces six styles et leurs objets sont tous différents, parfois incomparables, en tant qu'ils rendent compte de mondes physiques fondamentalement différents, mais ils sont souvent associés lors d'une recherche particulière quelconque. En identifiant les phénomènes réguliers qui feront l'objet de ses investigations, et en définissant ses questions propres, ses preuves et ses réponses acceptables, chaque style crée son propre thème en même temps qu'il est créé par lui. Un changement de style introduit non seulement un nouvel objet, mais aussi une nouvelle question sur cet objet, comme le montre le passage de la taxinomie qualitative d'Aristote au postulat cinématique de Galilée pour expliquer le mouvement. Des styles différents impliquent également des questions différentes concernant l'existence de leurs objets théoriques : sont-ils réels, ou bien seulement les produits des méthodes de mesure ou d'échantillonnage, voire du langage ? Mais l'idée d'une nature permanente dans ses principes reste inébranlable. Comme le disait Galilée, quelle que soit l'ampleur de notre duplicité à l'égard de notre prochain, on ne peut tricher avec la nature.

Des cultures régionales différentes favorisent-elles des styles différents? Il semble y avoir une correspondance naturelle entre le style cartésien axiomatique en philosophie, la tragédie morale strictement structurée de Racine, et l'accent français sur les mathématiques dans toutes les branches de la science au XVIIIe siècle et au début du XIXe. Le contraste est général avec l'empirisme baconien, la structure plus lâche du théâtre de Shakespeare et l'accent anglais sur l'expérience dans la même période. De même, la culture commerciale anglaise, telle que l'analysa Adam Smith, fit de la sélection naturelle un mode de pensée usuel avant que Charles Darwin ne le transposât de la société à la nature. La Méditerranée, quant à elle, n'a guère eu d'influence spécifique sur la stylistique de la science : les six styles apparaissent sous des formes diverses dans la pensée grecque. Mais nous pouvons célébrer l'accomplissement intellectuel unique de ces peuples dans la science, qui a libéré l'esprit humain pour la recherche ouverte et nous a libérés d'une brute dépendance de la nature. Nous pouvons à bon droit célébrer la beauté et l'élégante économie de la pensée scientifique, sa façon de combiner l'imagination créatrice et le raisonnement rigoureux, son énigmatique accord entre la nature et les mathématiques, et, malgré les risques, sa puissance pour le Bien.

IAN HACKING

STYLE POUR HISTORIENS ET PHILOSOPHES[*]

Les relations entre histoire et philosophie des sciences font souvent l'objet de débats, parfois aussi de controverses. C'est la collaboration qui m'intéressera ici. Je vais décrire un nouvel outil analytique qui peut être employé à des fins différentes par les historiens et les philosophes. C'est une version spécialisée, et à vrai dire technique, d'une idée dont on a souvent usé et abusé dans d'autres domaines, celle de «style». L'historien des sciences A.C. Crombie avait commencé à traiter des «styles de pensée scientifiques» dès le milieu des années soixante-dix, son travail donnant finalement lieu à la publication de trois volumes (1994). Je l'ai entendu donner une conférence sur le sujet en 1978 et, dans le chapitre 11 [1], j'ai adapté cette idée à la métaphysique et à l'épisté-mologie, en en modifiant quelque peu le nom puisque je parle de «styles de raisonnement». Les deux usages que peuvent en faire les historiens et les philosophes sont complémentaires; mais aussi, dans une certaine mesure, asymétriques. L'historien pourrait conclure que la manière dont le philosophe se sert de cet outil est inepte, sans aucun rapport avec la compréhension du passé.

[*] I. Hacking, «Style for Historians and Philosophers», *Studies in History and Philosophy of Science*, vol. 23, 1 (1992). Ce texte a été repris dans I. Hacking, *Historical Ontology*, Cambridge-Londres, Harvard UP, 2002. Cet article est publié avec l'aimable autorisation de I. Hacking, de la revue *Studies in History and Philosophy of Science* et des Éditions Elsevier.

[1]. «Language, truth, reason», dans *Historical Ontology, op. cit.*

Pourtant le philosophe a besoin de l'histoire, car si cet outil ne fournit pas une mise en ordre cohérente et éclairante du passé, alors il n'a pas plus sa place dans une bonne philosophie qu'aucune autre idée fantaisiste.

L'idée de Crombie concerne moins le contenu des sciences que leurs méthodes. Elle se focalise sur la manière dont on trouve quelque chose, pas sur ce que l'on trouve. Elle n'est pas en phase avec la façon actuelle de procéder, qui nous en apprend tellement sur les détails complexes des épisodes historiques et de leurs relations. Elle dérive d'une conception de la tradition scientifique occidentale dans son intégralité; nous ne pouvons pas nous empêcher de nous souvenir que Spengler (1918, 1922) parlait lui aussi de « style occidental ». Son usage du mot *Stil* est si généreux que son traducteur avertit que « le mot *Stil* ne sera pas ainsi nécessairement toujours rendu par style » (1926, 108). Soyez donc prêts pour des traductions surprenantes! Par exemple, *die Expansionskraft des abendländischen Stils* (1922, 55) donne, une fois traduit, « la puissance d'expansion de l'âme occidentale » (1926, 46). Néanmoins, l'ambitieuse analyse de Crombie devrait plus nous évoquer l'atmosphère d'une bibliothèque que celle du kiosque de Spengler, car elle tire ses informations d'une somptueuse collection de citations s'étendant sur trois millénaires, à laquelle s'ajoutent de denses références à la littérature secondaire – la quête de toute une vie d'érudit.

Une des sources de cette idée est bien évidemment l'histoire de l'art. Arnold Davidson (2001) retrace son passage de ce domaine à l'épistémologie. Des expressions telles que « style de pensée » ou « style de raisonnement » se rencontrent assez naturellement, sans qu'elles soient accompagnées de connotations spécialisées, ce qui est à prévoir avec un mot tel que « style », qui en a déjà de si nombreuses. Dans le chapitre 11, j'ai évoqué le cosmologiste Stephen Weinberg et le théoricien de la grammaire Noam Chomsky. Ces deux auteurs attribuent leur idée d'un style galiléen de raisonnement à Husserl. I.B. Cohen a donné un exposé plus détaillé du même type de raisonnement; ainsi a-t-il appelé

« style newtonien » une manière de combiner « deux niveaux d'ontologie », en l'occurrence le mathématique et le mesurable.

On pourrait probablement plaider [ajoutait-il] que ce style est galiléen ou képlérien, plutôt qu'une invention de Newton. Effectivement, Edmund Husserl a écrit à loisir sur le style « galiléen », modalité essentielle de la physique mathématique moderne. De ce point de vue, le style newtonien peut être conçu comme un développement très avancé et extrêmement raffiné du style galiléen (Cohen 1992, 49).

Cohen et Weinberg se référaient au § 9 de Husserl (1970, Deuxième partie). Dans cette très longue section, Husserl s'est en effet certainement exprimé « à loisir », comme le dit Cohen, sur la figure de Galilée comme découvreur d'une nouveau type de science, mais je ne pense pas qu'il ait utilisé l'expression « style galiléen ». En fait, je ne pense pas qu'il ait employé le mot « style » dans le même sens qu'aucun de ces trois auteurs, ni dans le sens où je l'utilise. Par exemple, le mot figure six fois sur une même page (Husserl 1970, 31), et il est souligné deux fois dans le texte original allemand, mais chaque fois pour renvoyer à une caractéristique du « monde de l'intuition ».

Les critiques littéraires ont longtemps distingué un usage « généralisant » et un usage « personnalisant » du mot « style ». Ainsi y a-t-il un style balzacien et le style de Balzac. De la même manière, il y a le crawl australien et la nage libre, par opposition au style de Patti Gonzales, que l'on peut imiter mais qui lui est incontestablement personnel. Il est tout à fait naturel de parler du style d'un scientifique en particulier, du style d'un groupe de recherche, d'un programme ou d'une tradition. Kostas Gavroglu, bien qu'il m'ait emprunté le mot de style, et donc par dérivation à Crombie, a tout à fait légitimement eu recours à l'usage personnalisant du terme, puisqu'il oppose le « style de raisonnement » de deux laboratoires travaillant sur les basses températures, c'est-à-dire en fait le « style de raisonnement » de deux individus, Dewar et Kamerlingh Onnes (Gavroglu, 1990). Crombie et moi avons au contraire en tête quelque chose de plus proche de ce qu'évoquent

Cohen, Chomsky et Weinberg que de ce que Gavroglu décrit. Et même si l'on met de côté tous les usages clairement personnalisants des « styles » de pensée, il demeure dans l'histoire ou la philosophie des sciences beaucoup d'usages généralisant du mot « style » qui diffèrent de celui qui en est fait par Crombie. Par exemple, la troisième conférence Gifford donnée par Freeman Dyson « traite de l'histoire de la science. Elle décrit deux styles scientifiques opposés, l'un se réjouissant de la diversité, l'autre la déplorant ; l'un tendant à la diversification, l'autre à l'unification » (Dyson 1988, 13).

Pour les historiens et les philosophes, le plus fameux exemple d'une autre conception du « style » se trouve dans l'ouvrage fondamental de Ludwik Fleck paru en 1935, et dont le sous-titre est *Introduction à la théorie du style de pensée et du collectif de pensée* (Fleck 1979). Par style de pensée, Fleck évoquait quelque chose de moins général que Crombie, quelque chose de plus limité à une discipline ou un champ d'investigation. Néanmoins, un style de pensée est impersonnel, la propriété d'une unité sociale stable, le « collectif de pensée ». C'est « la totalité de ce qui est intellectuellement disponible, la disposition pour telle manière de voir ou d'appréhender, et non pas telle autre » (Fleck, 1979, 64). Fleck entendait montrer ce qu'il était possible de penser ; un *Denkskil* rend certaines idées possibles et d'autres impensables. Crombie et moi nous plaçons à une extrémité du spectre de ces usages autorisés et nous comptons par conséquent très peu de styles de pensée ou de raisonnement. C'est en partie dû au fait que notre analyse a une très large portée. Il y a de nombreuses autres unités d'analyse comparables à celle de Fleck, et qui s'occupent aussi de ce qu'il est possible de dire. Elles sont tout à fait impersonnelles, mais leur portée est plus réduite, dans le temps et dans l'espace. Pour cette raison, elles peuvent se révéler à l'usage beaucoup plus instructives qu'une analyse entreprise selon la perspective de Spengler, Cohen, Weinberg ou Chomsky. Pensons par exemple aux épistémès et aux formations discursives de Foucault ou aux « questions » de Nicolas Jardine (Jardine 1991).

Je préfère parler de styles de « raisonnement » (scientifiques) plutôt que de styles de « pensée » comme Crombie, en partie parce qu'à mon goût la pensée est trop localisée dans la tête. On raisonne à la fois en public et en privé : en pensant, bien sûr, mais aussi en parlant, en argumentant, en montrant. Mais cette différence entre Crombie et moi n'est juste qu'une différence d'accent. Il écrit ainsi que « l'histoire de la science a été une histoire de l'argumentation » – et pas seulement de la pensée. Et nous nous accordons sur ce qu'il y a beaucoup de faits et gestes impliqués et dans le fait d'inférer, et dans le fait d'argumenter. Le livre de Crombie décrit un grand nombre de ces « faits et gestes » et, par bonheur, son titre lui-même ne se termine pas seulement par « dans la science » mais par « dans les sciences et les arts ». Il a beaucoup à dire à propos de l'architecture, de l'horlogerie, et de la doctrine selon laquelle « savoir, c'est faire ». Mais il y encore trop de pensée pour moi là-dedans. En 1998, Crombie avait donné pour titre « Conçu dans l'esprit » (Crombie, 1988) à un article annonçant son livre. N'entend-on pas là l'écho des origines plutôt koyréennes de ses idées ? Même mon terme de « raisonnement » a encore trop à voir avec l'esprit, la bouche et le clavier. Je regrette qu'il n'évoque pas suffisamment la main qui manipule et l'œil attentif. Le dernier mot du titre du livre de Crombie est « arts » ; le mien serait plutôt « artisan ».

Une autre raison plus importante me pousse encore à préférer raisonnement à pensée. Cela me ramène à mes racines – je veux parler ici de ce qu'Aristote appelait rationnel, même si mon analyse convient mieux à notre état d'esprit actuel qu'au sien. « Raisonnement » évoque la *Critique de la raison pure*. Mon travail est un prolongement de l'entreprise kantienne qui consiste à expliquer comment l'objectivité est possible. Kant a proposé des préconditions pour que la série des sensations devienne une expérience objective. Il a aussi beaucoup écrit à propos de la science, mais c'est seulement après son époque que l'on a réalisé combien la croissance de la connaissance dépendait d'une activité communautaire. Kant ne concevait pas, comme nous le faisons nous aujourd'hui, la raison scientifique comme un produit historique et collectif. Parce qu'ils sont éminemment publics, mes styles de raisonnement font partie de ce dont nous avons besoin pour comprendre ce que nous entendons par objectivité. Non pas parce que les styles sont objectifs (au sens où nous aurions trouvé les moyens impartiaux les meilleurs pour atteindre la vérité) mais parce qu'ils ont établi ce que c'est que d'être objectif (des vérités de certaines sortes sont ce que nous obtenons en menant certaines sortes d'investigations qui se conforment à certains standards).

Crombie ne définit pas de manière formelle ce qu'est « un style de pensée scientifique dans la tradition européenne ». Il l'explique de manière ostensive en indiquant six styles qu'il décrit de façon minutieuse. « Nous pouvons distinguer dans le mouvement scientifique classique six styles de pensée scientifique ou de méthodes d'enquête et de démonstration scientifiques. Trois styles ou méthodes ont été développés pour l'étude des régularités individuelles et trois autres pour l'étude des régularités des populations ordonnées dans le temps et l'espace » (Crombie, 1988, 10). Ces six styles sont (je choisis et combine les différentes formulations qu'en a donné Crombie) :

> a) La méthode élémentaire de postulation illustrée par les sciences mathématiques grecques.
> b) La mise en œuvre de l'expérimentation à la fois pour contrôler la postulation et pour explorer par l'observation et la mesure.
> c) La construction par hypothèse de modèles analogiques.
> d) La mise en ordre du divers par la comparaison et la taxonomie.
> e) L'analyse statistique des régularités dans les populations et le calcul des probabilités.
> f) La dérivation historique propre au développement génétique.

Je suis heureux que Crombie ait compté les mathématiques au nombre des sciences, ce qu'elles sont, quoique qu'aient pu en penser certains des philosophes qui m'ont récemment devancé. Je ne veux pas dire par là que les mathématiques sont empiriques, seulement qu'elles sont une science. Notez aussi que les styles ne déterminent pas un contenu ou une science en particulier. Nous avons tendance à restreindre les « mathématiques » à ce que nous pouvons établir grâce au raisonnement mathématique, mais, hormis cela, il n'y a qu'une corrélation très ténue entre les items (a) à (f) et une possible liste des champs de connaissance. Un grand nombre de recherches utilisent plusieurs styles à la fois. Par exemple, le cinquième style, le style statistique, est aujourd'hui employé, sous différentes formes, dans tous les types de recherche, y compris dans certaines branches des mathématiques pures. Le paléontologiste a recours à des méthodes expérimentales pour dater au carbone et classer ses os. La « synthèse moderne » de la théorie de l'évolution est, entre autres choses, une synthèse de pensée taxonomique et de pensée historico-génétique.

Je pars donc ici d'une liste canonique de styles, déterminés de manière descriptive par un historien dont les préoccupations, quelles qu'elles soient, ne sont pas les miennes. En tant que philosophe, j'ai besoin de découvrir, à partir de ses exemples, au moins une condition nécessaire de ce que c'est que d'être un « style ». Nous ne sommes ni tenus d'accepter les descriptions qui ont la préférence de Crombie, ni de conclure par un classement des styles exactement semblable au sien. Je vais d'abord énumérer trois raisons connexes pour expliquer pourquoi nous pouvons être en désaccord avec Crombie et donner ensuite deux exemples.

1) Crombie offre une description du « mouvement scientifique classique » et adapte sa présentation à la longue période durant laquelle ce mouvement s'est formé et consolidé. Il a tendance à abandonner un style donné à partir du moment où il est solidement installé. Son examen des mathématiques se termine avec la remise au goût du jour par Kepler des mathématiques grecques. Son exposé des trois premiers styles s'arrête à la fin du dix-septième siècle. Seul le dernier style est développé pour le dix-neuvième siècle, avec Darwin pour figure majeure. Mais comme je suis un philosophe résolument *whiggish*, l'histoire que je veux est l'histoire du présent. On reconnaît là l'expression de Michel Foucault, qui suggère que nous identifions et distinguions les objets historiques afin de pouvoir éclairer nos propres problèmes. Par conséquent,

je pourrais modifier la liste de Crombie, non pas pour la réviser d'un point de vue historique, mais pour l'envisager à partir de la perspective qui est la nôtre aujourd'hui.

2) La liste de (a) à (f) dressée par Crombie est elle-même une progression historique, chaque style commençant plus tard que celui qui le précède dans la liste, et la présentation de chaque style successif se rapprochant toujours plus du présent que ses descriptions des styles antérieurs. Je suis néanmoins frappé par le fait, anhistorique, que tous ces six styles sont toujours vivants et se portent bien. J'écris au sujet de ce que les styles de raisonnement scientifiques peuvent faire pour nous. Ce qui est important aujourd'hui peut différer de ce qui importait jadis.

3) Crombie n'a pas eu l'intention de rédiger une liste exhaustive de styles mutuellement exclusifs. Il a consigné ce qu'il a trouvé de central et de stable dans la période de formation de la vision occidentale. En laissant tout à fait de côté un quelconque style que nous pourrions proprement vouloir appeler scientifique, et qui s'est développé largement en dehors de l'Occident, il pourrait aussi encore y avoir des styles de « science » plus anciens, à trouver peut-être dans les archives conservant ce qui reste des calculs des Babyloniens, et qui ne devraient pas être pris pour de simples anticipations de (a). De plus, des styles nouveaux peuvent certainement s'être développés après les événements « classiques » que Crombie relate, tout comme il est possible que de nouveaux styles de raisonnement émergent dans le futur. Il pourrait aussi y avoir des fusions de deux styles ou plus. Ce n'est pas du truisme selon lequel nous utilisons communément plus d'un style dans toute recherche moderne dont je veux parler, mais de la possibilité qu'il se soit développé un style qui soit composé de manière essentielle par deux styles classiques, non pas comme une mixture mais comme un composé au sens chimique du terme, c'est-à-dire une substance intellectuelle nouvelle.

J'en viens maintenant à deux exemples. En tant que philosophe des mathématiques, je vois de la preuve là où Crombie voit de la postulation. Son premier style met l'accent sur la recherche de premiers principes par les Grecs. C'est à ce moment là qu'il introduit dans son analyse la médecine grecque, avec son affrontement entre empiriques et dogmatiques. Nous rencontrons Aristote quand Crombie discute du style (a) – au moment même où le Stagirite incorpore au canon ce qui deviendra plus tard le style taxonomique (d). Voilà un récit historique correct, qui met d'abord le style (a) et les corrélats qui lui sont contemporains chacun à leur place. Pourtant, on ne peut douter que ce qui distingue les mathématiques anciennes à nos yeux, c'est que nous y rencontrons de la preuve et, de façon plus limitée, du calcul. Wilbur Knorr a mis en ordre de manière spéculative des segments de textes authentiques et de textes perdus en développant des procédures de preuve (Knorr, 1975). Les mathématiques ont l'étonnant pouvoir d'établir des vérités à propos du monde indépendamment de l'expérience. C'est le phénomène qui stupéfia tant Socrate dans le *Ménon*, et qui a tracassé tous les épistémologues sérieux des sciences mathématiques depuis lors. C'est ce phénomène que je voudrais que ma présentation du style mathématique nous aide à comprendre. Voilà pourquoi je vais insister sur des points sur lesquels Crombie n'a pas insisté.

La distinction historique entre les styles (b) et (c) est profondément importante pour un autre exemple qui n'est pas sans lien avec les tensions bien connues entre l'expérimentateur et le théoricien d'aujourd'hui. L'expérimentateur est l'héritier des médecins empiriques, qui insistaient sur le fait que nous ne devrions jamais aller, dans nos descriptions de l'évolution d'une maladie et de sa guérison, au-delà de ce qui est observable. Au contraire, ce sont les dogmatiques qui ont introduit ce que nous pourrions appeler aujourd'hui des entités théoriques, dont on connaît le rôle si important dans la modélisation par hypothèses (c). Crombie évoque le « contrôle de la postulation » dans sa description sommaire de (b), mais la postulation s'opère au niveau de ce qui est observable et des quantités mesurables. *Grosso modo*, on a là affaire à la science des phénomènes donnés ou mesurés dans une nature que l'on n'a pas beaucoup manipulée. Quelque chose d'autre a commencé juste à la fin de la période pour laquelle Crombie décrit (b) et (c). C'est ce que j'appelle le style de laboratoire. Il se caractérise par la construction d'appareillages destinés à produire des phénomènes dont la modélisation par hypothèses peut se révéler vraie ou fausse, mais qui utilise un autre échelon de modélisation, à savoir des modèles de la manière dont les appareils et les instruments eux-mêmes fonctionnent. La relation entre le style de laboratoire, appelons le (bc), et les styles (b) et (c) est complexe. Peter Galison (1998) la décrit à l'aide d'une métaphore, celle d'une zone d'échanges entre les producteurs de données analysées et les marchands d'approximations théoriques. Il a emprunté cette idée aux linguistes qui étudient le développement des langues « créoles » ou « pidgin », c'est-à-dire de ces langues nouvelles qui se développent, à des fins commerciales ou pour rendre possible les relations sociales, à l'interface de deux langues établies. L'idée d'une zone d'échanges sera utile pour l'étude des styles de raisonnement quand nous en viendrons à décrire les recherches qui utilisent plusieurs styles, car il est rare qu'un chercheur soit à l'aise dans plus d'un style de raisonnement. Au lieu de cela, se met plus souvent en place une collaboration dans laquelle un expert du style X emprunte au style Y un ensemble de techniques fondamentales pratiques et robustes. C'est que l'on voit clairement dans le cas du raisonnement statistique et de ces ouvrages de « cuisine statistique » préparés pour telle ou telle branche de la science, que ce soit la psychologie, la taxonomie cladistique, la physique des hautes énergies, et bien d'autres. Un chercheur, même sans en comprendre les principes et en n'utilisant peut-être qu'un progiciel statistique sans âme, est capable d'employer des statistiques sans pouvoir conférer à leur langage une quelconque signification.

Pour en revenir au style de laboratoire, je ne veux pas suggérer qu'il a supplanté le style (b) de Crombie, l'expérimentation, ni le style (c), la modélisation. Au contraire, il y a des champs entiers de spécialisation dans lesquels soit (b) soit (c) jouent à plein. D'une part, malgré tout ce que l'on dit à propos de l'intervention des variables et de ce qui s'y rapporte, nombreuses sont les sciences sociales qui n'opèrent qu'au niveau empirique de (b). D'autre part, la cosmologie et les sciences cognitives – rien de moins que les principaux exemples modernes du style galiléen tant admiré par Weinberg et Chomsky – en restent au niveau de (c), celui de la modélisation par hypothèses. L'observation compte pour ces sciences, mais la manipulation et l'intervention expérimentales n'y sont presque jamais réalisables. C'est précisément la raison pour laquelle Weinberg et Chomsky invoquent (une certaine vision koyréenne de) Galilée pour légitimer leur propre travail. La cosmologie et les sciences cognitives demeurent des sciences qui représentent ; le style de laboratoire a fait naître des sciences qui interviennent.

J'estime que le style de laboratoire est apparu à peu près au moment où Boyle construisait sa pompe à air afin d'étudier l'élasticité de l'air. Il est caractéristique des styles que leur origine fasse l'objet de mythes largement répandus. La liste de Crombie sonne juste parce qu'elle codifie une légende familière. Comment pourrait-il en être autrement si l'on récapitule la science européenne de l'intérieur ? Il y a eu ce moment légendaire où, comme l'a dit Althusser, Thalès « découvrit le continent des mathématiques » (Althusser 1972, 185). Le suivant dans la liste des continents est : « Galilée découvrit le continent de la mécanique ». Soit, Galilée est le héros préféré de tout le monde – pas seulement de Chomsky et de Weinberg, mais aussi de Husserl (pour qui Galilée est tout bonnement le Héros de la Science) et de Spengler. La communication de Crombie sur les styles de pensée scientifique qui avait attiré mon attention il y a longtemps était sur … Galilée. À cette même conférence, Winifred Wisan fit un exposé intitulé « Galilée et l'émergence d'un nouveau style scientifique » (Wisan, 1981). Etant donné que tous ces auteurs se sont principalement référés à un aspect quelconque du style (c), il ne nous faut pas oublier que, d'après Stillman Drake, ce fut Galilée qui établit la toute première loi expérimentale et quantitative de la nature, en faisant un usage des plus purs du style (b). Galilée est fait de l'étoffe des mythes, un point souligné par Crombie lui-même (1987).

Althusser poursuivait : « et Marx découvrit le continent de l'histoire ». Bon mythe, mauvais personnage ; Je préfère de loin la version de Michel Foucault, avec Bopp, Cuvier et Ricardo. Le choix de Cuvier, comme beaucoup l'ont noté, est discutable, et nous ajouterions bien un géologue, mais la philologie de Bopp semble parfaite pour servir de point de départ au style historico-génétique. Le style (e) a lui aussi ses légendes : « Un problème relatif aux jeux de hasard, proposé à un austère janséniste par un homme du monde, a été à l'origine du calcul des probabilités », ainsi que le rapportait Poisson (1837, 1). Et je considère que le livre de Schaffer et Shapin, sous-titré *Hobbes, Boyle et la vie expérimentale* (1985) présente le mythe d'origine du style de laboratoire. Leur héros, comme Bruno Latour (1990) et moi-même (1991) l'avons observé, n'est pas un personnage mais un instrument, l'appareillage, la pompe à air.

Les styles, pour poursuivre la métaphore d'Althusser, ouvrent de nouveaux territoires à mesure qu'ils vont de l'avant. Je suis sûr que le style indo-arabique de mathématiques appliquées, qui s'intéressait peu à la postulation mais se consacrait à la découverte d'algorithmes, est un style distinct, avec des origines bien évidemment non européennes. Je l'appelle le style algorismique, en me référant une fois encore à une autre légende. « Al-gorismi » était le premier nom européen du mathématicien qui brilla au début du neuvième siècle (Abu Ja'far Mohammed Ben Musa, natif de Khwarazam, ou al-Khowarazmi). Son livre sur l'algèbre (qui est probablement aussi la source de notre mot « algèbre ») fut le texte grâce auquel les Européens apprirent les chiffres arabes – et le style algorismique de raisonnement.

L'algébrisation de la géométrie ou l'arabisation du grec sont les pièces essentielles d'une expansion territoriale et chaque expansion de ce type est contestée. Ainsi pouvons-nous entendre par hasard les rumeurs des batailles d'aujourd'hui. Par exemple : les concepts et les preuves générés par ordinateur sont-ils réellement mathématiques ? Quand j'étais étudiant, je fréquentais des topologistes qui discutaient, dessinaient et racontaient des histoires à dormir debout. Aujourd'hui, quand j'ai des invités «topo-logiques» à la maison, la première chose qu'ils font est d'installer leurs Macs dans mon sous-sol, non pas pour calculer mais pour générer des idées pour lesquelles le calcul en temps réel est indispensable. Pourtant, je connais aussi certaines personnes qui disent que mes amis ont arrêté de faire des mathématiques. Voilà ce qui se passe quand un style pénètre dans un nouveau territoire.

Malgré toutes ces différences d'accent, je ne diffère pas de façon significative de Crombie, ni par la manière dont je distingue les différents styles, ni dans la façon dont je les décris. Sans ses trois volumes de justification pour sa liste canonique, j'en serais réduit à des anecdotes douteuses et des fables. Je ne soutiens pas que je me place sur un terrain non-idéologique solide quand j'ai recours à un historien pour une première distinction des différents styles. Je revendique seulement une certaine indépendance : sa motivation est très différente de la mienne, mais la liste qu'il propose convient admirablement à mes besoins. Cette liste est un bon outil de travail qui ne réserve aucune mauvaise surprise. Pour utiliser encore une autre métaphore obsolète, on pourrait dire que cette liste couvre le front de mer et répertorie, de manière aisément reconnaissable et assez satisfaisante, les principaux embarcadères. Mais je pourrais aussi me tromper de front de mer. Peut-être Crombie a-t-il décrit un Liverpool jadis merveilleux mais aujourd'hui abattu, ou en tout cas un San Francisco empreint de dignité qui s'est lancé dans des activités de loisir comme le jean et le tourisme – autant de ports où l'histoire a fait escale. Au lieu de cela, peut-être devrais-je m'intéresser à un port à container animé comme Felixstowe ou Oakland. Peut-être que la science telle que nous la connaissons a débuté tard dans le dix-neuvième siècle et que le philosophe qui n'est pas collectionneur d'antiquités ferait tout simplement mieux d'oublier les temps jadis. Je ne pense pas cela. Pourtant, la preuve de ma confiance dans le fait que la liste de Crombie reste appropriée ne tient pas à une question de principe, mais au succès de l'analyse philosophique qui en découle.

Nos différences ne résident pas dans la manière dont nous identifions les styles ou dans la manière dont nous les décrivons, mais dans l'utilisation que nous faisons de cette idée. Dans un article annonçant la publication de son livre, Crombie commençait ainsi : « quand nous parlons aujourd'hui de sciences naturelles, nous avons en tête une vision spécifique créée au sein de la culture occidentale, qui est en même temps une vision du savoir et une vision de l'objet de ce savoir, une conception des sciences naturelles et une conception de la nature » (Crombie, 1988, 1). Il continuait à la page suivante en soutenant que :

> L'expérience historique de la pensée scientifique dans son ensemble est une invitation à traiter l'histoire de la science, à la fois son développement en Occident et sa diffusion complexe dans d'autres cultures, comme une sorte d'anthropologie historique comparative de la pensée. Le mouvement scientifique nous invite à examiner l'identité des sciences naturelles à l'intérieur d'une culture intellectuelle, pour la distinguer des autres activités intellectuelles et pratiques dans les arts, l'érudition, la philosophie, le droit, l'art politique, le commerce, et ainsi de suite, et pour les présenter toutes au sein d'une taxonomie de styles. C'est une invitation à analyser les divers éléments qui constituent un style intellectuel d'étude et de traitement de la nature : des conceptions de la nature et de la science, des méthodes de recherche et de démonstration scientifiques telles qu'elles s'appliquent à des objets différents, des évaluations des objectifs scientifiques et les motivations qui s'y rattachent, les partis pris intellectuels et moraux et les attentes qui génèrent les attitudes face à l'innovation et au changement.

Voilà une histoire de grand seigneur, rien moins qu'une invitation à pratiquer une anthropologie historique comparative de la pensée. Indépendamment d'un intérêt philosophique ou historique, beaucoup d'entre nous peuvent se réjouir qu'à une époque où l'on assiste à la multiplication d'études sur les sciences qui sont merveilleusement denses et détaillées mais qui demeurent fragmentées, on nous offre un tel projet à long terme. Il en va particulièrement ainsi pour les philosophes, pour qui l'historiographie des sciences actuellement la plus fascinante réside dans « les études sociales de la connaissance », c'est-à-dire dans le travail d'écoles de pensée historique animées par certaines motivations philosophiques : le programme fort, la théorie des réseaux, la doctrine de la construction des faits scientifiques par négociation. Des analyses de plus en plus fines d'épisodes historiques précis, parfois menées magnétophone en main, ont orienté l'histoire des sciences vers l'éphémère. Au contraire, nombre de mes collègues philosophes orientent l'histoire des sciences vers un terme quasiment hors du temps, comme lorsque Hilary Putnam parle du « terme idéal de l'enquête » [scientifique]. Les styles de Crombie peuvent aussi donner l'impression de se perdre dans un long terme excessif. Mais ses intentions sont claires : conduire une enquête historique sur cette vision spécifique qui s'est créée principalement autour du bassin méditerranéen, puis dans des régions plus au nord de l'Europe, « une enquête historique compréhensive des sciences et des arts qui influencent la façon dont l'homme, en tant qu'être perceptif, être connaissant et agent, fait l'expérience de la nature, [et qui doit] inclure des questions à différents niveaux, venant soit de la nature soit de l'homme ». Crombie était tout à fait conscient du besoin d'établir une continuité historique des styles durant les périodes de latence et du besoin de « comprendre les partis pris intellectuels et moraux, les dispositions et habitudes, les conditions matérielles, qui pourraient rendre l'activité scientifique et ses applications pratiques intellectuellement, socialement, ou matériellement aisées pour une société donnée mais difficiles ou impossibles pour une autre ». Il voulait comparer ces éléments qui nous sont maintenant familiers, « les effectifs démographiques, la position sociale, l'éducation, la profession, les institutions, les mœurs privées et publiques, les motifs, les possibilités de mobilité sociale, les convictions et les moyens de communications propres aux individus », et ainsi de suite : « le contexte militaire », « les techniques rhétoriques de persuasion ». Cette conception grandiose ne va pas nécessairement négliger les thèmes en vogue du moment, pas plus qu'elle ne va nécessairement ignorer les problèmes philosophiques éculés comme celui de l'existence des entités théoriques. En fait, cette énigme est décrite d'une manière tout à fait « mandarinale », comme vous l'aurez remarqué grâce à mes autres citations : « distinguer l'argument qui donne un contrôle rationnel de l'objet étudié de l'inférence de l'existence des entités mentionnées dans la langage théorique utilisé » (c'est-à-dire, le canon à électron polarisateur marche, mais les électrons existent-ils ?).

J'ai à peine commencé à énumérer les visées historiographiques de Crombie. Comment un philosophe peut-il faire usage d'une idée aussi étendue que celle de style de pensée ou de raisonnement dans la tradition européenne ? Tout d'abord, je remarque la façon dont les styles s'autonomisent. Chaque style apparaît par l'entremise d'interactions et de négociations micro-sociales. Ainsi, c'est une donnée contingente, qui doit être décrite par les historiens, qu'il y ait eu des gens, avec du temps libre et des serviteurs à leur disposition, qui aient valorisé le fait de découvrir quelque chose. Pourtant, chaque style s'est émancipé de sa propre histoire. Nous pouvons oublier cette histoire ou la conserver pieusement sous forme de mythe. Chaque style est devenu ce que nous tenons pour un canon intemporel d'objectivité, un standard ou un modèle du raisonnable pour tel ou tel type d'objet d'étude. Nous ne nous demandons pas sans cesse si une preuve mathématique, une recherche de laboratoire ou des études statistiques sont de bonnes façons de raisonner : elles en sont venues à représenter (à l'issue d'âpres luttes) ce que c'est que de raisonner correctement, ce que c'est que d'être raisonnable dans tel ou tel domaine.

Je n'affirme ni que les gens ont décidé de ce qui doit être tenu pour de l'objectivité, ni que nous avons découvert ce qui marche. Je m'intéresse à la façon dont l'objectivité apparaît et je dirai bientôt comment on doit aborder la question de savoir comment certains standards d'objectivité se stabilisent. Pourquoi ne dis-je pas que nous avons simplement découvert comment être objectif, comment atteindre la vérité à longue échéance ? Tout bonnement parce qu'il n'existe ni phrases susceptibles d'être vraies ou fausses, ni objets identifiés indépendamment au sujet desquels tenir un discours adéquat avant le développement d'un style de raisonnement. Chaque style de raisonnement introduit un grand nombre de nouveautés qui comprend des types nouveaux :

D'objets.

De preuves factuelles.

De phrases, de nouvelles manières d'être susceptible d'être vrai ou faux.

De lois, ou en tout cas d'assertions modales.

De possibilités.

On remarquera aussi parfois de nouveaux types de classification et de nouveaux types d'explications. Nous ne devrions pas d'abord considérer un style et ensuite les nouveautés qu'il introduit. C'est en cela que réside un des nombreux mérites du mot « style ». Nous n'avons pas d'abord eu le fauvisme et ensuite Matisse et Derain peignant des toiles fauves en 1905. Le style apparaît en même temps que ces illustrations, bien que (comme l'exemple des fauves le montre clairement) la reconnaissance de quelque chose comme nouveau, et même le fait de lui donner un nom, peut consolider un style après qu'il est apparu. Par contre, ce que le mot « style » ne montre pas clairement, c'est pourquoi le fauvisme disparaît aussitôt qu'il a reçu un nom, alors que quelques styles de raisonnement deviennent indépendants de leurs origines et leurs initiateurs. On a là une question philosophique pressante pour l'étude des styles de raisonnement.

Chaque style introduit un certain nombre de types nouveaux d'entités, comme énuméré précédemment. Prenez les objets. Chaque style de raisonnement est associé à un débat ontologique à propos d'un nouveau type d'objet. Les objets abstraits des mathématiques existent-ils ? C'est le problème du platonisme en mathématiques. Les entités théoriques inobservables du style de laboratoire existent-elles vraiment ? C'est le problème du réalisme scientifique en philosophie des sciences naturelles. Les taxa existent-ils dans la nature ou ne sont-ils, comme le suggérait Buffon, que de simples artefacts de l'esprit humain ? Existe-t-il des objets, tels que les langages, que l'on doit comprendre en termes de dérivation historique, ou sont-ils juste une manière d'organiser un fouillis complexe et qui se superpose à la seule vraie réalité, une grammaire universelle innée que l'on postule? Les coefficients de corrélation ou les taux de chômage sont-ils des propriétés réelles des populations, ou sont-ils les produits des structures institutionnelles de classification et de mesure?

Comme on vient de le montrer, chaque style de raisonnement a son débat ontologique propre: il introduit un nouveau type d'objet, distingué grâce aux ressources du style lui-même, et qui n'était pas précédemment perceptible parmi les choses existantes. Par conséquent, on comprendra le débat réalisme-antiréalisme, si familier dans la philosophie récente, d'une manière neuve et encyclopédique, comme le sous-produit des styles de raisonnement. Mais ce n'est pas le cas de l'idéalisme absolu, ou des débats esprit/matière, qui ne sont pas engendrés par tel ou tel style de raisonnement.

Les objets sont une sorte de nouveautés parmi d'autres, et on peut parcourir ma liste de nouveautés pour vérifier que chaque style introduit ces nouveautés. Je soutiens que ceci constitue une caractéristique essentielle et spécifique d'un style de raisonnement, qui explique le nombre relativement restreint de styles dans la liste de Crombie. Nous sommes par conséquent en mesure de proposer une condition nécessaire pour être un style de raisonnement: chaque style devrait introduire des nouveautés de la plupart ou de tous les types mentionnés précédemment, et devrait le faire de manière ouverte, continuelle et créative. Les mathématiciens ne se contentent pas d'introduire quelques sortes d'objets abstraits, des nombres, des figures, pour ensuite s'arrêter; le type «objet abstrait» n'a pas de limite fixée d'avance à partir du moment ou nous commençons à raisonner d'une certaine manière. Remarquez que, suivant ce critère, la logique, qu'elle soit déductive, inductive ou abductive, n'est pas comptée au nombre des styles de raisonnement: c'est ce qui devait se passer. Il ne faut donc pas s'étonner que Crombie n'ait pas énuméré les diverses branches de la logique. Partout les gens font des inductions, font des inférences en faveur de la meilleure explication, font des déductions ; ces opérations ne sont pas des styles de pensée propres à la science, pas plus qu'ils n'ont une origine méditerranéenne.

J'utilise ma liste de nouveautés comme un critère, comme une condition nécessaire pour être un style de raisonnement. J'ai mentionné les débats ontologiques provenant de l'apparition d'une sorte de nouveautés, les nouveaux types d'objets. Je vais maintenant en dire un peu plus au sujet des nouveaux types de phrases. Chaque style nouveau, et chaque expansion territoriale, apporte avec lui de nouvelles phrases, des choses qui – littéralement – n'ont jamais été dites auparavant. Ceci est à peine insolite, dans la mesure où c'est ce qu'ont fait les gens actifs depuis l'aube de l'humanité. Ce qui est différent avec les styles, c'est qu'ils introduisent de nouvelles manières d'être susceptible d'être vrai ou faux. Comme Comte l'a dit, et il y a beaucoup de comtisme dans ma philosophie – ils introduisent de nouvelles sortes de « positivité », des manières d'avoir une valeur de vérité positive, d'être tenu pour vrai ou faux. Tout lecteur qui redoute trop le positivisme première manière devrait aussi savoir que j'ai emprunté le mot « positivité » en premier lieu à Michel Foucault, dont l'influence sur mon idée de styles de raisonnement est plus profonde que celle de Comte ou de Crombie. Je devrais répéter pour les philosophes ce qui a été dit au chapitre 11 : l'idée de positivité est bien loin de ce que Michael Dummett appelle la bivalence, c'est-à-dire le fait d'être définitivement vrai ou définitivement faux. La bivalence exige communément beaucoup plus qu'un style de raisonnement pour se mettre en place. Elle peut exiger une épistémè foucaldienne, des « questions » à la Jardine, ou même, comme le soutient Gavroglu, un style de recherche entièrement personnel, localisé dans un seul laboratoire. Et même quand tout cela est réuni, ainsi que Dummett nous l'a bien appris, même quand les similitudes dans la grammaire superficielle et dans les voies possibles de recherche nous font penser que les phrases que nous étudions en les utilisant sont incontestablement bivalentes, un examen encore plus minutieux, encouragé par une théorie austère de la signification, peut nous rendre sceptiques.

Les sortes de phrases qui acquièrent de la positivité par l'entremise d'un style de raisonnement ne sont pas correctement décrites par une théorie de la vérité-correspondance. Je n'ai pas d'emblée d'objection contre une théorie de la correspondance pour tout un tas de phrases banales, que nous pourrions appeler phrases « pré-styles » ou ne relevant pas du raisonnement, et qui comprennent la catégorie si décriée des phrases d'observation. Mais je rejette toute sémantique universelle uniforme. L'objection immédiate que l'on peut faire aux théories de la correspondance, en ce qui concerne les phrases qui disposent de positivité seulement dans le contexte d'un style de raisonnement est qu'il n'existe aucun moyen d'identifier le fait auquel elles correspondent, excepté à l'aide des termes dans lesquels on enquête sur sa vérité, c'est-à-dire en utilisant le style approprié. Comme J.L. Austin l'a montré, cette objection ne s'applique pas aussi facilement, par exemple, aux « phrases d'observation » dans la forme sujet-prédicat ou dans la forme sujet-relation-objet. Je rejette le dogme premier de la philosophie anglophone traditionnelle du langage, celui d'une « théorie de la vérité » ou de la « signification » uniforme qui devrait s'appliquer au « langage » dans son ensemble. Telle est la leçon fondamentale à tirer des propos de Wittgenstein sur les différents « jeux de langage ». Parmi les théories de la vérité et de la signification sur le marché, c'est une théorie vérificationniste qui convient le mieux aux sortes de phrases introduites par un style de raisonnement.

La vérité d'une phrase (c'est-à-dire d'une sorte de phrase introduite par un style de raisonnement) est ce que nous découvrons quand nous raisonnons en faisant usage de ce style. Les styles deviennent des standards d'objectivité parce qu'ils atteignent la vérité. Mais une phrase de cette sorte est susceptible d'être vraie ou fausse uniquement dans le contexte d'un style. C'est pour cela que l'on peut dire qu'en un certain sens les styles « s'auto-justifient ». Les phrases des sortes pertinentes sont susceptibles d'être vraies ou fausses uniquement quand un style de raisonnement le permet. Il va sans dire que cette affirmation ne va pas sans provoquer un sentiment de circularité dérangeant.

L'affirmation précédente est intimement liée à l'idée que les styles de raisonnement introduisent des nouveautés, y compris de nouvelles sortes de phrases. Il n'existe tout simplement pas de phrases vraies-ou-fausses d'une sorte donnée dont on pourrait découvrir la vérité en dehors du contexte du style de raisonnement approprié. La doctrine de l'« auto-justification » des styles est distincte des analyses « constructionnistes » de la découverte scientifique, dans la mesure où, dans les analyses constructionnistes, les faits individuels les plus familiers sont « construits en tant que faits » au cours de la recherche et par négociation. Avant qu'il ait été construit, il n'y avait pas de fait à découvrir. Selon ma doctrine, si une phrase est susceptible d'être vraie ou fausse, alors nous pouvons découvrir si elle est vraie ou fausse en utilisant le style approprié de raisonnement. Il y a plus à dire ici, en liaison avec la différence qui existe entre une phrase douée de positivité et la bivalence, mais j'en ai dit assez pour montrer la manière dont ma doctrine se distingue nettement du constructionnisme.

On doit se réjouir de l'apparente circularité qui caractérise l'auto-justification des styles. Elle aide à expliquer pourquoi les styles, même s'ils peuvent évoluer ou être abandonnés, sont curieusement insensibles à tout ce qui pourrait ressembler à une réfutation. Il n'existe aucun standard supérieur auquel ils obéissent directement. Le fait remarquable à propos des styles est qu'ils sont stables, qu'ils durent, qu'ils s'enrichissent au fil du temps. De surcroît, dans une période de temps plus courte, le savoir que nous acquérons en les utilisant est modérément stable. Ce sont nos connaissances qui sont sujettes à révolution, à mutation et à plusieurs sortes d'oubli. C'est le contenu de ce que nous trouvons, pas la manière dont nous le trouvons, qui est réfuté. C'est là qu'une certaine sorte de stabilité trouve sa source. Il y a quelques années, lorsque j'ai fait paraître un court article sur la stabilité des sciences de laboratoire, je pouvais uniquement me référer à quelques observations faites par S.S. Schweber et à quelques travaux sur « l'irrévocabilité en science » produits par un groupe à Francfort (Hacking, 1988a). Aujourd'hui, la stabilité est véritablement devenue un sujet

branché ; au moment où j'ai écrit cet article, il a occupé durant
plusieurs semaines les pages du courrier des lecteurs du *Times
Literary Supplement* (Durant 1991, *cf.* Hacking, 1999, 84-92).

Je crois que la compréhension du caractère « auto-justifiant »
des styles de raisonnement est une étape dans la compréhension de
la quasi-stabilité de la science. Je doute que Crombie ait été de cet
avis. Si c'est le cas, notre désaccord ne tiendrait pas à une différence
de jugement, pour l'un historique et pour l'autre philosophique,
mais serait plutôt de l'ordre d'une divergence philosophique entre
deux observateurs, l'un historien et l'autre philosophe. Des historiens de tempérament plus constructionniste trouveront que ma
doctrine de l'auto-justification ne va pas assez loin. Mais, de toute
manière, ces problèmes sont d'ordre philosophique, pas historique.

Pour ce qui concerne la stabilité, je souscris entièrement à un
lemme très usité du programme fort en sociologie de la connaissance. La vérité d'une proposition n'explique en rien que nous
l'ayons découverte, ni son acceptation par la communauté scientifique, ni sa permanence comme un élément standard du savoir, pas
plus que ne peuvent l'expliquer un fait, la réalité, ou la façon dont le
monde est constitué. Mes raisons pour dire cela ne sont pas celles
défendues du côté d'Edimbourg. Elles évoquent plutôt une philosophie très traditionnelle. J'appliquerais bien à la vérité (et à la
réalité) ce que Kant disait de l'existence, c'est-à-dire qu'elle n'est
pas un prédicat, qu'elle n'ajoute rien au sujet. Je peux croire qu'il y
a eu une éclipse solaire cet été parce qu'il y en a eu une là ou je me
trouvais à ce moment-là ; l'éclipse fait partie de l'explication de ma
croyance (opinion à laquelle on pourrait s'opposer à Edimbourg), y
contribuant comme mon expérience, ma mémoire, mes connaissances générales, le battage dans les journaux, etc. Mais le fait qu'il
y ait eu une éclipse, où la vérité de la proposition « il y a eu une
éclipse », ne fait pas partie de l'explication, ou en tout cas pas plus
que l'éclipse elle-même. Ce n'est pas le lieu ici de développer ce
thème, sinon pour dire que quiconque souscrit à la conclusion en
provenance d'Edimbourg, à savoir que la vérité n'a pas de pouvoir
explicatif, devrait désirer comprendre la stabilité de ce que nous

trouvons et ne pas se satisfaire d'un : « c'est parce que le monde est ainsi fait ». Je vais maintenant décrire brièvement la manière dont la théorie des styles de raisonnement peut nous aider à comprendre cette stabilité.

L'idée d'auto-justification est juste une étape, un poteau indicateur, sur le chemin de la compréhension de la quasi-stabilité de certaines portions de notre savoir. Nous ne progresserons pas davantage sur ce chemin en considérant la méthode, et encore moins « la science », en général. Chaque style de raisonnement dispose de ses propres techniques d'auto-justification. Une présentation de chacune de ces techniques exige une analyse détaillée, s'appuyant sur des exemples historiques marquants. Chacune de ces présentations est une longue histoire. J'ai publié trois articles sur le style statistique, le style mathématique et le style de laboratoire (Hacking 1991, 1992, 1995). Il y a peu de recoupements entre ces trois essais, parce que les techniques et les histoires concernées diffèrent substantiellement d'un cas à l'autre.

Le fait que ces techniques de stabilisation permettent à un style auto-justifiant de persister, de durer, est à peu près la seule chose qu'elles ont en commun. Même si les analyses des techniques que je décris sont bien connues, je soutiens qu'elles n'ont pas été adéquatement comprises. Par exemple, la fameuse thèse de Duhem sur la manière dont on peut sauver les théories en ajustant leurs hypothèses auxiliaires est équivalente – en mesurant cela d'une certaine façon – à une fraction représentant un quatorzième des techniques de stabilisation que je distingue au sein des sciences de laboratoire. Je dois beaucoup plus encore à un travail récent d'Andrew Pickering, auquel j'attribuerais trois autres quatorzièmes. Ce qui nous intéresse en général, c'est l'ajustement mutuel des idées (qui incluent des théories de différents types), du matériel (que nous révisons autant que les théories) et des inscriptions (y compris les données et leur analyse). Ces trois éléments sont les ressources plastiques, comme les appelle Pickering, que nous façonnons de concert pour donner naissance à des structures semi-rigides. Je devrais souligner que, bien que je fasse usage des idées de Duhem, cette présentation ne nous conduit pas à la thèse de la sous-détermination de la théorie par les données (c'est-à-dire à la généralisation par Quine des remarques de Duhem). Bien au contraire, nous en venons à comprendre pourquoi les théories sont si déterminées, presque incontournables. De la même manière, ma présentation de la stabilité du style mathématique doit beaucoup à une association malheureuse, celle de Lakatos et Wittgenstein. Elle introduit l'idée d'« analytification » – ou comment certaines propositions synthétiques, si ce n'est *a priori*, sont rendues analytiques : ainsi historicise-t-on la doctrine de l'*a priori* des positivistes logiques. Mais nous n'aboutissons pas plus au conventionnalisme ou au constructionnisme radical que l'on lit quelquefois dans les *Remarques sur les fondations des mathématiques* que nous n'aboutissons à la sous-détermination de la théorie par les données (Hacking, 2000).

Un sous-produit bienvenu de cette analyse consiste non seulement en ce que chaque style dispose de ses propres techniques de stabilisation, mais aussi en ce que certaines d'entre elles sont plus efficaces que les autres. Les styles taxonomiques et historico-génétique n'ont produit rien de comparable à la stabilité du style de laboratoire ou du style mathématique, et j'affirme être en mesure de montrer pourquoi. D'autre part, bien que Mark Twain, Disraeli ou qui ce que soit d'autre ait pu, dans les premiers jours du style statistique, proférer ce splendide bobard sur les « mensonges, les fichus mensonges et les statistiques », le style statistique est telle-ment stable qu'il a produit son propre terme pour donner une idée de ses techniques les plus durables : « robuste ». Dans le cas des statistiques, il y a même une version par trop évidente d'auto-justi-fication (l'utilisation des probabilités pour estimer les probabi-lités). Mais c'est seulement une des facettes de l'histoire, car je souligne aussi ce qu'exige matériellement et institutionnellement la stabilité du raisonnement statistique. En fait, si ma présentation doit se voir épingler par une appellation philosophique familière en « – isme », c'est celle de matérialisme. Ceci est particulièrement vrai de ma présentation du style de laboratoire, malgré mon rajout – en guise de complément – de l'idéaliste « thèse de Duhem-Quine ».

Les techniques d'auto-stabilisation nous ramènent à la question de la façon dont on distingue les styles les uns des autres. Nous avons commencé avec une définition ostensive, la liste de Crombie. Nous sommes ensuite passés à un critère, une condition nécessaire : un style doit introduire certaines nouveautés, de nouvelles sortes d'objets, des lois, et ainsi de suite. Nous nous rapprochons maintenant du cœur du problème. Chaque style persiste, de manière particulière et individuelle, parce qu'il s'est attaché ses propres techniques d'auto-stabilisation. C'est cela qui fait de quelque chose un style de raisonnement.

Cette définition en trois étapes des styles doit être abordée avec prudence. Considérez par exemple la question de savoir si certains styles ont simplement disparu, après une vie robuste que l'histoire a consignée. Au chapitre 11, j'ai suggéré un style éteint, le raisonnement par ressemblances de la Renaissance, si bien représenté par Paracelse. Précédemment, ma caractérisation des styles a commencé avec une classification des styles faite par un historien et qui n'avait pas pour intention d'être exhaustive, ce qui rend bien sûr possible l'éventualité de la disparition de certains styles. J'ignore ce que Crombie pensait la médecine de la Renaissance, mais je n'ai connaissance d'aucun élément dans ce qu'il a publié qui interdise de la considérer comme un style supplémentaire qui serait maintenant abandonné. Ainsi, la possibilité de styles « morts » n'est pas un problème pour la première définition des styles, la définition ostensive. Barry Allen (1996) a suggéré la sorcellerie comme un autre exemple de style « mort ».

J'ai donné ensuite une condition philosophique nécessaire pour être un style, qui se traduisait par l'introduction d'une batterie de nouvelles sortes d'objets. Ceci rend aussi possible que certains styles s'éteignent. On peut à tout le moins soutenir que le raisonnement d'un Paracelse satisfait ce critère. Finalement, j'ai suggéré – et seulement suggéré ici – une définition plus analytique, qui veut qu'un style soit constitué par des techniques d'auto-stabilisation.

Deux questions se posent alors. Premièrement, la médecine hermé-
tique de cette période disposait-elle de telles techniques ? Si la
réponse est positive à la première question, pourquoi ce style de
raisonnement a-t-il été si brusquement supplanté ? Je crois que la
réponse à la première question est un oui avec des réserves – mais je
vous renvoie à mon observation précédente selon laquelle il existe
certaines techniques plus efficaces que d'autres. La seconde
question nous fait pénétrer dans une histoire dense ; rappelez-vous
les reproches adressés à Michel Foucault pour n'avoir jamais
expliqué pourquoi les épistémès disparaissaient, et en particulier
pourquoi son épistémè de la ressemblance à la Renaissance était
morte. Je ne crois pas que l'on puisse donner des explications purement internes des raisons qui nous poussent à abandonner certaines
pratiques, mais je n'ai pas plus confiance dans les explications
externes. Que le philosophe soit conduit directement à de telles
pépites historiques ne discrédite en rien l'usage qu'il fait des styles
de raisonnement, bien au contraire.

L'historien voudra distinguer plusieurs types d'événements. Il
y a l'extinction d'un style, qu'il est possible peut-être d'illustrer
à l'aide du raisonnement par ressemblance. Il y a l'insertion
d'un nouveau style, qui peut alors être intégré avec un autre style,
comme cela s'est passé avec le raisonnement algorismique et sa
combinaison avec la pensée géométrique et postulationnelle. Il y a
le défi posé par un style nouveau, le style de laboratoire, à un style
ancien, le style postulationnel, et le triomphe du nouveau style qui
en résulte. Sur tous ces points, je suis enclin à me ranger à l'avis des
historiens partisans de la contingence. Il est entièrement contingent
que de telles substitutions aient eu lieu et le concept de style n'est
d'aucun secours pour expliquer ce qui s'est passé. Le concept de
style est plus métaphysique : il est important pour la compréhension de ce que c'est que d'être vrai ou faux une fois qu'un style
est devenu autonome.

Plus pressantes pour le philosophe que les questions posées par
les styles morts, qui s'amalgament ou qui émergent, sont les
questions posées dans le moment présent par un certain nombre de

groupes d'intérêt particuliers. Quels sont les autres styles de raisonnement ? Le raisonnement historique ? Le raisonnement juridique ? Le raisonnement mystique ? Le raisonnement magique ? John Forrester (1996) a défendu la cause du « cas » en psychanalyse comme style de raisonnement. Arnold Davidson (1996) a développé un argument plus général pour la psychiatrie dans son ensemble.

Nous pouvons même, de façon plus modeste, nous saisir de la question posée par Richard Rorty, « La science est-elle une espèce naturelle ? »(Rorty, 1988), sans en être réduit à son opinion que l'on n'a affaire qu'à la conversation largement indifférenciée de l'humanité. Et nous pouvons nous saisir de cette question sans pour autant adopter l'idée contraire de Bernard Williams, à savoir celle d'une science qui nous conduit à quelque chose digne d'être appelé une conception absolue de la réalité (Williams 1984, 214 et 1985, 138-139). La mention même des styles, au pluriel, corrige la direction prise par le débat : nous devons arrêter de parler de la science au singulier et en revenir à cette saine habitude du dix-neuvième siècle qu'incarnaient William Whewell et beaucoup d'autres ; nous devons parler de l'histoire et de la philosophie des sciences – au pluriel. Et nous ne devons pas parler de la méthode scientifique comme si elle était un bloc impénétrable, mais au contraire en aborder les différents styles (Hacking, 1996). D'autre part, une fois que nous avons une compréhension plus claire de ce qui, d'un cas à l'autre, conserve chaque style stable à sa manière, nous ne devons pas penser qu'il existe une variété sans fin de « conversations » à la Rorty. Ma doctrine de l'autojustification, qui semble être en résonance avec l'état d'esprit actuel qui consiste à ébranler les sciences de manière sceptique, se révèle être une stratégie conservatrice pour expliquer ce que la science a de particulier, en la distinguant dans une certaine mesure des recherches humanistes et éthiques.

Une présentation des techniques d'auto-stabilisation commence par observer qu'un style se rend indépendant des événements microsociaux locaux qui l'ont fait apparaître. Vient ensuite une présentation détaillée de la manière dont chaque style se stabilise. Mais ce n'est pas tout. C'est un fait contingent, à propos de nous et de notre monde, que ces techniques fonctionnent – que nous puissions rendre analytique les phrases des mathématiques ou créer en laboratoire des phénomènes pour lesquels nos modèles sont vrais. La persistance d'un style exige certaines conditions élémentaires ayant trait aux gens et à leur place dans la nature. Ces conditions ne sont pas des objets d'étude pour les sciences et ne devraient pas être analysées par un ou plusieurs styles, mais ce sont les conditions de possibilité des styles. Leur présentation est nécessairement brève et banale, parce qu'il n'y a pas grand-chose à en dire. Ce que nous devons fournir, ce ne sont, pour citer Wittgenstein, « vraiment [que] des remarques sur l'histoire naturelle de l'homme : pas des curiosités, plutôt des observations sur des faits dont personne n'a douté et qui n'ont pas été remarqués seulement parce qu'ils sont toujours sous nos yeux » (Wittgenstein 1981, 47). Wittgenstein et d'autres ont appelé cela de l'anthropologie (philosophique) (*cf.* Bloor, 1983). Ce type d'enquête fait plus écho à l'*Anthropologie* de Kant qu'à l'ethnographie ou à l'ethnologie que l'on étudie généralement dans les départements d'anthropologie ou de sociologie. L'« anthropologie historique comparative de la pensée » de Crombie se rapproche *grosso modo* de l'ethnologie historique, une étude comparative d'un des aspects les plus profondément influents de la culture occidentale. L'anthropologie philosophique de Wittgenstein traite de « l'histoire naturelle de l'homme » ou, comme je préfère le formuler, des êtres humains et de leur place dans la nature. Elle s'occupe de faits qui concernent tous les gens, des faits qui rendent possible, pour toute communauté, le déploiement des techniques d'auto-stabilisation des styles de raisonnements. C'est dans le cadre de cette anthropologie philosophique que nous nous débarrassons de l'eurocentrisme qui caractérise le début de cette étude.

Nous devrions prendre garde à ne pas donner des noms grandiloquents à nos modestes projets. En 1990, deux études avaient pour sous-titre « Vers une anthropologie de la science ». Elles avaient été rédigées à quelques centaines de mètres de distance, l'une à l'École polytechnique et l'autre à l'École des

Mines de Paris. Elles furent toutes deux publiées en Angleterre (Atran 1990, Latour 1990). Elles adoptaient toutes deux des perspectives perpendiculaires à celle de Wittgenstein. Mon interprétation tendancieuse de ce que Wittgenstein entendait par anthropologie a plus en commun avec Atran qu'avec Latour, parce qu'Atran s'intéresse – en plus de toutes les autres choses que l'on trouve dans son livre extraordinairement foisonnant – à ce qui a rendu possible le style taxonomique (d). Il a aussi une vision chomskyenne d'une structure sous-jacente, innée et universelle pour ce qu'il appelle la taxonomie spontanée. Par contraste, l'anthropologie de la science qu'ébauche Latour est profondément anti-innéiste, anti-universaliste. Pourtant, ces deux auteurs ont une chose importante en commun, aussi éloignée que possible de l'*Anthropologie* de Wittgenstein ou de l'histoire naturelle de l'humanité. Atran fait de la vraie ethnographie, quand il étudie les systèmes de classification utilisés par les peuples Mayas dans les jungles du Guatemala. Latour a lui aussi reçu une formation d'ethnographe et son étude de la synthèse et de l'identification d'un tripeptide a été conçue comme une ethnographie du lieu de travail, le laboratoire (Latour et Woolgar 1979). Ce travail sert aujourd'hui de modèle à suivre – ou au contraire à ne pas suivre – pour toute une génération d'apprentis anthropologues qui font du laboratoire leur terrain d'étude (pour ma part, je conçois cette étude comme un exemple plausible illustrant un thèse générale un peu moins plausible à propos du constructionnisme ; Hacking, 1988 b).

Comment devrions-nous nommer cette enquête que je mène, qui est moins ambitieuse que l'anthropologie philosophique et qui consiste à étudier en détails les techniques de stabilisation utilisées par un style donné ? Si nous devons utiliser le suffixe « – ologie », alors le nom qui conviendrait à l'étude des techniques d'autostabilisation serait « technologie philosophique ». Cette étiquette est équivoque, dans la mesure où je ne parle pas de ce que l'on entend habituellement par « technologie », à savoir le développement, l'application et l'exploitation des arts, des métiers et des sciences. J'entends quant à moi par technologie philosophique l'étude philosophique de certaines techniques, tout comme l'anthropologie philosophique consiste en l'étude de certains aspects de l'homme, ou comme l'épidémiologie est l'étude des maladies épidémiques.

Nous sommes finalement parvenus à ce qui différencie fondamentalement l'usage que l'historien fait de l'idée de style de pensée ou de raisonnement scientifique de l'usage qu'en fait le philosophe, et cette différence n'a rien à voir avec des désaccords historiques ou des divergences philosophiques. Crombie nous a conduit à une anthropologie historique comparative (suscitée, comme il l'a aussi dit, par ses expériences d'enseignement au Japon et par les traversées de certaines parties de l'Asie et de ses océans quand il allait visiter son Australie natale). J'invite à développer ce que j'appelle une technologie philosophique : une étude des manière selon lesquelles les styles de raisonnement fournissent des connaissances stables et deviennent, non pas les révélateurs de la vérité objective, mais plutôt les standards de l'objectivité. Et quand on me demande comment il se fait que ces techniques soient tout simplement possibles, je me raccroche à des remarques très évidentes sur les gens, des remarques de la sorte de celles auxquelles Wittgenstein nous avait déjà renvoyé. Des études historiques moins synoptiques donneront les conditions sociales dans lesquelles un style est apparu et celles dans lesquelles il a prospéré ; des essais de technologie philosophique moins ambitieux décriront, de façon encore plus fine, comment un style a adopté de nouvelles techniques de stabilisation alors qu'il accomplissait apparemment son destin dans de nouveaux territoires. L'anthropologie historique comparative est une entreprise fondamentalement différente à la fois de l'anthropologie philosophique et de la technologie philosophique.

J'ai commencé en disant que le philosophe a besoin de l'historien. Si les trois volumes de Crombie ne présentaient pas une analyse et une mise en ordre cohérente de la pratique et de la conception européenne de la science, alors mon discours sur les styles auto-justificateurs et sur la technologie philosophique serait suspect. C'est pourquoi j'ai qualifié d'asymétrique la relation entre l'histoire et la philosophie des sciences. Le philosophe qui conçoit les sciences comme des productions, et même des inventions humaines, a besoin de l'historien pour montrer que les concepts analytiques ont bien une application. Après avoir tiré profit de l'analyse de l'historien, je passe à un autre ordre du jour qui, vous l'aurez noté, convoque de vieilles connaissances : la vérité, la réalité, l'existence. Mais nous sommes aussi orientés, comme c'est toujours le cas en philosophie, vers une gamme complémentaire de sujets d'étude entièrement neufs, telle la technologie philosophique.

Malgré toutes les différences manifestes qui existent entre le projet de l'historien et celui du philosophe, ils ont ceci de commun qu'ils partagent une curiosité à propos de notre conception « scientifique » occidentale de l'objectivité. Il n'y a pas d'intérêt plus philosophique que celui-là : c'est la question centrale de la première *Critique* de Kant. Les volumes de Crombie seront lus, je l'espère, en partie comme une description de la manière dont les conceptions de la connaissance objective sont apparues, de même que le philosophe peut décrire les techniques qui se sont autonomisées de leurs origines historiques et qui ont permis aux styles de raisonnement de survivre. Je ne pousserais pourtant pas cette division du travail trop loin. Comme je l'ai dit dans le premier chapitre, l'objectivité, sous ses diverses formes, est un thème brûlant pour des historiens des sciences comme Lorraine Daston, Peter Galison, Theodore Porter et de nombreux autres. Même quand l'objectivité n'est pas explicitement envisagée, et quand bien même l'historien aurait renoncé à traiter de problèmes philosophiques, tout récit historique solide est imprégné de concepts philosophiques traitant de la connaissance humaine, de la nature, et de la conception que nous en avons. Hormis des préoccupations centrales partagées, il existe une difficulté plus générale dont l'historien et le philosophe font l'expérience. Crombie était fortement conscient des éléments réflexifs présents dans ses volumes. Il savait que celui qui décrit une certaine conception de nous mêmes et de notre écologie, partage lui-même cette vision. Plus contraignant encore, même s'il est plus difficile de traiter cette difficulté de manière cohérente, le philosophe et l'historien font partie de la même façon d'une communauté de choses vivantes qui a été transformé par les possesseurs de cette conception au travers de leurs interactions avec la nature telle qu'ils la concevaient.

Bibliographie

ALLEN B., « Demonology, styles of reasoning and truth », *International Journal of Moral and Social Studies*, 8 (1996), p. 95-121.

ALTHUSSER L., *Politics and History: Montesquieu, Rousseau, Hegel, Marx*, Londres, New-Left Books, 1972.

ATRAN S., *Cognitive Foundations of Natural History: Towards an Anthropology of Science*, Cambridge, Cambridge University Press, 1990.

BLOOR D., « Mathematics, an anthropological phenomenon », dans D. Bloor, *Wittgenstein, A Social Theory of Knowledge*, Londres, Macmillan, 1983, p. 81-111.

COHEN I. B., « The *Principia*, universal gravitation and the «Newtonian style», in relation to the Newtonian revolution in science : Notes on the occasion of the 250th anniversary of Newton's death », dans *Contemporary Newtonian Research*, Dordrecht, Reidel, 1992, p. 21-108.

CROMBIE A. C., « Alexandre Koyré and Great Britain : Galileo and Mersenne », *History and Technology*, 4 (1987), p. 81-92.

– « Designed in the mind : Western vision of science, nature and humankind », *History of Science*, 24 (1988), p. 1-12.

– *Styles of Scientific Thinking in the European Tradition*, 3 vol., Londres, Duckworth, 1994.

DAVIDSON A., « Styles of reasoning, conceptual history, and the emergence of psychiatry », dans P. Galison et D. Stump, *The Disunity of Science : Boundaries, Contexts and Power*, Stanford, Stanford UP, 1996.

– « Styles of reasoning : From the history of art to the epistemology of science », dans A. Davidson, *The Emergence of Sexuality : Historical Epistemology and the Formation of Concepts*, Cambridge (Mass.), Harvard UP, 2001.

DURANT J., « Is science only an invention ? », *Times Literary Supplement*, 15 mars, 19 (1991). *Cf.* les lettres suivantes sur ce sujet : M. Weatherall,

29 mars; J. Durant, 12 avril; N. Hirschson, 12 avril; A. Gross, Ch. Lawrence et S. Shapin, 19 avril.

DYSON F. J., *Infinite in All Directions: Gifford Lectures Given at Aberdeen*, Scotland, 1985, New York, Harper & Row, 1988.

FLECK L., *Genesis and Development of a Scientific Fact*, trad. T. J. Trenn et R. K. Merton de l'édition allemande (1935), Chicago, Chicago UP, 1979.

FORRESTER J., « If, then what? Thinking in cases », *History of the Human Sciences*, 9, 3 (1996), p. 1-25.

GALISON P., *Image and Logic*, Cambridge (Mass.), Harvard UP, 1998.

GAVROGLU K., « Differences in styles as a way of probing the context of discovery », *Philosophia*, 45 (1990), p. 53-75.

HACKING I., « On the stability of the laboratory sciences », *The Journal of Philosophy*, 85 (1988a), p. 507-514.

– « The participant irrealist at large in the laboratory », *British Journal for the Philosophy of Science*, 39 (1988b), p. 277-294.

– « The self-vindication of the laboratory sciences », dans A. Pickering (ed.), *Science as Practice and Culture*, Chicago, University of Chicago Press, 1991, p. 29-64.

– « Statistical language, statistical truth and statistical reason : The self-authentification of a style of reasoning », dans E. McMullin (ed.), *Social Dimensions of Science*, Notre Dame, Ind., Notre Dame UP, 1992, p. 130-157.

– « Imagine radicalmente costruzionaliste dell progresso matematico », dans A. Pagnini (ed.), *Realismo/Antirealismo*, Florence, La Nuova Italia Editrice, 1995, p. 59-92.

– « The disunities of science », dans P. Galison et D. Stump, *The Disunity of Science : Boundaries, Contexts and Power*, Stanford, Stanford UP, 1996.

– *The Social Construction of What ?* Cambridge (Mass.), Harvard UP, 1999.

– « What mathematics has done to some and only some philosophers », dans T. J. Smiley (ed.), *Mathematics and Necessity*, Oxford, Oxford UP, 2000.

HUSSERL Ed., *The Crisis of European Sciences and Transcendental Phenomenology : An Introduction to Phenomenological Philosophy*, trad. D. Carr d'après l'édition allemande (1936), Evanston (Ill.), Northwestern UP, 1970.

JARDINE N., *The Scenes of Inquiry*, Oxford, Oxford UP, 1991.

KNORR W., *The Evolution of the Euclidean Elements: A Study of the Theory of Incommensurable Magnitudes*, Dordrecht, Reidel, 1975.

LATOUR B., « Post modern? No, simply amodern! Steps toward an anthropology of science », *Studies in History and Philosophy of Science*, 21 (1990), p. 145-171.

— et WOOLGAR S., *Laboratory Life: The Social Construction of Scientific Facts*, Princeton, Princeton UP, 1979.

PICKERING A., « Living in the material world », dans D. Gooding *et alii*, *The Uses of Experiment: Studies in the Natural Sciences*, Cambridge, Cambridge UP, 1989.

POISSON S. D., *Recherches sur la probabilité des jugements en matière criminelle et en matière civile, précédées des règles générales du calcul des probabilités*, Paris, Bachelier, 1837.

RORTY R., « Is science a natural kind? », dans E. McMullin (ed.), *Construction and Constraint: The Shaping of Scientific Rationality*, Notre Dame, Ind., Notre Dame UP, 1988, p. 49-74.

SCHAFFER S. et SHAPIN S., *Leviathan and the Air Pump: Hobbes, Boyle and the Experimental Life*, Princeton, Princeton UP, 1985.

SPENGLER O., *Der Untergang des Abendlandes: Umriss einer Morphologie der Weltgeschichte*, 2 vol., Munich, Beck, 1918 et 1922.

WILLIAMS B., « The scientific and the ethical », dans S.C. Brown (ed.), *Objectivity and Cultural Difference*, Cambridge, Cambridge UP, 1984, p. 209-228.

– *Ethics and the Limits of Philosophy*, Londres, Fontana, 1985.

WISAN W. L., « Galileo and the emergence of a new scientific style », dans J. Hintikka *et alii*, *Theory Change, Ancient Axiomatics and Galileo's Methodology*, Proceedings of the 1978 Pisa Conference in the History and Philosophy of Science, Dordrecht, Reidel, 1981.

WITTGENSTEIN L., *Philosophical Investigations*, trad. G.E.M. Anscombe de l'édition allemande (1953), Oxford, Blackwell, 1981.

Traduction Vincent GUILLIN

GEORGES CANGUILHEM

MORT DE L'HOMME
OU ÉPUISEMENT DU COGITO ? *

Les doigts d'une seule main suffisent pour compter les philosophes qui ont reconnu au *Don Quichotte* de Cervantès la portée d'un événement philosophique. À notre connaissance ils sont deux, Auguste Comte et Michel Foucault. S'il avait écrit une histoire de la folie – il aurait pu le faire – Comte y aurait fait place à Cervantès, car il s'est référé plus d'une fois à *Don Quichotte* pour définir la folie comme excès de subjectivité et passion de réplique aux démentis de l'expérience par incessante complication des interprétations qu'elle peut recevoir. C'est pourtant Descartes plutôt que Cervantès que l'auteur réel de l'*Histoire de la folie* a chargé du soin de nous présenter l'idée que l'âge classique s'est faite de la folie. Inversement, dans *Les mots et les choses*, Cervantès et Don Quichotte se voient honorés de quatre pages étincelantes, cependant que Descartes n'est nommé que deux ou trois fois et que le seul texte cartésien cité, quelques lignes des *Regulae*, ne l'est qu'en raison de la subordination manifeste dans l'idée de *mathesis*, de la notion de mesure à la notion d'ordre. Vraisemblablement aussi, en raison de l'utilisation précoce des *Regulae* par *La logique de Port-Royal* qui se voit ici, alors qu'on l'oubliait, promue, comme logique des signes et de la grammaire, à la dignité d'un des maîtres livres du

---

* G. Canguilhem, « Mort de l'homme ou épuisement du cogito ? », *Critique*, XXIV, 242, juillet 1967. Ce texte est reproduit avec l'aimable autorisation de B. Canguilhem et de la revue *Critique*.

XVIIᵉ siècle. Par ce déplacement saisissant des lieux où l'on se serait attendu à les voir cités comme témoins, Descartes et Cervantès se trouvent investis d'un pouvoir judicatoire ou critique. Descartes est l'un des artisans du partage de normes qui a eu pour effet de parquer la folie dans l'espace asilaire où les psychopathologues du XIXᵉ siècle l'ont trouvée comme objet de savoir. Cervantès est l'un des artisans du déchirement qui a arraché les mots à la prose du monde et les a rendus capables d'être tissés les uns avec les autres dans la chaîne des signes et dans la trame de la représentation.

Les mots et les choses ont leur lieu de naissance dans un texte de Borges (p. 7), ont recours à Velasquez et à Cervantès pour leur emprunter les clés de lecture des philosophies classiques, l'année même où la circulaire d'invitation au quatrième Congrès mondial de psychiatrie tenu à Madrid est ornée de l'effigie de Don Quichotte, l'année même où l'exposition Picasso à Paris nous a rappelé l'énigme toujours actuelle du message confié au tableau *Les Ménines*. Empruntons donc à Henri Brulard le terme d'espagnolisme pour caractériser le tour d'esprit philosophique de Foucault. Pour Stendhal qui, dans sa jeunesse, détestait Racine et ne faisait confiance qu'à Cervantès et l'Arioste, l'espagnolisme, c'est la haine de la prédication et de la platitude. Or, à en juger par les réprobations moralisatrices, les colères et l'indignation soulevées de plusieurs côtés par l'ouvrage de Foucault, quelque chose en lui semble viser directement, sinon toujours volontairement, une espèce d'esprit aussi vivace qu'à l'époque de la Restauration. Le temps semble passé où Kant pouvait écrire que rien ne doit échapper à la critique. Dans un siècle où la religion et la législation ont depuis longtemps cessé d'opposer à la critique l'une sa sainteté et l'autre sa majesté, c'est au nom de la philosophie que l'on proscrirait la mise en question du fondement que certaines philosophies croient trouver dans l'essence ou bien l'existence de l'homme? Parce qu'aux dernières pages du livre la place du roi devient la place du mort, ou du moins d'un mourant, aussi proche de sa fin que de son commencement, ou mieux de son « invention récente », parce qu'on nous dit que l'homme n'est pas le plus vieux problème

ni le plus constant qui se soit posé au langage humain » (p. 398),
faut-il perdre tout sang froid, comme semblent l'avoir fait
quelques-uns de ceux que nous comptions parmi les meilleures
têtes d'aujourd'hui ? Faut-il se comporter, quand on a refusé de
vivre selon la routine universitaire, comme un universitaire aigri
par l'imminence de sa relève magistrale ? Va-t-on voir se constituer
une ligue des droits de l'Homme à être le sujet et l'objet de la philosophie, sous la devise : Humanistes de tous les partis unissez-vous ?
Plutôt que d'anathématiser ce qu'on appelle, par amalgame
sommaire, le structuralisme ou la méthode structurale, et d'interpréter le succès d'un ouvrage comme la preuve d'un manque d'originalité, ne vaudrait-il pas mieux méditer sur le fait suivant ? En
1943, dans *Servius et la Fortune*, Georges Dumézil écrivait que son
problème s'était présenté à lui « au carrefour de quatre pistes ». On
sait aujourd'hui, à voir l'accueil rencontré en 1967 par *La religion
romaine archaïque*, que du fait de leur rencontre au carrefour
Dumézil ces pistes sont devenues des routes. Routes sur lesquelles
les anciens détracteurs de la méthode du carrefour, les champions
de l'histoire romaine historique, voudraient bien aujourd'hui
escorter M. Dumézil si leur âge leur en laissait et le temps et les
forces. Des travaux comme ceux de Dumézil, de Lévi Strauss, de
Martinet ont déterminé, sans préméditation, par triangulation
virtuelle, le point où un philosophe devait venir pour justifier, en les
comparant sans les amalgamer, les travaux et leurs résultats. Le
succès de Foucault peut passer, équitablement, pour la récompense
de la lucidité qui lui a fait percevoir ce point, pour lequel d'autres
que lui ont été aveugles.

*

Un fait est frappant. Presque tous les comptes rendus ou
commentaires jusqu'à présent suscités par *Les mots et les choses*
isolent, dans le sous-titre, le terme d'archéologie pour lui faire un
sort – parfois assez mauvais –, en contournant le bloc significatif

que constitue l'expression d'*archéologie des sciences humaines*. À procéder ainsi, il semble bien qu'on perde de vue la thèse, au sens strict du terme, que rassemblent les neuvième et dixième chapitres. Tout, pour cette thèse, se joue autour du langage, plus exactement autour de la situation du langage aujourd'hui. Au XIXe siècle, l'éviction de l'histoire naturelle au profit de la biologie, de l'analyse des richesses au profit d'une théorie de la production, ont eu pour effet la constitution d'un objet de recherches unifié, la vie ou le travail. Par contre, l'unité de l'ancienne grammaire générale a éclaté (p. 315) sans que se substitue à elle une manière de reprise unique et unifiante. Le langage est devenu affaire pour le philologue et le linguiste, pour le logicien symboliste, pour l'exégète, pour le pur écrivain enfin, le poète. À la fin du XIXe siècle quand Nietzsche enseigne que le sens des mots doit renvoyer à qui le donne (mais qui est-ce qui le donne?), Mallarmé s'élide de son poème (« La phrase revint, virtuelle, dégagée d'une chute antérieure de plume ou de rameau, dorénavant à travers la voix entendue, jusqu'à ce qu'enfin elle s'articule seule, vivant de sa personnalité »)[1]. À la question traditionnelle : Qu'est-ce que penser, Michel Foucault substitue – ou du moins estime que s'est substituée – la question : Qu'est-ce que parler? À cette question, il avoue (p. 318) ne savoir encore répondre si elle se pose comme effet de notre retard à connaître la perte de son actualité, ou si elle est en avance sur les concepts à venir qui permettront d'y répondre. On n'a pas souvent l'occasion de nos jours, où tant de « penseurs » se font fort de donner des réponses à des questions qu'ils ne se sont pas donné la peine de justifier quant à leur pertinence et quant à leur énoncé, de rencontrer un homme qui a besoin de trois cents et quelques pages pour exposer une question, en envisageant « le recommencement, peut-être du travail », en confessant : « À ces questions, il est vrai que ne sais pas répondre … Je ne devine même pas si je pourrai y

---

1. « La pénultième est morte », dans *Divagations : le démon de l'analogie*. *Cf.* sur Mallarmé et le langage, Ph. Sollers, « Littérature et totalité », *Tel Quel*, n° 26, 1966.

répondre jamais, ou s'il me viendra un jour des raisons de me déterminer » (p. 318).

Quant au concept d'*archéologie*, la plupart des critiques importants de Foucault ne l'ont retenu que pour le contester et lui substituer celui de géologie. Il est bien vrai que Foucault emprunte quelque termes au vocabulaire de la géologie et de la sismologie (par exemple : érosion (p. 64), plage et nappe (p. 229), secousse (p. 229), couche (p. 233). La fin de la préface semble tirée d'un nouveau discours sur les révolutions du globe : « C'est à notre sol silencieux et naïvement immobile que nous rendons ses ruptures, son instabilité, ses failles ; et c'est lui qui s'inquiète à nouveau sous nos pas (p. 16). Mais il n'est pas moins vrai que ce que Foucault tente de remettre au jour ce n'est pas l'analogue d'une couche de l'écorce terrestre dérobée aux regards par un phénomène naturel de rupture et d'affaissement, c'est une « dénivellation de la culture occidentale », c'est-à-dire expressément un « seuil » (p. 15). En dépit de l'utilisation, par la géographie et l'écologie du terme d'habitat, l'homme habite une culture et non pas une planète. La géologie connaît des sédiments et l'archéologie des monuments. On comprend ainsi aisément pourquoi ceux qui déprécient, pour défendre les droits de l'histoire – dialectique ou non –, la méthode structurale (à supposer qu'il en existe une, à proprement parler) s'obstinent à vouloir substituer géologie à archéologie. C'est pour mieux soutenir leur prétention à représenter l'humanisme. Faire de Foucault une sorte de géologue revient à dire qu'il naturalise la culture en la retirant à l'histoire. Les enfants de Marie de l'existentialisme peuvent alors le taxer de positivisme, injure suprême.

On s'était installé dans la dialectique. On dépassait l'antérieur (nécessairement selon les uns ; librement selon les autres), mais on restait persuadé qu'en le dépassant on le comprenait. Or, voici que quelqu'un vient nous parler de « ruptures essentielles », s'inquiéter de « ne plus pouvoir penser une pensée », « dans la direction par où elle s'échappe à elle-même », il nous invite à seulement « recueillir ces discontinuités dans l'ordre empirique, à la fois évident et obscur, où elles se donnent » (p. 64-65). Entre le XVIIIe et le XIXe

siècle, l'archéologue du savoir découvre une « discontinuité énigmatique » (p. 229), qu'il ne sait qualifier, sans prétention à l'expliquer, que comme mutation, événement radical (p. 229), événement
fondamental (p. 232), décalage infime mais absolument essentiel
(p. 251). De ces discontinuités, de ces événements radicaux boule-
versant la perception et la pratique humaines sous la permanence
apparente d'un discours, les travaux antérieurs de M. Foucault ont
donné deux exemples. *L'histoire de la folie* a repéré la coupure qui
se situe entre Montaigne et Descartes dans la représentation de la
folie. *La naissance de la clinique* a repéré la coupure qui se situe
entre Pinel et Bichat dans la représentation de la maladie.

Force est bien de s'interroger sur les raisons qui ont poussé des
critiques, la plupart sans doute de bonne foi, à dénoncer le péril que
court ici l'Histoire. En un sens, que demander de plus, sous le
rapport de l'historicité, à qui écrit : « Mode d'être de ce qui nous est
donné dans l'expérience, l'histoire est ainsi devenue l'incontour-
nable de notre pensée » (p. 231). Mais comme cette émergence de
l'histoire, d'une part comme discours, d'autre part comme mode
d'être de l'empiricité, est tenue pour le signe d'une rupture, on est
porté à en conclure que quelque autre rupture – peut-être déjà
en cours – nous rendra étranger, impensable qui sait ?, le mode
de penser historique. C'est cela même que M. Foucault semble
conclure : « En découvrant la loi du temps comme limite externe
des sciences humaines, l'histoire montre que tout ce qui est pensé le
sera encore par une pensée qui n'a pas encore vu le jour »(p. 383).
En tout état de cause pourquoi refuser, pour le moment, la qualité
d'historique à un discours qui rapporte la succession brute, indé-
ductible, imprévisible, de configurations conceptuelles de systèmes
de pensée ? C'est parce qu'une telle disposition successive exclut
l'idée d'un progrès. « Il ne sera donc pas question de connaissances
décrites dans leur progrès vers une objectivité dans laquelle notre
science d'aujourd'hui pourrait enfin se reconnaître » (p. 13).
Autrement dit, l'Histoire du XIXe siècle c'est le Progrès du XVIIIe
substitué à l'Ordre du XVIIe, mais cette émergence du Progrès ne
doit pas être tenue, au regard de l'Histoire, pour un progrès. Et si le

visage de l'Homme venait à s'effacer du savoir « comme à la limite de la mer un visage de sable » (p. 398), rien chez M. Foucault ne laisse supposer qu'il considère cette éventualité comme celle d'un recul. Nous avons affaire ici à un explorateur et non à un missionnaire de la culture moderne.

*

Il est difficile d'être le premier à donner un nom à une chose ou, tout au moins, de dresser un état signalétique de la chose pour laquelle on propose un nom. C'est pourquoi le concept d'*épistémè*, à l'éclaircissement duquel Foucault consacre son ouvrage n'est pas immédiatement transparent. Une culture est un code de mise en ordre de l'expérience humaine sous un triple rapport linguistique, perceptif, pratique ; une science ou une philosophie sont théorie ou interprétation de l'ordre. Mais les secondes ne s'appliquent pas directement à la première. Elles supposent l'existence d'un réseau ou d'une configuration de formes d'appréhension des productions de la culture qui constituent déjà, par rapport à cette culture, un savoir en deçà des sciences ou des philosophies. Ce réseau est invariant et unique à une époque qui se définit, et donc se découpe, par référence à lui (p. 179). Sa méconnaissance entraîne, en histoire des idées comme en histoire des sciences, des méprises aussi lourdes qu'obstinées. Pour exemple, l'histoire des idées au XVIIe siècle, telle qu'on l'écrit rituellement :

> On peut bien, si on n'a rien dans la tête que des concepts tout faits, dire que le XVIIe siècle marque la disparition des vieilles croyances superstitieuses ou magiques, et l'entrée, enfin, de la nature dans l'ordre scientifique. Mais ce qu'il faut saisir et essayer de restituer, ce sont les modifications qui ont altéré le savoir lui-même, à ce niveau archaïque qui rend possible les connaissances et le mode d'être de ce qui est à savoir (p. 68).

Ces modifications se résument en un retrait du langage par rapport au monde. Le langage n'est plus, comme à la Renaissance,

la signature ou la marque des choses. Il devient l'instrument de
manipulation, de mobilisation, de rapprochement et de comparaison des choses, l'organe de leur composition en un tableau
universel des identités et des différences, le dispensateur et non le
révélateur de l'ordre. L'histoire des idées et des sciences du XVIIᵉ
siècle ne saurait donc se borner à être l'histoire de la mécanisation,
et pas même de la mathématisation, des différents domaines empiriques (p. 70). D'ailleurs, en parlant de mathématisation, on pense
toujours ordinairement à la mesure des choses. Or c'est leur mise
en ordre qui devrait nous apparaître primordiale. Faute de quoi,
comment comprendre l'apparition, à une même époque, de théories
comme la grammaire générale, la taxinomie des naturalistes,
l'analyse des richesses. Tout s'éclaire, au contraire, et l'unité
classique apparaît si l'on pense que tous ces domaines « se sont
constitués sur fond d'une science possible de l'ordre » et que « la
mise en ordre par le moyen des signes constitue tous les savoirs
empiriques comme savoirs de l'identité et de la différence » (p. 71).
Ce fond de science possible, c'est ce que Foucault nomme *épistémè*. Ce n'est plus le code primaire de la culture occidentale, ce
n'est pas encore une science comme l'optique de Huygens ou une
philosophie comme le système de Malebranche. C'est ce sans quoi
on ne saurait imaginer possibles cette optique ou cette philosophie
à leur époque plutôt que trois quarts de siècle avant. C'est ce sans
quoi on ne saurait comprendre les tentatives faites pour construire
les sciences comme des sortes d'analyses pouvant parvenir aux
éléments du réel et des sortes de calculs ou combinaisons permettant d'égaler, par la composition réglée des éléments, l'universalité
de la nature. Connaître la nature ce n'est plus la déchiffrer, mais la
représenter. Pour Descartes, comme pour Leibniz, si la théorie
physique est donnée comme tentative de décryptage, la certitude
qu'elle engendre n'est que morale, fondée sur la probabilité que la
théorie vraie soit le système de signes le plus complet, le plus
cohérent, le mieux ouvert sur les compléments à venir. Il faut en
convenir, quoi qu'on puisse dire et faire, ce n'est pas M. Foucault
qui a écrit les dernières lignes des *Principes de la philosophie*, ni la

lettre de Leibniz à Conring du 19 mars 1678. Il nous paraît personnellement bien difficile de contester que la mise au jour du « réseau
archéologique qui donne ses lois à la pensée classique » (p. 85) ne
renouvelle fructueusement l'idée que l'on se faisait des contours
chronologiques de la période et des parentés ou affinités intellectuelles dans le champ de cette *épistémè*. Mais nous pensons aussi
que cette indication stimulante de renouvellement, si elle venait à
susciter des études multiples et serrées, en vue de reprendre à neuf
la doxologie de l'âge classique, pourrait aboutir à nuancer la thèse
de Foucault selon laquelle la succession discontinue et autonome
de réseaux d'énoncés fondamentaux interdit toute ambition de
reconstitution du passé dépassé.

Lisons attentivement la phrase que voici :

> C'est sans doute parce que la pensée classique de la représenta-
> tion exclut l'analyse de la signification, que nous autres, qui ne
> pensons les signes qu'à partir de celle-ci, nous avons tant de mal, en
> dépit de l'évidence, à reconnaître que la philosophie classique, de
> Malebranche à l'Idéologie, a été de fond en comble une philosophie
> du signe » (p. 80).

Pour qui est, ici, l'évidence ?

Certainement pas pour *nous* qui avons tant de mal à
reconnaître, – sans cependant, notons-le, être totalement incapables de reconnaître. L'évidence est assurément pour M. Foucault.
Mais alors, sans être transparentes l'une pour l'autre, l'*épistémè*
d'une époque et l'histoire des idées de cette époque sous-tendue par
l'*épistémè* d'une autre ne sont pas tout à fait étrangères. Si elles
l'étaient, comment comprendre l'apparition, aujourd'hui, dans un
champ épistémologique sans précédent, d'un ouvrage tel que *Les
mots et les choses* ? La remarque a peut-être déjà été faite. Il est
inévitable qu'elle soit faite. Il n'est pas certain d'ailleurs que le paradoxe qu'elle dénonce en soit un. Quand Foucault reprend (p. 314-
315), pour le savoir classique, la démonstration d'archéologie qu'il
a déjà donnée p. 70-85, il invoque alors une « technique laborieuse
et lente » qui permettrait la reconstitution d'un réseau, il reconnaît

qu'il est « difficile de retrouver la manière dont cet ensemble a pu fonctionner », il déclare que la pensée classique a cessé de nous être « directement accessible ». Reste donc que laborieusement, lentement, difficilement, indirectement, nous puissions, à partir de nos rives épistémiques, parvenir, en plongée, jusqu'à une *épistémè* naufragée. De sorte que cette interdiction signifiée à une certaine histoire de lever les sept sceaux qui ferment le livre du passé revient peut-être à une invitation d'avoir à élaborer une autre sorte d'histoire :

> Si l'histoire naturelle de Tournefort, de Linné et de Buffon a rapport à autre chose qu'à elle-même, ce n'est pas à la biologie, à l'anatomie comparée de Cuvier ou à l'évolutionnisme de Darwin, c'est à la grammaire générale de Beauzée, c'est à l'analyse de la monnaie et de la richesse telle qu'on la trouve chez Law, chez Véron de Forbonnais ou chez Turgot (p. 14).

Ce ne serait pas un mince mérite si la lecture de M. Foucault insinuait au cœur de l'histoire des sciences la peur généralisée de l'anachronisme. Sans qu'il s'en rende compte, l'historien de la science tient de la science, dont il s'est fait l'historien, l'idée d'une vérité progressivement constituée. Un exemple de bonne conscience dans l'anachronisme est donné par l'ouvrage de Guyénot, *Les sciences de la vie au XVIIe et XVIIIe siècles : l'idée d'évolution*. Malgré ce qu'en ont dit la plupart des critiques de Foucault, le terme d'archéologie dit bien ce qu'il veut dire. Il est la condition d'une *autre histoire*, dans laquelle le concept d'événement est conservé, mais où les événements affectent des concepts et non pas des hommes. Une telle histoire doit, elle aussi, reconnaître des coupures, comme toute histoire, mais des coupures autrement situées. Il y a peu d'historiens de la biologie, et encore moins d'historiens des idées, qui ne décrivent une continuité de pensée entre Buffon ou Maupertuis et Darwin, et qui n'accusent une discontinuité entre Darwin et Cuvier, si souvent présenté comme le mauvais génie de la biologie au début du XIXe siècle. Quant à Foucault il situe la discontinuité entre Buffon et Cuvier – plus exactement entre Buffon et Antoine-Laurent de Jussieu –, et il fait de l'œuvre de Cuvier la condition de possibilité historique de l'œuvre de Darwin. Comme on dit vulgairement, cela peut se discuter. Cela vaut certainement de l'être. Même si l'on ne pense pas que Foucault a raison sur ce point – et nous pensons personnellement qu'il a raison –, est-ce une raison suffisante pour l'accuser d'envoyer promener l'Histoire ? Buffon n'a pas compris pourquoi il ne comprenait pas qu'Aldrovandi ait pu écrire comme il l'a fait l'histoire des serpents. Foucault estime le comprendre :

> Aldrovandi n'était ni meilleur ni pire observateur que Buffon ; il n'était pas plus crédule que lui, ni moins attaché à la fidélité du regard ou à la rationalité des choses. Simplement, son regard n'était pas lié aux choses par le même système, ni la même disposition de l'*épistémè* (p. 55). Buffon, par contre, était lié aux choses par la même disposition de l'*épistémè* que Linné. Buffon et Linné posent sur les choses une même grille (p. 148).

Foucault ne propose donc rien d'autre qu'un programme systématique d'éversion des méthodes de travail de la plupart des historiens de la biologie (p. 137-139). Pourquoi alors fait-il scandale ? Parce que l'histoire est aujourd'hui une sorte de champ magique où s'identifient, pour bien des philosophes, l'existence et le discours, les acteurs de l'histoire et les auteurs d'histoires, même farcies d'*a priori* idéologique. C'est ainsi qu'un programme d'éversion du discours historique est dénoncé comme un manifeste de subversion du cours de l'histoire. La subversion d'un progressisme ne saurait être qu'un projet conservateur. Et voilà pourquoi votre structure est néo-capitaliste. On oublie, ou plus exactement on ignore, que Foucault – et il ne le cache pas – a trouvé un encouragement de poids à nier la préexistence, au XVIIᵉ siècle, de concepts évolutionnistes, dans les thèses remarquables qu'Henri Daudin a consacrées, en 1926, aux méthodes de la classification chez Linné, Lamarck et Cuvier. Ceux qui ont connu Henri Daudin, professeur de philosophie à l'Université de Bordeaux, n'ont trouvé chez lui aucune raison de penser qu'on doit trahir l'homme ou le peuple quand on affirme, contrairement à ceux qui amalgament l'évolutionnisme biologique et le progressisme politique et social, que Darwin biologiste est plus redevable à Cuvier qu'à Lamarck. Foucault a raison de dire que Lamarck est le contemporain d'A.-L. de Jussieu plutôt que de Cuvier (p. 288), et la lecture qu'il propose des *Leçons sur l'anatomie comparée* mérite que l'on examine avec sérieux la thèse selon laquelle «l'évolutionnisme constitue une théorie biologique dont la condition de possibilité fut une biologie sans évolution – celle de Cuvier» (p. 307). Au XVIIIᵉ siècle, la théorie de l'échelle continue des formes vivantes a empêché, plutôt qu'elle ne l'a favorisée, la conception d'une histoire de la vie. Les formes de passage, les espèces mitoyennes étaient requises pour la composition d'un tableau sans déchirure, elles ne contredisaient pas à la simultanéité des rapports. L'histoire des vivants sur le globe, c'était l'histoire de l'éclairement progressif d'un tableau, non l'histoire de sa confection successive.

> Le continu, ce n'est pas le sillage visible d'une histoire fonda-mentale où un même principe vivant se débattrait avec un milieu variable. Car le continu précède le temps. Il en est la condition. Et par rapport à lui, l'histoire ne peut jouer qu'un rôle négatif : elle prélève et fait subsister, ou elle néglige et laisse disparaître (p. 168).

On ne force donc pas le ton quand on conclut que l'histoire de la nature est impossible à penser pour l'histoire naturelle (p. 170).

*

Nous nous sommes limité, dans notre tentative pour comprendre ce que Foucault entend quand il parle d'*épistémè*, à celle de ses démonstrations pour laquelle, à tort ou à raison, nous nous reconnaissons, sinon quelque compétence, du moins quelque intérêt de longue date. Reste à se demander si les esquisses bien charpentées d'histoire du langage, de la vie et du travail qui s'auto-risent de ce concept d'*épistémè* suffisent à garantir que nous avons ici affaire à autre chose qu'à un mot. L'*épistémè*, raison d'être d'un programme d'éversion de l'histoire, est-elle, ou non, plus qu'un être de raison ? Et d'abord quel genre d'objet est-elle pour quel genre de discours ? Une science est un objet pour l'histoire des sciences, pour la philosophie des sciences. Paradoxalement, l'*épistémè* n'est pas un objet pour l'épistémologie. Pour le moment, et pour M. Foucault, l'*épistémè* c'est *ce pour quoi* un statut du discours est recherché tout au long du livre *Les mots et les choses*. L'objet est, pour le moment, ce qu'en dit celui qui en parle. Or de quel genre de vérification un tel discours est-il justiciable ? Il ne peut s'agir, sous le nom de vérification, de référence à un objet donné préalablement à sa constitution selon une règle. L'anatomie comparative de Cuvier soutenait un rapport avec des organismes actuels ou fossiles, mais perçus ou reconstruits selon une idée de l'organisme et de l'organisation qui, par le principe de la corrélation des formes, bouleversait la taxinomie continuiste du XVIIIᵉ siècle. Darwin a déchiré le tableau des espèces et dessiné la succession des formes vivantes, sans plan préordonné. Daudin a fait l'histoire non-conformiste du désaccord entre Cuvier et Lamarck. Dans cette histoire, l'archéologue découvre les traces d'un réseau épistémique. Pourquoi ? Parce qu'il s'est situé à la fois à l'intérieur et à l'extérieur de l'histoire de la biologie. Parce qu'ayant adopté la tactique de l'incursion réversible, il a surimposé deux lectures, celles des théories du langage et celle des théories de l'économie, à la lecture des théories des êtres vivants. La vérification du discours sur l'*épistémè* tient à la variété des domaines où l'invariant est décelé. Pour apercevoir l'*épistémè* il a fallu sortir d'une science et de l'histoire d'une science, il a fallu défier la spécialisation des spécialistes et tenter de devenir un spécialiste, non pas de la généralité, mais de l'inter-régionalité. Comme l'a dit un critique de Foucault aussi intelligent que sévère[1], il a fallu se lever matin et se coucher tard. Il faut avoir lu beaucoup de ce que n'ont pas lu les autres. Là se

---

1. M. Amiot, « Le relativisme culturaliste de Michel Foucault », *Les Temps modernes*, janvier 1967.

trouve une des raisons de la stupeur que la lecture de Foucault a suscitée chez plusieurs de ses censeurs. Foucault ne cite aucun des historiens de telle ou telle discipline, et ne se réfère qu'à des textes originaux qui dormaient dans les bibliothèques. On a parlé de « poussière ». C'est juste. Mais comme la couche de poussière sur les meubles mesure la négligence des femmes de ménage, la couche de poussière sur les livres mesure la frivolité des femmes de lettres. L'*épistémè* est un objet qui n'était jusqu'à présent l'objet d'aucun livre, mais que contenaient, parce qu'au fond elle les avait constitués, tous les livres d'une même époque. Mais si ces livres ont été enfin lus, n'est-ce pas à travers la « grille » Foucault ? Autre grille, autre butin de lecture. Examinons l'objection. Il est certain que Foucault ne lit pas le XVIIIᵉ siècle tout à fait comme Cassirer dans *La philosophie des Lumières*, et bien moins encore comme Paul Hazard dans ses deux études sur la pensée européenne. Que l'on compare, dans *La pensée européenne au XVIIIᵉ siècle*, le chapitre sur les sciences de la nature avec le cinquième chapitre de Foucault. Que l'on compare aussi les références bibliographiques. Hazard ne cite que des ouvrages de seconde main. Foucault ne cite que des textes originaux. Lequel des deux lit à travers une grille ? Inversement, un lecteur qui sait aller aux textes, et à des textes peu fréquentés, comme Cassirer, propose une lecture du XVIIIᵉ qui n'est pas sans rapports avec celle de Foucault, et découvre lui aussi un réseau de thèmes qui constituent un sol sur lequel Kant un jour poussera, sans qu'on sache bien d'ailleurs comment.

Sans doute est-ce Foucault qui parle lui-même de grille. Et pour autant qu'il s'agit d'une allusion à la cryptographie, on se croit fondé à rechercher qui est l'inventeur de la grille. Mais il se pourrait qu'il n'y eût point de grille propre à Foucault, et seulement un usage propre de la grille. L'idée que le langage est grille pour l'expérience n'est pas neuve. Mais l'idée que la grille elle-même demande à être décryptée attendait qu'on la formât. Foucault a aperçu l'énigme du langage à la convergence de la poésie pure, de la mathématique formelle, de la psychanalyse et de la linguistique. « Qu'est-ce que le langage, comment le contourner pour le faire apparaître en lui-même et dans sa plénitude » (p. 317). C'est dans le choc du retour du langage (p. 311) comme chose appelant une grille qu'est apparue la coupure avec l'époque où le langage était lui-même la grille des choses, après avoir été, plus avant dans le passé, leur signature. Pour que l'*épistémè* de l'âge classique apparût comme objet, il fallait se situer au point où, participant de l'*épistémè* du XIXᵉ, on était assez loin de sa naissance pour *voir* la rupture avec le XVIIIᵉ siècle, et assez proche de ce qui s'annonce comme sa fin pour imaginer qu'on va *vivre* une autre rupture, celle après laquelle l'Homme, tout comme auparavant l'Ordre, apparaîtra comme un objet. Pour découvrir qu'avant d'appeler lui-même l'application d'une grille, le langage, grille des grilles, a fondé la connaissance de la nature par la constitution d'un tableau représentatif des identités et des différences d'où l'homme, maître du discours théorique, est absent, il a suffi, voudrait-on dire, à Foucault de se situer à un carrefour de disciplines. Mais, pour cela, il fallait suivre la voie de chacune d'elles. Il n'y avait rien à inventer sinon l'usage simultané des inventions philosophiques et philologiques du XIXᵉ siècle. C'est ce qu'on pourrait appeler l'originalité objective. Toutefois pour trouver le point où on la rencontre comme récompense du travail, il faut cet élan d'originalité subjective qui n'est pas le propre de tous.

Cette situation d'originalité objective explique que M. Foucault se soit trouvé comme contraint d'introduire dans la diachronie d'une culture un concept ou une fonction d'intelligibilité au premier abord analogue à celui que les culturalistes américains ont introduit dans le tableau synchronique des cultures. La personnalité de base est ce concept qui permet de discriminer, dans la coexistence des cultures, l'invariant d'intégration de l'individu au tout social propre à chacune de ces cultures. L'*épistémè* de base, pour une culture donnée, est en quelque sorte son système universel de référence à telle époque, dont la différence est le seul rapport qu'il soutient avec celui qui lui succède. Dans le cas de la personnalité de base, la fonction d'intelligibilité qu'elle assume est censée impliquer un refus de mise en perspective du tableau des cultures à

partir du point privilégié d'une certaine d'entre elles. Et il est assez
connu que les culturalistes américains ont fourni à la politique de
leur gouvernement les arguments de bonne conscience nécessaires
à la morigénation, économiquement profitable à ses auteurs, des
puissances coloniales de l'ancien continent. Mais Foucault soutient
que si la situation colonisatrice n'est pas indispensable à l'ethnologie (p. 388), cette discipline cependant « ne prend ses dimensions
propres que dans la souveraineté historique – toujours retenue mais
toujours actuelle – de la pensée européenne et du rapport qui peut
l'affronter à toutes les autres cultures, comme à elle-même »
(*ibid.*). En sorte que l'existence d'une ethnologie culturaliste, ayant
contribué en quelque façon à la liquidation du colonialisme européen, apparaît, par son inscription dans les cadres de la *ratio*
occidentale, le symptôme d'un oubli naïf par les Américains d'un
ethnocentrisme culturel illusoirement anti-colonialiste. C'est qu'il
existe une différence radicale d'usage entre le concept de personnalité de base et celui d'*épistémè*. Le premier concept est à la fois
celui d'une donnée et d'une norme qu'une totalité sociale impose à
ses parties pour les juger, pour définir la normalité et la déviance.
Le concept d'*épistémè* est celui d'un humus sur quoi ne peuvent
pousser que certaines formes d'organisation du discours, sans que
la confrontation avec d'autres formes puisse relever d'un jugement
d'appréciation. Il n'y a pas, aujourd'hui, de philosophie moins
normative que celle de Foucault, plus étrangère à la distinction du
normal et du pathologique. Le propre de la pensée moderne c'est,
selon lui, de ne vouloir et de ne pouvoir proposer une morale
(p. 339). Ici encore l'humaniste, invité à rentrer sa prédication,
s'indigne.

Il y a pourtant une question, plus encore qu'une objection, qu'il
ne me paraît pas possible de passer sous silence. S'agissant d'un
savoir théorique, est-il possible de le penser dans la spécificité de
son concept sans référence à quelque norme ? Parmi les discours
théoriques tenus conformément au système épistémique du XVIIᵉ et
du XVIIIᵉ siècle, certains, comme l'histoire naturelle, ont été relé-

gués par l'*épistémè* du XIXᵉ, mais certains autres ont été intégrés.
Bien qu'elle ait servi de modèle aux physiologistes de l'économie
animale durant le XVIIIᵉ siècle, la physique de Newton n'a pas coulé
avec elles. Buffon est réfuté par Darwin, s'il ne l'est pas par Étienne
Geoffroy Saint-Hilaire. Mais Newton n'est pas plus réfuté par
Einstein que par Maxwell. Darwin n'est pas réfuté par Mendel et
Morgan. La succession Galilée, Newton, Einstein ne présente pas
des ruptures semblables à celles qu'on relève dans la succession
Tournefort, Linné, Engler en systématique botanique. Cette objection d'ailleurs prévue par Foucault (p. 13) ne me semble pas levée
par la décision de n'en pas tenir compte, comme relevant d'un autre
genre d'étude. Foucault, en effet, ne s'est pas interdit toute allusion aux mathématiques et à la physique, dans son exploration de
l'*épistémè* du XIXᵉ siècle, mais il les considère seulement comme
modèles de formalisation pour les sciences humaines, c'est-à-dire
seulement comme un langage, ce qui n'est pas inexact du moins
pour les mathématiques, mais qui fait question pour la physique, où
les théories, quand elles se succèdent, par généralisation et intégration, ont pour effet de décoller et de séparer d'une part le discours
changeant et les concepts qu'il utilise, et d'autre part ce qu'il faut
bien appeler, et cette fois dans un sens strict, la structure mathématique résistante. À quoi M. Foucault peut répondre qu'il ne s'intéresse pas à la vérité du discours mais à sa positivité. Mais faut-il
négliger le fait que certains discours, comme le discours de la
physique mathématique, n'ont d'autre positivité que celle qu'ils
reçoivent de leur norme et que cette norme conquiert opiniâtrement
la pureté de sa rigueur en déposant dans la succession épistémique
des discours dont le vocabulaire apparaît, d'une *épistémè* à l'autre,
dépourvu de signification ? Parce qu'on cesse d'entendre, à la fin
du XIXᵉ siècle, ce que voulaient dire les physiciens qui parlaient de
l'éther, on ne cesse pas pour autant de comprendre l'apodicticité
mathématique des théories de Fresnel et on ne commet aucune faute
d'anachronisme en recherchant chez Huygens non certes l'origine
d'une histoire mélodique, mais le commencement d'un progrès.

*

Il est temps, après cet exposé de questions inévitables en direction de l'*épistémè*, de se rappeler que M. Foucault a voulu écrire non pas la théorie générale (qu'il nous promet) d'une archéologie du savoir mais son application aux sciences humaines, et qu'il s'est proposé de montrer quand et comment l'homme a pu devenir un objet de sciences, comme la nature avait pu l'être au XVIIᵉ et au XVIIIᵉ siècles. Il n'est pas possible d'être plus radical que lui dans le refus d'accorder sens à toute tentative qui chercherait à l'âge classique les origines ou les prémices de nos actuelles sciences dites humaines (p. 323). Tant qu'on a cru pouvoir tenir discours commun (p. 322) de la représentation et des choses, il n'a pas été possible de tenir l'homme pour un objet de sciences, c'est-à-dire pour une existence à traiter comme problème.

À l'âge classique l'homme avait coïncidé avec sa conscience d'un pouvoir de contempler ou de produire les idées de tous les êtres au sein desquels il se définissait comme vivant, parlant et fabricant d'outils; pouvoir ressenti comme besogneux ou défectueux au regard d'un pouvoir infini supposé fonder la positivité du pouvoir humain sur la seule concession ou délégation d'une partie de ce même pouvoir infini. Le *Cogito* cartésien a longtemps passé pour la forme canonique de la relation du pensant à la pensée, aussi longtemps que l'on a méconnu qu'il n'y a pas d'autre *Cogito* que le cartésien, d'autre *Cogito* que celui qui a pour sujet un *Je* qui puisse dire *Moi*. Mais, à la fin du XVIIIᵉ siècle et au début du XIXᵉ, la philosophie kantienne d'une part, la constitution d'autre part de la biologie, de l'économie et de la linguistique, ont posé la question: *Qu'est-ce que l'homme?* Du jour où la vie, le travail, le langage cessent d'être les attributs d'une nature pour devenir eux-mêmes des natures enracinées dans leur histoire spécifique, natures à l'entrecroisement desquelles l'homme se découvre naturé, c'est-à-dire à la fois soutenu et contenu, alors des sciences empiriques de ces natures se constituent en tant que sciences spécifiques du produit de ces natures, donc de l'homme. Un des points difficiles de la démonstration de Foucault c'est la mise en lumière de la conni-vence non-préméditée du kantisme et des travaux de Cuvier, Ricardo et Bopp dans la manifestation de l'*épistémè* du XIXᵉ siècle.

En un sens, l'invention du *Cogito* par Descartes n'est pas ce qui a constitué, pendant plus d'un siècle, le mérite essentiel de la philosophie de son inventeur. Il a fallu que Kant traduisît le *Cogito* devant le tribunal critique du *Je pense* et lui refusât toute portée substantialiste pour que la philosophie moderne prit l'habitude de se référer au *Cogito* comme à l'événement philosophique qui l'avait inaugurée. Le *Je pense* kantien, véhicule des concepts de l'enten-dement est une lumière qui ouvre l'expérience à son intelligibilité. Mais cette lumière est dans notre dos et nous ne pouvons pas nous retourner vers elle. Le sujet transcendantal des pensées comme l'objet transcendantal de l'expérience est un X. L'unité originai-rement synthétique de l'aperception constitue de façon anté-représentative, une représentation bornée en ce sens qu'elle ne peut avoir accès à son foyer originaire. Ainsi, à la différence du *Cogito* cartésien, le *Je pense* est posé comme un en-soi, sans parvenir à s'atteindre pour soi. Le *Je* ne peut se connaître *Moi*. À partir de ce moment est rendu pensable, en philosophie, le concept de la fonction du *Cogito* sans sujet fonctionnaire. Le *Je pense* kantien, puisqu'il est toujours en deçà de la conscience prise des effets de son pouvoir, n'interdit pas les tentatives consistant à rechercher si la fonction fondatrice, si la légitimation du contenu de nos connaissances par la structure de leurs formes ne pourrait pas être assurée par des fonctions ou des structures dont la science elle-même avérerait qu'elles sont à l'œuvre dans l'élaboration de ces connaissances. Dans son analyse des rapports entre l'empirique et le transcendantal (p. 329), Foucault résume fort clairement les démarches par lesquelles les philosophies non réflexives du XIXᵉ siècle ont tenté de rabattre « la dimension propre de la critique sur les contenus d'une connaissance empirique » sans pouvoir éviter l'usage d'une certaine critique, sans pouvoir se dispenser d'opérer un partage entre non plus cette fois le vrai et le faux ou le fondé et l'illusoire, mais entre le normal et l'anormal tels que les indiquait, croyait-on, la nature ou l'histoire de l'homme. Foucault n'a cité Comte qu'une fois (p. 331). C'était pourtant un cas à suivre de plus près. Comte a pensé souvent qu'il était le vrai Kant par substitution du rapport scientifique organisme-milieu au rapport métaphysique sujet-objet. Gall et Condorcet fournissaient à Comte les moyens de réussir ce que Kant avait manqué. Gall, par la physiologie cérébrale, qui fournissait à Comte l'idée d'un tableau de fonctions jouant le rôle de la table kantienne des catégories. Condorcet, par la théorie des progrès de l'esprit humain. L'*a priori* physiologique et l'*a priori* historique se résumaient en ceci que c'est l'humanité qui pense en l'homme. Mais, chez Comte, l'*a priori* biologique est un *a priori* pour l'*a priori* historique. L'histoire ne peut pas dénaturer la nature. Dès le début, et pas seulement vers la fin, la pensée de Comte, en se proposant la fondation d'une science de la société, c'est-à-dire du sujet collectif et historique des activités humaines, entend la philosophie comme une synthèse sous la présidence du point de vue humain », c'est-à-dire comme une synthèse subjective. La philosophie de Comte est l'exemple type d'un traitement empirique du projet transcendantal conservé. Ce traitement empirique cherche son instrument principal dans la biologie, dans le mépris ou l'ignorance de l'économie et de la linguistique. Ainsi cette philosophie pour qui les genèses ne sont jamais que des développements de structures vivantes ne reconnaît pas dans les mathématiques et dans la grammaire de son temps les disciplines par lesquelles le concept de structure va venir relayer en philosophie le *Cogito* que le positivisme abandonne sarcastiquement à l'éclectisme.

Ce n'est pas moi qui reprocherai à M. Foucault le rapprochement, paradoxal pour beaucoup, scandaleux pour certains, de la phénoménologie et du positivisme (p. 331-332). L'analyse du vécu lui semble une tentative, seulement plus exigeante et donc plus rigoureuse, pour « faire valoir l'empirique pour le transcendantal » (p. 339). Quand Husserl a cherché à être plus radical que Descartes et meilleur transcendantaliste que Kant, les temps – entendons l'*épistémè* – avaient changé. Le *Cogito* avait cessé d'apparaître l'ancêtre le plus vénérable de la fonction transcendantale et l'entreprise de redoublement transcendantal avait cessé d'être confondue avec la fonction philosophique elle-même. L'interrogation husserlienne devait donc concerner la science plus que la nature, et la question de l'homme à l'être plus que la fondation de l'être de l'homme dans le *Cogito*.

> Sous nos yeux, le projet phénoménologique ne cesse de se dénouer en une description du vécu, qui est empirique malgré elle, et une ontologie de l'impensé qui met hors circuit la primauté du *Je pense* (p. 337).

Il y a vingt ans, les dernières pages et surtout les dernières lignes de l'ouvrage posthume de Jean Cavaillès, *Sur la logique et la théorie de la science*, posaient la nécessité, pour une théorie de la science, de substituer le concept à la conscience. Le philosophe mathématicien qui, dans une lettre à son maître Léon Brunschvicg, avait reproché à Husserl une utilisation exorbitante du *Cogito*, prenait aussi congé, philosophiquement parlant, de son maître en écrivant : « Ce n'est pas une philosophie de la conscience mais une philosophie du concept qui peut donner une doctrine de la science. La nécessité génératrice n'est pas celle d'une activité, mais d'une dialectique ». Ces mots ont paru alors, à beaucoup, une énigme. Aujourd'hui nous pouvons comprendre que l'énigme valait pour annonciation. Cavaillès a assigné ses limites à l'entreprise phénoménologique avant même qu'elle eût exhibé, en France même, c'est-à-dire avec un retard certain, ses ambitions illimitées, et il a assigné, vingt ans à l'avance, la tâche que la philosophie est en train de se reconnaître aujourd'hui. Substituer au primat de la conscience vécue ou réfléchie le primat du concept, du système ou de la structure. Il y a plus. Fusillé par les Allemands pour faits de résistance, Cavaillès qui se disait spinoziste et ne croyait pas à l'histoire au sens existentiel a réfuté d'avance, par l'action qu'il a conduite en se sentant mené, par sa participation à l'histoire tragiquement vécue jusqu'à la mort, l'argument de ceux qui cherchent à discréditer ce qu'ils appellent le structuralisme en le condamnant à engendrer, entre autres méfaits, la passivité devant l'accompli.

En écrivant le bref chapitre « Le Cogito et l'Impensé » (p. 333-339), M. Foucault a sans doute eu le sentiment de ne pas parler seulement pour lui, de ne pas seulement indiquer le point obscur quoique non secret à partir duquel se déploie le discours serré et parfois difficile tenu dans *Les mots et les choses*, mais aussi d'indiquer la question qui, hors de toute préoccupation traditionnelle, constitue pour la philosophie sa tâche d'aujourd'hui. Le *Cogito* moderne ce n'est plus la saisie intuitive de l'identité, dans le *penser*, de la pensée pensante à son être, c'est l'interrogation toujours recommencée pour savoir comment la pensée habite hors d'ici et pourtant au plus proche d'elle-même, comment elle peut *être* sous les espèces du non-pensant (p. 335). Dans *Le nouvel esprit scientifique*, Gaston Bachelard avait entrepris de dégager des nouvelles théories physiques les normes d'une épistémologie non-cartésienne et s'était posé la question de savoir ce que devient le sujet du savoir quand on met le *Cogito* au passif (*cogitatur ergo est*)[1]; dans *La philosophie du non*, il avait esquissé, à propos des nouvelles théories chimiques, les tâches d'une analytique non-kantienne. Que ce soit dans le même sillage ou non, M. Foucault étend l'obligation de non-cartésianisme, de non-kantisme jusqu'à la réflexion philosophique elle-même (p. 336). « Toute la pensée moderne est traversée par la loi de penser l'impensé » (p. 338). Mais penser l'impensé ce n'est pas seulement, selon M. Foucault, penser au sens théorique ou spéculatif de ce terme, c'est se produire en courant le risque de s'étonner et même de s'effrayer de soi. « La pensée, au ras de son existence, dès sa forme la plus matinale, est en elle-même une action – un acte périlleux » (p. 339). Il est difficile de comprendre – à moins de supposer qu'ils aient parlé avant d'avoir bien lu – pourquoi certains critiques de Foucault ont pu parler à son sujet de cartésianisme ou de positivisme. En désignant,

---

1. *Op. cit.*, p. 168.

sous le nom général d'anthropologie, l'ensemble de ces sciences qui se sont constituées au XIXᵉ siècle, non comme héritage du XVIIIᵉ, mais comme «événement dans l'ordre du savoir» (p. 356), Foucault est amené à nommer *sommeil anthropologique* la tranquille assurance avec laquelle les promoteurs actuels des sciences humaines prennent pour accordé comme objet, donné là d'avance à leurs études progressives, ce qui n'était au départ que leur projet de constitution. À ce compte, *Les mots et les choses* pourraient jouer pour un futur Kant, encore inconnu comme tel, le rôle de réveille-matin que Kant avait accordé à Hume. On aurait donc sauté une étape de la reproduction non répétitive de l'histoire épistémique en disant de cet ouvrage qu'il est pour les sciences de l'homme ce que la *Critique de la raison pure* fut pour les sciences de la nature. À moins que, ne s'agissant plus ici de la nature et des choses, mais de cette aventure créatrice de ses propres normes à laquelle le concept empirico-métaphysique d'homme, sinon le mot même, pourrait cesser un jour de convenir, il n'y ait pas de différence à faire entre l'appel à la vigilance philosophique et la mise au jour – un jour cru plus encore que cruel – de ses conditions *pratiques* de possibilité.

Michel Foucault

LA VIE : L'EXPÉRIENCE ET LA SCIENCE *

Tout le monde sait qu'en France il y a peu de logiciens, mais
beaucoup d'historiens des sciences. On sait aussi qu'ils ont occupé
dans l'institution philosophique – enseignement ou recherche –
une place considérable. Mais sait-on au juste l'importance qu'a pu
avoir, au cours de ces quinze ou vingt dernières années, et jusque
sur les frontières de l'institution, un travail comme celui de
Georges Canguilhem ? Il y a eu sans doute des théâtres bien plus
bruyants : psychanalyse, marxisme, linguistique, ethnologie. Mais
n'oublions pas ce fait qui relève, comme on voudra, de la sociologie des milieux intellectuels français, du fonctionnement de nos
institutions universitaires ou de notre système de valeurs culturelles : dans toutes les discussions politiques ou scientifiques de ces
étranges années soixante, le rôle des philosophes – je ne veux pas
dire simplement ceux qui avaient reçu leur formation universitaire
dans les départements de philosophie – a été important. Trop
important, peut-être, au gré de certains. Or, directement ou indirectement, tous ces philosophes ou presque ont eu affaire à
l'enseignement et aux livres de G. Canguilhem.

De là, un paradoxe : cet homme, dont l'œuvre est austère,
volontairement bien délimitée, et soigneusement vouée à un

* M. Foucault, « La vie : l'expérience et la science », *Revue de métaphysique et
de morale*, 90ᵉ année, n° 1 : *Canguilhem*, janvier-mars 1985 ; repris dans M. Foucault,
Dits et écrits, t. IV, 1980-1988, Paris, Gallimard, 1994. Ce texte est reproduit avec
l'aimable autorisation des Éditions Gallimard.

domaine particulier dans une histoire des sciences qui de toute façon ne passe pas pour une discipline à grand spectacle, s'est trouvé d'une certaine manière présent dans des débats où lui-même a bien pris garde de jamais figurer. Mais ôtez Canguilhem et vous ne comprenez plus grand-chose à toute une série de discussions qui ont eu lieu chez les marxistes français; vous ne saisissez pas, non plus, ce qu'il y a de spécifique chez des sociologues comme Bourdieu, Castel, Passeron et qui les marque si fortement dans le champ de la sociologie; vous manquez tout un aspect du travail théorique fait chez les psychanalystes et en particulier chez les lacaniens. Plus: dans tout le débat d'idées qui a précédé ou suivi le mouvement de 1968, il est facile de retrouver la place de ceux qui, de près ou de loin, avaient été formés par Canguilhem.

Sans méconnaître les clivages qui ont pu pendant ces dernières années, et depuis la fin de la guerre, opposer marxistes et non-marxistes, freudiens et non-freudiens, spécialistes d'une discipline et philosophes, universitaires et non-universitaires, théoriciens et politiques, il me semble bien qu'on pourrait retrouver une autre ligne de partage qui traverse toutes ces oppositions. C'est celle qui sépare une philosophie de l'expérience, du sens, du sujet et une philosophie du savoir, de la rationalité et du concept. D'un côté, une filiation qui est celle de Sartre et de Merleau-Ponty; et puis une autre qui est celle de Cavaillès, de Bachelard, de Koyré et de Canguilhem. Sans doute, ce clivage vient de loin et on pourrait en faire remonter la trace à travers le XIXᵉ siècle: Bergson et Poincaré, Lachelier et Couturat, Maine de Biran et Comte. Et, en tout cas, il était à ce point constitué au XXᵉ siècle que c'est à travers lui que la phénoménologie a été reçue en France. Prononcées en 1929, modifiées, traduites et publiées peu après, les *Méditations cartésiennes* [1]

---

1. E. Husserl, *Cartesianische Meditationen. Eine Einleitung in die Phänomenologie*, 1931; rééd. *Gesammelte Werke*, t. I, La Haye, Martin Nijhoff, 1950; *Méditations cartésiennes. Introduction à la phénoménologie*, trad. fr. G. Peiffer et E. Levinas, Paris, Vrin, 1953.

ont été très tôt l'enjeu de deux lectures possibles : l'une qui, dans la direction d'une philosophie du sujet, cherchait à radicaliser Husserl et ne devait pas tarder à rencontrer les questions de *Sein und Zeit*[1] : c'est l'article de Sartre sur « La Transcendance de l'ego »[2], en 1935 : l'autre qui remontera vers les problèmes fondateurs de la pensée de Husserl, ceux du formalisme et de l'intuitionnisme ; et ce sera, en 1938, les deux thèses de Cavaillès, sur la *Méthode axiomatique* et sur la *Formation de la théorie des ensembles*[3]. Quels qu'aient pu être, par la suite, les ramifications, les interférences, les rapprochements même, ces deux formes de pensée ont constitué en France deux trames qui sont demeurées, pendant un temps au moins, assez profondément homogènes.

En apparence, la seconde est restée à la fois la plus théoricienne, la plus repliée sur des tâches spéculatives, la plus éloignée aussi des interrogations politiques immédiates. Et pourtant, c'est elle qui, pendant la guerre, a pris part, et de façon très directe, au combat, comme si la question du fondement de la rationalité, ne pouvait pas être dissociée de l'interrogation sur les conditions actuelles de son existence. C'est elle aussi qui a joué au cours des années soixante un rôle décisif dans une crise qui n'était pas simplement celle de l'Université, mais celle du statut et du rôle du savoir. On peut se demander pourquoi un tel type de réflexion a pu, en suivant sa logique propre, se trouver ainsi profondément lié au présent.

1. M. Heidegger, *Sein und Zeit*, Tubingen, Max Niemeyer, 1927 ; *L'Être et le Temps*, trad. fr. R. Boehm et A. de Waelhens, Paris, Gallimard, 1964.

2. J.-P. Sartre, « La transcendance de l'ego. Esquisse d'une description phénoménologique », *Recherches philosophiques*, n° 6, 1935 ; rééd. *La transcendance de l'ego et autres textes phénoménologiques*, Paris, Vrin, 1988.

3. J. Cavaillès, *Méthode axiomatique et formalisme. Essai sur le problème du fondement des mathématiques*, Paris, Hermann, 1937 ; *Remarques sur la formation de la théorie abstraite des ensembles. Étude historique et critique*, Paris, Hermann, 1937.

*

L'une des raisons principales tient sans doute à ceci : l'histoire des sciences doit sa dignité philosophique au fait qu'elle mette en œuvre l'un des thèmes qui s'est introduit de façon sans doute un peu subreptice dans la philosophie du XVIIIe siècle. Pour la première fois, à cette époque, on a posé à la pensée rationnelle la question non seulement de sa nature, de son fondement, de ses pouvoirs et de ses droits, mais celle de son histoire et de sa géographie, celle de son passé immédiat et de ses conditions d'exercice, celle de son moment, de son lieu et de son actualité. De cette question par laquelle la philosophie a fait, de sa forme présente et du lien à son contexte, une interrogation essentielle, on peut prendre pour symbole le débat qui s'est noué dans la *Berlinische Monatsschrift* et qui avait pour thème : *Was ist Aufklärung ?* À cette question Mendelssohn puis Kant, chacun de son côté, ont apporté une réponse [1].

Cette question fut sans doute d'abord entendue comme une interrogation relativement accessoire : on y questionnait la philosophie sur la forme qu'elle pouvait revêtir, sur sa figure du moment et sur les effets qu'on devait en attendre. Mais il se révéla vite que la réponse qu'on apportait risquait fort d'aller bien au-delà. On faisait de l'*Aufklärung* le moment où la philosophie trouvait la possibilité de se constituer comme la figure déterminante d'une époque, et où cette époque devenait la forme d'accomplissement de cette philosophie. La philosophie pouvait être lue aussi bien comme n'étant rien d'autre que la composition des traits particuliers à la période où elle apparaissait, elle en était la figure cohérente, la systématisation

---

1. M. Mendelssohn, « Ueber die Frage : Was heisst Aufklären ? », *Berlinische Monatsschrift*, IV, n° 3, septembre 1784, p. 193-200. I. Kant, « Beantwortung der Frage : Was ist Aufklärung ? », *Berlinische Monatsschrift*, IV, n° 6, décembre 1784, p. 491-494 (« Réponse à la question : Qu'est-ce que les Lumières ? », trad. fr. S. Piobetta, dans E. Kant, *La philosophie de l'histoire (Opuscules)*, Paris, Aubier, 1947, p. 81-92).

et la forme réfléchie ; mais, d'un autre côté, l'époque apparaissait comme n'étant rien d'autre que l'émergence et la manifestation, dans ses traits fondamentaux, de ce qu'était en son essence la philosophie. La philosophie apparaît alors aussi bien comme un élément plus ou moins révélateur des significations d'une époque, ou au contraire comme la loi générale qui fixait pour chaque époque la figure qu'elle devait avoir. La lecture de la philosophie dans le cadre d'une histoire générale et son interprétation comme principe de déchiffrement de toute succession historique sont devenues alors simultanément possibles. Et, du coup, la question du « moment présent » devient pour la philosophie une interrogation dont elle ne peut plus se séparer : dans quelle mesure ce « moment » relève-t-il d'un processus historique général et dans quelle mesure la philosophie est-elle le point où l'histoire elle-même doit se déchiffrer dans ses conditions ?

L'histoire est devenue alors l'un des problèmes majeurs de la philosophie. Il faudrait sans doute chercher pourquoi cette question de l'*Aufklärung* a eu, sans disparaître jamais, un destin si différent dans les traditions de l'Allemagne, de la France et des pays anglo-saxons ; pourquoi ici et là elle s'est investie dans des domaines si divers et selon des chronologies si variées. Disons en tout cas que la philosophie allemande lui a donné corps surtout dans une réflexion historique et politique sur la société (avec un problème central : l'expérience religieuse dans son rapport avec l'économie et l'État) ; des posthégéliens à l'école de Francfort et à Lukacs, en passant par Feuerbach, Marx, Nietzsche et Max Weber, tous en portent témoignage. En France, c'est l'histoire des sciences qui a surtout servi de support à la question philosophique de ce qu'a été l'*Aufklärung* ; d'une certaine façon, les critiques de Saint-Simon, le positivisme de Comte et de ses successeurs a bien été une manière de reprendre l'interrogation de Mendelssohn et celle de Kant à l'échelle d'une histoire générale des sociétés. Savoir et croyance, forme scientifique de la connaissance et contenus religieux de la représentation, ou passage du préscientifique au scientifique, constitution d'un pouvoir rationnel sur fond d'une expérience traditionnelle, apparition, au milieu d'une histoire des idées et des croyances, d'un type d'histoire propre à la connaissance scientifique, origine et seuil de rationalité c'est sous cette forme qu'à travers le positivisme – et ceux qui se sont opposés à lui –, à travers les débats tapageurs sur le scientisme et les discussions sur la science médiévale, la question de l'*Aufklärung* s'est transmise en France. Et si la phénoménologie, après une bien longue période où elle fut tenue en lisière, a fini par pénétrer à son tour, c'est sans doute du jour où Husserl, dans les *Méditations cartésiennes* et dans la *Krisis*[1], a posé la question des rapports entre le projet occidental d'un déploiement universel de la raison, la positivité des sciences et la radicalité de la philosophie.

Depuis un siècle et demi, l'histoire des sciences porte en soi des enjeux philosophiques qui sont facilement reconnus. Des œuvres comme celles de Koyré, Bachelard, Cavaillès ou Canguilhem peuvent bien avoir pour centres de référence des domaines précis, « régionaux », chronologiquement bien déterminés de l'histoire des sciences, elles ont fonctionné comme des foyers d'élaboration philosophique importants, dans la mesure où elles faisaient jouer sous différentes facettes cette question de l'*Aufklärung* essentielle à la philosophie contemporaine.

S'il fallait chercher hors de France quelque chose qui corresponde au travail de Koyré, de Bachelard, de Cavaillès et de Canguilhem, c'est sans doute du côté de l'école de Francfort qu'on le trouverait. Et pourtant, les styles sont bien différents comme les manières de faire et les domaines traités. Mais les uns et les autres posent finalement le même genre de questions, même s'ils sont hantés ici par le souvenir de Descartes et, là, par l'ombre de Luther. Ces interrogations, ce sont celles qu'il faut adresser à une rationa-

---

1. E. Husserl, *Die Krisis der europäischen Wissenschaften und die transzendentale Phänomenologie. Einleitung in die Phänomenologie*, Belgrade, Philosophia, 1936, t. I, p. 77-176 ; *La crise des sciences européennes et la phénoménologie transcendantale*, trad. fr. G. Granel, Paris, Gallimard, 1976.

lité qui prétend à l'universel tout en se développant dans la contingence, qui affirme son unité et qui ne procède pourtant que par modifications partielles; qui se valide elle-même par sa propre souveraineté mais qui ne peut être dissociée, dans son histoire, des inerties, des pesanteurs ou des coercitions qui l'assujettissent. Dans l'histoire des sciences en France comme dans la théorie critique allemande, ce qu'il s'agit d'examiner au fond, c'est bien une raison dont l'autonomie de structure porte avec soi l'histoire des dogmatismes et des despotismes – une raison, par conséquent, qui n'a d'effet d'affranchissement qu'à la condition qu'elle parvienne à se libérer d'elle même. Plusieurs processus qui marquent la seconde moitié du XXᵉ siècle ont ramené au cœur des préoccupations contemporaines la question des Lumières. Le premier, c'est l'importance prise par la rationalité scientifique et technique dans le développement des forces productives et dans le jeu des décisions politiques. Le deuxième, c'est l'histoire même d'une « révolution » dont l'espoir avait été, depuis la fin du XVIIIᵉ siècle, porté par tout un rationalisme auquel on est en droit de demander quelle part il a pu avoir dans les effets de despotisme où cet espoir s'est égaré. Le troisième, enfin, c'est le mouvement par lequel on s'est mis à demander, en Occident et à l'Occident, quels titres sa culture, sa science, son organisation sociale et finalement sa rationalité elle-même pouvaient détenir pour réclamer une validité universelle : est-elle autre chose qu'un mirage lié à une domination et à une hégémonie politique? Deux siècles après son apparition, l'*Aufklärung* fait retour : à la fois comme une manière pour l'Occident de prendre conscience de ses possibilités actuelles et des libertés auxquelles il peut avoir accès, mais aussi comme une manière de s'interroger sur ses limites et sur les pouvoirs dont il a usé. La raison à la fois comme despotisme et comme lumière.

Ne nous étonnons pas que l'histoire des sciences, et surtout dans la forme particulière que lui a donnée G. Canguilhem, ait pu occuper en France, dans les débats contemporains, une place si centrale.

*

Pour dire les choses très grossièrement, l'histoire des sciences s'est occupée longtemps (par préférence, sinon exclusivement) de quelques disciplines « nobles » et qui tenaient leur dignité de l'ancienneté de leur fondation, de leur haut degré de formalisation, de leur aptitude à se mathématiser et de la place privilégiée qu'elles occupaient dans la hiérarchie positiviste des sciences. À rester ainsi tout près de ces connaissances, qui, depuis les Grecs jusqu'à Leibniz, avaient en somme fait corps avec la philosophie, l'histoire des sciences esquivait la question qui était pour elle centrale et qui concernait son rapport avec la philosophie. G. Canguilhem a retourné le problème ; il a centré l'essentiel de son travail sur l'histoire de la biologie et sur celle de la médecine, sachant bien que l'importance théorique des problèmes soulevés par le développement d'une science n'est pas forcément en proportion directe du degré de formalisation atteint par elle. Il a donc fait descendre l'histoire des sciences des points sommets (mathématiques, astronomie, mécanique galiléenne, physique de Newton, théorie de la relativité) vers des régions où les connaissances sont beaucoup moins déductives, où elles sont restées liées, pendant beaucoup plus longtemps, aux prestiges de l'imagination, et où elles ont posé une série de questions beaucoup plus étrangères aux habitudes philosophiques.

Mais en opérant ce déplacement, G. Canguilhem a fait bien plus que d'assurer la revalorisation d'un domaine relativement négligé. Il n'a pas simplement élargi le champ de l'histoire des sciences ; il a remanié la discipline elle-même sur un certain nombre de points essentiels.

1) Il a repris d'abord le thème de la « discontinuité ». Vieux thème qui s'est dessiné très tôt, au point d'être contemporain, ou presque, de la naissance d'une histoire des sciences. Ce qui marque une telle histoire, disait déjà Fontenelle, c'est la soudaine formation de certaines sciences « à partir du néant », l'extrême rapidité de

certains progrès qu'on n'attendait guère, la distance aussi qui sépare les connaissances scientifiques de l'«usage commun» et des motifs qui ont pu inciter les savants; c'est encore la forme polémique de cette histoire qui ne cesse de raconter les combats contre les «préjugés», les «résistances» et les «obstacles»[1]. Reprenant ce même thème élaboré par Koyré et Bachelard, Georges Canguilhem insiste sur le fait que le repérage des discontinuités n'est pour lui ni un postulat ni un résultat; c'est plutôt une «manière de faire», une procédure qui fait corps avec l'histoire des sciences parce qu'elle est appelée par l'objet même dont celle-ci doit traiter. L'histoire des sciences n'est pas l'histoire du vrai, de sa lente épiphanie; elle ne saurait prétendre raconter la découverte progressive d'une vérité inscrite de toujours dans les choses ou dans l'intellect, sauf à s'imaginer que le savoir d'aujourd'hui la possède enfin de façon si complète et définitive qu'il peut prendre à partir d'elle la mesure du passé. Et pourtant, l'histoire des sciences n'est pas une pure et simple histoire des idées et des conditions dans lesquelles elles sont apparues avant de s'effacer. On ne peut pas, dans l'histoire des sciences, se donner la vérité comme acquise, mais on ne peut pas non plus faire l'économie d'un rapport au vrai et à l'opposition du vrai et du faux. C'est cette référence à l'ordre du vrai et du faux qui donne à cette histoire sa spécificité et son importance. Sous quelle forme? En concevant qu'on a à faire l'histoire des «discours véridiques», c'est-à-dire de discours qui se rectifient, se corrigent, et qui opèrent sur eux-mêmes tout un travail d'élaboration finalisée par la tâche de «dire vrai». Les liens historiques que les différents moments d'une science peuvent avoir les uns avec les autres ont, nécessairement, cette forme de discontinuité que constituent les remaniements, les refontes, la mise au jour de nouveaux fondements, les changements d'échelle, le passage à un nouveau type d'objets – «la révision perpétuelle des contenus

---

1. Fontenelle (B. Le Bovier de), *Préface à l'histoire de l'Académie*, dans *Œuvres* (1790), t. VI, p. 73-74. G. Canguilhem cite ce texte dans l'*Introduction à l'histoire des sciences*, Paris, Hachette, 1970, t. I, *Éléments et instruments*, p. 7-8.

par approfondissement et rature », comme disait Cavaillès. L'erreur n'est pas éliminée par la force sourde d'une vérité qui peu à peu sortirait de l'ombre, mais par la formation d'une nouvelle façon de « dire vrai »[1]. L'une des conditions de possibilité pour que se forme, au début du XVIIIe siècle, une histoire des sciences, ce fut bien, note Georges Canguilhem, la conscience qu'on a eue des récentes « révolutions scientifiques » – celle de la géométrie algébrique et du calcul infinitésimal, celle de la cosmologie copernicienne et newtonienne[2].

2) Qui dit « histoire du discours véridique » dit aussi méthode récurrente. Non pas au sens où l'histoire des sciences dirait : soit la vérité enfin reconnue aujourd'hui, depuis quel moment l'a-t-on pressentie, quels chemins a-t-il fallu emprunter, quels groupes conjurer pour la découvrir et la démontrer ? Mais au sens où les transformations successives de ce discours véridique produisent sans cesse les refontes dans leur propre histoire ; ce qui était longtemps resté impasse devient un jour issue ; un essai latéral devient un problème central autour duquel tous les autres se mettent à graviter ; une démarche légèrement divergente devient une rupture fondamentale : la découverte de la fermentation non cellulaire – phénomène d'à-côté dans le règne de la microbiologie pasteurienne – n'a marqué une rupture essentielle que du jour où s'est développée la physiologie des enzymes[3]. En somme, l'histoire des discontinuités n'est pas acquise une fois pour toutes ; elle est « impermanente » par elle-même ; elle est discontinue ; elle doit sans cesse être reprise à nouveaux frais.

Faut-il en conclure que la science fait et refait à chaque instant, d'une façon spontanée, sa propre histoire, au point que le seul

1. Sur ce thème, voir *Idéologie et Rationalité dans l'histoire des sciences de la vie*, Paris, Vrin, 1977, p. 21.

2. Cf. *Études d'histoire et de philosophie des sciences*, Paris, Vrin, 1968, p. 17.

3. G. Canguilhem reprend l'exemple traité par M. Florkin, dans *A History of Biochemistry*, Amsterdam, Elsevier, part. I et II, 1972, et part. III, 1975 ; cf. *Idéologie et Rationalité*, *op. cit.*, p. 15.

historien autorisé d'une science ne pourrait être que le savant lui-même reconstituant le passé de ce qu'il est en train de faire ? Le problème, pour Georges Canguilhem, n'est pas de profession : il est de point de vue. L'histoire des sciences ne peut se contenter de réunir ce que les savants du passé ont pu croire ou démontrer ; on n'écrit pas une histoire de la physiologie végétale en ressassant « tout ce que des gens nommés botanistes, médecins, chimistes, horticulteurs, agronomes, économistes ont pu écrire, touchant leurs conjectures, observations ou expériences quant aux rapports entre structure et fonction sur des objets nommés tantôt herbes, tantôt plantes et tantôt végétaux »[1]. Mais on ne fait pas non plus de l'histoire des sciences en refiltrant le passé à travers l'ensemble des énoncés ou des théories actuellement validés, décelant ainsi dans ce qui était « faux » le vrai à venir et dans ce qui était vrai l'erreur ultérieurement manifeste. C'est là l'un des points fondamentaux de la méthode de G. Canguilhem.

L'histoire des sciences ne peut se constituer dans ce qu'elle a de spécifique qu'en prenant en compte, entre le pur historien et le savant lui-même, le point de vue de l'épistémologue. Ce point de vue, c'est celui qui fait apparaître à travers les divers épisodes d'un savoir scientifique « un cheminement ordonné latent » : ce qui veut dire que les processus d'élimination et de sélection des énoncés, des théories, des objets se font à chaque instant en fonction d'une certaine norme ; et celle-ci ne peut pas être identifiée à une structure théorique ou à un paradigme actuel, car la vérité scientifique d'aujourd'hui n'en est elle-même qu'un épisode, disons tout au plus : le terme provisoire. Ce n'est pas en prenant appui sur une « science normale » qu'on peut retourner vers le passé et en tracer valablement l'histoire ; c'est en retrouvant le processus « normé », dont le savoir actuel n'est qu'un moment sans qu'on puisse, sauf prophétisme, prédire l'avenir. L'histoire des sciences, dit Canguilhem qui cite Suzanne Bachelard, ne saurait construire son

---

1. *Idéologie et Rationalité dans l'histoire des sciences de la vie*, *op. cit.*, p. 14.

objet ailleurs que « dans un espace-temps idéal »[1]. Et cet espace-temps, il ne lui est donné ni par le temps « réaliste » accumulé par l'érudition historienne ni par l'espace d'idéalité qui découpe autoritairement la science d'aujourd'hui, mais par le point de vue de l'épistémologie. Celle-ci n'est pas la théorie générale de toute science ou de tout énoncé scientifique possible ; elle est la recherche de la normativité interne aux différentes activités scientifiques, telles qu'elles ont été effectivement mises en œuvre. Il s'agit donc d'une réflexion théorique indispensable qui permet à l'histoire des sciences de se constituer sur un autre mode que l'histoire en général ; et inversement, l'histoire des sciences ouvre le domaine d'analyse indispensable pour que l'épistémologie soit autre chose que la simple reproduction des schémas internes d'une science à un moment donné[2]. Dans la méthode mise en œuvre par Georges Canguilhem, l'élaboration des analyses « discontinuistes » et l'élucidation du rapport historique entre les sciences et l'épistémologie vont de pair.

3) Or, en replaçant dans cette perspective historico-épistémologique les sciences de la vie, Georges Canguilhem fait apparaître un certain nombre de traits essentiels qui en singularisent le développement par rapport à celui des autres sciences et qui posent à leurs historiens des problèmes spécifiques. On avait pu croire, en effet, qu'à la fin du XVIIIᵉ siècle, entre une physiologie étudiant les phénomènes de la vie et une pathologie vouée à l'analyse des maladies on pourrait trouver l'élément commun qui permettrait de penser comme une unité les processus normaux et ceux qui marquent les modifications morbides. De Bichat à Claude Bernard, de l'analyse des fièvres à la pathologie du foie et de ses fonctions, un immense domaine s'était ouvert qui semblait

---

1. S. Bachelard, « Épistémologie et histoire des sciences », XIIᵉ Congrès international d'histoire des sciences, Paris, 1968, *Revue de synthèse*, IIIᵉ série, nᵒ 49-52, janvier-décembre 1968, p. 51.

2. Sur le rapport entre épistémologie et histoire, voir en particulier l'Introduction à *Idéologie et rationalité*, *op. cit.*, p. 11-29.

promettre l'unité d'une physio-pathologie et un accès à la compréhension des phénomènes morbides à partir de l'analyse des processus normaux. De l'organisme sain on attendait qu'il donne le cadre général où les phénomènes pathologiques s'enracinaient et prenaient, pour un temps, leur forme propre. Cette pathologie sur fond de normalité a, semble-t-il, caractérisé pendant longtemps toute la pensée médicale.

Mais il y a dans la connaissance de la vie des phénomènes qui la tiennent à distance de toute la connaissance qui peut se référer aux domaines physico-chimiques ; c'est qu'elle n'a pu trouver le principe de son développement que dans l'interrogation sur les phénomènes pathologiques. Il a été impossible de constituer une science du vivant sans que soit prise en compte, comme essentielle à son objet, la possibilité de la maladie, de la mort, de la monstruosité, de l'anomalie et de l'erreur On peut bien connaître, avec de plus en plus de finesse, les mécanismes physico-chimiques qui les assurent : ils n'en trouvent pas moins leur place dans une spécificité que les sciences de la vie ont à prendre en compte, sauf à effacer elles-mêmes ce qui constitue justement leur objet et leur domaine propre.

De là, dans les sciences de la vie, un fait paradoxal. C'est que si le procès de leur constitution s'est bien fait par la mise en lumière des mécanismes physiques et chimiques, par la constitution de domaines comme la chimie des cellules et des molécules, par l'utilisation de modèles mathématiques, etc., en revanche, il n'a pu se dérouler que dans la mesure où était sans cesse relancé comme un défi le problème de la spécificité de la maladie et du seuil qu'elle marque parmi tous les êtres naturels[1]. Cela ne veut pas dire que le « vitalisme » soit vrai, lui qui a fait circuler tant d'images et perpétué tant de mythes. Cela ne veut pas dire non plus qu'il doit constituer l'invincible philosophie des biologistes, lui qui s'est si souvent enraciné dans les philosophies les moins rigoureuses. Mais cela veut dire qu'il a eu et qu'il a encore sans doute, dans l'histoire

---

1. *Études d'histoire et de philosophie des sciences*, *op. cit.*, p. 239.

de la biologie, un rôle essentiel comme «indicateur». Et cela de deux façons : indicateur théorique de problèmes à résoudre (à savoir, de façon générale, ce qui constitue l'originalité de la vie sans qu'elle constitue en aucune manière un empire indépendant dans la nature); indicateur critique des réductions à éviter (à savoir toutes celles qui tendent à faire méconnaître que les sciences de la vie ne peuvent se passer d'une certaine position de valeur qui marque la conservation, la régulation, l'adaptation, la reproduction, etc.); «une exigence plutôt qu'une méthode, une morale plus qu'une théorie »[1].

4) Les sciences de la vie appellent une certaine manière de faire leur histoire. Elles posent aussi, d'une façon singulière, la question philosophique de la connaissance.

La vie et la mort ne sont jamais en elles-mêmes des problèmes de physique, quand bien même le physicien, dans son travail, risque sa propre vie, ou celle des autres; il s'agit pour lui d'une question de morale ou de politique, non d'une question scientifique. Comme le dit A. Lwoff, létale ou non, une mutation génétique n'est pour le physicien ni plus ni moins que la substitution d'une base nucléique à une autre. Mais, dans cette différence, le biologiste, lui, reconnaît la marque de son propre objet. Et d'un type d'objet auquel il appartient lui-même, puisqu'il vit et que cette nature du vivant, il la manifeste, il l'exerce, il la développe dans une activité de connaissance qu'il faut comprendre comme «méthode générale pour la résolution directe ou indirecte des tensions entre l'homme et le milieu». Le biologiste a à saisir ce qui fait de la vie un objet spécifique de connaissance et par là même ce qui fait qu'il y a, au sein des vivants, et parce qu'ils sont vivants, des êtres susceptibles de connaître, et de connaître en fin de compte la vie elle-même.

La phénoménologie a demandé au « vécu »le sens originaire de tout acte de connaissance. Mais ne peut-on pas ou ne faut-il pas le chercher du côté du « vivant » lui-même ?

---

1. *La connaissance de la vie* (1952), 2ᵉ éd., Paris, Vrin, 1965, p. 88.

G. Canguilhem veut retrouver par l'élucidation du savoir sur la vie et des concepts qui articulent ce savoir ce qu'il en est du *concept dans la vie*. C'est-à-dire du concept en tant qu'il est l'un des modes de cette information que tout vivant prélève sur son milieu et par laquelle inversement il structure son milieu. Que l'homme vive dans un milieu conceptuellement architecturé ne prouve pas qu'il s'est détourné de la vie par quelque oubli ou qu'un drame historique l'en a séparé ; mais seulement qu'il vit d'une certaine manière, qu'il a, avec son milieu, un rapport tel qu'il n'a pas sur lui un point de vue fixe, qu'il est mobile sur un territoire indéfini, qu'il a à se déplacer pour recueillir des informations, qu'il a à mouvoir les choses les unes par rapport aux autres pour les rendre utiles. Former des concepts, c'est une manière de vivre et non de tuer la vie ; c'est une façon de vivre dans une relative mobilité et non pas une tentative pour immobiliser la vie ; c'est manifester, parmi ces milliards de vivants qui informent leur milieu et s'informent à partir de lui, une innovation qu'on jugera, comme on voudra, infime ou considérable : un type bien particulier d'information.

De là l'importance que G. Canguilhem accorde à la rencontre, dans les sciences de la vie, de la vieille question du normal et du pathologique avec l'ensemble des notions que la biologie, au cours des dernières décennies, a empruntées à la théorie de l'information : code, messages, messagers, etc. De ce point de vue, *Le Normal et le Pathologique*, écrit pour une part en 1943 et pour une autre dans la période 1963-1966, constitue sans aucun doute l'œuvre la plus importante et la plus significative de G. Canguilhem. On y voit comment le problème de la spécificité de la vie s'est trouvé récemment infléchi dans une direction où on rencontre quelques-uns des problèmes qu'on croyait appartenir en propre aux formes les plus développées de l'évolution.

Au centre de ces problèmes, il y a celui de l'erreur. Car, au niveau le plus fondamental de la vie, les jeux du code et du décodage laissent place à un aléa qui, avant d'être maladie, déficit ou monstruosité, est quelque chose comme une perturbation dans le système informatif, quelque chose comme une « méprise ». À la limite, la vie – de là son caractère radical – c'est ce qui est capable d'erreur. Et c'est peut-être à cette donnée ou plutôt à cette éventualité fondamentale qu'il faut demander compte du fait que la question de l'anomalie traverse de part en part toute la biologie. À elle aussi qu'il faut demander compte des mutations et des processus évolutifs qu'elles induisent. Elle également qu'il faut interroger sur cette erreur singulière, mais héréditaire, qui fait que la vie a abouti avec l'homme à un vivant qui ne se trouve jamais tout à fait à sa place, à un vivant qui est voué à « errer » et à « se tromper ».

Et si on admet que le concept, c'est la réponse que la vie elle-même a donnée à cet aléa, il faut convenir que l'erreur est la racine de ce qui fait la pensée humaine et son histoire. L'opposition du vrai et du faux, les valeurs qu'on prête à l'un et à l'autre, les effets de pouvoir que les différentes sociétés et les différentes institutions lient à ce partage, tout cela n'est peut-être que la réponse la plus tardive à cette possibilité d'erreur intrinsèque à la vie. Si l'histoire des sciences est discontinue, c'est-à-dire si on ne peut l'analyser que comme une série de « corrections », comme une distribution nouvelle du vrai et du faux qui ne libère jamais enfin et pour toujours le moment terminal de la vérité, c'est que là encore, l'« erreur » constitue non pas l'oubli ou le retard de l'accomplissement promis, mais la dimension propre à la vie des hommes et indispensable au temps de l'espèce.

Nietzsche disait de la vérité que c'était le plus profond mensonge. Canguilhem dirait peut-être, lui qui est loin et proche à la fois de Nietzsche, qu'elle est, sur l'énorme calendrier de la vie, la plus récente erreur ; ou, plus exactement, il dirait que le partage vrai-faux ainsi que la valeur accordée à la vérité constituent la plus singulière manière de vivre qu'ait pu inventer une vie qui, du fond de son origine, portait en soi l'éventualité de l'erreur. L'erreur est pour Canguilhem l'aléa permanent autour duquel s'enroule l'histoire de la vie et le devenir des hommes. C'est cette notion d'erreur qui lui permet de lier ce qu'il sait de la biologie et la manière dont il en fait l'histoire, sans qu'il ait jamais voulu, comme on le faisait au temps de l'évolutionnisme, déduire celle-ci de cela. C'est elle qui lui permet de marquer le rapport entre vie et connaissance de la vie et d'y suivre, comme un fil rouge, la présence de la valeur et de la norme.

Cet historien des rationalités, lui-même si « rationaliste », est un philosophe de l'erreur : je veux dire que c'est à partir de l'erreur qu'il pose les problèmes philosophiques, disons plus exactement le problème de la vérité et de la vie. On touche là sans doute à l'un des événements fondamentaux dans l'histoire de la philosophie moderne : si la grande rupture cartésienne a posé la question des rapports entre vérité et sujet, le XVIIIᵉ siècle a introduit, quant aux rapports de la vérité et de la vie, une série de questions dont la *Critique du jugement*[1] et la *Phénoménologie de l'esprit*[2] ont été les premières grandes formulations. Et, depuis ce moment, ce fut l'un des enjeux de la discussion philosophique : est-ce que la connaissance de la vie doit être considérée comme rien de plus que l'une des régions qui relèvent de la question générale de la vérité, du sujet et de la connaissance ? Ou est-ce qu'elle oblige à poser autrement cette question ? Est-ce que toute la théorie du sujet ne doit pas être reformulée, dès lors que la connaissance, plutôt que de s'ouvrir à la vérité du monde, s'enracine dans les « erreurs » de la vie ?

On comprend pourquoi la pensée de G. Canguilhem, son travail d'historien et de philosophe, a pu avoir une importance si décisive en France pour tous ceux qui, à partir de points de vue si différents, ont essayé de repenser la question du sujet. La phénoménologie pouvait bien introduire, dans le champ de l'analyse, le corps, la sexualité, la mort, le monde perçu ; le *Cogito* y demeurait central ; ni

---

1. E. Kant, *Kritik der Urteilskraft*, 1790 ; *Gesammelte Schriften*, t. V, Berlin, Königsliche Preussische Akademie der Wissenschaften, 1902, p. 165-486 ; *Critique de la faculté de juger*, trad. fr. A. Philonenko, Paris, Vrin, 1965.

2. G.W.F. Hegel, *Phänomenologie des Geistes*, Wurzburg, Anton Goebhardt, 1807 ; *La phénoménologie de l'esprit*, trad. fr. J. Hyppolite, Paris, Aubier-Montaigne, t. I, 1939 ; t. II, 1941 [trad. fr. B. Bourgeois, Paris, Vrin, 2007].

la rationalité de la science, ni la spécificité des sciences de la vie ne pouvaient en compromettre le rôle fondateur. C'est à cette philosophie du sens, du sujet et du vécu que G. Canguilhem a opposé une philosophie de l'erreur, du concept du vivant, comme une autre manière d'approcher la notion de vie.

Paris, Éditions de l'HSS, 1994. Version originale parue avec l'intitulé « La vie : l'expérience et la science », in *Revue de métaphysique et de morale*, n° 1, janvier-mars 1985, p. 3-14.

LORRAINE DASTON

UNE HISTOIRE DE L'OBJECTIVITÉ SCIENTIFIQUE *

Au cours des vingt-cinq dernières années, trois écoles historiographiques ont dominé l'histoire des sciences : l'école philosophique, l'école sociologique et l'école historique. Pour l'histoire philosophique des sciences, le développement des sciences est matière à faire de la philosophie par d'autres moyens, à montrer l'émergence et la disparition des différentes conceptions de la nature, à mettre en évidence la succession des systèmes métaphysiques et des cadres épistémologiques. Selon cette école, l'histoire des sciences est avant tout une histoire des idées qui ont changé le monde, mais au sens idéaliste du terme, c'est-à-dire qui ont changé notre vision du monde. Comme dans la philosophie, ce sont les idées qui sont les acteurs et ce sont les arguments qui permettent de faire agir les idées. Les idées ont de l'influence, elles mènent des combats et même, elles s'engendrent les unes les autres. Les historiens des sciences de cette tradition ont eu tendance à centrer leur attention sur les théories scientifiques plutôt que sur l'observation ou l'expérimentation, et sur les interactions des théories scientifiques avec d'autres systèmes de pensée, tout particulièrement la philosophie et la théologie. Les travaux d'Alexandre Koyré sur Galilée et Newton sont exemplaires de cette école philo-

* L. Daston, « Une histoire de l'objectivité scientifique », dans R. Guesnerie et F. Hartog, *Des sciences et des techniques. Un débat*, Cahiers des Annales, 45, Paris, Éditions EHESS, 1998. Ce texte est reproduit avec l'aimable autorisation des Éditions de l'EHESS.

sophique : ils soulignent les liens qu'entretenait leur science avec des présupposés d'ordre métaphysique sur les mathématiques et l'expérience, sur l'espace, sur le temps, et sur le divin. Une autre façon de caractériser l'école philosophique au sein de l'histoire des sciences serait de dire que sa problématique dérive en dernière instance de la philosophie, aussi bien dans les questions qu'elle juge intéressantes que dans les réponses qu'elle estime satisfaisantes. La seconde école emprunte ses questions et ses explications à la sociologie. Elle concentre son attention sur les structures sociales dans l'activité scientifique. Il peut s'agir tout autant des structures microscopiques qui, par exemple, gouvernent la circulation informelle des articles ou des chercheurs d'un laboratoire à un autre, que des structures macroscopiques, par exemple celles qui garantissent la publicité des résultats scientifiques par opposition aux pratiques du secret traditionnelles dans l'alchimie. Cette tendance envisage la science comme une institution clef de la société qui, à l'instar d'autres institutions comme la religion ou l'école, reflète et modèle la distribution sociale des pouvoirs et la production des significations culturelles. Tout comme dans l'école philosophique, on trouve dans cette tradition de l'histoire des sciences une diversité d'approches, depuis les analyses durkheimiennes de David Bloor jusqu'à l'orientation ethnométhodologique de Bruno Latour, en passant par les perspectives weberiennes de Robert Merton. Mais toutes ces approches ont en commun de prendre les structures sociale comme unités premières d'analyse, qu'il s'agisse des classes sociales, des institutions, des systèmes de valeurs ou des hiérarchies politiques. Les historiens-sociologues s'intéressent aussi peu que leurs collègues historiens-philosophes à la singularité des biographies particulières et des contingences locales. Les disputes entre écoles sociologique et philosophique ont fait couler beaucoup d'encre chez les historiens des sciences, et ce conflit a d'ailleurs pu être décrit de la façon la plus erronée comme opposant l'interprétation rationaliste à l'interprétation irrationaliste des sciences. Pour autant, ces deux écoles se rejoignent dans une indifférence commune, proche du mépris, à l'égard de ce qui relève du local et du singulier dans l'histoire des sciences.

C'est l'attention au local et au singulier que la troisième école, connue aussi sous le nom de *science in context*, a consacrée, par ses études méticuleuses et détaillées de tel ou tel épisode de l'histoire des sciences : les controverses sur la pompe à vide à la Royal Society du Londres des années 1660 et 1670 ; la relation étroite qui lie l'agronomie et la chimie organique dans le laboratoire de Justus Liebig autour de 1840 ; l'émergence des techniques de fabrication de l'image dans la physique des hautes énergies de l'après-guerre. Pour les tenants de l'école historique, cette primauté du local est une question de principe : la connaissance s'enracine au plus profond d'une époque et d'un lieu, elle émerge au confluent du réseau, dense mais circonscrit de manière extrêmement précise, que forme tout contexte particulier, caractérisé par des catégories de pensée, une culture matérielle, un champ de forces politiques et institutionnelles et toute une série d'intérêts personnels. Ses microhistoires sont inspirées de la microhistoire pratiquée par des auteurs comme Carlo Ginzburg, Emmanuel Le Roy Ladurie et Natalie Zemon Davis. Un des caractères distinctifs de cette école est l'attention qu'elle prête non seulement aux théories, mais aussi aux pratiques scientifiques (instruments présents dans les laboratoires, protocoles des observations de terrain, genres et conventions littéraires de l'écriture scientifique), puisque seul le travail des archives permet de mettre au jour ces pratiques. Les praticiens de l'école historique ont emprunté librement leurs thématiques aux écoles philosophique et sociologique : par exemple, les études consacrées aux expériences ont parfois abordé les questions de la preuve et de la démonstration, centrales pour la philosophie, et elles ont parfois traité des questions chères aux sociologues, comme l'émergence et la résolution des controverses. Mais l'école historique prétend également trancher au vu des données empiriques, sans s'en remettre le cas échéant aux thèses philosophiques et sociologiques qui peuvent être en jeu : si les études locales indiquent par exemple que ce qui fait preuve et argument prend une forme très différente pour un physicien et pour un biologiste, tant pis pour la thèse philosophique de l'unité de la méthode scientifique ; si les études locales montrent que des biochimistes évoluent aisément entre des configurations institutionnelles très différentes, tant pis pour la thèse sociologique du rôle prédominant des institutions.

Je n'entends pas proposer un Jugement de Pâris entre ces trois écoles. Tout d'abord parce que les perspectives que je viens de présenter sont de simples esquisses, bien trop schématiques pour permettre un choix raisonné ; et aussi parce que chacune de ces perspectives a largement contribué aux avancées de l'histoire des sciences, en qualité comme en quantité, et que choisir l'une aux dépens des autres reviendrait, sur un plan académique, à amputer un corps de l'un de ses membres. Au lieu de cela, je propose de voir de quelle façon un autre programme historiographique – qui est trop jeune et qui n'a pas encore suffisamment fait ses preuves pour qu'on puisse le qualifier d'école – pourrait en même temps profiter de ces trois écoles et dépasser les limites de chacune d'entre elles. De manière là encore schématique, ces limites peuvent être résumées comme suit : les écoles philosophique et sociologique ne peuvent pas satisfaire aux exigences de l'épreuve empirique, ce qui est l'enjeu particulier de l'école historique ; l'école historique ne peut pas expliquer comment la connaissance engendrée dans un contexte très local peut devenir universelle et se généraliser d'un contexte à un autre. Le nouveau programme que je vais décrire, tout d'abord de façon générale, et ensuite à l'aide d'un exemple précis, ne consiste pas tant à réexaminer ces limites qu'à poser une série de questions d'un type différent. Suivant la dénomination que ce programme a reçu dans des cercles anglophones ou germanophones, je parlerai ici *d'historical epistemology*, bien que j'aie conscience que le terme d'« épistémologie historique » a jadis reçu une signification différente en français, à la suite du travail de Gaston Bachelard.

Ce que j'entends par *historical epistemology* est l'histoire des catégories qui structurent notre pensée, qui modèlent notre conception de l'argumentation et de la preuve, qui organisent nos pratiques, qui certifient nos formes d'explication et qui dotent chacune de ces activités d'une signification symbolique et d'une valeur affective. Cette épistémologie historique peut (et en fait, elle le doit) renvoyer à l'histoire des idées et des pratiques, tout autant qu'à l'histoire des significations et des valeurs qui constituent les économies morales des sciences. Mais elle pose des questions de type différent : par exemple, elle ne fait pas l'histoire de tel ou tel usage du calcul infinitésimal dans les démonstrations mathématiques au XVIe et au XVIIe siècle, mais plutôt celle de l'évolution des modalités de la démonstration mathématique durant cette période ; non pas l'histoire des collections d'histoire naturelle en plein épanouissement aux XVIIe et XVIIIe siècles, mais plutôt celle des émotions cognitives de la curiosité et du miracle qui créèrent de nouvelles formes d'empirisme ; non pas l'histoire des pratiques de laboratoires qui établirent tel ou tel fait empirique au XIXe siècle, mais plutôt celle des figures concurrentes de « *l'état de fait* » – fait observationnel, fait statistique, fait expérimental – dans cette discipline et à cette période ; non pas le jugement historique selon lequel telle ou telle discipline a atteint l'objectivité et, si oui, quand et comment, mais plutôt une exploration historique des multiples significations et manifestations scientifiques de l'objectivité. C'en est assez des généralités. Dans ce qui me reste de temps, je voudrais illustrer ma conception de l'épistémologie historique à l'aide d'un cas particulier, qui est l'un des sujets de recherche actuels à l'Institut Max-Planck d'histoire des sciences de Berlin : l'histoire des idéaux et des pratiques de l'objectivité scientifique.

À quoi renvoie l'objectivité ? À des états du monde ou à des états de l'âme ? Poser une telle question relève à l'évidence de l'ironie, car l'opposition entre objectivité et subjectivité est précisément ce qu'on utilise d'ordinaire pour signifier la séparation entre l'âme et le monde. Si malgré tout je pose cette question, ce n'est pas pour jouer le paradoxe, ni pour démasquer le caractère idéologique de cette opposition familière. Mon intention est plutôt d'interroger rapidement les ambiguïtés que recèle notre conception de l'objectivité scientifique, par un effet de grossissement qui les rende si visibles et si criantes qu'elles puissent nous servir d'indices pour reconstituer une histoire de ce concept et des pratiques qui lui sont relatives.

Notre usage du mot « objectivité » (en anglais *objectivity*, en allemand *Objektivität*) nous permet de glisser aisément entre différentes acceptions de l'objectivité qui sont tour à tour ontologiques, épistémologiques, méthodologiques et morales. Cependant, ces multiples sens ne se superposent ni en théorie ni en pratique. La « connaissance objective » s'approche autant de la vérité que ne l'autorise notre métaphysique timorée. Mais même le plus fervent défenseur des « méthodes objectives » – qu'il s'agisse de méthodes statistiques, mécaniques, ou autres – hésiterait à prétendre qu'elles garantissent la vérité d'une découverte. L'objectivité est parfois envisagée comme une méthode de compréhension qui appelle à se débarrasser de toute idiosyncrasie, qu'elle soit personnelle, nationale, historique, ou même relative à l'espèce, pour parvenir à une vision du monde qui ne privilégie aucun point de vue particulier. Et parfois l'objectivité caractérise une attitude, une position éthique louée pour sa neutralité impassible ou blâmée pour sa froideur. Les débats qui animent actuellement les cercles politiques ou intellectuels concernant l'existence et/ou le caractère souhaitable de l'objectivité en science ne font que réactiver ce foisonnement des significations au lieu de l'analyser, alternant dans un même paragraphe la prétention métaphysique à l'universalité et la critique morale de l'indifférence.

Du point de vue de la clarté conceptuelle, la notion d'objectivité forme un tissu d'associations particulièrement complexe. Quels rapports peuvent bien entretenir, par exemple, la quête d'une essence des choses et la problématique de la répression des émotions? Ce qui m'intéresse ici, c'est pourtant moins de démêler cet écheveau de significations que d'expliquer comment il s'est formé. Par quel processus historique de fusion le métaphysique, le méthodologique et le moral ont-ils pu produire cet alliage que nous appelons aujourd'hui objectivité? Comment chacun de ces composants distincts s'est-il formé et quelles affinités entre les composants ont rendu leur synthèse pensable tout d'abord, puis apparemment inévitable? Il ne suffit pas de dire que l'histoire a unifié ce que la logique aurait séparé. Les associations historiques sont peut-être moins contraintes que les associations logiques, mais même l'histoire ne peut pas permuter et recombiner les éléments de façon arbitraire, au risque de produire des chimères en lieu et place des concepts. Une histoire de l'objectivité doit expliquer pourquoi certaines idées et certaines pratiques ont fusionné tandis que d'autres sont restées autonomes.

Le milieu du XIXe siècle constitue une période cruciale pour l'émergence de l'objectivité scientifique, et tout particulièrement pour la fusion de ses composantes épistémologique et morale. L'objectivité scientifique est née au milieu du XIXe siècle. C'est seulement dans les premières décennies du XIXe siècle que les mots « objectivité » et « subjectivité » apparaissent dans les dictionnaires allemands, et ils ont été assimilés en français et en anglais dans les années 1830. Les termes voisins en latin apparaissent essentiellement sous la forme adverbiale *objectivé* et *subjectivé* dans la philosophie scolastique du XIIe siècle, mais leur sens est presque contraire au sens moderne : *objectivus* désigne alors les objets de la pensée, *subjectivus* les objets hors de nous. C'est Kant qui a dépoussiéré cette terminologie scolastique et qui lui a donné un nouveau souffle. Déjà en 1820, un dictionnaire allemand définit le terme *d'objektiv* dans son sens nouveau, celui qui nous est aujourd'hui familier, de « relation à un objet extérieur », et celui de *subjektiv* comme « personnel, qui est en nous, par opposition à objectif ». En 1847, un dictionnaire français définit également « objectif » comme « tout ce qui est dehors du sujet pensant », et l'attribue à la « nouvelle philosophie allemande ». Vers 1850, l'opposition entre l'objectif et le subjectif est devenue philosophiquement indispensable pour les principales langues européennes ; autour de 1860, des formes nouvelles d'objectivité apparaissent dans de nombreuses disciplines scientifiques, avec leurs méta-physiques, leurs méthodes et leurs morales propres. Je voudrais consacrer les quelques minutes qui me restent à la description de l'une de ces figures inédites de l'objectivité, que j'appellerai « l'objectivité mécanique ». L'objectivité mécanique fut une réponse aux formes de projections subjectives sur le monde naturel, y compris le jugement scientifique et l'idéalisation esthétique. Ce n'est qu'au milieu du XIXe siècle que les scientifiques commen-cèrent à envisager ces médiations comme dangereusement subjec-tives. Leurs prédécesseurs du XVIIIe siècle s'en étaient remis ouver-tement et même fièrement à la capacité de chacun de découvrir les vérités universelles et stables de la nature, vérités dont dérivaient des objets divers et singuliers. Les astronomes qui sélectionnaient soigneusement leurs observations de comètes, les anatomistes qui dessinaient les squelettes jusqu'à la perfection, les botanistes qui voulaient dégager d'une mosaïque de fleurs différentes le modèle archétypique de l'orchidée, visaient tous l'exactitude, mais ils ne prétendaient pas à l'objectivité. Ils recouraient aisément à la sélection, au jugement et à l'interprétation afin de révéler le type général dissimulé derrière l'organe ou l'organisme particulier, la courbe régulière derrière les observations disparates, l'ordre de la vérité derrière l'apparence du désordre. L'interprétation et le jugement pouvaient bien être subjectifs, ils n'étaient pas encore dangereusement subjectifs.

Vers 1860, au contraire, toute espèce d'interprétation ouverte devient en science un objet de suspicion. « Laissez la nature parler d'elle-même », tel est le mot d'ordre d'une nouvelle forme de l'objectivité, qui gagne de nombreuses disciplines. En 1865, Claude Bernard exhorte les expérimentateurs à écouter sagement la nature au lieu de parler à sa place : « Oui, sans doute, l'expérimen-tateur doit forcer la nature à se dévoiler, en l'attaquant et en lui posant des questions dans tous les sens; mais il ne doit jamais répondre pour elle ni écouter incomplètement ses réponses en ne prenant dans l'expérience que la partie des résultats qui favorisent ou confirment l'hypothèse » [1]. Dès lors, toute intervention risque apparemment d'engendrer une distorsion du vrai visage de la nature, par anthropomorphisme, par idéalisation esthétisante, par imposition d'une théorie toute faite.

Cette nouvelle objectivité est nominaliste dans sa métaphysique, mécanique dans ses méthodes, et autocontrainte dans sa morale. Les images scientifiques ne sont plus faites de types, d'idéaux, de normes ou de moyennes, mais d'individus concrets avec toutes leurs particularités. Partout où cela est possible, les images et les procédures sont mécanisées. Les schémas obtenus à l'aide de la *camera obscura*, les traceurs automatiques, et finalement la photographie, remplacent les dessins réalisés à la main ; des instruments inscrivant d'eux-mêmes leurs résultats, comme le sphygmographe ou le fusil photographique se substituent aux observateurs humains. Le jugement et le choix personnel dans la sélection et la présentation des données cèdent la place aux procédures routinières et disciplinées pour l'observation et la mesure, comme l'indique par exemple la diffusion des techniques statistiques de réduction des données en astronomie et en géodésie. Mais les garanties mécaniques en elles-mêmes ne suffisent pas à protéger la nature des projections du scientifique : c'est aussi de l'intérieur qu'il faut lutter contre la spéculation interprétative, l'arbitraire des choix, le sens artistique. Dans des termes qui rappellent délibérément l'ascétisme chrétien, le défenseur français de la modernité Ernest Renan fait l'éloge des « héros de la science (qui), capables des vues les plus élevées, ont pu se défendre de toute pensée philosophique anticipée, et se résigner à n'être que d'humbles monographes, quand tous les instincts de leur nature les eussent portés à voler aux hauts sommets » [2]. Sur le ton qui commande l'humilité, celui du renoncement à soi et à sa propre vanité, ces injonctions

---

1. Cl. Bernard, *Introduction à l'étude de la médecine expérimentale* (1865), F. Dagognet (éd.), Paris, GF-Flammarion, Paris, 1966, p. 53.

2. E. Renan, *L'Avenir de la science*, Paris, Calmann-Lévy, 1890, p. 235.

dotent l'objectivité mécanique d'une haute valeur morale, et célèbrent en elle un triomphe qui est tout autant celui de la volonté que celui des techniques et des instruments.

Si l'on ne prend pas en compte la dimension morale de l'objectivité mécanique, il est difficile de comprendre comment la photographie a pu devenir à la fois sa substance et son symbole. Même la plus nette des photographies fourmille de détails secondaires propres aux objets et aux événements individuels, exigeant de son lecteur qu'il mette en œuvre des compétences de reconnaissance et de généralisation afin de constituer la classe des objets ou des phénomènes représentés. En outre, même si la recherche d'une fidélité par rapport à ce qui est vu à l'œil nu primait sur celle d'une vérité de la nature, au sens des naturalistes de l'époque précédente, un croquis soigneux aurait bien souvent fourni un rendu plus réaliste qu'une photographie granuleuse et mal cadrée, surtout avant l'avènement des techniques de la couleur. Pourtant, dans la seconde moitié du XIXe siècle, des chercheurs venant de disciplines très diverses des sciences naturelles, depuis l'astronomie jusqu'à la paléontologie, ont vu dans la photographie un emblème de l'authenticité, si ce n'est de la précision. Par son caractère immédiat, automatique, au moyen duquel la nature semble se décrire d'elle-même sans médiation humaine, la photographie s'imposa aux scientifiques même si, anxieux de leur propre faillibilité, ils étaient également conscients et inquiets de ses insuffisances en tant procédé de reproduction. Comme pour toutes les formes d'objectivité – et encore une fois, l'objectivité mécanique n'est que l'une de celles qui firent leur apparition vers 1860 – l'exigence principale était moins d'atteindre à la vérité ou à la certitude que de se libérer de certains aspects de la subjectivité, notamment ici celle de l'interprétation.

J'espère que ce chapitre très bref de l'histoire tourmentée de l'objectivité scientifique permet de comprendre pourquoi je ne commence pas mon récit avec Bacon ou Descartes ou aucune autre des figures du XVIIe siècle que l'on désigne traditionnellement comme les pionniers de l'objectivité. Ils sont bien les pionniers de l'épistémologie, du doute philosophique concernant les bienfaits et les écueils de l'objectivité. Mais si l'objectivité scientifique commence par un diagnostic épistémologique, elle ne s'y arrête pas. L'épistémologie propose les principes ; l'objectivité scientifique y adjoint des pratiques et des tabous moraux. Il ne s'agit pas de dire simplement que l'objectivité scientifique prolonge les principes de l'épistémologie ; elle peut aussi les contredire. Dans le cas de l'objectivité mécanique, on préféra des photographies floues, en noir et blanc, à des dessins naturalistes hauts en couleurs et riches en détails, et cela au nom de l'authenticité. Sans la moralité de l'objectivité, on se serait permis, quand cela s'avérait nécessaire, de corriger des pratiques qui desservaient les objectifs épistémologiques tels que ceux de la précision et de la vraisemblance. Mais avec la valeur morale de l'authenticité caractéristique de l'objectivité mécanique, ce genre d'arrangements aurait été suspecté de tricherie ou de bricolage *ad hoc* des résultats et des procédures. Ainsi, ce ne sont pas seulement les pratiques, mais aussi les obligations morales liées à ces pratiques qui distinguent l'objectivité scientifique et ses diverses manifestations de l'épistémologie philosophique. Pour le dire de manière plus générale : l'épistémologie historique ne doit pas être confondue avec une histoire de l'épistémologie.

Une histoire de l'objectivité scientifique est simplement l'un des exemples du type de projet qui peut être mis en œuvre sous la bannière de « l'épistémologie historique ». À Berlin, je suis également engagée avec plusieurs de mes collègues dans un projet sur l'histoire et les variétés de l'expérience scientifique : il touche à des thèmes tels que l'observation clinique, la preuve judiciaire, les instruments de mesure, le travail de terrain en histoire naturelle, les savoir-faire corporels dans l'expérimentation, l'introspection en psychiatrie et la simulation informatique en physique. Comme c'est le cas pour l'histoire de l'objectivité scientifique, notre but est de dissoudre l'évidence de ce qui se donne comme premier et fondamental en science – et nous employons le ternie de « science » au sens large auquel renvoie le terme allemand de *Wissenschaft*, qui comprend la philologie tout autant que la physique. Qu'y a-t-il de plus évident, de plus primitif, de plus *donné* qu'un fait scientifique? Il n'empêche, les faits – en tant que forme spécifique de l'expérience scientifique opposée à la réalité extérieure tout court – apparaissent seulement au XVIIᵉ siècle, recomposant la trame du naturel à partir du tissu lisse des universaux aristotéliciens, pour aboutir à la texture granuleuse et pointilliste des faits baconiens. Chaque forme de l'expérience, depuis les voyages exotiques d'un Alexandre von Humboldt ou d'un Charles Darwin jusqu'aux mesures de précision du séminaire de physique de Königsberg, constitue un agrégat dense et original de concepts, de pratiques, et de ce que l'on pourrait appeler des économies morales – un réseau de valeurs saturées d'affects, qui se tiennent mutuellement et qui fonctionnent comme un ensemble.

Je voudrais conclure par une brève observation concernant le caractère particulièrement stérile de l'opposition entre le « social » et le « rationnel » qui a tant préoccupé les historiens, les sociologues et les philosophes des sciences au cours des vingt dernières années. Il apparaît que, dans ce débat aux multiples facettes, les divers protagonistes partagent implicitement deux prémisses : tout d'abord, que le rationnel et le social sont aussi peu miscibles que l'eau et l'huile, et ensuite que le fait de rendre historiques les catégories fondamentales de la science revient *ipso facto* à en contester la validité. De mon point de vue, aucune de ces assertions n'est défendable. Prétendre qu'une théorie scientifique ou qu'une technique a des origines, des significations ou des fonctions sociales ne dit rien de sa validité : les concepts du calcul des probabilités ont bien pu prendre leur source au sein des pratiques économiques et légales pré-modernes du contrat aléatoire, la nomenclature botanique de Linné aura pu faire ses preuves dans la doctrine plutôt étrange de la frugalité divine et de l'autarcie nationale, Darwin a bien pu espérer que ses recherches sur l'intelligence et les émotions des animaux donneraient des arguments aux mouvements opposés à la vivisection dans l'Angleterre victorienne. Ces enracinements sociaux n'infirment pas plus qu'ils ne confortent la théorie des probabilités, ni la classification linnéenne, ni la théorie darwinienne de l'évolution. Il y a ici un point plus important à souligner : en opposant le « social » au « rationnel » en science comme on le fait habituellement, on s'interdit de voir les conditions sociales requises pour l'exercice d'une forme ou une autre de rationalité. Un seul exemple : l'empirisme collectif, si original et si caractéristique de la nouvelle philosophie expérimentale au XVIIe siècle, repose de façon cruciale sur les valeurs sociales de la confiance et de l'ouverture entre les membres d'un réseau très étendu de correspondants. On pourrait faire une remarque analogue à propos de l'idée étrange mais répandue qu'historiciser équivaut à invalider. Avancer, par exemple, que l'objectivité scientifique ou que les faits scientifiques ont une histoire ne revient pas plus à les dévaluer qu'on ne dévalue la géométrie analytique, ou d'ailleurs la musique polyphonique, en montrant qu'elles ont vu le jour dans un lieu et à une époque déterminés.

Au lieu de nous étendre sur ces oppositions supposées entre le social et le rationnel, ou entre ce qui est historique et ce qui est vrai (ou même, ce qui est utile), il nous faut au contraire commencer par interroger ces oppositions elles-mêmes. Quelles notions de la vérité et de l'histoire faut-il adopter afin qu'il soit impossible de les tenir ensemble ? Quelles sont les conceptions du social et du rationnel qui interdisent à l'un la raison et à l'autre la sociabilité ? Ne vaut-il pas mieux nous employer à soumettre à l'étude le monolithe apparent de la rationalité, à élaborer une taxonomie de ses différentes espèces (par exemple la rationalité de la démonstration mathématique par opposition à la rationalité matérielle de la manipulation expérimentale), et à démêler son histoire longue et enchevêtrée ? C'est peut-être en passant les débats traditionnels au crible de l'analyse de l'épistémologie historique que nous pourrons leur faire porter des fruits sur le long terme.

INDEX DES NOMS

TABLE DES MATIÈRES

Achevé d'imprimer par Corlet, Imprimeur, S.A. - 14110 Condé-sur-Noireau
N° d'Imprimeur : 114963 - Dépôt légal : août 2008 - *Imprimé en France*